In Over Our Heads

The Mental Demands of Modern Life

ロバート・キーガンの

成人発達理論

なぜ私たちは現代社会で「生きづらさ」を抱えているのか

ロバート・キーガン Robert Kegan
中土井僚 鈴木規夫 監訳
野津智子 訳

英治出版

バーバラ、ルシア、ジョシュア
我がホームチームに
愛を込めて

In Over Our Heads

The Mental Demands of Modern Life

by Robert Kegan

Japanese translation published by arrangement with Harvard University Press
through The English Agency (Japan) Ltd.

監訳者まえがき

「隠されたカリキュラム」という問い

幼い頃、「まわりの子はできるのに自分だけできないこと」があって、悲しさや焦りや恥ずかしさを抱いた記憶はないでしょうか。みんなは、鉄棒の逆上がりができて、掛け算を覚えられて、絵がうまく描けているのに、自分だけができない。

そうした小さな挫折は、個人差はあれど多くの人が通る道でしょう。

学校教育では「○○歳の時点で□□ができているのが望ましい」という基準に照らし合わせてさまざまなカリキュラムが組まれ、それに従って生徒が学んでいきます。

それは、「明示的なカリキュラム」です。その明示的なカリキュラムを高い水準で達成できれば優秀だとみなされる一方で、遅れている子やその親は、もしかすると上記のような悲しみ、焦り、恥ずかしさといった感情を抱えるかもしれません。

それでも、なんとか遅れまいと努力したり、逆にそうした「物差し」に背を向けたりしながら、私たちは明示的なカリキュラムとなんとか付き合っています。

もちろん、その内容は不変ではなく、「教育とは何か」「子どもがどのように学ぶべきか」という終わりなき問いと向き合いながら、時代によって変化していっています。しかし、教育現場においてカリキュラムが明示されることは今後も変わらないでしょう。

一方で、教育現場以外の社会ではどうでしょうか。卒業後の私たちの人生において、明示的なカリキュラムが提示されることはほとんどないのではないでしょうか。それはつまり、「自分の向き合うべき課題が明示されないため、自分で課題とその答えを見つけていくしかない」ことを意味します。だからこそ、私たちの人生は「山あり、谷あり」となるのでしょう。

それが、本書の中核をなしている問題意識です。

このことを説明するために用いられるのが、「隠されたカリキュラム」という概念です。

この言葉は、哲学者・社会批評家として知られるイヴァン・イリイチによって提唱されたもので、学校やその周囲の社会構造が、意図しない形で階層性、画一性、消費主義に関する教訓をどのように伝えているかを表しています。たとえば、「生徒は机を整然と並べ、教師は前方に立って授業を進行する」という教育形態は、「教師＝権威・知識の源」「生徒＝受け手」という上下関係を強調しており、「権威のある者が教え、その他は受動的に学ぶ」という社会的序列を自然なものとして受け入れよ、ということを示唆しているといいます。いわば、暗黙のうちに「学ばされている」ものが隠されたカリキュラムなのです。

それに対して、本書の著者ロバート・キーガン教授（以下、キーガン）は、現代人が向き合わざるを得ない状態にさせられている課題のことを意味して使っています。

そして、私たちは現代社会のさまざまな場面で隠されたカリキュラムに、「お手上げ状態」にさせられていると指摘します。これがまさに本書の原題である「In Over Our Heads」の状態です。この言葉には他にも、「手に負えない」「太刀打ちできない」「自分の能力を超えている」といった意味があります。

なぜ私たちは、隠されたカリキュラムに対してお手上げ状態になってしまうのでしょうか。その理由は大きく2点あります。

- 隠されたカリキュラムの存在を認識あるいは理解できない
- 隠されたカリキュラムをこなすための力が圧倒的に不足している

これらは単なるスキル不足の問題ではなく、発達段階の違いによる「意識の次元」がマッチしていないことによって発生していると、著者は述べます。カリキュラムから求められている意識の次元に到達していないことで、自分が置かれた状況、すなわち取り組むべき課題が何なのかを認識・理解できず、どう取り組んでいいかもわからない。こうした状況こそが「お手上げ状態」をそこかしこで引き起こしているのです。

本書はこのような独自の視点によって課題認識に新たな光を当て、世界の研究者・実務者の共感を呼び、成人発達理論の礎《いしずえ》となりました。そのためキーガンは対人支援、成人発達理論の分野のレジェンド的存在となっています。

私たちにとっての2つの意味

原書の出版は1994年と約30年前ですが、今の日本の読者にとって、2つの意味があると私は考えています。

1つめは、「30年前に『お手上げ状態』と言われた隠されたカリキュラムは、現在の私たちにとってはどうなのか」という点です。

今でも「お手上げ状態」なのか、さらに「手に負えなく」なっているのか、それとも既に私たちにとっては「お手のもの」になっているのか。

それを見極めつつ、「本質的に何が自らに問われているのか」を探りながら、本書を読み進めていくことが、私たちに問われているカリキュラムともいえるでしょう。

もう1つは、「キーガンの成人発達理論をより正確に理解していく」という点です。

日本では、主にビジネス文脈における実践手法を紹介する『なぜ人と組織は変われないのか』『なぜ弱さを見せあえる組織が強いのか』(ともに英治出版)が先に邦訳され、特にリーダー層や人事関係者に幅広く読まれています。しかし、これらはいわばキーガン理論の応用編であり、ともすれば「基礎を深めきれないまま応用を学んでいる」状態にもなりがちです。

私はリーダーシップ・プロデューサー、組織開発コンサルタントとして人と組織の内的変容から外的変革の実現をサポートしています。その傍らで、キーガンの著書(『なぜ弱さを見せあえる組織が強いのか』)やその弟子オットー・ラスキー著『「人の器」を測るとはどういうことか』(日本能率協会マネジメントセンター)を監訳するなど、日本における成人発達理論の啓蒙活動と実践支援に携わってきました。

啓蒙と実践の両方を行き来しながら、成人発達理論が日本においてどのように受け入れられているのかを日々実感しています。そうしたなかで、基礎なく応用を先に学ぶという日本の特殊な状況は、より素早く実践的な価値を享受できるという側面もある一方で、さまざまな誤解を生じさせる原因にもなっていると感じています。

その最たるものは、「これまでの書籍において『環境順応型知性』『自己主導型知性』『自己変容型知性』（以下、3つの知性）と定義された発達段階は、簡単に上の段階に登ることができる」という誤解です。

特に、環境順応型知性は、「言われたことしかやらない」「自分の頭で考えていない」「人の顔色ばかり窺《うかが》っている」といった日本企業の慢性病のように言われていた受け身の態度と同一視され、自己主導型知性は、「自分で考えて自分で決める主体的な行動をとる」「まわりを巻き込みながら変革を推進していく」というような、企業で求められる人材像と同一視されるようになりました。

3つの知性は、本書における「第3次元（↓環境順応型知性）」「第4次元（↓自己主導型知性）」「第5次元（↓自己変容型知性）」が発展した考え方です。この「次元」という言葉のニュアンスが、3つの知性を理解するうえでも重要です。

キーガンは、「意識の次元の移行」は当人の内面におけるきわめて大きな変容と捉えており、まったく異なるパラダイムへのシフトが起こっていることを強調しています。つまり、意識の次元の移行（知性の移行）は非常に複雑かつ、一朝一夕に起こるものではないのです。

しかし私はこれまで、うまく条件を整えれば簡単に実現できるものであるかのように知性の移行が扱われていたり、自分自身も含めて多くの人が「自己主導型知性」に到達していると誤解しているケースを目の当たりにしてきました。

たとえば、特に2020年以降、企業における「人材育成体系図」のなかに3つの知性が登場し、「環境順応型知性＝スタッフレベル」「自己主導型知性＝管理職レベル」「自己変容型知性＝事業部長以上」のように表現された資料を目にする機会が増えています。それを実現する手段として、各種研修をマッピングしているのです。

研修の裏付けとして学術的な理論を持ち込みたくなる気持ちは理解できますが、残念ながら大きな誤りであると言わざるを得ません。なぜなら、実現できないことをさも簡単に実現できるかのように表現しているからです。

たとえるなら、「毎日腹筋を１００回やっていれば、オリンピックで金メダルが取れる」という安易なトレーニングメニューを提案するようなものなのです。

こうした状況は、結果的に研修の効果を損ねるだけでなく、研修そのもの、もっといえば人材育成に対する信頼性を失うことにもなりかねません。

発達するとはどういうことなのか。

発達を促すとはどういうことなのか。

そこで気をつけるべきことは何か。

成人発達理論に対する注目が集まり、それを現場に適応しようという気運が高まっている現在だからこそ、理論の本質的な理解に立ち戻ることは大きな価値をもたらすでしょう。

そして、より重要なこととして、成人発達理論は企業における人材育成のためだけのものではないという点を忘れてはなりません。本書のケースでも取り上げられているように、子育て、夫婦関係、職場の人間関係など、私たちの日常生活のいたるところに「お手上げ状態」は存在しており、それらはいずれも「隠されたカリキュラム」と関係しています。

人生そのものが「私自身」と「私を取り巻く状況」との相互作用によって構築されていくものであるなら、

人間の自然な性質である発達という視点は、「山あり、谷あり」の複雑な人生に対してどこに目を向け、どう向き合って生きていけばよいのかを示す、道しるべとなりうるでしょう。

原書の出版から30年経った現在だからこそ、日本社会が隠されたカリキュラムと成人発達理論に真正面から向き合えるようになることが、この先の30年を築く礎となることを願っています。

オーセンティックワークス株式会社 代表取締役
中土井 僚

監訳者まえがき（中土井僚） 3
日本語版序文――『*In Over Our Heads*』刊行30周年にあたって 17
プロローグ 25
現代社会が成人に求めているもの 31
成人発達理論というツールを手に入れる 33
心理学の可能性を広げる 35
本書の構成と3つの発見 38

Part 1

「大人になる前」に対する精神的《メンタル》要求

第1章 ティーンエイジャーに課される隠されたカリキュラム……42
「いったいどうしろって言うんだよ」
10代の子どもに対するさまざまな要求 45
持続的カテゴリによる意味構築 49
「持続的カテゴリを超えた」理解という期待 54
社会がティーンエイジャーに期待すること 57
「主体」から「客体」へのシフト 61

第2章　どんな手を差し伸べるのか……69
橋は両岸にしっかり固定される必要がある
社会に適合できない本当の理由　71
現代文化の「環境」と「支援」をどう評価するか　76
効果的な支援のあり方　80
教育者を分断する2つの理念　85
2つの理念を統合する　88
教え方の違いに優劣はあるか　90
ティーンエイジャーの性生活――もう1つの学びの場　98
「禁欲」も「安全なセックス」も不十分な理由　101
子どもを抑圧しない新たな「性の規範」　104
発達に向かう「暫定的な支援の環境」を設ける　112

Part 2

私生活に対する精神的《メンタル》要求

親子・夫婦関係の問題はなぜ起こるのか

第3章　親子関係……120
子どもに心を配る
第3次元の意識とは何か　124

「親」に期待されていること 128
「パートナー」に期待されていること 133
「親」への期待に応えられない場合 141
第4次元の意識で親子関係を捉え直す 145
なぜ親の意識が子どもに影響するのか 149
親のなかに「傷ついた子ども」はいるか 155
環境と意識の次元の関係 158
コミュニティによる発達の支援とは何か 162

第4章 夫婦関係 …… 168

愛と意識

「心理的な自立」の本当の意味 173
夫婦間の「違い」と「親密さ」 177
夫婦間に必要な「制限」とは何か 184
「I《アイ》ステートメント」でも溝が埋まらないとき 188
「自分の問題を意識する」とはどういうことか 203
個人の発達と文化的メンタリティの発達 210

Part 3

職場や社会における精神的《メンタル》要求

仕事と自己啓発

第5章 仕事 214
自律的なプロフェッショナルを雇おうとすることについて
リンの話——混乱する学校運営 218
ピーターの話——板挟みにあう経営者 229
上司との関係を損ねずに自分の役割を主張するリン 237
仕事のオーナーシップを持つということ 250
忠誠心をコントロールする 257
マネジメントに求められる能力とは 261
「自分自身のビジョンを指針とする」とは何か 268
「内的・外的に責任を持つ」とは何か 272
「熟達した支配者《マスター》になれ」とは何か 278
「組織を全体として考える」とは何か 282
意識の次元をどう測定するか 286
第6章 性格・文化・男女の違い 299
男女間のコミュニケーション／理論間のコミュニケーション
構成主義的発達理論と「タイプ別診断」の違い 299

なぜ文化的差異が不快なのか 308
ジェンダー間のコミュニケーションスタイルの違い 319
スタイルの差異と意識の次元の関係 328

第7章 心の問題 サイコセラピーの議論されていない要求 349
「私的」と「社会的」の違い 350
家族の問題に対するよくあるアドバイス 353
3つのセラピーアプローチの共通点 364
第4次元の要求が効果的でない理由 373
どうすれば意識の変容に寄り添えるのか 381
比喩の力 388
意識の変容という航海 398

第8章 学び 「先生は私たちに、自己主導的になってほしいと思っている」 405
「自己主導型学習」の推進がはらむ問題 410
自己主導型学習への橋渡し 413
社会的構成主義の限界 425
教育機関はどのように発達を支援できるか 436

Part 4

ポストモダン社会からの精神的《メンタル》要求

第9章　対立、リーダーシップ、知識の創造……454
第5次元の要求とは何か　467
リーダーシップ研究が示唆するもの　474

第10章　誤った旅のよき道づれとなることについて……493
ダイバーシティ・ムーブメントがもたらすもの　502
すべての支援者に向けて　513

エピローグ　519
謝辞　523
解説（鈴木規夫）　525
原注　567
索引　573

凡例

- 読みやすさを考慮して、適宜改行、傍点などを加えた
- 原著者の了解を得て、独自に見出しを追加した
- 訳注は※印をつけて脚注に記載した
- 書籍名は本文では訳語のみをあて、原題あるいは邦訳書の情報は脚注に記載した。なお、引用部分については書籍内の文脈を考慮して独自に訳出した箇所もある

日本語版序文
『In Over Our Heads』刊行30周年にあたって

日本の読者が近年、私の研究に関心を持ってくれているのをうれしく、また光栄に思う。拙著『なぜ人と組織は変われないのか』と『なぜ弱さを見せあえる組織が強いのか』は世界中のさまざまな言語に翻訳されているが、日本語版は他のどの言語版より群を抜いて多く読まれているのだ。

両書の土台を成す「成人期も続く心理的成長」というテーマと強く響きあうものが、日本の社会には間違いなく存在する。結果として私は、日本を訪れるようにと多方面からご招待をいただき、日本の読者と話す機会を得ることができた。彼らに、日本でなぜこのテーマにこれほど関心が寄せられるのだと思うかと尋ねると、繰り返し耳にする答えは次の2種類に分けることができる。

1つは、挑戦的な現在《いま》への畏敬だ。

「私たちは野心的な民族です。困難があるとわかっていても、向上したい。さらなる高みを目指そうと思うのです」

もう1つの答えは、豊かな精神的・哲学的遺産への畏敬である。

「魂のたゆまぬ成長、人間の可能性のさらなる実現――これらは、古くからの教えに深く根差すテーマであり、おそらく私たちの精神的DNAの一部になっています」

『なぜ人と組織は変われないのか』
ロバート・キーガン、リサ・ラスコウ・レイヒー著
池村千秋訳、英治出版、2013年

『なぜ弱さを見せあえる組織が強いのか』
ロバート・キーガン、リサ・ラスコウ・レイヒー著
池村千秋訳、中土井僚監訳、英治出版、2017年

もしかしたら、2つを組み合わせると、完全な答えになるかもしれない。というのも、日本を観察する西洋人にとって息を呑むほど驚くのは、この国がきわめて現代的でありながら、今なお伝統と豊かに結びつき続けていることだからである。

『なぜ人と組織は変われないのか』は、個人の変容という神秘を「解き明かした」ことで高い評価を得ており、変化への道として単なる意志力、つまり辛抱強さを頼る方法とは全く違う方法を提示している。『なぜ弱さを見せあえる組織が強いのか』は、「もし組織が、個人の変容を見守り促す点において世界レベルの場になり、それを文化にしようと思ったら、どのように見えるか」という問いに対して、実務的な答えを示している。しかし実はどちらも、同じ木に生《な》った実だ。つまり、1つの成人発達理論を土台としており、それを何より詳細に説明するのが、ちょうど30年前に出版された、今あなたが手にしている本である。

私が大学院に入学した1970年代頃、「発達心理学者」が研究するのは幼児、子ども、思春期の子どものいずれかであり、それ以降の成人は決して対象にならなかった。なぜなら、人生において人が確かに発達するのはこれら3つの期間だけだと考えられていたからである。「成人発達」という分野も存在しなかった。周知のとおり人は20代前半で身体的にピークを迎えるが、同じ時期に脳も発達のピークに達するのだと脳科学者は確信していた。むろん、成人後期になっても多くの人が心理的に「成熟する」し、ときには聡明にさえなることは、当時においても理解されていた。ただしそれは、人生の最初の20〜25年のあいだに発達したのと同じ精神的《メンタル》能力を使い経験を活かしているためであって、成人期にさらに発達しているためではない、と考えられていた。

調査研究の結果を発表し、思春期ののちも内面的発達にはいくつかの質的段階があるとの考えを述べ始めた私は、権威ある会議に招かれるようになった。そして、おそらくはそのような考えがことごとく見込みなしと思われたせいで、私は一度ならず最初に発表するよう求められた。私の次には決まって脳科学者が話をし、言葉は丁寧だけれども、要は私を見下し私の考えを否定する内容を、出席者たちに向かって述べた。「キーガン博士の考えが事実であるためには、博士のおっしゃる段階の神経学的基質が存在しなければなりません。さらに言うなら、人生の最初の25年以降、脳の質的成長は全く確認できません」

本書のオリジナル版が出版されて30年、そのあいだに彼ら科学者たちは脳を調べるためのより優れたツールを開発し、今では以前の定説を撤回して、脳の「驚くべき神経可塑性《かそ》」を論じている。本書でスポットを当てる思春期後の意識の質的段階は、過去30年にわたり、世界中の多様な文化的・地理的背景を持つ被験者と行ったさまざまな研究のなかで広く確認されてきた。また、多くの博士論文（と他の研究者たち）によって発達段階と個人のさまざまな態度との相関関係が研究され、「発達段階が高いこと」と、「主導権を握ること、より自発的に仕事をすること、より複雑な仕事を主導すること、適応性・自己管理能力・対人スキル・革新性が高いこと」等に関連のあることが見出された。

ありがたくも、本書は心理学の新たな分野、すなわち成人発達という分野の確立に一役買ったと考えられている。しかし私にとっては、長年にわたり一般の人からたくさんの声をもらったことのほうが意義深い。彼らはこう言ってくれた。この理論は、自分に対する理解――自分はどういう経験をしてきたのか、今どこにいるのか、将来どこへ向かうことができるのか――を深めるのに役立つ。また、周囲の人々、とりわけ自分とは違う方法で世界を構築しているかもしれない人々について理解を深めるのにも役立つ、と。

本書の目的は、思春期後の人生（人生の残り4分の3〜3分の2）のあいだに成人がどのような意味づけをする可能性があるかに基づく一連の段階について説明することだけではない。発達――ある段階から次の段階への移行――という経験のなかへ皆さんを連れていくこともまた目的にしている。発達には、得るだけでなく失うことが、必ずついてまわる。自分や世界について次の段階の意味づけ方をするためには、今の意味づけ方を捨てる必要があるのだ。これは、いずれ移行を終えたときには解放感や爽快感を伴う経験になるかもしれない。だが、移行する前は、混乱し、脅威さえ覚える経験になる可能性がある。

本書が出版されて30年、洋の東西を問わず世界各地で成人発達理論への支持が広がり、人々はより「自己著述的な」意識を発達させて人生を以前よりも確かにコントロールできるようになってきている。発達の「社会の必要に合わせて変化させられる」段階（社会の期待によって「書かれて」いる段階）から「自己著述的」段階（「ペンを手に取り」、自分は何者でどのような人間であるべきかという問いに対し答えを書き始める段階）への漸進的移行が、今では世界の成人発達において最も広く経験される変化の1つになっているのである。その変化は、それを経験している人（自分の声を見出し、あるべき自分になっている人）にとっては解き放たれた感じがするかもしれない。だが、彼らの周囲にいる人にとっては、基本的な意味整理の仕方と了解事項を厳しく批判され、自己のあり方に混乱をきたす可能性がある。

たとえば先日日本を訪れたとき、ある調査結果に対する人々のピリピリした反応が、新聞で詳しく取り上げられていた。その調査結果によると、今日、30歳以下の多くの日本人女性が子どもを欲しくないと思っているという。日本滞在中、ともに仕事をしている若い独身の専門職の女性たちに、この調査結果に共感するかどうか尋ねたところ、複数の女性がこう答えた。

「懸念は子どもを持つことだけではありません。結婚に対しても、私たちの多くが不安に思っているのです」

私が理由を尋ねると、彼女たちは、妻に対する日本の伝統的な期待特有のリスクと不安のこと、そして、妻の役割と、キャリアを積み始めて感じる新たな自己とを両立できるだろうかという懸念について述べた。

「日本の女性が結婚する相手は、夫たる若い男性だけではありません。夫の母親という、ふつうは妻がよく知らない女性と結婚することでもあるのです」

調査結果は、日本人女性の自己著述力の高まりという現象を裏付けるものであり、そのような現象には、若い日本人女性が感じていることと彼女たちを取り巻く人々が感じていることの両方について、理解と共感を深めるのに役立つ枠組みを持つことが有用だと思われる。それは、本書を読んでもらうことで実現できるだろう。

本書が強く望むのは、現代社会の「精神的《メンタル》要求」についての皆さんの理解が深まることだ。大半の大人が、いくつもの役割を引き受ける。仕事上の役割を務め、誰かとの親密な関係を長続きさせようとし、次代を担う子どもたちの親という役割を引き受けるといった具合に。そうしたいくつもの役割を立派に果たすために、大人は実のところ何を求められるのか。

本書の執筆にあたり、私は数ある文献のなかで、とりわけ仕事と結婚とペアレンティング（親であること）に関する文献を読み、そこに書かれていることが、それらの役割を立派に果たすのに求められているものだと気がついた。そして3つのことを特定した。

1つめは、文献の執筆者同士が考えを伝え合わないこと。たとえば、リーダーシップの専門家は婚姻の専門家が書くものを読まない、といった具合だ。だが、成人期に大半の人が引き受けるこれらの役割を、「大人のカリキュラム」における別個の「授業」のようなものと考えるなら、この状況は、互いに話をすることのない教授たちが自分の専門を教えるだけで、誰ひとり「学生の」経験全体に気を配らないものになってしまう。

2つめは、専門家たちが、役割を立派に果たすことにつながる行動にばかり目を向けていることだった。ある行為（親として子どもの行動に制限を設けるなど）の実行には、所定のマインドの状態が必要であることを考慮していないのだ。もし親が、必要なマインドの状態をまだ構成していない――特定の発達段階にまだ達していない――なら、その親が脚本なしにその行為を実行することはできない。だいたい、今日の役割はあまりに複雑なので、今後起こる微妙に違うあらゆる状況を網羅する脚本を人々に提供することは不可能である。

3つめは、本書による重要な発見だ。役割を立派に果たすのに必要な心理的発達のレベルは、どの役割の場合も同じである――つまり、公私を問わずあらゆる役割をうまくこなすために、大人はある1つの発達レベルに到達しているはずだと、私たちは無意識のうちに期待しているということである（本書の原題には、期待される発達レベルと大半の人が到達している発達レベルが、見事なまでに釣り合っていないことが示されている）。本書を執筆したのは、現代を生きる大人としてこんなにも難しいカリキュラムをこなせるようにならなければならないという苦境に対し、成人発達理論について知識を深めることが、（自分自身と周囲の人々に対する）いたわりと思いやりを広げる機会になるはずだと思ったからなのだ。

この序文を結ぶにあたり、本書が初めて世に出てから30年経ってなおまだ起きていないことについて述べたい。どのような社会も、その社会が最大の脅威あるいはチャンスとみなすものに対し、なんらかの反応をする。結果としてあらゆる社会が、病気や侵略者といった脅威に対して今まさにしている対処法を編み出すことになる。同様に、あらゆる現代社会が理解している――子どもは大人のミニチュア版ではなく、自分自身のため、そして自分が暮らすコミュニティや社会のために、みずからの潜在能力を発揮できるように教育される必要があることを。

子どもの教育に十二分の注意を払うとは、そういう考えをしっかり理解しているということであり、子どものマインドはとてつもなく価値あるものだということであり、かつ現在進行中の発達には相当な支援が必要であるということだ。この責任を私たちはこれまで、世界中のさまざまな社会において「私たちはかけがえのないこの価値あるものを大切にしている」と胸を張って言えるくらいに引き受けてきた。

　これからは、世界のあらゆる社会が、「私たちは人類にとって唯一最大の機会――成人期を生きる人間の現在進行中の発達――を大切にしている」と胸を張って言えるようになってほしい。今はまだ、そのような社会はない。なぜなら、私たちが十分に理解していないからだ――自分たちに関する希望にあふれる事実、すなわち30代、40代、50代、60代、70代、いやそれ以上になっても、私たちが心理的に成長し続けられるのだということを。

　このことを深く――子どもが発達することやそのためには支援が必要であることを知っているのと同じくらい深く――理解できたら、私たちの行動はきっと、今とはずいぶん変わる。大多数の成人が参加する領域（仕事など）に心を配り、それらの領域を、外向きのなすべきことを達成するだけでなく、内面的なニーズ――絶えず進化する人間として発達し続けようとするニーズ――を満たす場にするだろう。それを、自分の向上のためだけでなく、大勢が参加する場（仕事の世界など）の向上のために行うだろう。

　今から30年後には、私たちは次の考えをいっそう自分のものとして取り入れているだろうか――成人期もまた、進化のための豊かな土壌であり、思春期を過ぎてさらにいくつかの段階の意味づけが行われるのだという考えを。もしそうなら、それはひとえに、皆さんのような伝道者《アンバサダー》が本書やそれに類する本を読んでくれたからだ。皆さんに、皆さんの国の言葉で、本書を読んでもらえるのを大変うれしく思う。

　最後に、本書という木があなたに安堵をもたらす場となること、そして、すでに持っているより多くの実をあなたがここから実らせることを、私は願っている。

プロローグ

読者が本書を読み始める姿を想像すると、私はいつもこの話を思い出す。演奏旅行中だったバイオリニスト、ヤッシャ・ハイフェッツの話だ。ハイフェッツはとある町で演奏することになっていたが、折からの猛吹雪で、いざステージに上がってみると、客はたった8人しかいなかった。「どうにも面白くありませんね」と、ハイフェッツは述べたという。

「ホテルに戻りますので、皆さん部屋にいらして、一杯やりませんか」

すると「それは困る」と不満に満ちた声が客席からあがった。

「あなたの演奏を聴くために、数百マイルの距離をやってきたのです。さあ早く、ちょっ、い、い、い、とした曲でいいので演奏（sing）してください！」

私は歌手（singer）ではないしバイオリニストでもないが、これと同じような不確かさを、私もいつも感じる。読書という、さまざまな考えと出合う旅を始めるにあたり、読者がどんなことを期待しているのかについての不確かさである。そのため、このプロローグではまず、皆さんを本書という長い物語へ迎え入れたい。つまり皆さんに、私とともに旅をする準備をし、旅に必要なものをそろえてもらいたいと思う。というのも、この20年間に3冊の本を書いてわかったとおり、本を書き始めるのは著者だが、完成させるのは読者だからだ。読者が本書をどう思うかが明らかになったとき初めて、私は本書がどんな本になったかを知るのである。

私は20代のときに、興味を惹かれるさまざまな現代小説について本を書いた。[1]出版しようと言ってもらえてとてもうれしかったし、実際に出版されるのを誇らしくも思った。本が完成したことによって、私は、読者に楽しんでもらえるものを自分の手で生み出せるところまであと一歩にまで迫った。のちに明らかになったとおり、「自分がその本を完成させた」という感覚は、思う以上に正しかった。本を読んだ人のうち誰からも、ひとことも、私は感想を聞くことはなかった。本はあっという間に絶版になり、読んだのはどうやら私だけらしいと思うようになった。私はその本を、自分で書き始め、自分で完成させたのである。

30代のときには、『進化する自己』[2]を書き、人間というのは、自己の内面と周囲の世界に関する意味づけと探究を、一生を通じて続ける生きものだという考えを述べた。出版されて10年になるが、今でも2週間に一度は感想を記した手紙が読者から届く。その本がドイツ語と韓国語に翻訳されるのだと、数年前、誇らしげに父に話したところ、父はこう答えた。「それはすごいな。それで、英語にはいつ翻訳されるんだ？」。実を言えば、2週間に一度届く読者からの手紙にも、似た内容のものがたまにある。

> 親愛なるキーガン博士
>
> 心理学の授業であなたの本を読むように言われ、実際読みました。
>
> こんな書き方で、よく出版されたものですね。クラスの誰も、内容を理解できません。この本を課題に出した先生でさえもです。こんな難解な文章を並べられて、いったい誰が感動するでしょうか。
>
> 私は読むうちにあまりに腹が立ち、ボストンへ行ってあなたの歯を折ってやりたくなったほどです。

『進化する自己』
The Evolving Self（未邦訳）

敬具
［手紙の主の名前］

「敬具」を忘れなかったところには感心した。

ただ、大半の手紙はそういう内容ではない。わけてもうれしく思う手紙は、どれほど難解でも、本の内容を読者が独自に探究し続けていると書いてある手紙だ。そういう読者は、内容を鵜呑みにせず、なんらかの方法でその本と関わり続け、おのおのの経験を私に語ってくれた。そうやって本がアップデートされ続けていくことに、私は感動した。だが同時に、次の本を書く気に全くなれなかった。けれどもようやく、その本と同様の経験を読者にしてもらえる本を世に出す機会を得た。

そして完成したのが、本書だ。読み終えた読者に、独自の探究を続けてもらいたい。そう願って書いた。テーマはやはり、私のライフワークというべき「意味づけ」と「意識の漸進的変化」だが、今回はそこに、「私たちのマインドに対する文化からの主張」が絡んでいる。前著と同様、重要な発見だと私が思うことを書き、人間に関する新たな見方を提供しているが、今回はそこに、環境からの要求が関係している。また、本書は頭から信じてもらえることを期待していないし、そうしてほしいわけでもない。

私は本書に関しても、やはり少し変わった2つのトーンの声で書いた。あるときは分析的基準から、そうかと思えば次には美的基準から凛《りん》とした声を生み出したのだ。私は両方の基準を大切に思っており、率直に言えば、どちらか一方で書かれた文章はどれも信用できないと考えている。本書では、いずれのトーンの場合にも、わかりやすくなるよう心がけた。私ももう40代なので、歯を折られるわけにはいかない。

以上からわかるとおり、私の核となる職業的アイデンティティは教師だ。また、本書は私の経験——研究者、理論家、セラピスト、生涯教育センター長、仕事及び能力開発のコンサルタントとしての経験——を土台にしているが、一貫するテーマは「教育《ティーチング》」である。書物は学ぶための環境を生み出す。そして本書がスポットを当てているのは意識と文化だけれども、教育への情熱に満ちていることは、教育の象徴である「学校」と「カリキュラム」という言葉を使っている点に、最も端的にあらわれているだろう。

教える仕事を続けて25年、これこそが最高の報酬だと思うようになったことがある。それは親しく、かつ相手に寄り添って、大半の時間を過ごせていることだ。思うに、苦しみながらも懸命に努力する人を目にして、温かく肩を抱いてあげずにいられなくなる人は、思いやり深いと評価されるだろう。また、相手に寄り添う気持ちを徐々に持てるようになり、そこへ親しみやすさが加わって上手に教えられるようになるのは、貴重な能力だとみなされるだろう。

けれども、最も恩恵を得るのは、実は教師自身ではないだろうか。この本には、私のやむにやまれぬ気持ちが詰まっている。苦しみもがく現代文化の肩を、私は規律を保ちつつ、親しく温かく抱かずにはいられないのだ。もし、現代文化はいわば「学校」であり、現代社会に生きる私たちに突きつけられた一連の複雑な課題と期待は「学校で教わる教科（カリキュラム）」であるという捉え方を読者の皆さんが歓迎するなら、本書は紛れもなく、学業成績が思わしくないために失意、不安、怒り、無力感、困惑、あるいは疎外感を覚えている学生に、教師が親しげに差し伸べる温かな支援の手を、広く社会という視野で捉え直す本になる。

このような広い視野で捉えた親しく温かな支援の手を私たちが確かに若者に差し伸べることになるのは、現実の学校や教育制度、全米の教育協会、いや大学院教育学研究科も含めて、そのカリキュラムに目を向け、次のように問うときだ。

「実のところ、われわれは学生に何を求めているのか」

「われわれの期待は妥当（公平、適切）だろうか」

「このカリキュラムはどんな能力を前提にしているか。また、その前提には確かな根拠があるか」

さまざまな研究によって子どものマインドがどのように複雑化するかが解明されてきたおかげで、教育関係者は、ある年齢向けのカリキュラムが、期待される子どもの精神的《メンタル》能力にふさわしいかどうかを深く考えられるようになってきた。その恩恵は、読むための基礎力から憲法、数の概念まであらゆることに及んでいる。

また、研究の対象が広がり、子どもの精神的《メンタル》能力が社会生活や他者を理解するうえでどのように影響するかが明らかになると、子どものより広範な生活についてカリキュラムの妥当性を検討できるようにもなった。カトリックの子どもは初めての告解を何歳のときにするべきか。つまり、何歳になれば「善悪」の意味をきちんと理解し、誘惑に負けず正しい行いをするという考えが当たり前になるか。あるいは、保育園の先生が園児たちから一度に6つもお願いごとをされて腹を立て、「先生の気持ちを考えなさい」と言うのは適切なのか。まあ、園児に対して、先生の言葉の真意を理解し行動を改めることを本当に期待するなら、話は別だが。

私たちの期待、すなわち子どもに対する精神的《メンタル》要求が妥当かどうかというこのような検討は、学校にとどまらず、広く文化においても行われるようになっている。最たる例は、子どもにプレッシャーをかけすぎているのではないか、年齢に不釣り合いな責任を押しつけているのではないかという、多くの人が持つ不安ではないだろうか。ここでいう責任とは、親が共働きなので放課後をひとりで過ごすとか、弟妹の面倒を見る（弟妹に関してなんらかの判断をする場合もある）とか、学校での成績をめぐる競争（子どもにすれば知らぬ間に、あるいは望んだわけではないのに巻き込まれてしまっている競争）で負けないよう頑張ってよい成績を取るとか、そういった責任である。そこにあるのは、子ども時代を奪ってしまうのではないかという漠然とした恐れ、すなわちデイヴィッド・エルカインドのいう「急がされる子ども時代」に対する不安だ。[3] 子ども時代に与えられて然《しか》るべきもの——過大な責任を負わされないことや、自己防衛したり自分をアピールしたりするニーズ（心理的欲求や必要性）を満たすこと——を子ども時代に与えないのは、どこか不自然で、あるべき姿から外れているように感じられるのである。

子ども時代の価値を正しく認めなければという強い気持ちは、子ども時代は大人の時代とは違うと一般に考えられていることから生まれる。違うのは当たり前だと思うかもしれないが、この見方が広まったのは実は比較的最近——フランスの歴史学者フィリップ・アリエスが気づかせてくれてからのことだ。[4] ほんの数世紀前には、子どもが「小さな大人」として油絵などさまざまな芸術作品に描かれたことや、10歳の子どもを工場で働かせるのが当たり前だったことからわかるように、子どもは大人とさほど違わないと考えられていたのである。

私たちは、子どもを急がせることによって、間違ったことを子どもにしているのではないかと感じているが、この間違いの本質とはつまり何なのか。子どもを急がせているのではないかと私たちが強く懸念するのは、気づいているかどうかはともかく、子どものマインドが大人のそれとは違うことを私たちがすでに承知しているからである。能力を超えた仕事を子どもにやりなさいと言うのもできて当たり前と考えるのもとんでもないと思って、大人は無条件に同情したり、守ってやりたくなったり、怒りを覚えたりする。「そんなの、やれと言うほうが無理だ！」と心の声が言うのである。重荷に押しつぶされてしまう子どもと、非難も理解もできず、ただほかにどうしようもなくて孤独に苛《さいな》まれつつ重荷を引き受ける子ども——どちらのほうがよりかわいそうなのかはわからないが、いずれにせよ、日々の重圧に子どもが上手に耐えられるようになる方法について本を書こうと思う人はいないだろう。むしろ、エルカインド同様、子どもは子どもでしかないことを伝える本を書くはずだ。子どもには子どもの限界がある。子どもには背の立たない深みというものがある。そんな深みへ連れていったら、子どもはどうしていいかわからなくなってしまう。そのまま放っておいたら、どんなに粘り強い子どもでも、精根尽き果てるまで、もがき続けるほかなくなってしまう、と。

現代社会が成人に求めているもの

一方、この数世紀のあいだに子どものマインドと大人のマインドにおける質的な違いを認識することはできたものの、私たちにはまだ、大人になってもそれが最終の状態ではなく、果てしない発達の途中――マインドの多様な可能性を含む発達の途中――であることを知る仕事が残っている。また、子ども向けのカリキュラムに対処する力が当の子どもにあるのかどうかを分析・検討することによって、規律ある温かな支援の手を子どもに差し伸べられるようになったとはいえ、私たちにはまだ、同じく規律ある温かな支援の手を、大人の経験に対しても差し伸べるという仕事が残っている。すなわち、大人のさまざまなマインドと比べて、現代社会のカリキュラムが適切かどうかを検討する必要がある。それを、これから本書で行っていく。

大半の大人が、長く親密な関係でいたいと思う相手とパートナーになる。親として子どもを育てる。給料の支払われる仕事に就く。多くの大人が、学校やサイコセラピーに通って自分を高める。現代アメリカに生きるすべての大人が、肌の色やジェンダー、年齢、社会的地位、性的指向、体力が自分とは違う人々とともに社会をつくっている。こうした活動は、多様な期待、強い提言、主張、要求を私たちに提示する。かつてない速さで目や耳に入ってくる洪水のような情報――私たちの注意と支持と金を奪い合う情報――も、情報を使って何かをせよと私たちに迫る。だが、求められることを私たちがさっぱりできないので、まずは、情報について判断することを迫る。

　こうした期待は、年月とともに増える文化的文書に記録され、ときには一定の方向性が打ち出されていることもある。文化的文書とは、学者が「文献」（「婚姻に関する文献」「マネジメントに関する文献」「成人教育に関する文献」など）と呼ぶ文書のことだ（とくに皮肉は込めていない）。こうした文献を広く読み、私は2つの結論を導き出した。1つは、文献に繰り返し見られる期待が私たちに求めているのは、単なる行動の変化でも特定のスキルや知識の習得でもないということだ。期待が要求するのは、私たちのマインド、理解の仕方、意識の複雑さに対してなのである。21世紀に向けて計画中の「情報高速道路《ハイウェイ》」にしても、実現すれば、情報量と送信方法と受け手の数を爆発的に増加させるかもしれない。だが、私たちが情報をしっかり制御できないなら、新たな情報ネットワークの使いやすさと速さに感嘆するどころか、（情報高速道路《ハイウェイ》が新しいタイプの「混雑」あるいは「渋滞」となって）私たちは疲れ果ててしまうのではないだろうか。情報をいっそう多く頭に入れたところで、そうした情報を制御する力を得ることはできない。その力を得るためには、マインドの複雑さが質的に変化する以外にないのだ。

　2つめの結論は、こうした文献の大半が、つながりがなく、互いを考慮に入れず、別個に存在しているということである。マネジメントに関する文献を書き、学生に教え、一定の方向性を打ち出す人が、親密さについての文献を読むことは、どうやらない。リーダーシップに関する文献を書く人が子育てに関する文献に目を通すことも、やはりない。彼らは皆、異なる分野の専門家として訓練を積み、それぞれ別のアイデンティティ、分析手法、ロールモデル、解決すべき問題のフレーミングの仕方を持っている。専門分野の1つひとつを見れば素晴らしい仕事がなされているとしても、一個の大人に求められているものについて熟考しようとする分野が存在しないのである。だが、大人は働く人、配偶者、親のいずれか1つの役割だけを担ってい

ると は限らない。それらすべてを担っている場合もある。結果として、こう言えるだろう。（ここでも、文化を学校に喩えるなら、）私たちの学校では、学校が生徒に課す要求を満たすよう、学科ごとに努力している。だが、生徒たちの総合的な経験について、すなわち実際に何をどのように教えるかや、カリキュラム全体が生徒にとってどんな意味を持つかについては、誰も考えていない、と。

本書では、1つめの結論を2つめの結論の要と捉えている。そして、成人に関する諸文献に見られる大人へのさまざまな期待を、その期待のために大人のマインドに課せられることになる要求の検討を通して考えていく。私は、大人に対する要求が私たちの認識以上に互いに結びついていることを示し、それによって、現代の大人になって以降の経験には、思いのほか統一性があることを伝えたいのだ。どの分野の専門家も、この世界を生きる大人の個人的・社会的生活を豊かにすることを目指している一方で、今、私たちには新たなものの見方が必要だ。各分野の優れた専門家たちが互いにつながりを持たず、情報交換もしないせいで、この目的をしっかり追求できずにいる現状に終止符を打つためである。

成人発達理論というツールを手に入れる

大人のマインドに対する要求を新たな見方によって探るためには、分析ツールが必要だ。社会の期待に内在する精神的《メンタル》複雑さを理解する方法が要る。人間の発達を考察する方法のうち、人々の課題の変化だけでなく能力の変化についても考える方法が必要なのだ。本書の読者で私の前著『進化する自己』を読んだ人はいないと思うが、もしいるなら、私がそこで示した理論――哲学を含む理論、意味づけあるいは理解の仕方という心理的な変容を説明する理論、つまり意識の発達についての理論――を本書でも用い、それを分析ツールにして現代の文化を検討しているのがわかるだろう。このツールを使えば、文化という学校のカリキュラムが私たちのマインドに課す要求と、在校中の「生徒」たる私たちの精神的《メンタル》能力とが、マッチしているのかどうかを検討できるのである。

前著から10年をかけて、この理論は完成度を高めていった。それを可能にしたのは、読者をはじめ、ハーバード及びマサチューセッツ心理専門職大学院（現ウィリアム・ジェームズ・カレッジ）で私が受け持つ大学院生、世界中の大学の研究者、長い付き合いの大切な友人や協力的な仕事仲間だ。マインドの構造の研究を行うための信頼に足るツール（「主体 - 客体インタビュー」）の開発、そのツールの使い方と得られたデータの分析方法を説明する研究の手引きの作成、[5] ツールによって可能になる実証分析（本書で紹介する成人発達に関する多くの研究を含む）もまた然りである。

この理論の重要な前提と特徴は前著から変わっていないが、より確かな裏付けを得て、明確さが増している。精神的《メンタル》意味構築（organization）（これによって感情、認知、人間関係、さらには自己の内面にまつわる経験がつなぎ合わされる）の原理が、はるかに詳しく説明される。思考と感情――自分と自分の一部との関係と、自分と他者との関係――の形態《フォーム》の類似点についても、単なる主張にとどまらず詳細に解説される。この理論によって検討されるものとされないものも、より明確になっている。そのため、検討されるもの（意味調整の形態《フォーム》、意識の形態変容、これらのプロセスにおける内的経験、その際に環境が果たす役割）と検討されないもの（個性のタイプ、ある次元の意識における気になって仕方のないことや主要な動機づけ、個性の「スタイル」や「声」）を混同することが減っている。

この理論をよく知っている読者なら、私が構成主義的発達心理学につきものの課題から逃げず、それらに正面から向き合っていることがわかるだろう。多様性の問題への関心が高まり、知識システムが優位性の獲得や権力維持の手段として利用されがちであるという認識が進んできている時代に、「成人」「発達」「文化」はたまた「理論」について話すなど、時代遅れに思えるかもしれない。

成人とはどのような成人を、私は指しているのか。発達とは誰の唱える発達のことか。白人と有色人種、同性愛者と異性愛者、男性と女性が1つの文化を共有しているとは、どういう意味か。誰を特別扱いし、何の価値を決める理論なのか。その理論は西洋的か。序列的ではないのか。成長についての昔からある考え方を述べるだけではないのか。その理論は、人間が使う意味づけの仕組みはどんな領域の経験においても1つだと決めてかかっていないか。「ポスト構造主義」の時代に構造に関する理論を提唱するなど、時代遅れではないのか――。

これらの問いに、本書では正面から真摯《しんし》に向き合っていく。本書はいくつかの学術界の潮流――とりわけジェンダー差についての研究、ダイバーシティ・ムーブメント（多様性の尊重を目指す運動）、知識創造に対するポストモダンからの批判――の影響を受けて完成している。次は私の考えが、そうした潮流を後押しできれば……。そんな私の願いも、本書には込めている。

心理学の可能性を広げる

私の著作を初めて読むという読者には、私が「感嘆の心理学」と考えるようになった知の世界へようこそ、と申し上げよう。感嘆（admiration）の根源は「驚き（wonder）」である。それはラテン語の mirari が wonder の意味であることからも窺い知ることができる。「驚き」には、人間がそうであるように二面性があり、弁証的で、両性的である。つまり「驚き」は、「不思議に思うこと」であると同時に、「訝《いぶか》ること」でもあるのだ。「不思議に思う」は、何かをよく見て、畏敬の念を持つこと。「訝る」は、何かについて疑問に思い、判断することである。「不思議に思う」は東洋的で、受け容れる姿勢があり、深く考えること自体を目的とする。一方、「訝る」は西洋的で、対応して行動する姿勢であり、目的のための手段である。「不思議に思う」は優美で、人間らしさの源であり、アニマ（女性性）であり、女神に祝福されている。「訝る」は分析的で、科学の源であり、アニムス（男性性）であり、男神に祝福されている。

本書では現代社会について検証していくが、その際の態度として、私は「不思議に思うこと」と「訝ること」のどちらか一方を支持するわけでも選択するわけでもない。その態度は分析的ではなく、といって優美でもない。科学を害悪と考えるわけでも救世主と考えるわけでもない。人間の心がゆれ動くのを、非難も称賛もしない。そうではなく、これら2種類の英知の両方から大いにヒントを得ている。

これまでたびたび使ってきた学校という喩えを今また使うなら、有益な教育に欠かせないものは、二面性を持つこの感嘆のなかにこそあるのかもしれない。教育する側の態度が訝るほうに偏れば、指導要領や国家試験やカリキュラムの絶対視が優位に立つ、定量的な考え方を生んでしまう。といって、教え方が不思議に思うほうに偏ったら、畏敬はゆきすぎた熱意にすり替わってしまう。思い起こすのは、映画『ミス・ブロディの青春』の情熱的な教師、ジーン・ブロディだ。ブロディは生徒に勇気を持つよう教える。だがその勇気は、スペイン内戦の時代にあって、民主主義を信奉した共和制主義者とファシズムに傾倒したフランコ軍のいずれにも、たやすく捧げられてしまいうるものなのだ（ブロディはフランコ軍に従軍して戦死）。

もし私たちが、科学には私たちを自滅から救ってくれる力がないと失望する傾向があるなら、こう考えるほうが賢明かもしれない。科学を使用人として扱い、私たちが注意深い主人にならない限り、科学が私たちの役に立つことはない、と。また、人間性の回復を求める声――「勇気」と「思いやり」を称える、さまざまな知的分野から聞こえてくる声――に私たちが惹かれているなら、次のことを心に留めておいたほうがいいだろう。勇気と思いやりはそれだけで、人にエネルギーを与えることもできるが奪うこともできるものであり、人間の歴史において、専制君主とその体制は例外なく、恐怖のほかに、支持者の勇気と思いやりもエネルギー源にしている、と。

社会科学は、現代の文化において、ターニングポイントに立っている。すなわち、みずからの地盤を築かず、自然科学や人文科学の確固たる地盤を借り、その勢いに呑み込まれ、これからも実質的にちっぽけな影響力しか持たないままでいるのか。フロイトの言う不幸な幼い自我――個性の重要な要素であるように見えて、実は意識と欲望という相対《あいたい》する力に翻弄される自我――のような存在であり続けるのか。それとも、今後は成長するのだろうか。そして、成熟した自我のように、意識と欲望という相対する力を統合し、それによって第3の独自の力――人間性の、あるいは現代の文化の、重要な要素になるかもしれない力――を生み出せるようになるのだろうか。そのような心理的統合ができれば、心理学（psychology）という言葉の本来の意味、すなわちpsyche（魂）とlogos（理論・学問）を、よりしっかり実現できるかもしれない。

本書において、私が感嘆の心理学で彩るのは、興味深い2つの現象――心理的現象と文化的現象――の関係の探究だ。心理的現象とは意識の漸進的変化、つまり、個人において経験の整理が次の段階へ徐々に進んでいくことである（経験の整理は、成長するにつれて別の整理の仕方に置き換わるだけでなく、より複雑なマインドのシステムへ組み込まれる）。また、発達理論の双璧をなすフロイトとピアジェが示した人間の発達段階は青年期までだが、本書では大部分を割いて青年期後の意識の変容について述べる。もう1つの興味深い現象である文化的現象とは、「隠されたカリキュラム」のことだ。これは、文化がつくり出し、社会科学が研究するアーティファクト（人が生み出したもの）や決まりごとにはさまざまなものがあるが、そのリストに、文化によってそこに生きる人々のマインドに対してなされる主張や要求も加えるべきだという考えである。

これら2つの現象の関係性——私たちのマインドに対する文化の要求と、その要求に応える私たちの精神《メンタル》的能力がマッチしているかどうか——を検討するにあたり、在校中の生徒である読者にとって、本書が頼れる存在になることを願っている。一方で、「学校」をつくる仲間である読者にとって、本書が注意を促すものになることも願っている。他の大人との私的で個人的な人間関係だけを考えても、大人は皆、他者から期待されるだけでなく、他者に期待してもいる。ただ、本書の読者のような人であれば十中八九、プライベートではもちろん仕事のうえでも、文化という「学校」のカリキュラムをつくって伝えることに関わっている（あるいは今後関わることになる）だろう。というのも、誰かを雇う人、誰かほかの人を管理、指導、監督、評価する人、誰かに教えたり助言したり、カウンセリングやセラピーやコンサルティングをしたりする人、大勢に対して啓発をしたり情報を提供したりやる気を促したり行動を起こさせたりしようとする人——このような仕事をしている人は皆、意識的にしろ無意識にしろ、精神《メンタル》的要求をしているからである。そうした要求をされる側の人々の経験に、もっと細かい心配りがなされるようになることを、私は願っている。

本書の構成と3つの発見

パート1ではまず、私たちの文化が10代の若者の精神《メンタル》に課す要求と、その要求に応える若者の能力がマッチしているのかどうかを考察する。私の主張はつまり、私たちは現代のティーンエイジャーに対し、「伝統的な」世界に入るのに必要な次元の意識を育てることを、無意識のうちに期待している、ということである。

パート2と3では、隠されたカリキュラムが公私にわたって大人の精神《メンタル》に課す要求を検討する。取り上げる分野は、ペアレンティング（親として役割・務めを果たすこと）、パートナリング（パートナーとして役割・務めを果たすこと）、仕事、多様性の受容、成人学習、サイコセラピーだ。各分野の文献には、成果をあげるには何をする必要があると書かれているのか。また、各分野における期待は、私たちのマインドに対し、本当はどんな暗黙の要求をしているのか。私の主張はつまり、これらの分野においては、互いに情報交換されることがないにもかかわらず、要求するマインドの複雑さに顕著な共通点があること、そして、それらの要求によって、モダニティ（現代性）への意識の入り口がつくり出されていることである。

最後のパート4では、成人に対するいわゆるポストモダンの強い提言に内在する精神的要求《メンタル》――最先端のテーマとして、さまざまな文献で論じられている――について考察する。私の主張は次のとおりだ。そうした期待は質的にはるかに複雑な次元の意識を意味しており、ゆえにそのような要求を他者にする人々にはいっそう細かく注意を払うことが求められる、と。私は本書が明瞭でわかりやすくなるよう心がけた。だが、出版前の原稿を読んだ人たちからは、本書で論じる「カリキュラム」が複雑になるにつれ、本書自体もだんだんややこしくなるという指摘を受けた。

個人、文化、文化的思考の進化、これらのいずれかに関心のある読者にとって、本書が考えを深める機会になればうれしく思う。本書が持つエネルギーは、3つの発見――正確には、異なる3つの方法によって導かれた1つの発見――から得ている。

個人への支援、教育、トレーニング、メンタルヘルスに対し、理論的にも実際的にも関心を持つ人々は、1つめの発見、つまり文化がつくり出す「カリキュラム」の複雑さと、それを理解する私たちの能力との、実生活のどこかで起きているミスマッチの発見に目をとめることになる。セラピストをはじめ、教育者やマネジャー、トレーナーは、現代生活におけるストレスの原因への新たな手がかりを見出すだろう。愛情と仕事に対して同時に起きる期待に応えるために個人が到達しなければならない意識の入り口、という新たな考え方にも出合うだろう。

また、社会全体に関心のある人は、個人のマインドに対する要求には文化全般にわたって共通性がある、という2つめの発見に目をとめるだろう。政策や計画の立案者、カリキュラム作成者、高等教育の目的の策定者、市民団体や文化事業や組織のリーダーは、たとえば次のように考えることによって得るものがあるかもしれない。現在の文化の仕組みが大人に求めているのは、学童期の子どもが魔術的思考から具体的思考へ、10代の若者が具体的思考から抽象的思考へ変化を求められるのと全く同様の、マインドの根本的な質的変容だ、と。

そして、文化的心性《メンタリティ》の経時的発達に関心のある人は、トラディショナリズム、モダニズム、ポストモダニズムに内在する精神《メンタル》的構造、及びそれらの発展的関係という3つめの発見に目をとめるだろう。教育哲学、思想史、心の哲学を研究する人たちには、ぜひ私とともに手探りの旅に加わってもらいたい。マインドにスポットを当てた心理学が個人の発達の制約と可能性について明らかにしつつある事柄をふまえ、文化的思考の枠組みが私たちの意識に要求するものにはどんな意味があるのか、それを探る旅に。

教師、セラピスト、マネジャー、人材育成担当者、政策立案者、カリキュラム作成者、組織のリーダー、教育哲学者、思想史家、心の哲学の研究者——旅の仲間として多彩な顔ぶれであり、畏敬と判断という二面性を持つ感嘆の心理学に実にふさわしい。ただ、私が一緒に旅してほしいと思うかどうかは結局、どんな仕事をしているかではなく、どんな人かによる。あなたの仕事が何であれ、あなたに本書を手に取らせることになった願い、懸念、責任感、あるいは情熱に、私は敬意を表する。本書を読んだのちにどうなったか、いつか様子を聞かせてもらえたら幸いである。

Part 1

「大人になる前」に対する精神《メンタル》的要求

The Mental Demand of Adolescence

第1章 ティーンエイジャーに課される隠されたカリキュラム

「いったいどうしろって言うんだよ」

時刻は午前2時。ピーターとリンはすっかり目が覚めている。ただし、お楽しみの最中ではない。何の最中かと言えば、子育てだ。ティーンエイジャーの息子マティは、2時間前に帰宅するはずだった。16歳で、門限は12時。なのに、連絡さえない。ふたりはいよいよ目が冴え、腹が立ち、だが何より心配でたまらない。

いや大丈夫だ、誰かの人生が変わる夜になんかならない。誰も死なない。ニュースになるような事件も起きない。今夜もいつもと同じ、ありふれた夜だ。もう30分もすれば、マティは帰ってくるだろう——どうかパパもママもとっくに寝てますように。そうしたら朝になって「12時をちょっとだけ過ぎて帰ってきたんだ」って言える……と思いながら。だが、両親が完全に目を覚ましていたら、マティは期待を打ち砕かれ、言い訳を始めることになる。友だちのAくんがどうの、別の友だちの母親がどうの。さらに別の友だちが、Aくんの上着を借りてたんだけど、ポケットに車のカギを入れたままパーティーから先に帰っちゃって、云々。だが、もう午前3時になろうとしているせいかもしれないが、ピーターとリンにとって、マティの話はとっさの思いつきにすぎず、ほとんど辻褄《つじつま》が合っていないように思えるだろう。

今この瞬間にリンが思い返すことはないだろうが、ほんの6年前——つい昨日のことのように、リンには思える——、マティがすっかり自立したことに、リンは目を見はった。何をするにもリンの手が必要で、つきまとって離れようとしなかった幼い子どもが、10歳を迎え、数え切れないほどの目標と計画を立て、独立自尊の精神を持ち、自室のドアに「大人は立ち入り禁止」と張り紙をする少年になったのだ。ひとりになりたくないと駄々をこねる坊やがいなくなったのは少し寂しかったが、息子のためにも母である自分のためにも息子のそんな成長を喜ぶ気持ちのほうが、リンのなかでは大きかった。だが6年後の今、夜中の2時半に、リンはとてもこんなことを言う気になれない。

「すごいわ、マティ。すっかり自立して、自分のことは何でも自分でできるようになったのね。行きたいところへ行けるし、帰ってきたい時間に帰ってこられるし、パパやママの助けを借りなくてもいいし。見違えるようだわ、マティ。あなたのことをどんなに誇りに思っているかを伝えたくて、パパとママは夜中の2時半まで起きていたのよ！」

そう、リンが言いたくなる言葉は、むしろこっちだ。「いいこと、、、、ここはホテルじゃない、、、、、！　好きなときに出入りするなんて駄目なの！　あなたも家族の一員なんだから！　パパやママにも感情があるのよ！　何の連絡もないまま夜中の2時になって、どんな気持ちだと思う？　心配で心配で気がどうかなってしまいそうなのよ！　もしかして高速道路で大事故に遭ったんじゃないか、とか。だってわからないじゃない、、、、、、！　電話一本よこさないんだから。いい加減、家族の一員として、自分のことだけじゃなくほかの人のことも考えいいいい、、、、られるようになってちょうだい！」

ピーターとリンは、10歳のマティに望んだ以上のことを、今のマティに望んでいる。また、マティが10歳だったときにはうれしくさえ思った「自立」が、「信頼性の欠如」としてあらわれたとたん、怒りと心配と不満の原因になってしまっている。

いったい、マティの両親はどのような種類のことをマティに期待しているのか。1つには振る舞い、つまり行動の仕方がある。両親はマティに、ある行動をやめ、別の行動へ改めてほしいのだ。だが、少し考えれば、ピーターとリンが息子に求めているのは単なる行動ではないことがわかる。リンの怒りに満ちた言葉には、マティに対し、ものごとに臨むときの姿勢も求めていることが窺える。それに、正しく行動できさえすれば理由はどうでもいい、というわけでもない。マティがいつも門限を守っていたとしても、両親を激怒させることによる不利益を避けるためというだけでそうしているなら、リンは実のところうれしくない。そう、リンはこう思いたいのだ。夫も自分ももうお目付役をしなくていい。息子はもう大人で、自制心のある信頼に足るチームメンバーとして接することができる、と。リンは息子に「正しく振る舞って」もらいたいが、それは「自分も家族の一員である」という自覚からであってほしいと願っている。ということは、両親がマティに望む「もの」は単に正しい行動ではなく、特定の考え方をすることなのかもしれない。両親に対しても、約束より自分のニーズを優先することについても、家族に対する責任についても、考え方を変えてもらいたい。それを両親は望んでいる。はじめはマティの外面的な行動を改めてほしいという要求に見えたが、こうしてみるとどうも内面的な考え方を変えてほしいという要求であるように思われる。

だが、そのような内面的な考え方はどこから来るのだろう。つまり、マティが考え方を改めるためには、何が変わる必要があるのだろう。私はこう考えている。世界をどういうものだと理解し、自分をどんな人間だと思い、両親が大切に思っているものをどのように気にかけるか、その仕方から、マティの考え方は生まれる、と。夜中の2時半に帰宅することについて本当に考え方を改めるためには、マティはこうした理解の仕方を変える必要があるだろう。リンとピーターをはじめ10代の子どもを持つ親が本当に望むのは、行動の仕方を変えるだけでも、考え方を変えるだけでもなく、理解の仕方——何を理解するかだけでなく、どのように理解するか——を変えることだ。そのため、奇妙に聞こえるかもしれないし、リンとピーターはおそらく意識していないだろうが、息子が生きていて元気だとわかった夜中の3時にふたりが最も望むのは、息子のマインドが変わることである。ふたりは息子に、意識を変えてもらいたい、改めてもらいたいと思っているのだ（そしてもちろん、少し眠りたいと3人とも思っている！）。

10代の子どもに対するさまざまな要求

結論から言えば、マティにマインドを変えてほしいと思っているのは、彼の両親だけではない。実際、アメリカのすべてのティーンエイジャー同様、マティは学校でもコミュニティでも、いや友だちと一緒のときでさえ、期待の嵐に絶え間なくさらされ続けている。世界に対する理解の仕方を、人生の最初の10年をかけてつくった「自立しすぎている」今のものの見方とは違う見方に変えてほしい、という期待に。そういう期待は、学校や労働省や政治家によって、公の場ではっきり述べられる場合もある。だがたいてい、そうした期待は存在はするが公にされることはない――家庭や育った地域といった内輪だけの場で、個別に、それとなく、無言のうちに伝えられるのである。

私たちはマティに、どんなことを期待しているのか。先述したとおり、多くのことだ――てんでばらばらに思える、たくさんのことである。たとえば、雇用してもらえる人間になってほしいという期待がある。いったいそれはどういう意味なのか。意図を掘り下げてみると、仕事に活かせる特定の知識や技術を身につけてほしいという意味であることはあまりない（「そういうのは雇ってから教えればいい」と誰もが思っている）。それよりはるかに多いのは、当てにできる人間、つまり時間を守れる人、協調性のある人、会社に一定の忠誠心を持てる人、時間と金をかけて訓練する価値のある人になってほしい（彼はやると言ったらきっとやる人なので）、という期待である。

あるいは、善良な市民、つまり民主主義社会の一員になってほしいという期待もある。これはどういう意味なのか。選挙のときに欠かさず投票所へ行って投票する人になってほしいという意味であることはほとんどない。たいていは、フロリダの親戚を皆で訪ねて留守にしている家だからといって侵入したりしない人、の意味だ。個人の自由が幅広く認められている社会であっても、その自由を悪用する人になってほしくない。そういう意味である。

マティを直接知っている人、たとえば家族や友人も、同様のことをマティに期待する。ただし、「善良な市民」というよりもっと個人的なニュアンスになる。彼らはマティに、信頼の置けるきちんとした人、人間関係において自分の側の責任を果たせる人、相手に配慮できる人になってほしいと思う。12時の門限に遅れそうなとき、マティならきっと電話をかけてくるはずだ。そう彼らは思いたいのである。

学校はマティに、これらすべてを、いやそれ以上のことを求める。深く考えられるようになってほしい——思索的、抽象的、批判的に考えられるようになってほしい、と学校は思っている。外延的な意味だけでなく内包的な意味も理解してもらいたい、データと推測、代表例と一般化、事例と定義の両方を理解してもらいたいと思っているのだ。

さらに、マティの感じ方についても期待がある。臨床医やセラピストやスクールカウンセラーだけでなく、多くの場合ティーンエイジャーの親や友人たちでさえもがマティに、内なる心理的世界に気づき、話せるようになってほしいと思っている。私たちはティーンエイジャーに、心の奥底にある動機に気づき、内的感情のせめぎ合いを認識し、ある程度客観的に自分の言動を省みることができ、真実を見抜いたりよい意味で自意識を高く持ったりできることを期待しているのである。

これだけではまだ足りないと言うかのように、多くの人がマティに、しっかりとした思慮分別を持つこと――十分に考えるのとは全く別のこと――を望んでいる。よく見てから跳ぶべきであること、つまり、一見魅力的だが結局は高くつきすぎるかもしれないと、長い目で見た場合の結果を考えてから選択すべきであることを知ってほしい。賢明なリスクと愚かなリスクの違いを心得てほしい。友だちは必要だが、振り回されないでほしい。自分自身の意見を持ってほしい、とも思っている。

また、そうした自分の意見には価値観や理想、信念、信条がなければいけないと、やはり多くの人が思っている（価値観と言っても、マティは道ですれちがう人に暴力を振るう人ではないと安心できるような、道徳に適った行いについての価値観だけではない）。彼らは、自分の幸せとは無関係にマティのことを気にかけているので、マティに充実した人生を送ってほしい、そういう人生を今まさに始めようとしていると実感してほしい、とも思っている。

ただ、充実した人生とはどういうものかについて、マティの周囲にいる大人はそれぞれ意見が違う。そのため、マティに持ってほしいと思う価値観や信念や理想についても、考えが異なる。１９６０年代～１９７０年代には、10代の子どもに対して、愛国者としての義務を大切にしてほしいと考える大人もいれば、権威に疑問を投げかけ、抗うことを重要視してほしいと思う大人もいた。１９９０年代の今にしても、安全なセックスを重視してほしいと思う大人もいれば、禁欲を重んじてほしいと思う大人もいる。10代の少女に対して、昔ながらの女らしさを大切にしてほしいと考える大人もいるし、子ども時代に持っていた活発さと元気を持ち続けてほしいと願う大人もいるだろう。

たしかに、10代の子どもに求める理想像は大人によってまちまちで、おそらく共通点より違いのほうが目につくと思われる。だが実は、大人は皆、共通して、思春期の子どもにある１つの要求をしている。自分たち大人が愛着を持っている理想像、アイデンティティを重ねる理想像、自分たちや自分たちが属する世界をよりよい未来へ導いてくれるだろう理想像に、ティーンエイジャーたちになってほしいという要求である。

つまり、私たちはマティに求めているわけだ。雇用してもらえる人間、善良な市民になってほしい。批判的に思考し、客観的に自分の言動を省みることができ、人間として信頼が置けて、良識と価値ある理想を持つ人物になってほしい、と。ずいぶんとたくさんの期待である。いずれも私たち自身を、マティの周囲にいる人たちを、さらにはマティ本人を案じるがゆえに生まれた期待だ。こうした期待のすべてに、マティはこれから応えていくのだろうか。

この疑問を解くためには、もう一度こう問う必要がある。午前2時にマティの両親が裏切られた期待について、先ほど次のように問うた。

「マティの両親はどのような種類のことをマティに期待したのか」

そして私はこう述べた。両親は、どのように行動すべきかについてマティに期待していたように思えるが、実は目に見える行動以上のことを期待している。また、内面の感情や態度についても期待していたように見えるが、やはり本当はそれ以上のことを期待している、なぜなら感情や態度はものごとをどのように理解するか、その仕方から生まれるからである、と。同じことが、前述のあらゆる期待についても言える。いずれの期待も、ティーンエイジャーにどのように行動してほしいか、どのように考えてほしいか、何を理解してほしいかという期待ではなく、もっと深い期待だ。それらはすべて、どのように理解してほしいかについての期待、経験をどのように意味づけてほしいかについての期待である。つまり、ティーンエイジャーのマインドに対して要求をしているのである。

私たちは、それと気づいてはいないが、ティーンエイジャーのマインドがどうあるべきかについて共通するいくつかの期待を持っている。また、「思春期」という言葉についてどんな定義が教科書でなされていようと、そのただなかにいる子どもたちに最も強く影響を及ぼす定義は、隠されていて見えない。それは、ティーンエイジャーの理解の仕方に関して、文化が要求あるいは期待するものごとから生じる定義である。「adolescence(思春期)」は、その語自体が「adult(大人)」という語と密接な関係がある。どちらも、「大人になる」の意味を持つラテン語の動詞「adolescere」を語源としている。そしてこの動詞の過去分詞 adultus は「大人になった」、つまり「成人」を意味する。ゆえに、「adolescence（思春期）」という言葉は示している――ある文化が若者にどんな大人になるよう求めているかを見れば、その文化が大人をどのように定義しているかが、すなわち、思春期を終えて最終的に行き着く結果が大人であると考えていることがわかる、と。これは、かつては真実だったかもしれない。だが、現代でもそうなのだろうか。

持続的カテゴリによる意味構築

私たちは今日、若者のマインドがどのように変わることを望んでいるのか。時間を少し巻き戻して考えてみよう。子ども時代のある時点、ふつうは7歳か8歳の頃に、子どもは思考・感情・社会的関係の意味構築（organize）の仕方が質的に変化する。おもちゃの恐竜が当たり前のように6フィートの歌う恐竜バーニー（アメリカの子ども向け番組の主人公）に変身するといった、世界についての空想に満ちた意味構成（construction）を卒業し、スティーブン・スピルバーグの『ジュラシック・パーク』を目を凝らして見て、ティラノサウルス・レックスをごく細部に至るまで自分が正しく描写できていたかどうか確かめるようになるのだ。言い換えるなら、自然の法則に従う具体的な世界を初めて築き始め、その世界における限界と可能性に興味を持つようになる。

『ギネスブック（ギネス世界記録）』を読んで、世界最大のクッキーや、この世で最も高価な封筒付き便箋について知るといった具合だ。[1]

同時に、世界の意味を自己中心的に構成するのをやめるようになる。それまでの世界では他者も自分と同じマインドや意見を持っていると思っていたが、他者には他者それぞれのマインドや意志やものの見方があることに気づき始めるのだ。自分の頭のなかでしていた会話を、不意に途中から声に出して、両親を困惑させることもなくなる（たとえば、4歳の子どもが「そのあとママとリッチーはどうしたの？」と尋ねるも、母親は何の話をされているのかさっぱりわからなかったりする、というような）。この頃になると、それまでは親子の日々のやりとりの一端でしかなかった会話が、別個のマインドの不可欠な橋渡し役になる。[2]

同じ頃、つまり7歳か8歳までには、ほとんどの子どもが自分の欲望や好みや能力との関係をその場限りで終わらせることがなくなる。それより下の年齢では、満足を1分たりとも遅らせることはできないし、月曜日にした失敗を火曜日まで引きずることもない。けれども、10歳を迎える頃には、欲望をある程度持続させられるようになる。自己肯定感に関する面はいっそうの持続が可能になる。自我が形成され、自分の能力をたびたび捉え直すことがなくなるためである（「算数って苦手なんだ」と言う場合、その意味は「今、楽しく取り組めていない」だけではない）。

言い換えるなら、5歳～10歳の子どもは、互いに関連性がないように見える発見をたくさんする。[3] 例として、次の3つを考えてみよう。

① コップに入った液体を、別のもっと小さなコップに移しても、液体の量は変わらない。

② 自分の行為のせいで相手がいやな気分になると気づかない人は、「意地悪」とは言えない。

③「私はほうれん草が好きではない」と言ったり「私はカトリック教徒の女の子なんだもの」と思ったりするとき、私はそのとき限りの気持ちや考えを述べているわけでなく、それらが続いていること、それが私のあり方あるいは傾向なのである。

さて、この3つの発見は中身に関連性はないが（1つは物理、1つは人間関係、もう1つは自身についての理解）、それぞれを成り立たせている原理、つまり理解の仕方は3つとも同じである。

いずれのケースでも、発見を可能にしたのは同じ能力だ。考慮される現象（モノ、他者、自己）には独自の特質——ある集合《クラス》の一連の要素——があること、そして現象（モノ、他者、自己）自体も、他のすべての集合《クラス》同様、今もこれからも変わらないルール——そこに属しているという考えを生み出し、属していることを規定するルール——を持つ集合《クラス》であることを理解する能力である。

たとえば、「液体」はそこに属するものが量という特質を持つ1つの集合《クラス》になり、そしてその特質は私の知覚によって調節されない。水を小さいコップに移すと、増えたように見えるかもしれない。だが、本当に増えたと思って疑わない3歳の幼児と違い、10歳の子どもは見た目で意味を調節しない。

「他者」も、そこに属するものが意志という特質を持つ1つの集合《クラス》であり、そしてその特質は私の望みによって決定されることがない。父がたまたま帰宅が遅くなり、リトルリーグの試合に連れていってもらえなかったら、私は悲しくなったり、怒ったりさえするかもしれない。だが、父のマインドは私のマインドとは別であることを私は知っているので、3歳児と違い、父のことを「意地悪」だとも「悪いパパ」だとも考えることはない。

「自己」もまた、そこに属するものが好みと習慣と能力という特質を持つ集合《クラス》である。そして——「自己」

は集合《クラス》であり、特質を持つものなので——、これらの特質は、今食べたいものとかしたいこととは対照的に、私という人間の変わらぬ要素である。

このことから推して、無生物と人間関係と自己省察という本質的に異なる領域でそれぞれに新たな理解の仕方が生じるのは、おそらくマインドが変容するからにほかならない。どのケースにおいても、そこで証明されているのはある能力だ。1つの精神的《メンタル》なまとまり《セット》（集合《クラス》、カテゴリ）の意味を構成して、経験したものごと（物理的なモノ、他者、自分自身、欲望）を、特質を含む現象として意味整理する能力である（図1・1を参照）。

私が「持続的カテゴリ」と呼ぶこの精神的《メンタル》意味構築を実現できたら、物理的なモノが、「主として私がその瞬間に知覚する存在」から、「特質を含む『集合《クラス》（私の知覚とは無関係に、どんな要素が特質となるかあるいはならないかに関する恒常的ルールを持つ集合《クラス》）』としてのそれ自体の存在」へ変わる。他者は、「主として私がその他者に関して望む存在」から、「私とは違う特質を含む自己（私の望みとは無関係に、どんな意志や性格をこの集合《クラス》が確かに備えているかに関する恒常的ルールを持つ自己）としてのそれ自体の存在」へ変わる。そして私自身の欲望は、「主として私の現在の衝動としての存在」から、「時間が経っても変わらない私のニーズや好みという集合《クラス》であり、そこに一時的な衝動や願望が含まれる場合もある存在」に変わる。

私が言いたいのは、こういうことだ。「具体的な世界」「独自の考え方」「特質を含む自己」を意味構成する力は、ある形態《フォーム》の意識のあらわれである。共通する意味構築の原理（共通する「次元のマインド」）が作用しており、それが「持続的カテゴリ」である、と。さて、もう次の問いを考えてもいいだろう。

「この次元のマインドを作用させられさえすれば、マティは土曜の夜に、両親の期待に応えることができるのだろうか？」

図1・1　持続的カテゴリの原理

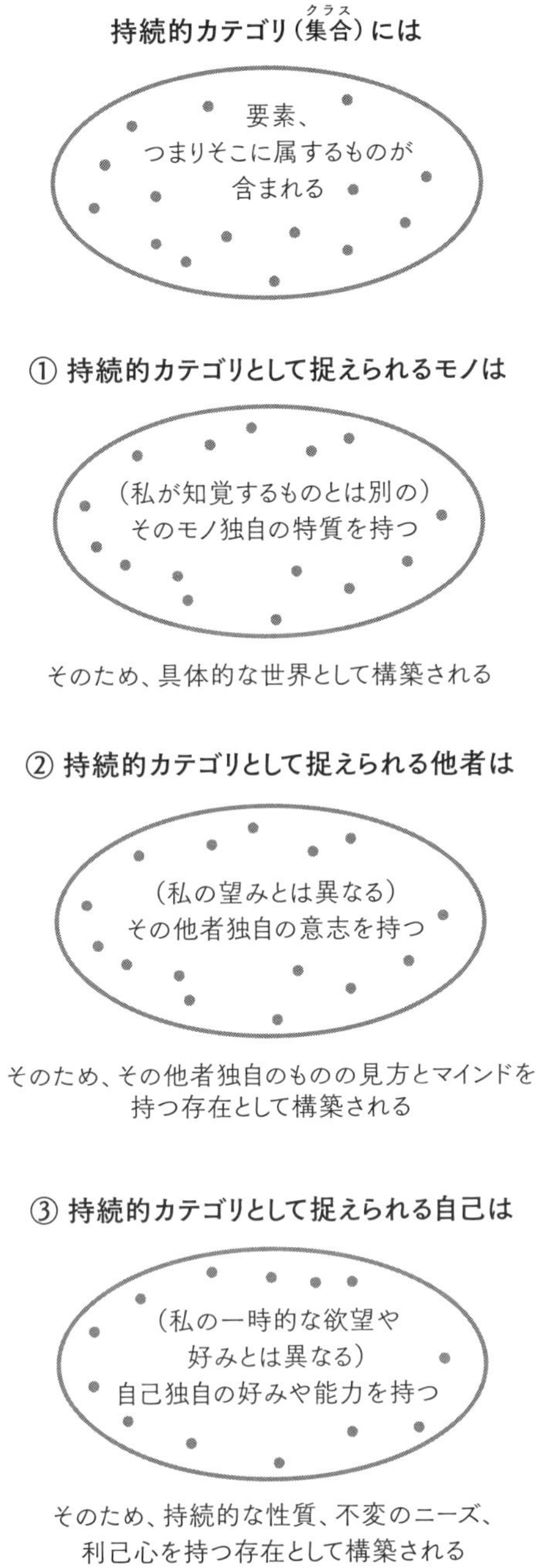
持続的カテゴリ（集合《クラス》）には
要素、
つまりそこに属するものが
含まれる
① 持続的カテゴリとして捉えられるモノは
（私が知覚するものとは別の）
そのモノ独自の特質を持つ
そのため、具体的な世界として構築される
② 持続的カテゴリとして捉えられる他者は
（私の望みとは異なる）
その他者独自の意志を持つ
そのため、その他者独自のものの見方とマインドを
持つ存在として構築される
③ 持続的カテゴリとして捉えられる自己は
（私の一時的な欲望や
好みとは異なる）
自己独自の好みや能力を持つ
そのため、持続的な性質、不変のニーズ、
利己心を持つ存在として構築される

「持続的カテゴリを超えた」理解という期待

「善良な市民」になるべきだというコミュニティからの要求であれ、「他のメンバーのことも考えるように」という家族からの要求であれ、実はどちらも同じ期待のあらわれである。自分の利益優先の世界ではなく、もっと広い人間社会に対して誠実であってほしい、あるいはそういう社会の一員であることを重視してほしいという期待だ。

家族という小さな人間関係で考えると、マティの両親からはこんな希望あるいは期待の声が聞こえてくる。「マティは両親の価値観を知っているだけでなく同じ価値観をある程度共有している。それは、自分のニーズを満たすためでも両親を怒らせないためでもない――マティにはそのように感じさせてほしい。それによって信頼の置ける人間であることをはっきりと示してほしい」と。両親は、自分たちが大切にしていることをマティも大切にしていると思いたいのだ。たとえば、家族の誰もが約束を守るとか、全員の無事を全員が知る必要があると家族の誰もが認識しているとか、そういう家族共通の利益のほうを、自分だけの利益（真夜中を過ぎてもまだ友だちと外で遊んでいること）より優先してほしい、と。

つまりマティの両親は、急速に大人になりつつある息子と、本物の人間関係を築きたいと思っているのだ――外見も話し方も少年から大人に近づき、青年らしいより大きな自由を要求し始めている息子と。両親ははっきりとは意識していないかもしれないが、次のように思っている。子どもではなく大人として息子と接するためには、人間関係において息子を対等な相手だと見られるようになる必要がある。息子は、集団の規範に従わない自己中心的な人間でも、両親と息子の「管理ゲーム」に勝てているかを絶えず窺うような人間でもなくなり、もうその行いを正す必要はないのだ、と。マティが両親の価値観を知り、それときちんと向き合うことによって、両親は、マティとのあいだに確かな信頼と気遣いがあることを実感したい、と期待しているのである。

この期待は明らかに、マティに何を理解してほしいかという範疇《はんちゅう》を超えている。それは、知っていることをどのように理解するかについての期待なのだ。私が「持続的カテゴリ」と呼ぶ次元のマインド――まずは7歳か8歳の頃に生まれる次元のマインド――によって世界を理解すれば、マティはこの期待に応えることができるのだろうか。

もし「持続的カテゴリ」の原理によって世界を理解しているなら、マティは両親の考え方をきちんと把握し、それを自分とは違う考え方だと認識し、その考え方を理解していることをはっきり伝え、さらに、自分の考え方として何も譲る必要がない場合はその考え方を「取り入れる」ことさえできるだろう。かくして、マティは2つの考え方を混ぜ合わせ、実際両親の考え方に共感できると思えるようになる。何を重要だと考えるかについての両親の判断を理解するだけでなく、その判断を自分もよいと思うようになるのだ。「持続的カテゴリ」の原理という次元のマインドを実現すれば、マティはこのすべてをすることができるだろう。ただし、これらはどれも、両親が期待していることではない。

マティが両親の考え方に共感し、自分の考え方として取り込むためには、自分の考え方がすべてだとするのをやめる必要があるだろう。自分の考え方を脇へ置いてもっと広い視野に立った理解の仕方をする、自分の見方と両親の見方を統合させるあるいは相互関係を持たせる、さらには、自分の考え方を守りそれに基づいた行動をするのではなくこの相互関係を守りそれに基づいて行動することを自分らしさの土台とする――これらすべてを実現させるためには、マティは、「持続的カテゴリ」の原理よりもっと複雑な原理によって、経験を意味構成する必要があるだろう。それは、「持続的カテゴリ」の原理をもっと高い次元の原理に組み込む、あるいは「持続的カテゴリ」の原理ではなくもっと高い次元の原理のほうを優先するということだ。個々の特質を要素とする原理の代わりに、「持続的カテゴリ」の原理そのものを要素とする原理が必要になるのだ（**図1・2**を参照）！　言い換えるなら、リンとピーターの要求は、マティの精神的《メンタル》意味構築の原理が、「持続的カテゴリ」の理解より質的にもっと複雑な次元の原理になってほしいと要求しており、それを当人たちは認識していないのだ。それは、「持続的カテゴリ」の理解を、本書で「持続的カテゴリを超えた」理解と呼ぶ新たな原理の一要素にせよ、という要求なのである。

噛み砕いて言うなら、門限までに帰宅してほしいという両親の願いを知りながらその時刻を過ぎてもマティがパーティーに残ろうと考えていることはわかっても、マティが自分の置かれている状況をどのように理解しているのかについて、確かなことはわからないままだということだ。それを知るには、マティが個々の状況にどのような精神的《メンタル》意味構築の原理を用いているかを考える必要がある。

もしマティが自分なりのものの見方、独自の意志、好み、あるいはニーズに基づいて行動方針を決めるなら、パーティーに残るかどうかの判断は一連の計算によって行われることになる（「バレるだろうか。バレたらどうなるだろう。そんなリスクを冒してでも残る価値がこのパーティーにあるだろうか。どうすれば見つからずにすむだろう。見つかってもお目玉を食らわないためにはどうすればいいだろう」）。

あるいは、もしマティが独自の考え方を脇に置き、自分の考え方と両親の考え方の相互関係を重視するなら、つまり、自分という人間を、特定の意志、好み、あるいはニーズの集合として意味構成するのではなく、独自の意志と好みとニーズの集まり（1つのカテゴリ）と両親のそれらの集まり（別の1つのカテゴリ）の相互関係のなかで意味構成するなら、マティはその状況を全く違うものとして考えるだろうし、パーティーに残るか残らないかの判断も、全く異なる一連の予測によって行われることになる（「パーティーに残ったら、両親との信頼関係が傷つくんじゃないだろうか。残るなんて、できるわけがない。きっと後ろめたさでいっぱいになる。だって、ぼくが約束を無視したときのパパとママの気持ちを考えたら……」)。

こうしたマティの心の声が示しているのは、他者との関わりにおいてはこういうあり方も可能だということ、つまり自分や自分の願望にどんなことが起きるかだけでなく、自分と他者との絆(つながり、関係)にどんなことが起きるかに目を向けることも可能だということである。こうして人間関係は、本質的な価値を持たないものから本質的な価値を持つものへ変化する。この新たな理解の仕方を、ピーターとリンはマティに期待しているのである。[4]

社会がティーンエイジャーに期待すること

そしてこのような期待をするのは、リンとピーターだけではない。実は、私たちが一般にティーンエイジャーにする期待はどれもが、内容的にこれと同じことを求めているのだ。町にしろ学校にしろ、秩序を保つためのルールを持つほかのどんな社会的機関にしろ、そこに属する者としてマティに「善良な市民」になってもらいたいという期待は、その機関のルールを理解してほしいと

図1・2　「持続的カテゴリ」の原理から、より高い次元の原理への変容

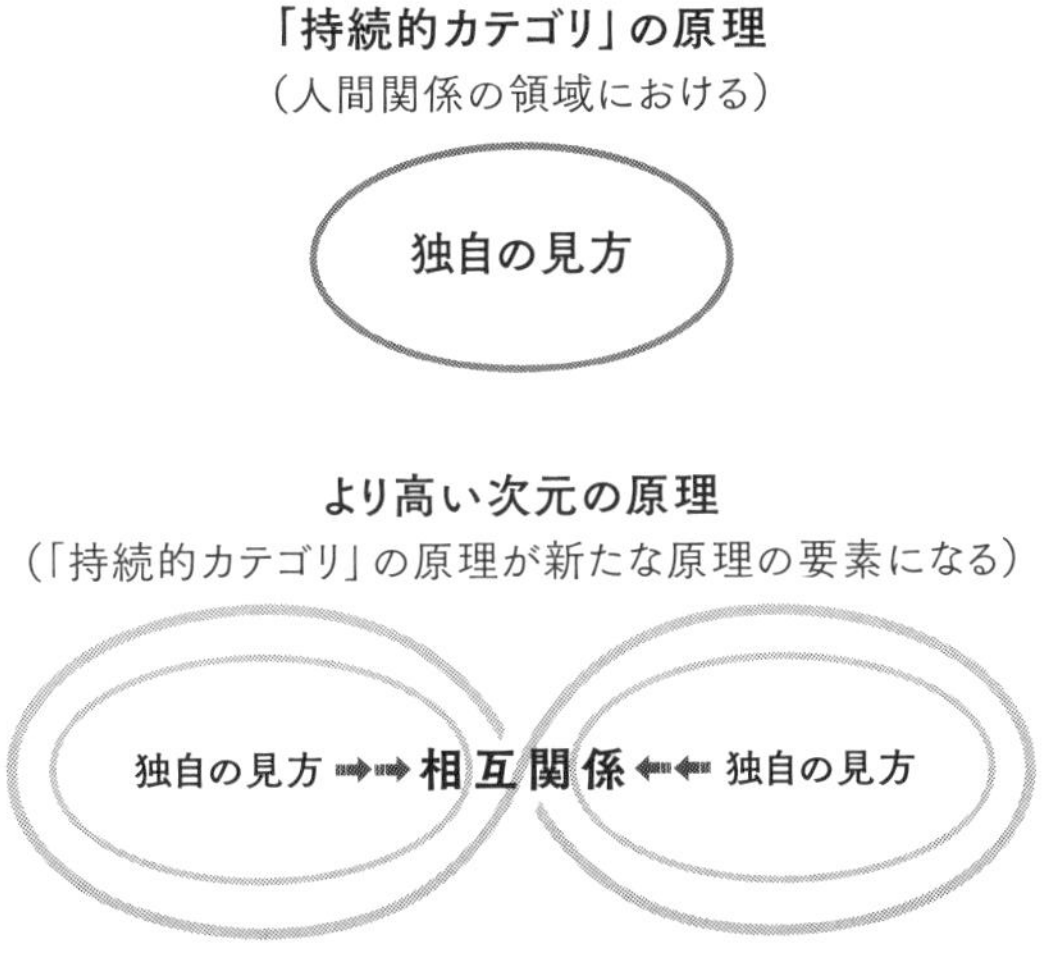

求めるだけではない。ルールを破ったらどうなるかを理解してほしいと求めるだけでも、破らないでほしいと求めるだけでもない。それは、ルールによってもたらされる社会的規制と公正な対応という、より大きな目的を共有してほしいという期待だ。マティに対する期待は、ルールを破ったらどうなるかという恐れによって善良な市民たらしめるといった、システムの制御力によってマティの言動を抑制しようというものではない。もしそうなら、そんな期待にマティが応えるためには、「持続的カテゴリ」の原理があれば十分だろう。だが実際にマティに期待されているのは、志を同じくする市民になること、すなわち、コモンウェルス（共通の利益と目的を持つ集団）の社会的な絆を守るための理念及び行動を共有する仲間になることだ。そのためには、マティには最低でも「持続的カテゴリを超えた」原理と同等の複雑な理解の仕方が必要になる。

さらに言えば、「持続的カテゴリを超えた」理解が必要なのは、前述のような社会性が強く絡む期待に応えるためだけではない。ありとあらゆる期待に応えるために、必要なのである。たとえば、自分の利益よりも相手との関係が求めるものや価値のほうを重視してほしいと求めるのは、抽象的思考をしてほしいと望むのと全く別ものに見える。だがマティが内省的、推論的、内包的思考をしたりテーマ別に考えたりするためには、具体的思考（1つの持続的カテゴリ）が、理解の原理そのものではなく、理解の原理の要素になる必要があるのだ。「持続的カテゴリを超えた」理解の仕方として最もシンプルなのは「定義」だ。なぜなら特定の具体的事例を、他のあらゆる具体的事例を含むより大きな理解の原理の代表例（一要素）として考えるからである。ゆえに事例は否応なしに、原理そのものではなく、要素（そこに属するもの）になる。「推論」も、もう1つのきわめてシンプルな方法である。なぜなら、データや事実というカテゴリを、代表例あるいは一要素として捉えるからである。ゆえにデータは否応なく、原理そのものではなく要素になる。内省的思考をするには、ちょっとやそっとでは変わらないアイデア、思考、事実、説明から離れたところ、つまりそれらの外側に、精神的な「空間」がなくてはならない。それがあれば、そうしたアイデア、思考、事実、説明が（「図」、つまり要素として）下位に置かれ、上位の「地」（つまり原理）は、注意を「後ろへ向けて」（「思索的な」を表すreflective の語源的な意味）、みずから生み出したアイデア、思考、事実、説明に集中できるようになる。思考についてのこれらの期待は結局、抽象的思考に対する期待をそれぞれ別の方法で表現したものだ。[5] しかしながら、「抽象性」に対するこれらの期待はどれも、精神的《メンタル》意味構築の原理としては、人間同士の信頼に対する期待と全く同じである。

感情を心の奥底の心理状態として経験してほしいと10代の子どもに求めるのは、「持続的カテゴリ」の理解で考える単純な自己（「なんだよ、妹のやつ。ぼくはＢＬＴサンドウィッチが好きなのに。父さんが卵を柔らかくゆでたときは別だけど」）を脇へ置くようにと、あるいはそういう自己を、それと関連するもっと複雑なコンテクスト（「以前とは比べものにならないくらい自信を感じる。前はとにかく不安で人目が気になって仕方なかった」）に統合するようにと要求することでもある。10代の子どもに、心の奥底にある動機に気づき、感情のせめぎ合いを深く見つめ、客観的に自分の言動を省みたり真実を見抜いたりできるようになってほしいと期待することはすべて、ある集合（カテゴリ）としてではなく、その集合（カテゴリ）との関連で自己を経験するという「持続的カテゴリを超えた」能力を持つことを、暗に求めているのだ。[6]

価値観や理想や幅広い信念を意味構成するうえでも、精神的《メンタル》意味構築という「持続的カテゴリを超えた」原理が最低ラインとして必要になる。もっとも、ある人がそういう原理に基づいて行動しているのだと知っても、その人の価値観や理想がどんなものかもどんな志を持っているのかも、何ら手がかりが得られるわけではない。しかしながら、一般化しうる価値観や理想を、それがどのような種類であれ意味構成するためには、人は事実に基づくものや実在するものを脇に置き、それより多く存在する可能性や、現時点では事実に反しているものを重視する必要がある。[7]

未来を、「まだ起きていない現在」ではなく「現在の現実」として受け容れるものだとする考えにも、実際の／事実に基づく／現在の現実からの、「持続的カテゴリを超えた」理解による解放が必要だ。ティーンエイジャーの良識の欠如として最も多いのは、「衝動をうまくコントロールできないこと」とされている。だが実を言えばこれは誤解であり、思春期の「ホルモンの分泌過多」を重視しすぎた不正確な特徴づけだ。「持続的カテゴリ」の次元のマインドがあれば、衝動のコントロールくらいは可能なのである。だが、今ここでティーンエイジャーに求めていることは、もっと複雑だ。なぜなら、彼らを愚かな行動に駆り立てる原因が無条件の衝動であることはめったにないからである。それよりはるかに多い原因は、短期的、刹那《せつな》的な現在――長期的な未来との生き生きした関係を欠く現在――に、彼らが深く囚われていることである。[8]

リンとピーターが息子に求めるもの、学校の先生や、近所の人や、未来の雇用主が求めるもの――つまり私たち大人がティーンエイジャーに求めるもの――は、さまざまな行動を改めることでも、全く新たな知的能力をそろえることでもない。私たちが望むのは、ただひとつ。質的に新しい意味づけができるようになること、子どもが5歳から10歳のあいだに経験するのと同じくらい劇的にマインドが変わることだ。

ティーンエイジャーに対するあらゆる期待に、共通かつ単一の意味整理の原理が作用し、次の2つの変化を引き起こす。1つは以前の形態《フォーム》（持続的カテゴリの原理）を下位に置くこと、もう1つは、以前の形態《フォーム》（持続的カテゴリの原理）を、ある持続的カテゴリを別の持続的カテゴリと関連づけつつ、新たな形態《フォーム》に統合することである。思春期の若者に対するあらゆる期待にあらわれる精神的《メンタル》意味構築の原理とは、このように、持続的カテゴリを横断《トランス》した、あるいは持続的カテゴリを超え《クロス》た意味構成を行うことなのである（図1・3を参照）。

そろそろはっきりしてきたと思うが、私が「マインド」や「精神《メンタル》」や「理解」という言葉を使うとき、思考プロセスだけを指しているわけではない。私が言っているのは、意味を構成する、あるいは意味を構築する能力のことだ。心理学者がずっと「エゴ」や「自己」と関連づけてきた選択、判断、実行、解釈する力のことを述べているのである。人間というのは経験を能動的に意味整理する生きものだと、私は考えている。発達心理学者のウィリアム・ペリーも、かつてこう述べた。「有機体は秩序をつくり出す。そして人間という有機体は、意味の秩序をつくり出す」[9]。このような種類の「理解」、このようなマインドの働きにとって重要なのは、「認知」だけではない——認知を「感情や人間関係から切り離された思考」と捉えるなら。その本質とは、私たちが自分の思考、自分の感情、自分と他者との関係、自分と自分の一部との関係について用いる意味構築の原理なのである。

「主体」から「客体」へのシフト

前著『進化する自己』のなかで、私は心理的成長を、

図1・3　「持続的カテゴリ」の意味づけから「持続的カテゴリを超えた」の意味づけへの変容（とそれによって認知的、社会認知的、心の奥底の感情の各領域で生み出されるもの）

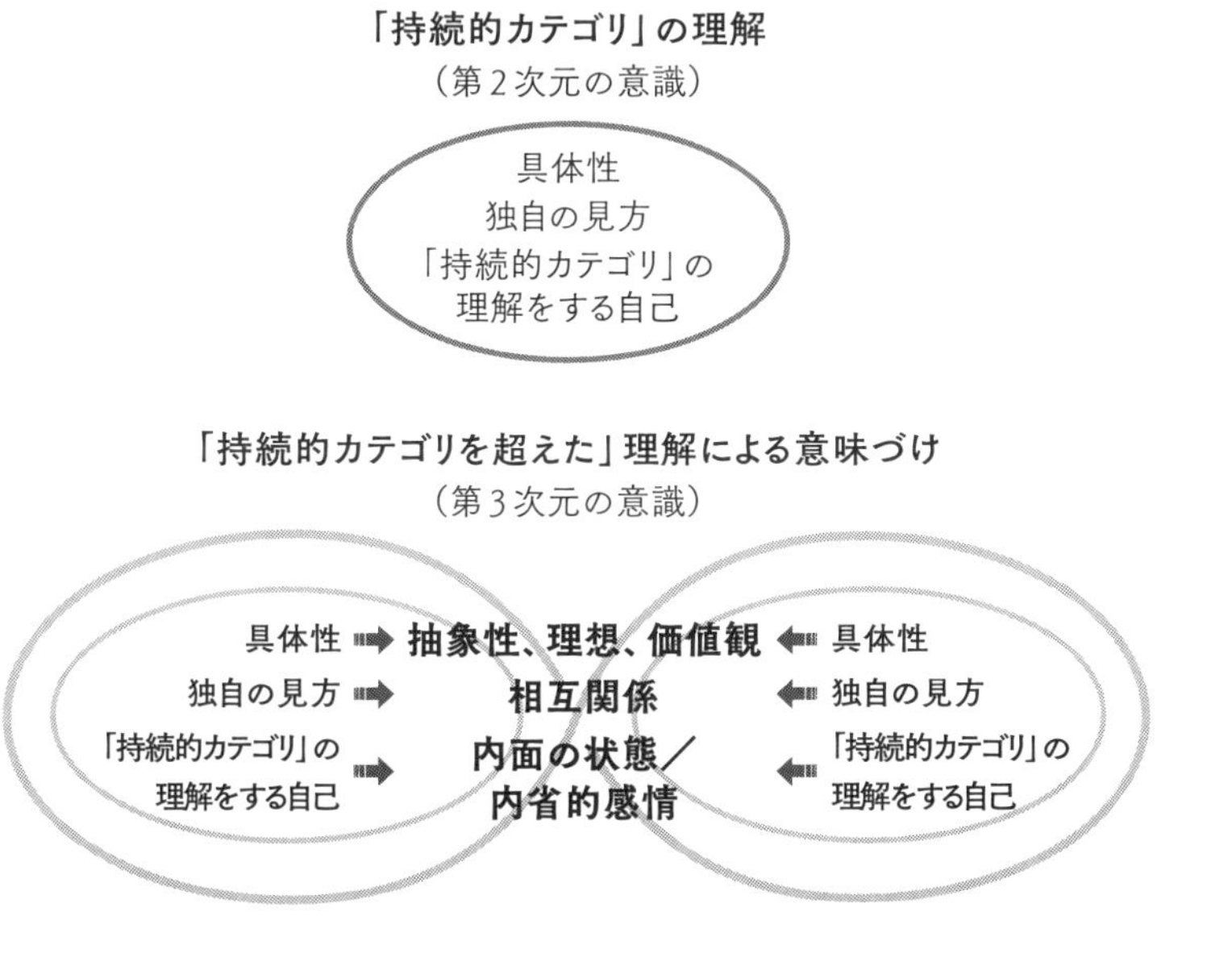

経験を意味構成する原理が次々と包括化・複雑化する無意識の発達として捉えた。ピアジェをはじめとする人たちの研究を基礎にして、私はそうした精神的《メンタル》意味構築の原理という考えを取り入れ、さらにその「幅」を、思考だけでなく感情、人間関係、自己の内面へ、「時間」を、子ども時代と思春期だけでなく成人期へ広げた。経験を意味構成する原理のうち3つは、すでにお話しした（できること及びできないことの違いについては**表1・1**にまとめた）。

これらの原理のなかで最初にして最も単純なのは、幼い子どもがよく使う、独立的要素の原理である。幼児はその瞬間のこと、目の前で今起きていること、他と関連のない小さなものごとに惹かれるため、考えは空想的で不合理に、感情は衝動的で移ろいやすく、人間関係は自己中心的になる。原理の2番目は「持続的カテゴリ」、すなわち潜在期（7〜10歳）の子どもが発達させる原理である。この時期に、子どもはモノと他者と自己を、要素（特質）を持つものとして意味構築できるようになる。そのため、思考が具体的・論理的になり、感情はその場限りの衝動ではなく持続するニーズと傾向によって構成され、人間関係においては自分と他者が別々のマインド、異なる視点を持つことを認められるようになる。そして原理の3番目である「持続的カテゴリを超えた」理解は、私たちが無意識にティーンエイジャーに期待する理解の仕方だ。「持続的カテゴリ」よりも、「持続的カテゴリ」同士の相互作用を重視できるようになり、これによって思考が抽象的になり、感情が心の奥底の状態と内省的な思い（「自信に満ちた」「後ろめたい」「落ち込んでいる」）になり、そして人間関係においては、「人々のコミュニティ」や「自己より大きな概念」に対し、忠誠心（裏切るまいとする気持ち。loyalty）を持ったり、それらに傾倒したりすることが可能になる。

これらの原理（理解の仕方）には、共通する重要な特徴がいくつかある。1つめは、これらはどのように考えるかについての原理ではなく、考えや感情や人間関係を含めた経験を、より一般的にどのように意味構成

表1・1 意味構築の3つの原理（理解の仕方）

	第1の原理（理解の仕方）2歳～6歳の頃	第2の原理（理解の仕方）6歳～10歳代の頃	第3の原理（理解の仕方）10歳代～
論理認知的領域			
できること	自分の知覚とは無関係にモノが存在することを認識する（「モノ［対象］の永続性」）	自分の知覚と関係なく、モノにはモノの特質があることを受け容れる。ゆえに（つまり因果関係によって）合理的に考える。物語的に一連の出来事を意味構成する。ある時点と別の時点を結びつける。持続的カテゴリやクラスを意味構成し、モノをそのカテゴリやクラスに分類する	抽象的な思考をする、つまり論拠について論理的に考える。仮説として考えたり、演繹的に考えたりできる。否定のクラス（たとえば「すべてカラスではない」というクラス）をつくる。一方で、関係を相補的なものとして捉える
できないこと	モノに対する自分の知覚と、そのモノの実際の特質を区別すること。原因と結果の合理的関係を意味構成すること	抽象的な思考をする。具体的な現実より可能性を上位に置く。一般化する。全体的なパターンに気づく。仮説を立てる。理想を意味構成する	考えうるあらゆる関係の組み合わせを、体系的に生み出す。仮説を検証するために、変数を規則正しく選り分ける
社会認知的領域			
できること	人が自分とは別個に存在することを認識する	自分自身のものの見方を意味構成し、他者には全く別の見方があることを受け容れる。他者の役割を演じる。自分の目的のために他者を利用する。取引したり、計画や戦略を立てたりする	個人の利益より重要な、共通の感情や約束や期待を心得る
できないこと	他者には、自分とは別の、独自の目的があることを認識する。他者のものの見方を、自分の見方とは違うものだと理解する	自分の観点を持ちつつ、同時に他者の観点も持つ。義務と期待を意味構成し、他者との相互関係を保つ	個人と個人の関係と、人間関係と人間関係の関係を調節するための一般化システムを意味構成する
自分の心に影響を及ぼす領域			
できること	自分の内にある感覚か、外部からの刺激かを区別する	衝動を操縦、調節、あるいは意味構成して、持続する性質やニーズや目標を生み出す。即座の満足を先延ばしにする。外面にあらわれる社会的、行動的な特徴（「走るのが速い」などの能力、「レバーが大嫌い」などの好み、「毎日寝坊する」などの習慣）によって、自分の変わらない性質を認識する	個人的経験を共同で意味構成することになるものごとにおいて、相手の考え方を自分の考え方に取り込み、これによって、単なる対人交流レベルではなく心底からの共感と共有という新たな能力を生み出す。複数の見方を心の奥深くで調和させ、これによって、人間関係におけるやりとりとしてではなく、心の奥底の主観的な状態として経験される感情を生み出す
できないこと	自分の衝動と自分自身を区別する、つまり、自分の衝動と一体になっているのか、衝動に突き動かされているのかを区別する	複数の見方やニーズを心のなかで意味構成し、調和させる。自分のニーズと自分の心を区別する。内面にあらわれる心理面の特徴（「葛藤を感じる」などの内なる動機、「自尊心が低い」などの自己の特性、「母親が心配性であることが、私の親業に影響している」などの経歴的な原因）によって、自己の変わりにくい性質を認識する	自身の状態、つまり自己の心の奥底の部分を、体系だった全体にまとめる。自己と、自分の人間関係を区別する。自己を、単なる観客ではなく、心の奥底で繰り広げられる内面生活の創造者（author）として見る

出典　W. H. Reidらが編集した『Unmasking the Psychopath』(New York: W.W. Norton, 1986), pp. 45-77. にある、ロバート・キーガンによる「The Child behind the Mask」より。Copyright c 1986 by W. W. Norton and Co. Adapted by permission.

するかについての原理であること。2つめは、いずれも、考えや感情や人間関係の内容ではなく、それらの意味構築（形態《フォーム》、あるいは複雑さ）についての原理であること。つまり、ある人が第2の原理の時期に入っていることがわかれば、その人がどのように考え、感じるかについて多くを知ることができるが、何を考え、感じるかについては、あまり知ることはできない。

3つめの特徴は、精神《メンタル》的意味構築の原理は心の奥底でのロジック、より正確に言えば「認識論的」ロジックだという点だ。精神《メンタル》的意味構築の原理はどれも、その根源（「深層構造」）に、主体‐客体の関係を持っているのである。「客体」は理解あるいは意味構成の要素であり、それらの要素に対し、私たちは深く考えたり、対処したり、検討したり、責任を負ったり、互いを関連づけたり、支配したり、自己の一部にしたり、習得したり、さもなくば作用させたりできる。これらの表現すべてが示すとおり、理解の要素は私たちの全体ではない。要素について私たちが何かをできるというのは、「私たち」とはきわめて別のことである。「主体」は、私たちが一体化したり、関係したり、融合したり、埋め込まれたりする理解あるいは意味構成の要素である。私たちは、客体を所有し、一方、主体とイコールだ。私たちは、主体であるものに対して、責任を負うことも、主導権を握ることも、深く考えることもできない。主体は直接で、客体は間接である。また、主体が究極的あるいは絶対的であるのに対し、客体は相対的だ。

たとえば、子どもが第2の原理を発達させるときには、一時的な衝動や直接の知覚が、その子の経験の主体としての存在から、その子の経験の客体としての存在へ移る。すると次は、持続的カテゴリ（衝動ではなく、恒常的な好みまたはニーズ。現象ではなく、実在）が、その子の経験の主体になる。そしてこの新たな主体が、客体になったものを支配したり規制したり、それに影響を及ぼしたりする（衝動をコントロールする。現象について熟考し、実在と区別する、など）。

ティーンエイジャーが第3の原理を発達させるときには、持続的カテゴリが、そのティーンエイジャーの経験の主体としての存在から、そのティーンエイジャーの経験の客体としての存在へ移る。すると次は、「持続的カテゴリを超えた」意味づけ（具体的概念ではなく抽象的概念。自分の利益を最優先にするのではなく、関係を重視する）が、新たな主体となり、客体になったものを経験したり影響を及ぼしたり規制したりすることになる。精神的《メンタル》意味構築の原理は、何を主体とし、何を客体とするかという点ではそれぞれ異なる。しかし、主体–客体の関係によって構成されている点は、どれも同じなのである。

共通する特徴の4つめとしては、精神的《メンタル》意味構築の原理が互いに密接に関連している点が挙げられる。これは、該当する子どもの年齢ごとに理解の仕方が違うというだけではない。ある理解の仕方が別の理解の仕方に移行するだけでもないし、前の理解の仕方に何かを加えてスキルを増やしていくという関係でもない。むしろ、その関係はがらりと変わるものであり、質的であり、次のものが前のものに組み込まれるというべきものだ。ある理解の仕方から連続して生まれる次の新たな理解の仕方は、前の理解の仕方を組み込む、あるいは包含する。また、新たな理解の仕方はより高次（より複雑、より包摂的）であり、前の理解の仕方をシステムの要素あるいは手段へ変化させる。これら3つの原理（理解の仕方）の関係を幾何学的に喩えるなら、点と線と面の関係と言えるかもしれない。すなわち、点は線に、線は面に含まれる、その関係である。線は、言うなれば「メタ点」だ。線には無数の点が含まれる。だが、点——含まれる以前は、それ自体が意味構築の原理であった点——が要素として、線という、より複雑な意味構築の原理の下位に置かれているからである。同様に、面は「メタ線」、すなわち線を要素として含む意味構築の原理である。

この喩えがほぼそのとおりに作用しているのを見るために、人が3つの原理をどのように使って映画を解釈するかを考えてみよう。たとえば『スター・ウォーズ』は幅広い世代を魅了してきたが、その理由は間違いなく、多様な「意味構築の原理」を持つ映画ファンにとって面白いと思えるからである。第1の原理を使う幼児は、ストーリーについても、ある場面と別の場面との論理的なつながりについても、全く理解を示さない。彼らが話すのは、映画のある一時点についてか、ただひとりの登場人物についてであり、しかもその人物のストーリーにとっての重要性を理解しているきらいはない（「チューバッカがよかった。すごく大きくて、もじゃもじゃだったから」）。

　第2の原理を使う子どもは、点を線に従属させることはできるが、線を面に従属させることはできない。つまり、出来事をつなぎ合わせ、具体的なレベルで直線的な話の展開を考えることはできるが、この物語だけが持つ抽象的なテーマを意味づけることはできない。「映画のテーマは何だった？」と尋ねられても、映画のなかで起きたことを順を追ってただ並べるだけなのである（まさかストーリーを最初から最後まで延々聞かされる羽目になるとは思わず、この問いをしてしまい、イライラしたことのある親なら誰もが知っているだろう）。

　第3の原理を使えるようになって初めて、この映画の「中心的存在」が抽象的なテーマ（「善と悪の戦い」など）になり、ストーリー展開という線を脇に置いて、もっと広い考察の場、すなわち面を重視できるようになる。言い換えるなら、精神的《メンタル》意味構築の原理は、「自然世界の認識」（主体‐客体構造の性質を持つ）であるだけでなく、発達の途中で互いに関連し合う、つまりどの次元の原理も次の次元の原理に包含されるのである。[10]

　さて、共通する5つめにして最後の特徴は、人がより高次の原理によって徐々に経験を意味構成できるようになるというのは、私たちが主体あるいは客体だと考えるものは必ずしも私たちにとって固定されているわけではないことを示している点だ。主体‐客体は、永久的ではなく、変わりうるのだ。実際、認識の仕方をがらりと変えること、埋め込まれているものから解放されること、主体だったものを客体に変化させ、それによって「所有される」のではなくそれを「所有する」ことができるようになること――マインドの成長の捉え方として、私の知る限りこれほど強力なものはない。これは、西洋の自己心理学と東洋の叡智の両方を同じくらい強く支持する、マインドの発達の捉え方だ。老師やラマ僧も、かつて愛着を持っていたものといっそう有意義な関係を持つという観点から、マインドの成長について話している。[11] 主体－客体の原理によって可能になる経験は、洋の東西を問わず「意識」という言葉によって意味されるものにとても近い。そして本書でも、まさにその意味で、私はこの言葉を使っている。**図1・4**では、精神的《メンタル》意味構築の原理のうち前述した最初の3つを「意識の次元（order）」として示し、共通する5つの特徴にスポットを当てている。[12] なお、私は「order」という言葉を、「順序」ではなく「次元」の意味で使っている。連続する原理は次の原理へ進むと「メタ化」

図1・4　意識の3つの次元

	主体	客体	基本構造
1	◆ **知覚－空想的** ■ **社会的知覚** ● **衝動**	動き 感覚	**時の一点／今その瞬間／他と関連のない小さなものごと** ●
2	◆ **具体的－実際の現実** データ、因果関係 ■ **ものの見方** 役割概念 単純なやりとり（仕返し） ● **持続する性質** ニーズ、好み 自己概念	知覚 社会的知覚 衝動	**持続的カテゴリ** 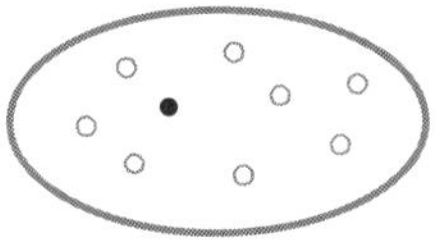
3	◆ **抽象的思考－理想性** 推論、一般化 仮説、提案 理想像、価値観 ■ **相互関係／対人関係** 役割意識 相互のやりとり ● **心の奥底の状態** 主観的、自意識	具体的なもの ものの見方 持続する性質 ニーズ、好み	**持続的カテゴリを超えた** **持続的カテゴリを超越した** 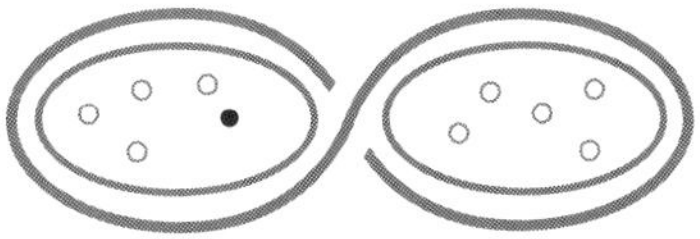

一連の発達における主要要素として、「◆＝認知的」「■＝個人間の」「●＝個人内の」発達を表している

する。原理はそれぞれが、「全く異なる次元」の意識なのである。

既に述べたように、前著で私は、心理的成長を、経験を意味構成する原理が次々と包括化・複雑化する無意識の発達として探究した。本書では、次のように提案したい。文化が生み出し私たちが研究する現象のリストに、「その文化の構成員のマインドに対する要求」を加えるべきだ、と。これから、私たちが持っている可能性のある原理と、マインドの複雑さ――現代の文化が、数々の要求と期待（現代社会からの精神的《メンタル》要求）を通して、それとなく私たちに求める複雑さ――の関係を考えていく。前著では、成長過程における避けがたい犠牲に重点を置いた。本書でも、一種の心理的犠牲や負担を重視している。課される要求が、もし私たちの理解を超えているなら、耐えるほかない犠牲や負担を。

本章では、現代のティーンエイジャーに関する、語られることのない話の半分を考察した。「思春期」と呼ばれる年月《としつき》に、人生の他の時期と全く異なる時期として1つのまとまりを与えるのは、単にこの年齢層の若者独自の生活のあり方でも心理でもないだろう。確かに、ティーンエイジャーの生活のあり方や心理にはさまざまな特徴がある。だが、ティーンエイジャーのどんなグループにどれほどの多様性があろうと、ある特徴的なレベルの意識を要求されている点は、間違いなく全員に共通している。今日どんなに違いがあるとしても、すなわち、1つより多数《プルリブス》が是とされ、価値観や目的意識や信念の自己意識的共通性を欠き、出身や人種やジェンダーや社会的地位によって区別される、そんな現代アメリカに暮らしてなお、国民のあいだにこの奇妙で興味深い意見の一致があり、思春期の若者に何を求めるかという点に関しては無意識に皆、同じ意見を持っているのである。これが話の半分、つまり、ティーンエイジャーの「いったいどうしろって言うんだよ」という問いに対する答えだ。話の残る半分は、ティーンエイジャーは私たちの要求と期待に応えられるかどうかに関わる話である。

第2章　どんな手を差し伸べるのか

橋は両岸にしっかり固定される必要がある

ティーンエイジャーに対しては、どうやら重大性の認識なしに要求がなされているらしい。両親や学校の先生からも、雇い主、近所の人、サイコセラピスト、町の人たち、さらには同世代の子どもからも、精神的《メンタル》意味構築という特定の原理、すなわち私が「第3次元の意識」と呼ぶものを持つことを求められているようなのだ。

ただしこれは、現代の文化を生きるティーンエイジャーについての、語られることのない話の半分にすぎない。残る半分はこれだ。13歳になった、年頃になった、反抗期に入ったなど表現がどうであれ、思春期を迎えたと思われる段階の子どもはふつう、さまざまな経験をこの次元の複雑さで意味構成していない、という話である。実際、私の研究を含め、マインドを主眼にしたさまざまな研究が正しければ、通常の精神発達としては、マインドは12歳〜20歳の時期に、第2次元から第3次元へ徐々に変化すると考えるほうが理にかなっている。これはつまり、思春期の大半において、子どもは大人の文化からの強い期待に応えられないほうがふつうだということである。このような2つの話によってもし大きな問題が生み出されるなら、期待にまず応えられない子どもを、私たちはどのように理解すればいいのだろう。

この問いに対する答えは、前章にある最初の問いにどう答えるかで変わるだろう。

「いったい、大人はどのような種類のことを10代の子どもに期待しているのか」

もし、主として行動に関して期待していると考えるなら、それに応えられない子どもは、適切な行動ができないとか能力がない、つまり、するべきことをしようとしない、あるいはできないとみなされるだろう。もし、主として感情に関して期待していると考えるなら、それに応えられない子どもは、情緒不安定だとか心の病にかかっているとみなされるだろう。

どちらの考え方であれ問題なのは、期待に応えられない子どもが、期待に応えられる子どもと同様の理解の仕方をしていると、大人が無意識に思い込んでいる点だ——期待に応えられない子どもは、そういうマインド（理解の仕方）をなぜかきちんと作用させることができていない、あるいはそういうマインド（理解の仕方）がどういうわけか整っていないだけなのだが。結果として、期待に応えられない子どもは、何をやっても駄目だとか、出来が悪いとか、頑固さや能力不足や不安定さのために頼りにできない人間だなどとみなされ、大人から残念に思われたり疎《うと》んじられたりすることになる。

しかしながら、そのように考えるのはどこか間違っている、あるいは危険とさえ言えるかもしれない。期待に応えられない子どもについて「適切な行動ができない」「情緒不安定」などと私たちの目に映るのは、その子どもが「持続的カテゴリを超えた」第3次元の理解の仕方をしていると、私たちが誤解しているからかもしれないのだ。もし当の子どもがまだこの理解の仕方を構築していないなら、問題は、「ルールは知っているがゲームをする意志がない／したくない／できないこと」ではなく、むしろ「ルールを理解できていないこと」だと言えるだろう。そのようなティーンエイジャーはおそらくあっぷあっぷのお手上げ状態になっているが、期待を裏切られていると大人に誤解されているせいで状況はいっそう危機的だ。人間は、相手にとってそんなつもりはなかったのに失望させられる結果になったと思える場合はともかく、相手がまさにそのつもりだったせいで失望させられていると感じる場合には、思いやりを持つ気になどなれないのだ。

社会に適合できない本当の理由

極端な例で考えてみよう。臨床的には「ソシオパス（社会病質人格）」あるいは「反社会的気質」を持つ人として、一般には「詐欺師」「ぺてん師」「不良」などと表現される若者の例である。[1] そういう人のことを、かつては「サイコパス」と呼んでいたが、その呼び方は「精神異常者」や「偏執症患者」と混同されがちで、「サムの息子」や「ジェフリー・ダーマー」といった連続殺人鬼と同様であるかのような誤ったイメージを与えかねなかった。しかし、ソシオパスは精神障害ではないし、殺人を犯すこともまずない。むしろ、自分を愛してくれている人の心を深く傷つけたり、家族に車のカギやクレジットカードを枕の下に置いて眠らなければと思わせたり、見るも無惨な破壊の跡を修理するために両親に家の二番抵当ローン（ホームエクイティローン）を組ませたりすることのほうが多い。つまり、ティーンエイジャーに対する社会からの期待をことごとく裏切る、そういう人々である。

ただ、専門家なら頷くにちがいないが、彼らのことは今もまだ詳しくはわかっていない。このテーマの教科書的な資料の1つに、ハーヴェイ・クレックレーが書いた的確かつ丁寧なきわめて長い観察記録がある。[2] その終盤に、特に的を射た表現がある。このような人たちは、「人間の通常の経験に対する意味づけが、通常と違う」。今から50年以上前にクレックレーを当惑させた事実は、今日もなお謎のままである。

だが、ソシオパスの心理においてほかにどんなことが起きているとしても、彼らの意味づけの形態《フォーム》を調べると、必ずと言っていいほど第2次元のマインドの特徴が見られる。ある裁判官が、目の前に立つ若者にこう尋ねた。

「判決を下す前に、ぜひ聞いておきたいことがある。きみは、きみを深く信頼している人たちから、なぜ盗みを働けるのか」

するとと若者は率直に答えた。

「なぜって裁判官、信頼してくれていいない人から盗むのは、難しいからです」

また、別の裁判官の前には、レストランで無銭飲食を繰り返したという若者が立った。浮かない顔の若者に、裁判官は動機を探ろうとして尋ねた。

「教えてくれないか。一体どうしたというのか。つまり、なぜ無銭飲食を繰り返すのか」

若者は少し考え、それから真面目な顔で答えた。

「そうですね、ぼくがレストランに入って注文するのは、お腹が空いているからです。そしてぼくがお金を払わないのは、お金を持っていないからです」

裁判官たちはおそらく、心の奥底の状態を語ってほしい、できれば内面の葛藤を、いや少なくとも自己を省察した結果としての言葉くらいは聞きたいと思っていただろう。なのにそういう言葉を聞けなかったのは、「内省」を内なる対話について述べることだと位置づけるようには「自己」が意味構築されていなかったからかもしれない。内省をそのように経験・表現する心理状態は、自己のなかで複数の考えが調整されて生じる。この若者たちが第2次元のマインドによって制約を受けていたなら、「自己省察」は行動を順を追って述べるだけになり、それを裁判官たちは聞いたのである。

自分自身のものの見方を構築したり、他者は他者自身のものの見方を構築していることを認識したりはできるが、一方で、両者のものの見方を一定の関係に整えたり、自分のものの見方という観点からだけでなく相手のものの見方との関係という観点からも自分や相手の存在を意味構成したりすることはできない——このように、できることとできないことが同時に起きているために、ソシオパスは、自分の目標と目的の追求にばかり目を向けているにもかかわらず、言いたいことを汲んでもらえているという印象を与えるくらいには他者を考慮できる。そうでなければ、他者はソシオパスの行動を自己中心的だ、無神経だ、人の善意につけ込んでいる、あるいは不誠実だとさえみなすだろう。

認知的な観点では、臨床医曰く、ソシオパスは知能は高いが、同時に哀れなほど幼い場合が少なくないという。恐ろしく込み入った企みを考えたり多様な情報を一度に記憶したりできるのに、長期的な計画を立てることはできないのだ。どの文献を見ても、臨床医はソシオパスの思考について、異常ではあるが、精神病を患っているわけではなく、通常の意味での思考障害もないと述べている。

しかしながら、ソシオパスの「通常とは違う意味での思考障害」が本質的に、「持続的カテゴリ」の意識という次元の思考であり、認知発達理論でいうところの「具体的操作」としてあらわれているのだとしたらどうだろう。物事の大小や量を比較して序列を判断したり分類できたりする具体的操作の思考は「持続的カテゴリ」の意識に支配されており、複数の情報を結びつけることはできるが、現実のものというカテゴリを、可能性という「持続的カテゴリを超えた」意識の領域——長期的な計画やパターンや一般化の構築のために必要なもの——の下位に置くことはできない。知能の高いソシオパスもなかにはいるだろうが、やはりこの知性の（理解の）形態《フォーム》についてもっと詳細に研究する必要があるだろう。

10歳の天才児の知能指数が平凡な35歳のそれより高ければ、たとえ35歳には抽象的思考ができて天才児にはできないとしても、天才児のほうが「知能が高い」と思われがちだ。だがこの10歳の天才児と平凡な35歳をさらに比べていくと、10歳児はとても頭がいいが、きわめて幼いこともわかるだろう。ちょうど、前述のソシオパスと診断される人がそうであるのと同じように。銀行強盗のウィリー・サットンと新聞記者が交わした有名なやりとりで私が最も面白いと思うのは、サットン以外の人は皆、その答えを滑稽だと思っているが、当のサットンは大まじめである点だ。

「ウィリー、なぜ銀行に押し入ったりするんです？」
「なぜって、銀行には金が保管されているからです」

一方、ソシオパスのティーンエイジャーは、私たちにとって、10歳児には見えない。身体にしろ生活の仕方にしろ、10歳児のそれではないのだ。私たちは彼らを、ティーンエイジャーだと思う（そう思うべきであるかのように）。ティーンエイジャーに対する私たちの期待に、彼らに応えてもらいたいと思う（そう思うべきであるかのように）。そして、彼らの精神的能力はそういう期待を理解できる段階にすでに達していると、当然のように思っている（そう思うべきではないのに）。私たちは知らず知らず、ソシオパスのティーンエイジャーは、「持続的カテゴリを超えた」次元の意識を持っているものと信じ込んでいるのである。その結果、私たちは次のように感じ、そして批判するようになる。彼らの倫理観は、信頼できる人間として私たちが期待するレベルに達していない、いやそれどころか、そもそも彼らには道徳観念がない。彼らは大人を利用している、いやそれどころか故意に善意につけ込んでいる。彼らの内なる精神生活は、私たちが期待する複雑さを欠いている、いやそれどころか空っぽだ、と。

実際には、ソシオパスは倫理観に欠けるわけではなく、私たちが求める倫理観を持っていないだけである。ある女子刑務所に、ロクサーヌという女性が収容されていた。[3] 売春に万引き、すり、さらに、他人の生活保護小切手を盗んだり、ほかの人のクレジットカードを使ったりしたのだ。自分のニーズを満たす必要があるときは別だが、盗むのは悪いことだという認識はあった（「私がすることのなかで盗みは最悪のこと」）。面白半分に万引きする人は絶対に間違っているとも思っていたし、「誰彼かまわず寝るのは売女《ばいた》だ」とも思っていた（「代金をもらわないなら、間違ってる」）。

ところが、もし誰かがやはり必要性があってロクサーヌの小切手を盗んだらそれは正当なのかと尋ねられると、ロクサーヌはこう答えた。「いいえ、正当じゃない」と。R・ブレイクニーとC・ブレイクニーが述べているように、ロクサーヌの倫理観は、「私が他人の小切手を盗むのは正しい、なぜなら私にはその小切手が必要だから。そして他人が私の小切手を盗むのは間違っている、なぜなら私にはその小切手が必要だから」ということらしい。互恵関係はないとしても、考え方として一応、整合性はある。

ソシオパスの内面世界は、本当に空っぽなのだろうか。というより、私たちがソシオパスの気持ちに寄り添ってその内面的な経験を「自分に重ねて」も、その経験が私たちを満たすことはないとわかるだけだろうか。重ねてみる対象は合っているが、「重ねる」場所が合っていないのだろうか。

もしかしてソシオパスは、自分を空っぽなどとは全く思っていないかもしれない。ふつうの10歳児のそれと同じ次元の意識を使っているのかもしれない。敏感な親はたいてい、10歳のわが子が暑い日に冷たい飲み物をねだることが多いのに気づくが、子どもが近視眼的に自分の利益を追求しても、それを内面が「空っぽ」であるサインだとは考えない。いやむしろ、潜伏期の子ども（エリクソンは「必死で」「勤勉さを獲得しようとする段階の子ども」としている）[4]というのは、計画と目標と意味構築された欲しいものだらけだ。それらを実現するために道具として役立つなら誰であれ、何であれ、子どもたちはかわいらしいやり方とはいえ、利用してやろうとするが、そんな子どもたちのことを、私たちは中身がないとは言わない。おそらく、子どもたちの内面世界はぎっしり詰まっている。気持ちを共有できる相手より、道具としての相手でいっぱいになっているだろう。いずれにせよ、子どもあるいはソシオパスにとって、内面世界は空虚でも空っぽでもない。蝶の幼虫は、たとえ将来羽が生えることを知らなくても、自分は地面の上にしかいられないとは思わないのだ。

ソシオパス（今は「反社会的気質を持っている」と表現される）と診断されたティーンエイジャーは、文化からの期待に応えられない人たちの最たる例かもしれない。むろん、大半のティーンエイジャーは、どの次元の意識を持っているのであれ、ソシオパスではない。ただ、ソシオパスと診断されたティーンエイジャーの環境――要求される次元の複雑さで世界を構成できていない／「キャパオーバーのお手上げ状態」になっている環境の極みと言えるのではないだろうか。外部からの認識論的要求と内面の認識論的能力のミスマッチが、／周囲の人に適切に理解されていない――はいずれも、すべての若者が10代のある時期に向き合うことになる思春期のある時期の特徴なのだ。いずれにしても、ある人の精神《メンタル》に対する環境からの要求が、その人の現在の精神的《メンタル》能力より高いレベルであることは、悪いことなのだろうか。

現代文化の「環境」と「支援」をどう評価するか

私は人間の成長を促すのに必要なものに関して、数百年にわたる英知の数々を読んできたが、もしそれらの英知の要点を、ユダヤの賢人ヒレル同様、片足で立っていられるあいだに述べよと求められたら、こう答えるだろう。人間は、支援と挑戦が絶妙なバランスで混ぜ合わされた経験が絶えずできるところで最も成長する。これが要点で、あとはすべて解説だ、と。適切な支援がなく挑戦に偏りすぎた環境は、有害だ。守りの姿勢と抑圧を招いてしまうからである。反対に、適切な挑戦がなく支援に偏りすぎた環境は、結局は退屈だ。活力を奪ってしまうからである。どちらに偏っていても、人はやがてその環境から逃げたり離れたりする。対照的に、支援と挑戦のバランスがとれていれば、生き生きと積極的に関わるようになる。

現代の文化それ自体を一種の「学校」と捉え、そこに属するメンバー全員の成長にとって、私たちがつくり出す環境がどれくらい効果的かを検討したら、支援と挑戦のどちらに対する評価にも、皆驚くのではないだろうか。

現代の大人が学校としての文化のなかでどのように生きているかについては別の章で考察することとし、ここでは10代の「生徒」に的を絞るが、それでも、10代の子どもに絶えず挑戦という経験をさせ続けている点に関して、現代の文化は高得点を獲得することになるだろう。家庭でも職場でも学校でも、仲間とのさまざまな付き合いのなかでも、ティーンエイジャーは「持続的カテゴリを超える」意識を持つよう要求され続けている。

現代の文化は、国のどんな名士や機関の指揮もなしに、立派なカリキュラムをデザインしているのかもしれない――広範さにおいても（ティーンエイジャーの生活のあらゆる重要な領域を網羅している）、知性にまつわる一貫性（consistency）あるいは統一性においても（「カリキュラム」にはさまざまな「コース」があるが、要求される複雑さの次元は同じ）、難易度においても（複雑さの次元は、認知も達成もできないほどティーンエイジャーの能力を超えすぎてもいなければ、退屈なほど現在の理解の範疇《はんちゅう》に収まってもいない）、立派なカリキュラムを。カリキュラムがもたらす挑戦は、もし学生生活のごく一部に限られていたり、求める複雑さの次元に一貫性がなかったり、あるいは難しすぎたり簡単すぎたりしたら、十分に機能を果たさない。そのため、挑戦という経験をさせている点において、学校としての現代の文化は最高の評価にふさわしいかもしれない。

だが、支援の経験については、どれくらいよい評価を与えられるだろう。カバーしている範囲は十分か。

カリキュラムが求める意識の発達にどの程度合っているか。もし現代の文化が、思春期に入った直後の子どもたちに第3次元の意識によって行動することを期待しているなら、私たちがデザインする「学校」は、挑戦を経験させる点で称賛に値するカリキュラムを持つ一方、世界に対する理解の仕方を徐々に次の次元へ移していくのに適切な、温かく導く姿勢が情けないほど不足している。支援のない挑戦を経験するのは、ただただ苦しい。そんな経験は怒り、無力感、虚しさ、あるいは突き放された気持ち――いずれも、ティーンエイジャーがよく口にする不満のフレーズ、「いったいどうしろって言うんだよ」ににじむ感情――を生み出しかねない。

先ほどの支援の評価に関する問いに答えると、10代の子どもが「キャパオーバーのお手上げ状態」になるのは必ずしも悪いことではない。それどころか、彼らが効果的な支援も実感できているなら、それこそが求められるものとも考えられる。そのような支援は「包み込む環境」をつくり、その時点での子どもをあるがまま温かく迎え入れつつ、その子の心理的な発達を促す。ゆえに、「包み込む環境」とは、橋渡しのための舵取りの難しい文化であり、徐々に架けられる橋であり、次のステップへ進むための場になる。それは発達による変容を、すなわち全体（「今の私」）が新しい全体（「成長した今の私」）の部分（「以前の私」）へ徐々に変わってゆくプロセスを促すのである。

そのような変容をおのずと促進するのが、大半の子どもが思春期のどこかで見つける、それまでとは違うタイプの仲間だ。この人間関係は、集団行動する／交換する／比較する／競争する／妥協するという潜在期の友情とは異なり、むしろ、個人間の関係について共同での意味構成や経験を活発に行う最初の時期に入るサインになる。

それがサリヴァンの言う「チャム（親友）関係」[5]であろうと称賛に値する人への一方的な憧れであろうと、

そのような関係は、相手との一体化によって、いつのまにか第2次元の意識をいわば騙《だま》すことになる。というのも、自分の考え方とは別の考え方が「本当に」自分のなかに入ってくるなどありえないように、最初は思えるからである。

だが、まるで自分のようなその相手は「移行対象」、つまり古い理解の仕方の一部であり、同時に新しい理解の仕方の一部でもある。相手を考慮に含めるとき、人は「持続的カテゴリ」の理解によって単一のものの見方（相手のものの見方は自分のものの見方と同じと捉える。一体化の特徴）のなかに組み込まれ続けながら、同時に、別のものの見方を、自身のものの見方を意味構成するプロセスに持ち込むのだ。この相手は自分とそっくりだと思い、相手にもそっくりだと思い続けてもらいたい——その思いを軸に思考しているので、2つのものの見方のあいだにある小さな違いを必然的に見つけても、相手は自分と相容れないものの見方を持つ敵対者だと思う場合とは全く違う反応をする。それどころか、なんらかの方法によって2つのものの見方をもう一度調和させて、両者のあいだに一体感を回復しようとする。このような徹底した精神的《メンタル》「行動」——自分自身の「持続的カテゴリ」のものの見方との一体性を取り払うこと——により、全く違う次元の意識へ移行できるようになる。

だが、ティーンエイジャーに必要な支援を提供する役目を、同じくティーンエイジャーに任せていいのだろうか。

もし、私たちの文化が、意識を第2次元から第3次元へ変容させるための支援を、ティーンエイジャーが集う活動領域で、より効果的に提供し、そのたびにティーンエイジャーのための学校として向上したらどうだろう。伝統的な文化における主要宗教は、そのような学校としての文化が大きな効果をあげている典型例だ。主要宗教は、ふつうの人々が日常的に集まるあらゆる行動領域を利用して、その宗教へ誘《いざな》い、信仰心を刺激する。食べ方、仕事の仕方、愛の交わし方、父母の敬い方――プライベートと思われる領域のこと――を、意味も形も人によってまちまちな習慣任せにすることはない。教育の場を、人が定期的に集まる教会や学校という狭い領域に限ることもない。それどころか、人がたびたび集う活動の場は、教えるための最も重要な機会になる。

学校として成果をあげている文化は、そうした場をわがものとし、カリキュラムの目的に向かわせる。私たちの文化がティーンエイジャーを教育する実際の学校、私たちの文化がティーンエイジャーを育てる家庭、私たちの文化がティーンエイジャーに伝える性行為に対する価値観――これらがもし「持続的カテゴリ」の意識にとってただちに意味を持つと同時に最終的にその意識を壊すように整えられるなら、それらは、私たちの文化の挑戦的なカリキュラムを支持する、教育上とても役立つ器になるのだ。

効果的な支援のあり方

ティーンエイジャーが学ぶための場づくりを特定の特異な環境に任せるのではなく、そのような場において私たちの文化の隠されたカリキュラムの目的が促進されるようにする方法について、いくつか例を見ていこう。

前著で私は、3人のティーンエイジャーの話を取り上げた。いずれも、文化からの期待に著しく背き、施設に入ることが必要だと判断されたケースであり、小切手を盗んだ少女ロクサーヌは矯正施設、テリーは精神病院へ入れられ、そしてリチャードは職業訓練プログラムを受けることになった。三者三様の対応は3人をそれぞれ「犯罪者」「病人」「雇用不適格者」と捉えているように思われるが、違いより共通点のほうがはるかに多いかもしれない。というのも3人は皆、マインドの同じ変容に対して支援を必要としているからである。実際には、リチャードだけがそうした支援を得た。職業訓練プログラムはもともと精神医学プログラムや矯正プログラムより好ましいが、理由はそれだけでなく、リチャードが受けた職業訓練プログラムにはプラスアルファの部分があったのだ。それは、「持続的カテゴリ」の意識を受け容れると同時に、その意識を建設的な形で無効にするきっかけを与えてくれたことである。

一方、ロクサーヌが受けた矯正プログラムは、行動理論に基づいた、望ましい行動に対して報酬を提供する「トークン・エコノミー法」を採り入れていた。入所者は、B・F・スキナーが実験で用いた鳩と同様、トークン（疑似貨幣、報酬）によって「責任ある」行動をとれるよう徐々に方向づけられていったのである。

矯正施設の「鳩」たちが期待されているのは、人間関係について理解できるようになることだが、その程度は、本物の鳩がキーをつつくこと――特定の行動をすれば特定の報酬を得られること――について理解するのと同程度であったと思われる。このプログラムは「持続的カテゴリ」の理解については十分に認識し、配慮もしているが、「持続的カテゴリを超えた」理解の発達を促すことについてはまるで無頓着だ。善良な市民としての行動ができるようになってもうわべだけで、そのような行動をとる人の意味構築に自己意識的な注意が全く払われていない場合、その行動改善アプローチは人間がみずからの生を生きることを鳩がキーをつつくような行動――行動が鳩と同一化している――となんら変わらないと考えているようなものなのである。

そのようなプログラムを受けた入所者たちが、それ以外の入所者と変わらない頻度で、以前と同じ人生に逆戻りし、また同じ罪に手を染め、ときには同じ施設に戻ってくるという事実は[6]、人生というゲームが鳩がキーをつつく行動より複雑であることを、あるいは、退所者の行動が表面上どれほど変化していても、根本では何も変わっていないかもしれないことを示す証拠と言えるだろう。

あるプログラムが発達に必要な支援を提供できないのは、橋渡しを怠って、10代の子どもたちが今までいた世界を出る（超える）手助けをしていないからという場合もあるが、新たな世界に子どもたちはすぐになじめるはずだと考えられているからという場合もある。テリーが入れられた環境療法の病棟がまさにそのケースだった。患者はグループミーティングで、心理的動機や心の葛藤について内省的に述べることを求められた。ところがテリーは、自分がしたいことに関して他者が何をしてくれているか、いないかを話しがちだった。それを、スタッフには「反抗」、つまり「病棟が提供する治療の拒否」とみなされ、ついには病棟から追い出されてしまった。

これらはつまるところ、当のティーンエイジャーが到達している次元のマインドにとってはレベルが低すぎた、あるいは高すぎたプログラムだが、対照的に、リチャードが受けた職業訓練プログラムは、「持続的カテゴリ」の理解の仕方を心得て歓迎し、そのうえで建設的な形で無効にするための環境を細心の注意を払ってつくり出していた。そのプログラムでは、

> 他者と協調する、相互依存する、共同で意思決定する、責任を引き受ける、分かち合う――こうした行動の重要性を特に際立たせてはいない。初めて来たときにリチャードが目にしたのは、造りかけのボートと、完成したら数千ドルを支払うという購入者からの手紙と、熟練のボート造りの腕を持ち、リチャードのような子どもに造り方を教えたいとやる気満々の大人たちだった。リチャードはそのプログラムにのめり込んだ……というのは、彼は何よりもまず最も基本的な意味づけのレベルで意思疎通を図っており、発達のその時点において、自己制御、自己高揚（増強と言ってもいい）、個人的能力の発揮と獲得を重視していたから

である。そのような強力で知らぬ間に作用する段階にあって、彼が個人として相互的な立場に立って「つまり「持続的カテゴリを超えた」理解をして」いないことは、問題視されなかった。それだけでなく、彼の「「持続的カテゴリ」の」インストルメンタリズム（道具主義、器具主義）の長所と動機が評価されていた。言うまでもないが、いったん虜になってしまえば、彼が自分の意味づけの仕方に限界を感じるようになるのは、時間の問題だった。ボート造りを学ぶことはやがて、彼の当初の予測とは全く別のものになった。「ずっと」そうだったそれまでの自分にとって意義深いものを獲得しただけでなく、今の自分を実質的に構成し直すことにもなったのである。[7]

このプログラムでは、訓練を受ける子どもたちがグループで作業し、自分自身だけでなく互いのスキルや限界についても知ること、自分の目的を追求しているときでさえ他者を気にかけることが要求されており、おのずと「持続的カテゴリを超えた」理解の仕方が促される。ボート造りプラスアルファとは、共同作業をするコミュニティに準備させておくことだった――子どもたちをいつでも受け容れられるように。子どもたちがコミュニティに入るまさにそのときに、この子たちはこれから少しずつ「持続的カテゴリを超えた」理解ができるようになるのだということを受け容れられるように。プログラムに参加して2年が経ったとき、リチャードは私たちにこう言った。

「前は、失敗すると叱られると思って心配した。今は、失敗したら、ほかの人たちを心配させやしないかと思って心配になる」

リチャードが受けたプログラムに見られる巧みな配慮は、ティーンエイジャーが所属するスポーツチームのコーチにもしばしば見られる。それは一種の師弟関係、あるいは「学びの場のデザイン」であり、すべての中学校や高校に——体育館やグラウンドを越え、校内物理コンテストや、学校対抗の数学大会や、歴史オリンピックへ広がっていくべきものである。そこでは競争やライバル意識が重視されるが、あくまでチームの目的を達成しパフォーマンスを上げる手段として重点が置かれるのだ。

バスケットボールのコーチなら、ボート造りの匠《たくみ》と同様、最初は勝利という結果ではなく発達のプロセスを大切に考え、優れたコーチとしての指導をあえて控えて様子を見守るといい。そしてティーンエイジャーに、自由に、個人的な能力を伸ばし、自分を誇示し、自己を強化し、個人的な報酬を求めさせるのである。ひとたび虜になったティーンエイジャーたちは、うまく導かれさえすれば、むろん心のなかで葛藤はあるが、徐々に気づくだろう——望みのものを手に入れるためには、自分ひとりの利益よりもっと大きな利益を共有するコミュニティのメンバーになる必要があることに。自分の幸福を、チームの幸福の下位に置く必要があることに。ひいては、チームに対して忠誠と一体感を覚える必要もあり、そうなれば、チームの成功を自分の成功として、自分の失敗を個人的な苦い経験（「ぼくがへまをしたせいで……」）ではなく、チームにとっての苦い経験として考えられるようになるということに。

ただ、バスケットボールのコーチにしろ生物学の教師にしろ、教える側がティーンエイジャーをチームに迎え入れる機会を重視できるようになるためには、自分が関わる共同事業について理解を深める必要があるだろう。ティーンエイジャーの教育という事業——本書でこれから簡単に考察する——をこのように改めることは、その学校のカリキュラムを文化の隠されたカリキュラムに合わせ直すという価値ある作業なのである。

教育者を分断する2つの理念

程度の差こそあれ、学校にはたいてい、グループが存在する。私が教えていた中学校や高校にもあったし、25年にわたって教師とコンサルタントを務めた経験からあえて言えば、およそすべての教職員がサブグループに分かれて、それとなく、だが絶えず互いに角突き合わせているのだ。教師たちは、建前としてはひとつの共同事業に関わっている。そんな彼らを分断し緊張感を生む原因は、性格や世代やジェンダーの違いばかりではなく、ひとえに教育理念、あるいはイデオロギーの違いであることも少なくない。教師たちは、子どもへの教育が基本的にどうあるべきかについて、さまざまな信念を持っている。そのような異なる信念は公然と議論されることもあるが、教師の行動や反応によって遠回しに表現される場合が少なくないし、個人間の気まずい対立として顕在化しがちだ。だが、その対立は意義ある素晴らしい会話へつながる可能性がある。教育理念のうえでの対立の結果は自身と生徒の人生に大きな影響を及ぼすため、それを憂慮する、相互に敬意を払う教師グループ同士の会話へ、である。

そんなさまざまなイデオロギーを一列に並べることができたら、一方の端には原理原則重視のカリキュラム理念（私は「基本に戻る」考え方と呼ぶ）が、反対側の端には人間主義的な理念（私は「全人的な」考え方と呼ぶ）が来るだろう。

「基本に戻る」カリキュラムでは、生徒が認知的技能を総合的に習得し、人生においていずれぶつかる課題に備えることに重点を置く。また、過去及び現在の、そして生徒自身が生きる文化について、絶えず増える数多《あまた》の知識を学ぶことも重視する。この考え方に批判的な人たちは、文化が積み重ねてきた価値を無批判に教え込み、丸暗記させるだけだと揶揄《やゆ》する。だが、この考え方をより洗練された形にして、内省的・批判的な思考能力などの徐々に複雑化する認知的技能を獲得する方向へ転じることは可能だ。その観点からすれば、「基本に戻る」カリキュラム理念は、考えの甘い原理原則主義というより、ゆるぎない教育的基盤の軽視――「現代にふさわしい教育」といった一時的な流行に惑わされたり、多様な社会のあらゆる生徒の家族によって必ずしも共有されるわけではない特定の価値観を支持するような誤りを犯したりするために生まれる軽視――に反対の声をあげていると言える。

これに対し、「全人的な」カリキュラム理念では、認知的技能の獲得は大切だが、カリキュラムの目的の一部にすぎず、生徒の情緒的・社会的な成長にも同様に配慮しなければならないと考える。この理念も、批判的な人たちからよく揶揄される――まるで、生徒の精神面や価値観について口を出すお節介なセラピストのようだ（生徒の家族から「余計なお世話です」と言われても仕方がない）。あるいは、社会のある一派――他のすべての人のために心の健康と適切な社会秩序を定義する権利が自分たちにあると思っている一派――の青写真に沿わせるための人心操作だ、と。だが、「全人的な」カリキュラム理念には、昔から尊重されてきた古い信念も見て取れる。よい教育とは子どもの「分別だけでなく個性も」育てるものだ[8]。もしますます機械化していく社会のなかで囚われの身になるまいと思うなら、子どもたちは賢くなるだけでなく、自覚を持ち、みずから目的を定められるようになるべきだ、という信念である。

この相反する2つの理念は、昔から教育の場で議論され、交互に盛衰を繰り返してきた。１９５０年代後半から60年代前半には、人工衛星スプートニクの打ち上げ成功に象徴されるソ連の科学的成功の影響を受けて、「基本に戻る」考え方のほうが優勢になった。１９６０年代後半から70年代前半には、「全人的な」理念のほうが重視された。民主主義社会の官民問わず、あらゆる組織に内在する明らかな矛盾への反発として、人間性や理想主義的傾向を含むより包括的な文化を見直す動きが、教育の現場でも起きた格好である。

次いで、1970年代後半から1980年代はずっと、「基本に戻る」考え方がふたたび優勢になる。理由は、近代史に対する見方によって大きく変わる。1つは、社会の諸問題の解決策として学校教育を捉えることによる必然的な代償として「基本に戻る」考え方を重視する必要性があったし、また、そうした社会問題をある程度改善させた実績（人種・民族・ジェンダーによる差別の軽減、ベトナム戦争の終結）によってこの考え方を重視することが可能になったとする見方だ。次のような見方もある。「基本に戻る」考え方がふたたび優勢になったのは、1960年代に起きた文化的批判によって提起された、不穏で未だ答えの出ないさまざまな問いに対する防衛反応だとする見方である。

1990年代が、また「全人的な」理念のほうへ振り子が振れるのか、それともこの2つの対極的な考え方がなんらかの形で統合されるのかは、まだわからない。いずれにせよ、これらの考え方を歴史の前後関係だけで捉えていると、現代の学校で起きている現実が行き場をなくしてしまう。いつの時代にも、相対するこの2つの考え方は、統合されず、学校のなかにともに存在している。そして今日の教師は、勤め先の学校で、いやおそらく自身のなかでも、両者のあいだにある緊張を感じている。

誰のせいでもないとはいえ、そのような緊張は大きな損失を伴う。緊張のせいで、教師たちのあいだでも（一方の考え方を信じる教師は、もう一方の考え方を信じる教師について、生徒に悪影響をもたらすと思っているかもしれない）、自分自身との関係においても（相対する2つの考え方にそれぞれ優れた点があることに気づいて窮屈に、あるいは身動きがとれないようにさえ感じるかもしれない）、エネルギー――双方の目的をなんらかの形で統合する考え方があれば、学校としての目的を共有することになり、その達成のためにもっと有効に使えるはずのエネルギー――が止まってしまうのだ。

2つの理念を統合する

2つの目的を統合する考え方は、認識されていないカリキュラム――思春期のあいだにマインドを変えよと、現代の文化の至る所でなされる要求――のなかにあるかもしれないと私は思っている。面白いことに、「基本に戻る」考え方と「全人的な」考え方は、別々ならこの隠されたカリキュラムを邪魔しかねないのに、2つが合わされば、カリキュラムと共存できる可能性がある。カリキュラムのなかにある新たなビジョンは、「持続的カテゴリ」から「持続的カテゴリを超えた」意識へのマインドの漸進的な成長を促す、相手に寄り添うコーチングと結びついており、どちらか「一方」に勝利を与えるのではなく、両方を快く受け容れる共同の活動を打ち出せるかもしれないのだ。このようなビジョンは、必然的に多様になる教師の気質、個人的な好み、教育上のイデオロギーを認め、歓迎さえするが、同時に、何でも無批判に受け容れる折衷《せっちゅう》主義を超えたものを生み出す。そのようなビジョンがあれば、さまざまなタイプの教師が職員室を見渡し、互いを見て、「やり方は自分と全然違う。だが、目指す方向は同じだ」と思えるようになるのである。

広いリビングルームのなかで、5つの明かりが点《とも》っている。この場合、光源はいくつあるだろう。5つ、と言えるかもしれない。もしかしたら、明かりのつくり手はそれぞれに、人々に光を届けることを使命としており、自分がつくった明かりこそいちばんだ、ぜひとも光源として選んでもらいたいと思うかもしれない。あるいは、とどのつまり寛容な折衷的相対主義が広まっており、つくり手は次のように認めるかもしれない――それぞれの明かりが人々に光を提供できていること、つまり、明かり同士はほとんど関係がないものの、バランスのとれた食事をもたらす食品群と同様、豊かで有益な全体に対し部分として個々に貢献していることは結構なことだ、と。

だが実は、リビングに光源はいくつあるかという問いに対しては、全く違う答え方をすることができる。つまり、光源はただ1つだ、とも言えるのである。5つの明かりはどれも、プラグがコンセントに差し込まれ、家全体の電気系統から電気を得ているために点っている。この観点からすると、どの明かりも、最高の明かりの候補ではないし、全体の単なる部分でもない。いずれの明かりも、全体によってパワーを供給され、全体をあらわしているのである。そしてもし明かりのつくり手の使命が、何よりもまず自分がつくった明かりを人々にもたらすことではなく、ただ1つの光源による明かりを人々にもたらすことであるなら、このつくり手は、自分の明かりがこの光源を使っていることを喜ぶのと同様に、自分がつくるのとはまるで違うほかの明かりもやはりこの光源を使っていることを喜ぶだろう。このつくり手と他のつくり手たちとの関係は、競争的でも無干渉でもなく、同じ目標のために協力する関係だ。明かりのつくり手たちは、呼吸を揃えているのである。

同様に、あらゆる学びの場のリーダーが最終的に目指すべきは、教師に呼吸を揃えてもらうことだ。ただしそれは、厄介者をクビにしたり、対立を押し隠したり、同じグループ所属のつくり手を雇ってすべての明かりを同様につくらせたりしても、できることではない。多様な明かりのデザインに最高の敬意を払う使命を確認し、それと同時に、さまざまなつくり手が忠誠を共有する共通の「光源」を最前部に置いて初めてできるのである。

生徒のマインドの発達が、そのような使命になる。そして精神《メンタル》の発達を持続させる力（教育する側が、学校や教室や生徒にもたらすのではなく、むしろそこで見つけ出すエネルギー）が、共通の「光源」である。だがそんなビジョンがあっても、口先だけだったり観念論やたとえ話まがいの非実際的観念にすぎないなら、学校は変わらない。

教え方の違いに優劣はあるか

そのようなビジョンが開花するのは、教室全体、学校全体で本質的な活動が行われるときだ。教え方が発達の「光源」に「プラグを差し込んでいる」かどうかについての、教師たち——「基本に戻る」考え方と「全人的な」考え方いずれの支持者であれ——の考え方を通して開花するのである。

たとえば、中学校の国語の教師がふたりいて、どちらも短編小説を扱う授業を受け持っているケースを考えてみよう。この教師Aと教師Bは、性分も生き方も教育に対する哲学も、まるで違う。教師Aは、朝鮮戦争に従軍した経験を持ち、髪型は今もクルーカットで、「先生に口答えするなど生徒は考えもしなかった」時代を懐かしく思っている。教師Bは、従軍を拒否し、後ろで束ねていた髪を先日切ったばかりで、「子どもがブランドものの衣服より主義・主張に夢中になっていた」時代を懐かしく思っている。教師Aは国語の授業を、何よりもまず知的な読み方と書き方を子どもに教える場だと考えている。彼はその両方を教える手段として短編小説を使う。小説を細かく分析して構造を子どもたちに示し、著者が小説に込めた意味をできるだけ多く理解させようとするのである。教師Bは国語の授業を、何にもまして生徒の価値観形成に真摯に関わる場だと捉えている。読み書きに優れることは大切だと思っているし、生徒にも身につけてほしいと願っているが、一方で、学校のカリキュラムは全体的に認知的な側面を重視しすぎている、国語の授業は価値観や人間関係について教える機会になると考えているのである。そこで、生徒の生き方・考え方に真摯に関わり、たとえ意見が違っても互いに敬意を払う力を生徒に高めてもらう手段として、短編小説を使っている。

さて、教師Aと教師Bについて皆さんに尋ねたい。ふたりはよい教師だろうか。どちらかがもう一方より優れているだろうか。ふたりは協力しているか、それとも張り合っているか。互いを尊敬しているか。本物の仕事仲間だと感じ、呼吸を揃えているか、それとも、よく言って互いに我慢し合っている関係だろうか。これらの問いのすべてに答えるには、情報がまだ足りない。一方の教師が「基本に戻る」考え方、もう一方が「全人的な」考え方を支持していることはわかるが、それによってどちらがより優れているかがわかるわけではない。ふたりの教育理念が著しく違うことはわかるが、それによって、目指す方向も違うのかどうかまでわかるわけでもない。

そのため、情報をもっと集めよう。どちらの教師も、今日の授業ではオー・ヘンリーの『賢者の贈り物』を扱う。教師Aは朝の授業で、人生の皮肉について7年生（中学1年生）に理解させたいと思っている。自分なりに説明してみるよう求めたところ、ひとりめの生徒は次のように答える。

「夫が自分の時計を売って、妻の髪に合う櫛《くし》を買ったのに、妻は夫の時計に合う鎖を買うために、自分の髪を売ってしまっていました――これが人生の皮肉です」

この答えに対し、教師Aはどんな反応をするだろう。たとえば次のように答えるかもしれない。

「今のは、人生の皮肉の説明とは言えませんね。説明ではなく例です。そこにどんな意味を見出すかによっては皮肉を示す的確な例になるかもしれませんが、決して説明ではありません。さあ、人生の皮肉とはどういうものかを、例を挙げるのではなく、説明できる人はいませんか」

ここから先は、たとえば次のような展開が考えられる。

①　何人かの生徒が手を挙げ、皮肉についてさらにいくつか例を述べるが、教師Aはそれらを皮肉の説明だとは認めない。

②　やがて生徒たちのあいだに沈黙が広がる。

③生徒たちを困惑させた教師は、人生の皮肉という言葉を説明し、おそらくその説明を黒板に書く。生徒たちがノートに写し、暗記して、テストに備えられるように。

以上のように授業を進めた教師Aにしてみれば、正解を教える前に、生徒たちにより積極的に言葉の意味を考え、興味を持たせることができたと思うだろう。

一方、タイプの異なる教師A'なら、違う対応をするかもしれない。

「今のは、人生の皮肉についての素晴らしい例ですね。黒板に書いて、丸で囲んでおきましょう。では、ほかに誰か皮肉の例を挙げられる人はいますか。この小説の内容に限らないし、どんな例でもかまいません」

その後の展開は、たとえば次のようになるだろう。

①生徒たちが人生の皮肉についてさらに多くの例を挙げる（「サマンサ・スミスという女の子の話が人生の皮肉を示していました。世界平和のためにロシアへ行ったのに、その後飛行機事故で命を落としてしまったのです」や「デニス・エカーズリーはレッドソックスの投手でしたが、のちに移籍し、古巣レッドソックスを負かしてチームの優勝に貢献しました。これも人生の皮肉です」など）。教師A'は、どの例についても褒め、黒板に書き、丸で囲む。

②そして次のように言う。「発言はここまでにして、集まった素晴らしい例を全部、さっと見ていきましょう」。その後、先ほど丸で囲んだ例をすべて含む、大きな丸を1つ描く。「では、人生の皮肉とは何かを、すべての例に当てはまるように、説明できる人はいますか」

③この時点で、生徒たちは皆で一般化に取り組み、その結果がすべての例に当てはまるかどうか確認する。

教師Aと教師A'はどちらも、「基本に戻る」理念を支持している。ふたりとも、認知的な1つの概念について教えようとしており、教え方も心得ている。どのような手順を踏めば「ティーチャブル・モーメント（教える好機。最適なタイミングでの指導・介入）」を生み出せるかも、ともに知っているが、その生み出し方が異なっている。

教師Aは、知識を増やす丸暗記の勉強法を教えるために「ティーチャブル・モーメント」をつくり出している。一方の教師A'は、生徒たちのマインドを発達させること、意識の次元を進化させることに、心を砕いている。どのような方法によってか。彼は、生徒たちが人生の皮肉の意味を一般化できていないことを当人たちに示し、その概念を暗記させるのではなく、生徒たちの成長の最先端部——具体的思考から抽象的思考（基底に具体的思考を含む）へとスムーズに移行できない状態——にまっすぐ働きかけている。

どちらの教師にせよ、その要求（人生の皮肉とは何かを説明すること）は、「持続的カテゴリ」の次元のマインドを超えている。事例と定義の違いはまさしく、具体的な事実（第2次元の理解の仕方）と抽象的な一般化（第3次元の理解の仕方）の違いなのだ。教師A'は具体的思考を、抽象的思考への道として歓迎することによって、大半の生徒に認識論的にほんの少し背伸びさせることになるティーチャブル・モーメントをつくり出している。事例を客体として捉え、そのすべての客体を含むことになる新たな知識構造をつくり出すよう、生徒を促すのだ。生徒がともに取り組んでつくり出すこの新たな知識構造は、（単に例示するのではなく）定義する能力としてあらわれるが、言うまでもなくそれは、「持続的カテゴリを超えた」意識を使う、それまでよりはるかに大きな力である。

さて、次は教師Bについて考えてみよう。彼もオー・ヘンリーの小説を使うが、教えるのは人生の皮肉という概念ではない。その朝の授業で、生徒たちが白熱した議論を繰り広げるなか、彼が考える学習の目標は、生徒たちがいかに互いの話に耳を傾けるか、いやより正確にはいかに耳を傾けないかに関連している。彼は、生徒たちが互いの話をさえぎるその仕方に目を留める。生徒たちは交互に発言するときでさえ、前の生徒が言ったことを完全に無視したりゆがめたりして、自分の主張に論点を戻すのだ。教師Bは、「これは解決すべきクラス運営の問題であり、生徒たちを学習の軌道に戻さなければならない」などとは考えない。むしろ、学習の軌道の重要な部分であり学びの機会だと、すなわち敬意を払うこと、耳を傾けること、他者から学ぶことについて教える重要な機会だと、彼は考える。

そうしたことを、教師Bはどのように教えるのか。教師Bのタイプの場合、次のアプローチのいずれかを選択する可能性がある。

①議論における適切な行動に関するルールと、ルールを破ったらどうなるかを明らかにする（たとえば、「途中で口を挟んだ人は15分間発言できない」と申し渡す。あるいは、発言カードを3枚ずつ配る。生徒は発言のたびに1枚使わなければならないので、3回より多くは誰も発言できなくなる）。

②議論をやめさせ、互いをもっと尊重する必要があることについて真摯に、説得力をもって諭す。

③議論をやめさせ、少しのあいだ「グループ・セラピー」を実施し、話をさえぎられたり無視されたりするとどんな気持ちになるかについて話すよう促す。

別のタイプの教師である教師B'は、次のようなアプローチをするかもしれない。彼は議論（ディベート）を続けさせるが、必要条件を1つ追加する。発言者は、自分の主張を述べる前に、前の発言者の主張を、その発言者が認めるくらい正確に繰り返すこと、という条件である。この条件を満たすにあたり、生徒たちは最初、相手の主張を繰り返すも、ここぞと思う部分に関して論点をすり替え、相手を攻撃しようとする。だが、その機会を得ることはない。なぜなら、笑われようが野次を飛ばされようが、前の発言者は抗議し、あとの発言者に対して、異なる意見について歪曲も自己流の解釈もせず正しく繰り返すこと、それがどんなに気に入らなくても徹底することを要求するからである。

教師Aと教師A'がどちらも「基本に戻る」理念を持っていたように、教師Bと教師B'も、どちらも「全人的な」理念を持っている。自分の授業を通して、生徒の知性の発達だけでなく社会性の発達にも影響をもたらしたいとも思っている。そして、やはりどちらも、教える方法を心得ている。

ただし、何を教える方法を知っているかが違う。前述の3つのアプローチのうち①を選択する教師B（相手に敬意を払う行動に関してルールを設ける教師）の、社会性の発達についての教育理論は、本人が気づいているかどうかはともかく、概念を丸暗記させる教師Aのそれと酷似している。授業の重点を、教師Aはマインドに関わる内的活動、教師Bは身体に関わる外的活動を導くことに置いているが、どちらの教師も、（内的か外的かはさておき）行動を効果的に形成することを、よい教育の本質だと考えている。②のアプローチを選択する教師B（真摯に諭す教師）は、魂《プシケ》を惹きつけること、中学生をいわば改宗させることに、授業の重点を置いている。③のアプローチを選択する教師B（グループ・セラピーを実施する教師）は、魂の癒やしに、授業の重点を置いている。

3つのタイプのいずれの教師Bも、目指すのは「全人的な」教育だ。だが、彼らが行動の矯正者、世俗の聖職者、アマチュア精神科医という立ち位置から「社会性の発達を促して」いるのとは対照的に、教師B'だけは、同じく全人的な教育を追求するにあたり、よい教育とは生徒のマインドを成長させることにあると考えている。また、彼らは皆、同じ1つのビジョン（あるいは、授業を活気づける象徴的な考え方）を持っているが、3タイプの教師Bが導いたり「改宗」させたり癒やしたりするのと違い、教師B’だけは、自身から生じるわけではない内的衝動、つまり目的因（テロス）を支援している。教師B’にとって、教えるための内的衝動とは、どんなものなのか。

教師B’は、自身からではなく、生徒と生徒自身の活力から生まれる内的衝動を支援している。生徒の自然に起こる認識論的発達を、それが社会的理解の領域であらわれると同時に支援している。また、彼がマインドをうまく成長させることができるのは、生徒の現在の認識論的状態の強さと限界の両方に真摯に関わるための方法を編み出しているからだ。彼は、「生徒が今いる場所で」生徒と真摯に関わりつつ、生徒にその場所を超えて一歩進むよう求めるのである。

それをどんな方法で行うのか。教師B’がクラスでの議論という「ゲーム」に加えたちょっとしたルールは、単なるクラス運営より工夫が凝らされており、生徒たちの意識におのずと課せられるカリキュラムと合わさって1つになる。生徒は、相手の観点からものごとを捉える「持続的カテゴリ」の能力を持っているので、クラスメートの立場に立ち、その主張を繰り返すことはできる。だが、複数の観点を同時に持つこともそれらを統合することもできないため、クラスメートの立場に立つときには、生徒は、自分がよいと思っている観点を一時的に手放すことになる。最初はクラスメートの考えを歪曲しようとするので、必ずしも喜んで手放すわけではないが、生徒は、自分がよいと思う考えを言いたいがために、楽しいわけではないその方法を受け容れることになる。ポイントは、はじめは目的達成のための単なる手段に見える楽しくないその方法が、おそらく目的そのものになると思われる点だ。なぜなら、吸収して一体になることなく他者のものの見方について考え続けるためには、自身のものの見方の外へ絶えず出ることが必要であり、それは、自身のものの見方を主体ではなく客体にすることへの、そして自分のものの見方と他者のものの見方との関係を考えることへの移行にほかならないからである。このアプローチは、教師A'のアプローチと同じく、「持続的カテゴリを超えた」意識の成長を後押しするのである。

以上からわかるように、教師A、A'、B、B'は、教師を分かつイデオロギーに関して、2つの重要な点を示している。第1に、マインドを成長させるカリキュラムの観点からすると、授業が優れているか否かの違いは、支持する理念が原理原則重視か人間主義的かの違いと、全く関係がない。というより、効果的な授業がどのようなものか、逆に効果的でない授業とはどういうものかは、**表2・1**にあるように、それぞれのアプローチを見ればわかるだろう。

第2に、**表2・1**の「マインドの発達を促すアプローチ」の欄にあるとおり、「基本に戻る」理念を信じる教師と「全人的な」理念を信じる教師にどれほど違いがあろうと、マインドの成長を促す観点から理念を実践する場合、両者は教育という仕事において敵対関係にはなく、

表2・1　「基本に戻る」／「全人的な」カリキュラム理念に対する効果のある／効果のないアプローチ

カリキュラム理念	マインドの発達を促すアプローチ	マインドの発達を促さないアプローチ
原理原則重視（基本に戻る）	認知的意味構成を支援する	認知的行動の形成
	認知的構造の実践	丸暗記の学習、情報の伝達
	認知的構造を相対化（客体化）する機会	知識量を増やす
	相対化された構造の新たな構造への統合を支援する	個別の分離した活動として認知的スキルを教える。そのようなスキルの数を増やす
人間主義的（全人的）	社会的・情緒的・内面的意味構成を支援する	社会的・情緒的行動の形成
	社会的・情緒的・内面的構造の実践	説教、勧告、社会的プレッシャー、宗旨替え
	社会的・情緒的・内面的構造を相対化（客体化）する機会	お節介なセラピストのようなサポート及び介入
	相対化された構造の新たな構造への統合を支援する	個別の分離した活動として社会的または情緒的スキルを教える。そのようなスキルの数を増やす

互いに補完し、協力し合っている。先述した「申し分のない」教師A'とB'は、世代も政治的信念もライフスタイルも違うかもしれない。だが、理念の実践における「深層構造」——生徒の意味づけの構造及びプロセスを向上させようと配慮すること——は、実践の仕方が表面上どれほど違って見えようと、きわめてよく似ているのである。

生徒との関与のあり方に大きな影響をもたらす質的部分（気質、社交・対人関係スタイル、生徒のマインドのどの側面を積極的に伸ばしていくかについての好み）が教師によって異なり、その違いに直面すると、もっともなことながら、教師たちに呼吸を揃えてほしいと願う学校のリーダーは、お手上げだとあきらめてしまうかもしれない。だが、そのような違いは必ずしも、同じ目標のために協力する教師団をつくる希望を打ち砕くわけではない。支持する理念が何であれ、教師が「申し分のない教師」に変わることができればできるほど、支持する理念がやはり何であれ、同僚の申し分のない教師が仲間になって、共通の目標をともに追いかける可能性が高くなるのだ。教師B'は教師A'と違い、オー・ヘンリーの短編小説を使って「人生の皮肉」という概念を教えようとは決してしないかもしれない。だが、カリキュラムを共有するこのふたりの教師は、同じチームに属している以上のことを知っている。方法こそ違え、全く同じ目標を達成しようとしていることを知っているのである。

ティーンエイジャーの性生活——もう1つの学びの場

現実の学校教育の場は、子どもの意識に対する文化的カリキュラムを（利用したり当てにしたりするだけでなく）支援・促進させる場である——。このことを、もっとしっかり理解することが、私たちの文化にとっては重要だ。ただ、既に述べたように、効果的に発達を促す文化では、教育の場を1つに限定しない。子どもたちがよく集うあらゆる場に、教育の手を広げる。本書においても、もし私がここでこの章を終えてしまい、ティーンエイジャーがよく訪れるもう1つの顕著な生活の場を考察しなかったら、勇気に欠けるし、とりわけ現代においては問題があるだろう。私が言っているのはつまり、ティーンエイジャーの性のことである。

それは本当に、本書で検討すべき、学校としての文化の一部なのか。ティーンエイジャーの性生活は、当のティーンエイジャー以外の誰かの問題なのか。思春期の性に関する行為は、その行為が行われる文化によって形成される、あるいは少なくとも影響を受けるのか。意識に関する隠されたカリキュラムは、ティーンエイジャーの性にまで及ぶのか。もしそうなら、カリキュラムを支持する文化が、まさにそのカリキュラムを支援する責任を引き受けているかどうかを、私たちには評価する義務があるのか。以上のすべての問いに対して、答えは「イエス」だと、私は思っている。

ティーンエイジャーの性というと、大人には、（大衆文化としての広告やエンターテインメントに見られる）忌まわしい描写か、細心の注意を払いつつ解決すべき社会「問題」かのどちらかとして思い起こされるように思われる。だが、欲望と責任を大人の側で分割してしまうのはよくないし、ティーンエイジャーのためにもならない。なぜなら、2つのあいだの活き活きとしたつながりをこそ、ティーンエイジャーは学ぶ必要があるからだ。

現代の文化を生きるティーンエイジャーの性的な行為について私たちは懸念しているが、そのような懸念がこれほど深刻だったことも危機的だったこともかつてない。性感染症には今や、現代の腺ペストというべきＨＩＶ感染のような、適切な治療を受けなければまさしく命に関わるリスクまでもが含まれる。避妊薬や避妊具の使用が推進され、性教育も広がっているのに、10代での妊娠・出産が増えている。思いやりのない身勝手な情熱によって心に傷を負うティーンエイジャーの状況は、目立ちにくく、統計的データも少ないが、大変気がかりである。

そんなわけで、心配して、いや憂慮して然るべきことが山ほどある。だが、それらの懸念にほとんど意味はない——たとえ、まだ足を踏み入れたばかりだとしても、大人なのか子どもなのか自分でもよくわからない状態だとしても、とにかくティーンエイジャーが、人間らしい領域に、褪《あ》せることのない魅力に満ちた世界に入ったのだということを、私たちが認識しないなら。そう、彼らは足を踏み入れたのだ。古今東西の詩人たちが、その楽しさ、力強さ、温かさ、熱さ、甘さ、興奮、満足を謳い続けてきた領域に。

ところが、私たちがティーンエイジャーの性を案じれば案じるほど、私たちの目にはこのテーマ全体がいっそう「社会問題」として映り、ティーンエイジャーの性が当のティーンエイジャーにとってどういうものなのかについて、ますます理解から遠ざかってしまう。まず、ティーンエイジャーにとって、性は解決すべき「問題」ではない。また、彼らの性に対する私たちの懸念（危険やリスクの名のもとに抱く懸念）は、彼らが抱く不安（受け容れられるかとかちゃんとできるかといった気持ちから生まれる不安）と、まるで違う。さらには、ティーンエイジャーの性について私たちが知らず思い巡らす色恋やエロチシズムと、ティーンエイジャーが性に対して感じる喜びとは、ほとんど関連がない（当時15歳のブルック・シールズを起用して物議を醸したカルバン・クラインのジーンズのテレビCMでは、カメラが水平に動いて彼女の長い脚を映し、彼女が意味深長な台詞《せりふ》を言う。「カルバンと私のあいだにあるもの？　何もないわ／よかった、私のカルバンが口をきけなくて」。ティーンエイジャーの性というより、ティーンエイジャーの性に関するコピーライターの妄想が表現されている。それが、私がCMから受ける印象だ）。

私としては次のように考える。性に目覚めたティーンエイジャーに対する懸念について、意義ある新たなアプローチが必要だと思うなら、そこには次の2点が要素として含まれていなければならない。1つは、ティーンエイジャーにとって、セックスはとびきり魅力的で、未知の可能性に満ちた、不安もあるがドキドキする楽しい冒険の世界をひらくものであること（ディズニーランドがつまらなくなってきたティーンエイジャーに、神はセックスを与える）。もう1つは、思春期になれば自動的に第3次元の意識へ移行するのではなく、むしろ思春期とは、支援を受けて第2から第3次元へ徐々に変化していく期間であることである。

新たなアプローチがどのようなものなのか、正確には私にも見通せない。ただ、これは断言できる。新たなアプローチには次の2つの性質があり、そのせいで多くの人が落ち着かない気分になるだろう、と。

① セックスを楽しく、互助的で、優しく、ソフトで、思いやりがあり、型にはまらない、かつワイルドなものとして扱う。

② ティーンエイジャーに「責任能力がある」などとは、端《はな》から期待しない。

新たなアプローチのこの奇妙さに落ち着かない気分になる場合は、現在のアプローチの成果を私たちが快適に思ってしまっていることを意識するといいかもしれない。先述したとおり、新たなアプローチがどのようなものになるか正確には私にもわからない。ただ、たとえ具体例を挙げるだけになるとしても、新世紀が目前に迫った今、ティーンエイジャーの性に対する新たな文化的規範として私が考える可能性をお話ししたい。

「禁欲」も「安全なセックス」も不十分な理由

ティーンエイジャーの性に関して私たちの文化が促している現在の規範は、「禁欲」（性行為は服を着たまま、手を腰より下にせず、ボタンを外さず、ジッパーも下ろさずにできることに限る）か、「安全なセックス」（性交する場合は必ずコンドームを着けよ）かのどちらかだ。相反する規範だが、両者には共通点がある。どちらも申し分のない知恵であること、どちらもあまり採用されていないこと、そしてどちらも、私が不可欠だと考える重要な2つの要素のうち1つが欠けているため、不合格であることだ。

「禁欲」という規範の最大の欠点は、性体験がきわめて抗いがたいものであることを否定しているところだ（今にして思えば、私は共感できない否定に出会ったことがない。受け容れがたい現実が本物ではないと考えたがるのには、必ず何かもっともな理由がある）。そして、ティーンエイジャーが性に興味を持つのを否定するのは、無関心な人や禁欲的な人や教会関係者だけではない。高校や私立学校に勤める、教養があり、都会的・進歩的な教師もそうであり、彼らは自分が思い描いてきたのとはまるで違うティーンエイジャーの性的行動の実態に向き合わざるを得ず、しばしば驚かされているのである。しかしながら、ティーンエイジャーに禁欲を期待するのは非現実的だ。なぜなら禁欲は、世界とつながりその世界を経験するための質的に新しい手段を、我慢する、使わない、あるいは手放すことを、ティーンエイジャーに求めるからである。食事のなかの何か1つ、たとえばコレステロールを上げる油や高脂肪の肉を控えるように求めるのと、食べることを一切やめるように言うのとは、全く別なのだ。

「安全なセックス」という規範の最大の問題は、ティーンエイジャーが未来を見据えて、そのような責任ある行動をとれる次元の意識に達していると、根拠もなく思い込んでいる点だ。大学の新入生がオリエンテーション期間中に配られるコンドームやデンタルダムを使う回数の少なさを考えれば、性的に活発な12歳〜17歳の子どもが、頭のなかに最大の目的と興味しかなくなる性行為の瞬間に、もはや無用の長物と化した避妊具をきちんと使う冷静さを持ち合わせていると信じるなど、甚《はなは》だ非現実的ではないだろうか。[9]「安全なセックス」の支持者がセックスの抗いがたさを否定する強さは、「禁欲」の支持者のそれと同様、相当なものかもしれない。先にも述べたように、何かを否定するには、共感できなくはない理由がきっとあるとは思うけれども。

空恐ろしいことだが、次のように考える必要があると私は思う。ティーンエイジャーの性的行動や判断の大部分は、アルコールや衝動によって、あるいは、相手からのプレッシャーに負けたり行為の際の細かいテクニックをめぐって気まずい沈黙が起きたりすることによって妨げられるだけでなく、影響を及ぼすものが何もないときでさえ、未来を、「今まさに起きているリアルなもの・注意を集中すべきもの」ではなく、「まだ起きていない現在」と捉える次元の意識によって制約を受けている、と。

ティーンエイジャーに対する行動規範を考察することは、規範の伝え方や教え方を議論することと同じではない。性的行動というテーマに関してティーンエイジャーとどのように真摯に向き合うべきかを、私はここで話してはいない。今、私が取り組んでいるのは前者である。性的行動というテーマについて、どれほど直接的あるいは間接的に、説教じみてあるいはざっくばらんに、対話的あるいは一方的に、互いに困惑しつつあるいは命令的に、ティーンエイジャーに伝えたとしても、根底には、この問題に関して私たち大人が持っている信念や価値観がきっとある。そしてティーンエイジャーは、私たち大人がどのような観点に立っているのか、その声を聞き、考えを感じて理解する必要がある。しかしながら、ティーンエイジャーの性に対して新たな第3の規範を提案しようとしている今、私が語りかける相手はティーンエイジャーではない。私が語りかけるのは大人、すなわち、文化的学校の管理者だ。ここからは、大切なことをどのように教えるかではなく、何を大切なこととすべきかを、大人のあいだで明らかにする必要性について考えていこう。

私たちの文化では、なぜか性と性交がイコールになっている。ペニスをヴァギナに挿入せずに行う多様な楽しい性的行為は「前戯」と呼ばれる――まるで、メイン料理になれない単なる前菜であるかのように。「最後まで行く」という表現にしても、性体験といえば性交以外の何ものでもないことが示唆されている。今日のティーンエイジャーや多くの大人が「関係を持った」という表現を使うときには、ペニスがヴァギナに挿入されたことを意味する。「性的に活発なティーンエイジャー」という言葉は、互いの性器を愛撫することも、手と口を使って互いに絶頂に達することも意味しない、、。そうした行為は性的に活発であることに含まれない、、らしい。ペニスがヴァギナに挿入されるときのみ、異性愛のカップルは「性的に活発である」と言われるのである。

だが、性器の挿入こそが性であるなどとは、生物学によっても神学によっても定められていない。完全に、文化が拵《こしら》えたものである。いや、性がもはや子どもをつくることにつながるとは限らない今日この時代にとっては、奇妙な拵えものとさえ言える。しかしながら、性が性交のみの意味へ格下げされたことは、今になって私たちを悩ませている。それが現代のティーンエイジャーの性行為にあらわれているからである。

どんな規範にも境界がある。「禁欲」という規範は、行為が性的快感に関連があるかないかで線を引く。「安全なセックス」という規範は、避妊具を着けたうえでの行為かどうかで線を引く。そして私は、これらとは対照的に、ティーンエイジャーが積極的に従おうと思うくらい幅広い性的快感を許容しつつ、性交を伴う性と伴わない性のあいだに境界を設ける規範を提案する。

子どもを抑圧しない新たな「性の規範」

「禁欲」(「性行為は服を着たまま、手を腰より下にせず、ボタンを外さず、ジッパーも下ろさずにできることに限る」)の考え方や、「安全なセックス」（「性交する場合は必ずコンドームを着けよ」）の考え方と違い、次のような考え方に立つ規範には、いろいろとメリットがあるように、私は思う。

ティーンエイジャーは、性的な存在に変貌を遂げている。当然ながら、自分を知り、表現するその新たな力強い方法が、大切なものとして、他人との関わり方や自分との関わり方に加わることになる。彼らの性的関心《セクシュアルティ》はおのずと、さまざまな個人的に重要な関心、ニーズ、懸念、問題を――大人の男あるいは女であるという自意識、同年代の人から素敵だと思われている・受け容れられている・愛されていると感じたいという願望、同年代の人に対して好きだ・魅力的だと思う気持ちや愛情を表現するニーズ、そしてもちろん、肉体的な意味での性的快感を感じ共有したいという願望までもを――探求する手段の1つになるだろう。彼らの性的関心《セクシュアルティ》がそれらすべてを表現したり追求したりする方法になるのは、当たり前であり、自然だ。また、どの時代のどんな文化においても、性的魅力をどうしても同性に対して感じる人がいるが、大半の人は異性に惹かれる。

この新たな能力をティーンエイジャーがどのように表現するかは、文化の「カリキュラム」と、カリキュラムを彼らがどう理解するかによって決まる。カリキュラムのつくり手として、私たち大人は意識しなければならない――新たな能力を使いたいという気持ちが圧倒的であることを、そしてカリキュラムに対するティーンエイジャーの理解の仕方がさまざまであることを。カリキュラムの目的（性を表現する際に、敬意と責任を持ち、相手の気持ちに配慮し、現在の行為が未来にどのような結果をもたらすかを考えられるようになること）は、大人になりかけの「生徒」にとって少し難しすぎるかもしれない。その場合は、移行の場を設ける必要がある。カリキュラムをまだ理解できない子どもにとって意味のある、かつ、マインドの変容を後押ししてカリキュラムを理解できるようにする橋渡しの場を。私たちは、恵まれた側にただ立って、まだ橋を渡れずにいる多くの子どものことを心配したり苛立たしく思ったりすることはできない。また、橋は両側にしっかりと固定され、橋を渡った先にいる人に払うのと同じだけの敬意を、橋を渡る前の人にも払う必要がある。

橋渡しの場では、ティーンエイジャーの性の表現方法の詳細について、次のような声が聞こえるかもしれない。子どもが実際にする行為について、どんなことならOKで、どんなことは駄目だと、大人であるあなたがたは考えているのか、と。

これに対し、私たちの文化は何と答えるか。文化としてはまず、次のように教える。あなたがしたいと思わないこと、楽しいと思えないことは一切すべきではない。あなたとしては試行錯誤することになるにちがいないけれども、と。

しかし、こうも教えている。あなたが快適に思う範囲、パートナーが快適に思う範囲内であっても、実際の行為はほぼ完全にあなたの責任だ、と。あなたもいずれ知るとおり、性的興奮と満足は連続していて、最初はごくかすかな刺激から始まり、最後は男女どちらにとっても圧倒的な満足感とオーガズムの解放で終わる。あなた自身が、またパートナーが、快感を追い求め想像力を働かせることで、互いをいっそう熱くするような愛撫の仕方（さらには話し方）が加わっていくだろう。「どこまでならOKか」という質問がそうした興奮の連続のことを指しているなら、答えは「あなたが気持ちがよいと思い、パートナーも同様である限り」だ。もし「最後まで行く」の意味が最終的なクライマックスを経験すること——あなたかパートナー、あるいは両方がオーガズムに達すること——を意味するなら、文化としてはこう答える。『最後まで行く』準備が整っているなら、OKだ。禁止行為にはならない」

文化は、パートナーの人数にも制限を設けない——遊びの関係であれ本気であれ、一度にひとりであれ複数であれ。すべてはあなた次第だ。無論、文化としては、パートナーに対する気持ちを偽ったり、パートナー以外の人と関係を持ったりするのを容認していない。もっとも、嘘をついたり騙《だま》したりするのを許さないというのは、性的行動に限らず、文化一般に言えることだけれども。

性的行動に関してこの文化が唯一望む線引きは、真剣に付き合う覚悟ができるまでは深い関係にならないこと。はっきり言えば、ペニスをヴァギナにもアヌスにも挿入しないことだ。真剣な付き合いには、互いに対するそれまでとは異なる意志（一緒に暮らす、ほかの人とは性的な関係を持たない、周囲にカップルとして認められる、家族をつくる、など）と、互いに対するそれまでとは異なる次元の責任（避妊具を使って性交渉をする、など）が伴う。真剣に付き合う関係とそうでない関係を、この文化は区別する。そして両方の関係を大切にする。どちらの関係にも、ふさわしい時期があるだろうから。この文化では、一方の関係のほうがもう一方の関係より大きな性的快感を得られるとも考えない――めくるめく快感は、どちらの関係でも得られるだろうから。この文化では、性的表現の1つの形である挿入の有無を、真剣な付き合いかどうかの唯一の指標にするのである。

さて、以上のような規範が、21世紀の幕開けにあたりティーンエイジャーに受け容れてもらえるかどうかを考える前に、この唯一の規範が実現可能となった場合に大きな影響を受けるいくつかの懸念について、さっと触れておきたい。

1　性感染症――わけても厄介な、エイズを引き起こすＨＩＶ感染――の発生が、ゼロとは言わないまでも劇的に減少するだろう。コンドームを特に使用しなくても、である。では、オーラルセックスは安全だろうか。ＨＩＶ感染の専門家及び最も信頼できる証拠によれば、リスクは皆無ではないという。確かに、避妊具を使った挿入よりはリスクが高いだろう。だが、この2つを比較することに、本当に意味があるだろうか。12歳～18歳の子ども全員がコンドームを使うとは思えないことからすると、オーラルセックスの安全性と、避妊具なしの挿入の安全性を比較するほうが現実的だ。そしてオーラルセックスは、避妊具なしの挿入よりはるかにリスクが少ない。ＨＩＶは感染後に適切な治療をしなければ死につながりかねないため、ティーンエイジャーに安全なセックスかオーラルセックスかの二択を迫るとしたら、無論私たちは前者を選ぶだろう。だが、もし前者が現実的でないなら、避妊具なしの挿入が広まっている現状より、後者のほうがはるかに好ましいということになる。

2　避妊具を使う必要なしに、予定外妊娠の発生が激減するだろう。なぜなら、真剣な交際でない限り性器の挿入を禁ずるという唯一の規範によって、妊娠のことなど気にせず性交するティーンエイジャーだけでなく、「膣外射精」や「安全日」の射精といった役立たずな方法を頼る多くのティーンエイジャーも、予定外の妊娠を避けられるようになるからである。

3　性的に親密になることの中心や目的や成果や意味さえもが、性器の挿入から気持ちへ、願わくば性的な満足の与え合いへシフトすれば、10代の性的行為において共感、助け合いの精神、思いやり、気遣い、あるいは技術向上さえもが促されるだろう。さらには、思春期の性が、相手の性を理解する場になる可能性が格段に高くなる。パートナーのどちらもが、自分だけでなく相手のことも常に考える可能性、ふたりで行う性的行為において、自分の経験だけでなく相手の経験も最も大切にするようになる可能性が高まるのである。

4　婚前交渉と夫婦間の性交渉という分け方、少なくとも遊びの関係と本気の関係という分け方を多くの人が大切にしているが、一方で、そのような線引きは既にないのではないかと懸念する人が少なくない。私が提案する新たな規範は、その区別をあらためてはっきりつける。そして、貶《おとし》められてしまったと多くの人が感じている家族の尊厳を、独自の方法で今一度訴える。子どもを産み、育てる人たちのような信頼し合う関係において、これまでとは違う行動をとることを大切に考えるのである。

以上のように、この文化は新たな線を1本引くことによって、病気、望まない妊娠、思いやりの欠如、結婚と家族という制度の崩壊に対するこの文化ならではの懸念に取り組む。多様な政治的立場の人がそれぞれ大切に思う問題にも対処する。相対する現在の規範の支持者双方の懸念についても取り上げ、両者の特徴を取り入れている（それぞれが求めるほどには「安全」でも「禁欲的」でもないので、どちらにも満足してもらえないにちがいないけれども）。

しかしながら、最後まで行かなくてもセックスを十分楽しめるとする新たな規範は、未来のティーンエイジャーに受け容れてもらえるだろうか（私が思い描いているのは、将来のティーンエイジャー、つまり今はまだ幼い、あるいは生まれていない子どもである）。答えとして、私は次のように考えている。この規範の内在化を妨げる障壁がより大きいのは、性と性交を同じものだと思っている大人の心のほうであって、性における衝動や興味に性器の挿入という特定の行動が不可欠というわけではないティーンエイジャーの心身ではない、と。

ティーンエイジャーが性的な気持ちを表現したいと思うとき、その気持ちはどれも、性交しなければ満たされないものではない。愛されたいし愛したい、大切にしてほしいし大切にしたい、喜びを与え、与えてもらいたい、得がたいものを手に入れたいし贈りたい、ライバルに嫉妬させたい、彼あるいは彼女を抱きしめたい、性的魅力のある人間としてのアイデンティティを確立したい、相手の肉体への興味を満たしたい、途切れた会話をつなぎたい、親からもっと離れたい、肉体の柔らかさを感じたい、土曜の夜にするべきことが欲しい、オーガズムを経験したい、オーガズムを誰かと一緒に感じたい、親密な関係になり、長続きさせたい――これらすべての願望が、性交しなくても満たされるのである（実のところ、思い浮かぶなかで性交が必要だと思われるのは、子どもが欲しいと思っている場合だけだ。そういう願望を持つティーンエイジャーがいるのは間違いない。多くは恵まれない環境で育った少女で、子どもを持つことを負担の増加とは思わず、望ましい社会的役割を果たし愛情を注ぐ対象を得るチャンスと考えるのだ。もっともこれは、遊びの関係に不可欠な要素として性交を求めているというより、「本気の関係」になりたいという、あからさまなあるいは遠回しな期待のあらわれと言えるだろう）。

性交しなくても十分楽しめるというのは、現在の文化的風潮からすれば信じがたい気がするかもしれないが、性の抗いがたさにも、ティーンエイジャー1人ひとりによって到達している次元が異なる意識的能力にも、きわめてよく対応している。それだけではない。現代の文化のつくり手たちは、隠された意識のカリキュラムに関し、「学校」の管理者としてより責任ある行動をとり、第2次元から第3次元のマインドへ徐々に変化するためのもう1つの支援の場として性的行為の場を考えられるようにできる。どのような方法によってか。

「駄目だ」と言うだけでティーンエイジャーにドラッグをやめさせたり、高校の卒業証書が将来どれほど重要になるかを説いて「中退せず学校に通い続け」させたりしようとしても、第2次元のマインドで現実を意味構築している彼らに対しては、おそらくあまり説得力がない。「持続的カテゴリ」の意識のティーンエイジャーは、同級生からの圧力のせいではなく、ハイになってみたいという興味からドラッグを使い始める。そんな、「持続的カテゴリ」の意識の短期的かつ交換を基本とする論理で世界を意味構成している相手に、こう提案したとする。大切に思うものを手放しなさい、ただし見返りは何もありません、と。そんなことをなぜ相手が承知するだろう？　ハイになるのをあきらめるというのに、それに対して短期的な見返りが何もない。気に入っているものを手放せと言われ、そのうえ、自分に対しても友だちに対しても鬱々《うつうつ》とするほかない、早々に逃げ出したくなる状況だけが残るのだ。学校に通う？　何のために？　もし私が学校が嫌いで、窮屈だったり退屈だったりするなら、どんな短期的な見返りがあるだろう？　何もないのだ。薬物乱用や学校中退が長い目で見ればどんな結果を招くかを訴えても、未来を「まだ起きていない現在」として意味構成している相手の心には響かないのである。

では、次のことを考えてみよう。性交しなくても十分楽しめるとする規範では、「持続的カテゴリを超えた」理解が今すぐ機能する必要がなく、何より、ティーンエイジャーから何も奪わない、ということを。バスケットボールを通じてそれ以上の何かを教えたいと考えるコーチのように、あるいはボート造りを通してそれ以上の何かを伝えるのを忘れない匠のように、ティーンエイジャーの性にとって暫定的な、あるいは橋渡しとなる場を主張するこの文化は、きわめて魅力的な個人的報酬を見込める、魅惑的で大切な領域の入り口で、ティーンエイジャーを温かく迎えるのだ。

この珍しいタイプのチーム、あるいはボート造り、もしくは性的な行為に引き込まれて初めて、人はだんだんわかるようになる。求めていたのは結局、「手に入れる」ものの変化だけでなく、自分という人間が変わることかもしれない、と。これは、カリキュラムの目的達成に対する、禅の精神に近い、あるいは東洋的なアプローチだ。生徒がみずから向かおうとする方向に逆らうことなくその方向に沿って進む、いやその際に、生徒がみずから持つ勢いを変化の原動力として使うアプローチなのである。

発達に向かう「暫定的な支援の環境」を設ける

ティーンエイジャーの性に関して暫定的な、あるいは移行のための場を設けるにあたり、この文化は、先述したリチャードのボート造り同様、向社会的価値観の数々をただちに理解し、共感できるようになることを求めない。「敬意と責任を持ち、相手の気持ちに配慮し、現在の行為が未来にどのような結果をもたらすかを考える」といった価値観を、ティーンエイジャーが移行の場に「入って」真っ先に「目に」することもない。

彼らがまず目にするのは、自己高揚と自身の目的追求のためのまたとない機会だ。この文化はセックスとはこういうものだと言っているようだと彼らが知覚するものと、彼ら自身がセックスとはこういうものではないかと思っているものとが、ぴったり一致する。ルールが存在しても、生徒とカリキュラムの意味におけるこの一致が崩れることはない。ボート造りの師匠がきみたちには時間を守る責任があると言っても、ボート造りに対する子どもたちの熱を冷ましてしまうこともない。それによって払う代償は些細なものだし、手に入る楽しみの数が減ることもないのだ。「性交は一切なし」というルールも同様である。先にも述べたとおり、ティーンエイジャーを性的経験へと誘《いざな》う動機のなかで、性交という行為が不可欠なものは1つとしてない。このルールがあっても手に入る楽しみの数が減らないなんて変だ——。そう感じるのは、性と性交を同じものだとする考えが大人の心にどれほど深く染みついているかを示す証拠にすぎないのかもしれない。

反対意見もあるかもしれない。「頭から禁じるのは、逆効果ではないか。性交はもう少し大人になってからにしなさいと言ったら、かえってティーンエイジャーの興味をかき立てることになる」。率直に言って、ある行為を人生のもっとのちまで先延ばしすれば必然的にその行為が魅力的になるというのは、事実ではない。ティーンエイジャーは、責任を毎日、長期にわたって果たすことになる育児なんてしたくないと思っている（でも金を稼ぐためにベビーシッターならしたい）。住宅ローンを毎月支払うなんていやだとも思っている（でも自分の部屋は欲しい）。自活しなければならなくなるのはいやだとも思っている（でも小遣い稼ぎやアルバイトならしたい）。人生のもっと先にすることになる、だがもっと先にするからといっていささかも魅力的になるわけではない行為は、枚挙にいとまがない。

「持続的カテゴリ」の意識のティーンエイジャーが望むものは、大人なら先延ばしにするかどうかではなく、自分の目先のニーズを満たしてくれるかどうかで決まるのだ。文化は、フルタイムの仕事に就くのをもう少し先のこととしているが、先になったからといって、就職することがより魅力的になるわけではない。ティーンエイジャーは、手取りの金が増えるよう、アルバイトをもっとたくさん提供してほしいとは文化に対して思うかもしれない。だが、フルタイムの雇用が増えることは必要としていない。ティーンエイジャーは、収入を得るだけでなく、働く経験を「してみる」必要があるかもしれない。だが、フルタイムの職に就いていかにも素晴らしく見せる切実なニーズはない。

　ティーンエイジャーは、性的体験をしたいと思うかもしれないし、そのニーズも感じるかもしれない。だが、奇妙に思えるけれども、性器挿入の切実なニーズは感じないかもしれない――文化がそれを、いかにも素晴らしいものであるかのように見せない限りは。もし私たちが、セックスの最高の瞬間はオーガズムではなく、性交であると信じ続けるなら、性交はもっと責任を持てるようになってからにしなさいとティーンエイジャーに言うことによって、私たちは確かに、性交することをいよいよ魅力的なものにしている。ただしそれは、ある行為をもっと大人になってからすればおのずとその行為が魅力的になるということではなく、私たちが偽りを述べているために魅力的になり、それがティーンエイジャーに伝わるということである。

健全な文化はいずれも、子どものために暫定的な環境をつくらなければならない。[10]ティーンエイジャーが避妊具なしで性交するのが当たり前になっているようでは、性を暫定的に経験・表現するための安全で健全な場はつくり出せないのだ。安全なセックスという規範は、健全で暫定的な場をつくるが、同時に生み出してしまう障壁は、ティーンと呼ばれる時期のうち少なくとも数年間は事実上すべての子どもの精神的《メンタル》な力を超えている。禁欲という規範は、暫定的な場をいささかも生み出さない。これらに対し、性交しないで十分にセックスを楽しむという規範は、「エントリー料金」（この文化の大人によって手頃な価格まで引き下げることが可能）を伴う、より安全な環境を生み出す。「性交を性の中心とする」文化で性の目覚めを経験した私たち大人としては、性の中心が替わったら性とはどんなものになるのか想像するほかない。ただ、もし私たちが性的興奮の連続の最後にあるものが性交ではなくオーガズムだと考えるなら、この第3の規範が生み出す暫定的な性の領域があらゆる表現を網羅していることを、ティーンエイジャーは正しく理解するだろう。私たち大人が、「『最後』の一歩手前までは行っていいが、最後までは駄目だ」などと言う（あるいは意味する）こともないだろう。

そのような暫定的な環境で性的経験をするからといって、意識が第3次元より第2次元に近いティーンエイジャーが突然、自分の利益のために他者を利用することが減ったり責任感が増したりするなどとは、私は思わない。彼らの関心が目先の利益ばかりなのは、変わらないだろう。それが、暫定的な環境が暫定的である所以《ゆえん》の1つだ。人間はまずい選択をしたり間違ったりするものだが、そういう環境なら痛みが少なくて済むのである。男女どちらのティーンエイジャーも、自分の利益のために他人を利用し続けるだろう。「行きずりでモノに」したいなどと考えるティーンエイジャーも、なかにはやはりいるだろう――「持続的カテゴリ」の意識を自制することはできないから。ただ、そのあらわれを害の少ないものにすることはできる。なんらかの自分の利益優先の行動は今後も続くかもしれない。だが並行して、性交やＨＩＶ感染や計画外妊娠を減らすことが可能になるのである。

また、自分の利益優先の行動は、「持続的カテゴリ」の意識を壊すのを促す環境で続くことになるかもしれない。意識の変容にふさわしい文化は、一筋縄では行かない仕組みを有している。そのような文化は、経験を意味構成する目下の方法にとって有意義な環境を生み出すが、同時に、その環境と関わることによって、現実を意味構成するまさに目下の方法が、壊され、変わる可能性を高めるのだ。セックスの目的や目標が、単なる肉体的な協力（性器をフィットさせ合う）から、喜びと感動と満足へシフトすれば、体だけでなく心も相手に合わせることが必須になって、協力の種類もシフトする。私は「あなたのこと」「あなたにとって心地のよいこと」「あなたのニーズ」について考えることを求められ、並行して、「私のこと」「私にとって心地のよいこと」「私のニーズ」についても考えることになる。これこそが、「持続的カテゴリ」の意識を相対化し、「持続的カテゴリを超えた」意識――相互に敬意を払い責任を負うという価値観を、より有意義にする意識――を促す種類の行為である。

ここに至って初めて、ティーンエイジャーは、暫定的な環境を出て新たな性の領域へ入る準備が整ったことになる。新たな性の領域とは、性交が認められる領域であると同時に、その行為をする人たち――成熟したティーンエイジャーであれ大人であれ――が、その行為を、性に関する表現の重要な部分にしたいと願う場合に、感染症や計画外妊娠のリスクを避け、自分の利益優先の行動をしないだけの責任感を持っていることが前提とされる領域である。そこに示される考えは、性交が成熟した性の最高点であるということではないし、成熟したら誰もがすべきだということでもない（これは、たとえば女性のパートナーを持つ女性によって、まず証明されるかもしれない)。単に、もし性交が性に関する表現の重要な部分であるなら、パートナーが責任を持って愛し合える関係において、それは行われるべきだということなのである。

新たな文化的規範を広めるのは、確かに骨が折れる。肩を落として、私たちはこう言うかもしれない。「いったいどうすれば、人々の行動を変えることができるのか」と。だがそれは不可能ではない。もし私が50年前に、アメリカ人の喫煙率が激減するとか、食生活が大きく変わって脂肪摂取量が減るなどと言ったら、その予想は(今聞いても信じがたいかもしれないが)当時、誰もが信じがたいと思っただろう。アメリカで、腰を据えて次のように考えた食品会社は1社もなかった。「顧客は知らないことだが、わが社の商品は実はあまり健康によくない。せっかくのお得意様なのに、そんなお得意様を、既存の商品は実のところ幻滅させてしまうのかもしれない。全く新しい健康意識を顧客のあいだに広めて、それから、買ってもらうべき健康にもっといい商品を開発しよう」――。大企業の力によって、その転換は生じたわけではない。企業の商品開発者よりもっと強力なある市場の力、すなわち、消費者自身の文化的価値観がシフトしたことによって、転換は起きたのである。

私たちの喫煙習慣と食生活は、なぜ変わったのか。この手の変化をもたらすのに不可欠なのは、説得力のある明快なサインだ。警告めいていれば、なおいい。喫煙や脂肪の過剰な摂取をやめる人が増えたのは、やめなければ死ぬと考えるようになったからである。命に関わるというのは、説得力ある警告だ。ティーンエイジャーの性について私たちの文化が懸念を強めるのも、命の危険があると思うからなのである。

死のおそれがあると聞いて、衝撃を受けるのは誰だろう。「持続的カテゴリ」の意識を持つティーンエイジャーではない。彼らにとって、未来は現在の一部ではないからだ。空っぽなところで不安をかき立てようとして何になるだろう。私なら、既に存在しているあるいは潜在しているところで、不安をかき立てる。すなわち、文化的カリキュラムの管理者としての責任を我が事として引き受けられる両親の心のなかで、である。ティーンエイジャーではなく私たち大人こそが、ティーンエイジャーが安心して失敗したり学んだりするのに必要な、健全かつ暫定的、実験的な場をつくり出せずにいる。そんななか、人数的には少ないが、安全なセックスか禁欲かという規範を確かに広めることによって、学校としての文化のこの重要な側面に対する責任を積極的に引き受けようとしている人たちがいる。彼らに対し、私は敬意を表する。

新たな文化的規範を広める取り組みは、少しずつしか進まず、骨も折れるし、たまにうまくいくこともあるとはいえ失敗の連続である。それでも、新たな規範の内在化促進の取り組みを始めようと思うなら、禁欲や安全なセックスとは違う規範、私たちの懸念だけでなく現実を反映する規範を選ぼう。セックスの抗いがたさと、ティーンエイジャーの意識が到達している次元という現実を反映する規範を。さらには、ティーンエイジャーが日常的に集まる重要な活動の場を、温かな環境――かつ、私たちの文化が彼らに求める精神的《メンタル》成長を促す環境――にする規範を。性とティーンエイジャーに関して言えば、未来の行動を「ティーンエイジャーにどのように変えさせるか」は、私たち大人が現在の考え方を変えるかどうかにかかっていると言えるだろう。

Part 2

私生活に対する精神的《メンタル》要求

親子・夫婦関係の問題はなぜ起こるのか

The Mental Demand of Private Life
Parenting and Partnering

第3章　親子関係
子どもに心を配る

午前1時。ピーターとリンはベッドのなかですっかり目が覚めている。ただし、お楽しみの最中ではない。ふたりは、言い争いのただなかにいる。いや正確に言えば、今この瞬間、言い争ってはいない。怒って傷つけ合う口論をまた始める気になれず、黙ったまま、ベッドにただ並んで横になっている。あたかも、なかなか来ないバスかエレベーターを、たまたま隣同士で待つことになったふたりの他人が、立った姿勢からベッドに横になったかのように。

ピーターにとって、この状況は身体的につらい。彼は、妻が上司や歯医者、あるいはデジタル時計をきちんと修理できなかった宝石店の技師に腹を立てているのを見るだけで、胃がキリキリ痛むのだ。彼自身が妻の怒りの対象になるなど、もはや胃が痛むどころではない。吐き気がするほど神経が張りつめている。一方で、リンに対して腹が立っている、いや傷ついている。来月の夏休みをふたりでバーモント州北部で過ごすという計画に、なりゆきで彼の両親を誘ったのを、リンは全く理解を示さず頑として承知しないのだ。

「信じられないわ、私に何の相談もしないまま勝手に誘ってしまうなんて」

耳について離れないリンのその言葉に、ピーターは、自分の寛容な気遣いを妻が理解してくれないことに傷つき、だが同時に、自分はとんでもなくまずいことをしてしまったのかもしれないと、戸惑いも覚えた。

「子どもたちなしでふたりだけの時間を過ごしましょうって、何カ月もかけてプランを練ったのに、ご両親を呼んでしまうなんて」

　胸のなかにさまざまな思いが渦を巻き、ピーターはそれらが互いにぶつかり合うのを、ただ見守る。彼は何より、ふたりで手をつないで湖畔を歩くのを、とても楽しみにしていた。そんなふうに散歩すれば、懐かしい気持ちに、付き合い始めた頃にふたりがともに持っていただろう気持ちに、ふたたび浸れるにちがいなかった。だが同時に彼は、子どもたちを連れていかないことに気が咎《とが》めていたし、子どもたちが一緒でも、彼もリンもそういう気持ちに浸れるのでないかとも思っていた。そのため、夫婦ふたりだけで過ごすという部分に、彼はリンほどにはこだわりがなかった。さらには、ふたりは目下激しく言い争っているけれども、考えの不一致は今に始まったことではなく、実は前々からあって、リンの言葉によって図らずも明るみに出たのだった。

「まるで、ぼくがきみに内緒で、両親を誘ったりあれこれ算段してるみたいな言い方だね。断っておくけど、ぼくは両親に来てもらいたいなんて思ってないし、なんだかんだ言って結局、両親は来やしないよ」

　それを聞いてリンは、憤慨したときにいつもする仕草をする。両手を宙に突き上げ、それから、手がその機能を忘れてしまったかのように、ストンと落とすのだ。

「いいかい」とピーターが言う。「夏のプランについてぼくが話したとき、両親がとても寂しそうで、見捨てられたと言わんばかりだったから、誘ったら喜ぶんじゃないかなって思ったんだ――元気づけたかったんだよ。なんなら、ぼくたちふたりだけでしばらく過ごして、そのあと来てもらってもいい」

「夫婦水入らずの時間を持つことがこの旅行のいちばんの目的だったのに、どうすればふたりきりになれるか、また一から考え直しね！」

「ああ、確かに。きみもあの話しぶりを聞いてたらな。いいかい、ふたりはぼくの父親と母親なんだ。一緒に来てもらって何の問題もないし、あと何年の人生かわからないし、きみも知ってのとおりぼくたちにとても会いたがってる。ふたりがすごく喜ぶとしても、一緒に来てもらうのはどうしても無理かな」

「これまでいろいろしてもらってきたんだから、バーモント旅行にご招待くらいしないとってわけね」

「うん、まあ」。まさにそのとおりのことをピーターは考えていたが、そういう気持ちを理解しているとはあまり感じられない口調で言われて、ピーターはどうも釈然としない。「そう思ってないと言ったら嘘になる」

「次は、子どもたちも連れていこうって言い出すんでしょ——子どもたちも楽しい夏を過ごせるし、私たちだけでなく孫にも会えたら、ご両親がますます喜ぶからって」

「いいね！　ぜひそうしよう！」。意地悪な調子でピーターが言う。リンと同じくらい、自分もその提案が論外だと思っているかのように。本当は、論外だなどとは少しも思っていないけれども。

「ねえ、ピーター」とリンが言う——その声に諭すような響きを聴き取って、ピーターはプライドを傷つけられる気がする。それは、リンが言おうとしていることが示唆に富んでいるにちがいないと思うからでもある。

「このままじゃ埒《らち》が明かない。私は、子どもたちを愛してる。あなたのことも愛してる。あなたのご両親のことも愛してるし、それはあなたもわかってくれてる。ただ、私にはどうしても理解できないのよ——バーモントで1週間ふたりきりで過ごしましょうって話していたのに、あなたも夫婦水入らずで過ごすつもりでいてくれているとばかり思っていたのに、なぜそれがご両親への然るべきプレゼントに変わってしまうのか。それも、そんなの何でもないことみたいに！　もし、夏のプランを考え始めたときからあなたが『両親を大喜びさせることをしたい』と言っていたなら、このプランにすればあなたの願いが叶うわねって思えるでしょうけど」

「さっきも言ったけど、計画したわけじゃない。話をしているときに、両親の寂しそうな顔を見てしまって、それで思いついたんだ」

「計画ならしていたはずよ、ピーター。私たちの計画を。ふたりきりで1週間を過ごすという計画を」

このときを境に、ピーターはふっつりと口を閉ざす。注意が心のなかに――「いやな感覚」に向けられている。

「そこがいちばん頭に来るのよ、ピーター。ご両親、あるいは子どもたちが――ええ、子どもたちだってそうよ――ひとこと不平を漏らしたら、たちどころに私たちの計画は消えてなくなってしまう。仕方がないと言って、あなたはご両親を誘ったのよ」

今や彼は完全に取り囲まれつつあった――「いやな感覚」に。そのただなかに、彼はいた（「どうすればそういう考え方になるんだ？」）。不愉快な感情のなかに（「まるでぼくがふたりのことを何も考えていないみたいな口ぶりだな。こっちこそ頭に来る！」）。できるはずがないのに、いくつもの場所に同時に「存在」しなければならないという感覚のなかに（「手をつないで湖畔を散歩する気持ちを、ぼくはもう一度味わいたくてたまらない。その気持ちが彼女にはわからないんだろうか。今度の旅行を大切に思う気持ちはぼくのほうがずっと強いさ！　なのによくもそんなことが言えるものだな」）。それは引き裂かれるような、あるいはてんでばらばらな方向に引っぱられるような感覚、愛するすべての人を幸せにしたい、いや自分ならそれができるはずだという気持ちだった――みんなが譲り合って、幸せになる必要を同時には訴えずにいてくれたらいいのだけれども。

第3次元の意識とは何か

子ども時代や思春期初期における「持続的カテゴリ」の意味づけに比べ、第3次元の意識は、発達心理学者も親も感嘆する、めざましい変容を実現する。20歳になる頃までに、精神的《メンタル》能力が少しずつ変化し、以下のことができるようになるのだ。抽象的に思考する。複雑な内なる心理的世界に気づく。人間関係の充実を目指す。価値観と理想をあるがまま、自己を意識して意味構成する。友情（あるいはチームやグループ）の絆に忠誠を尽くすことを優先し、自分自身の利益を下位に置く――。これらのことができるようになるのである。[1]

しかしながら、この精神的《メンタル》能力がどんなに素晴らしかろうと、ここで次の疑問が頭をもたげる。「意識が第3次元になれば、思春期の子どもに対する文化的要求ではなく、アメリカの大人に対する文化的要求に応えられるようになるのか」

この次元の意識があれば、大人に対して文化がもっともらしい顔で意味構成しているかもしれない、いやきっとしてきた要求に応えることは、不可能ではない。

第3次元の意識とは、経験に対する品位ある、洗練された、社会性の高い意味構築の仕方のことだ。それは「思春期」（語源的には「大人になった」の意味）の子どもが到達しうる最高点であり、ゆえに本来は、立派な大人になったことを意味するはずである。第3次元の意識は要するに、社会学者の言う「社会化」への心理的な入り口だ。すなわち、私たちは（社会に守られたり管理されたりするのではなく）真に社会の一部になり、社会も真に私たちの一部になる。自分の社会的「環境」が持つ価値観と信念を内在化し、それらと一体化できるようになることで（価値観と信念は、家族や仲間、宗教、民族グループ、活動地域、社会的地位を通して伝えられると思われるためだ）、私たちはコモンウェルス（共通の利益と目的を持つ集団）に入る資格を得るのである。

ただ、私たちが今考えようとしている疑問は、意識が第3次元になれば、大人に対する実際の要求（現代アメリカに今まさに存在する要求）に応えられるようになるのか、という疑問だ。私は、「第3次元の意識に何か問題はないだろうか」と問うているわけではないし、まして「この原理によって経験を意味構築する現代の大人に、何か問題はないだろうか」と問うているわけでもない。私は、現代社会の課す精神的《メンタル》要求が第3次元の意識と「適合している」か否かを考察しようとしているのである。

ここから6つの章では、ペアレンティング（親として役割・務めを果たすこと）、パートナリング（パートナーとして役割・務めを果たすこと）、職場、異なる文化で生きること、セラピー、学校での学び、の各領域でなされている精神的要求について、みなさんとともに探究していこう。違う分野同士で情報交換されることのない、専門的知識や期待についての真剣な議論《ディスコース》をまとめることによって、また、私たちのマインドに対してどのような要求がなされているのかを段階的に分析することによって、「重力場」から一時的に離れるための推進力を得られればと願っている。ロケットは打ち上げられ宇宙に到達すると、地球のゆるやかな曲線を映した映像を次々に送り始める。私たちがふだん当たり前のように暮らしている、碧く、水をたたえる惑星の、宇宙との境界線を、あるいは全体の姿を映した映像を。

私は本書において、現代社会の心理面の全体像を垣間《かいま》見ようとしている。なぜか。地球全体に注目できるようになったことで、地球を思いやる気持ち――地球の壊れやすさ、傷つきやすさ、私たちが支援の手を差し伸べる必要性を、我が事として感じる気持ち――が強くなった。同様に、現代世界の心理面の全体像を垣間見られるようになれば、私たちのなかで、私たちの状況を思いやる気持ちが強くなったり、あるいは私たち自身の存続に欠かせない支援をもっとうまく行えるようになったりするのではないかと思うのだ。

ピーターはずいぶん前に第3次元のマインドに到達し、その複雑な形態《フォーム》をうかがわせる言動が、日常のそこかしこに見受けられる。ちょうど、古い湖では、広く生態系を見渡しても顕微鏡で湖水の一滴を観察しても、その動植物相に際立った共通の特徴があるのと同じように。実のところ、ピーターの生活のごく一部——深夜にベッドで繰り広げられるバトル——にも、第3次元の能力のあらゆる側面が見て取れる。すなわち、抽象的に思考し、複雑な内なる心理的世界に気づき、人間関係の充実を目指し、価値観と理想をあるがまま、自己を意識して意味構成し、友情（あるいはチームやグループ）の絆に忠誠を尽くすために自分自身の利益を二の次にするという能力である。ただし面白いことに、17歳の思春期のマインドに見出されたときは素晴らしい成果に思われた（事実、素晴らしかった）能力が、午前1時に妻と言い争っているごくふつうの36歳の夫のマインドに見出された場合には、あまり素晴らしいとも立派とも思うことができない。それどころか、20年前のピーターのなかに見出せたら皆が称賛しただろうその能力こそが今、ピーターの不愉快な事態を招いているように思われる。

ピーターは少し困難な状況にあるのかもしれない。ただ、私がそう言うのは彼を批判してのことではない。困難な状況にあるとしても、もし文化という「学校」の隠されたカリキュラムをこなせないことで苦しんでいるなら、問題は誰にあるのか。誰の責任なのか。それは、カリキュラムをこなせないのが悪いと言って生徒をまず非難しようとする、冷淡な学校だろう。

ここからの数章に登場する大人たちは皆、頭がよく、真面目で、善意に満ち、立派だ。にもかかわらず、現代社会の隠されたカリキュラムにそれぞれが苦労している。この苦境に対して私は、あたかも個人の限界の問題であるかのように「彼らの問題は何か」とまず問うのではなく、「彼らが今している理解の仕方と、文化が要求し︑て︑い︑る︑理解の仕方が一致するのはどこか」と問う。生徒に寄り添う思いやりのある学校なら、目の前で苦しんでいる生徒を非難するのではなく、カリキュラムをこなせるようサポートしようとするのだ。

ただ、そのようなサポートを適切に行うためには、支援しようとしているプロセスや目的について理解を深める必要がある。役に立ちたいという強い思いだけでは十分ではない。現代ならではのカリキュラムに対する理解を深め、隠されているものを明らかにし、何があればこなせるのかを知る必要があるのだ。

これまでの章では、ピーターとリンの10代の息子マティが、自覚しているかどうかはともかく、ティーンエイジャーであるというただそれだけの理由のために、数多の期待にさらされていることを確認した。そしてピーターも、自覚しているかどうかはともかく、現代アメリカの大人であるというただそれだけの理由のために、いっそう困難な要求を課されて生きている。今この瞬間、彼にとっては妻からそのような要求を課されているように思われる。ふたりが意識を向けているのは、家庭生活における彼の領域、つまり夫、親、息子としての役割を果たすことだ。だが実は、リンは期待という氷山の一角にすぎないし、家庭生活という領域も大きな氷山の1つにすぎず、同様の氷山はほかにもたくさん海に浮かんでいる。そしてピーターは、聡明で誠実で一目置かれさえする人であるにもかかわらず、その海のただなかで、「キャパオーバーのお手上げ状態」になっていると思われる。

しばらく、家庭生活という領域に注目し、親やパートナーとしての行動に的を絞って話を進めるが、それでも、理解の難しい期待や要求——私たちの文化における専門家や権威筋が公に伝える期待や要求——が山のように出てくる。彼らは、そのような大人の役割を立派に果たすうえで何が必要かを積極的に説明する。その説明はときに抽象的に思えたり無機質だったりするが、世間に広く知られる彼らの提言は、ピーターとリンの言い争いのような、激しい感情がぶつかり合う現実の対立や期待外れのものごとの1つひとつに強い影響を及ぼし続けている。

ペアレンティング、あるいはパートナリングに関する現代の文献に見られる期待のうち、ほんのいくつかを取り上げてみよう。

「親」に期待されていること

① 親として、私たち大人は、家族のリーダーであることを期待されている

すなわち、すべてを引き受け、責任を負い、見通しを立てて家族を導き、子どもの成長に目を配り、立場を明確にし、家族が従うべき考え方、イデオロギー《セオリー》、あるいは包括的な価値観を体現することを期待されている。

世界で最も強力なリーダーシップを発揮するのはアメリカ大統領だと私たちは小学1年生のときに教わるが、やがて誰もが知ることになる。現在と未来の自分に対して最も大きな影響を及ぼすのは、大統領よりもっと身近に、より長期にわたってともにいる自分の両親である、と。親であることの責任及び資格が、親であることを、この世で最も影響力の強い仕事の1つにしている。そして大半の大人が親になるので、多くの人にとって、意識しているかどうかはさておき、親であることがおそらく最も意義深いリーダーシップ経験になる。

10歳の子どもが（衣食住以外で）親から得る必要のあるもののうち、特に重要なものは何だと思うかを、子どもを持つ大人に尋ねると、だいたい次のような答えが返ってくる。

1　愛情
2　理解

3 柔軟性
4 隠し事をしない
5 温かさ
6 ユーモア
7 心の広さ
8 話をよく聞く
9 個性の尊重
10 子どもが興味を持つことに関心を持つ

いずれも、どんな人の心も温かくなるにちがいない答えばかりだ。だが、これだけで、成果の出るペアレンティング、すなわち、親として発揮すべき効果的なリーダーシップが網羅されているのだろうか。これらの答えが現実にどのような行動になるのかについて、私は子どもを持つ人々に、たとえば次のように尋ねてみることがある。

「10歳のわが子が近所のドラッグストアで万引きをしていると気づいた場合、私たちはどうしたらいいでしょうか」

するとと次のような答えが返ってくる。

「理由を尋ねるべきです」「子どもとよく話し合います」「愛情をもっと注ぎます」「万引きする子どもは、何かを必要としています。何なのかを突きとめて、与えます」

そのうち、部屋の後ろのほうから、度胸があると言うべきか、たいてい少し挑戦的な調子でこう答える人が出てくる。

「私なら、子どもに向かって怒鳴ります。私が怒っていることがわかるように」

「本当に？」

私は驚いて聞き返し、部屋にいるほかの人たちは、グループに紛れ込んでいた野蛮人からそっと遠ざかる。

「本当に怒るのですか。『心の広さ』や『理解』や『個性の尊重』はどうなりますか」

子どもにはこういう親も必要であることが、先ほどのリストには欠けている——すなわち、信念に基づいて権力を行使し、統制力を発揮し、怒るべきときに怒り、道徳に反する行為に対しては激怒することも辞さない親が（これらはギリシャ人が賛美し、現代アメリカではどの社会層でも甚だしく不足している美徳だ）。権力、権威、支配という言葉に人々はよい印象を持たないし、ペアレンティングという、愛情を何より大切にする領域においてはなおさらそうだろう。だが、10歳の子どもに対する親の愛が効果を発揮するためには、会社の幹部のような機能をしっかり果たす必要がおそらくある。すなわち、信念を持ち、その信念に基づいて行動する人に導かれているという確かな感覚を子どもが持つ必要があると思われるのだ。

これはどのような理由からだろうか。発達上、6～7歳から思春期までの子どもは、自分の衝動を管理すること、つまり、自立と自信という新たな手段によってみずからの目標を追求できるよう自分を制御することを、少しずつ学んでいく。その結果、社会的役割（子ども、仲間、生徒）を十分に果たし、社会的機関への参加を楽しめるようになる。これくらいの年齢の子どもは、公正に扱われ、みんなで1つの目標を目指し、わけてもその後の人生において心の拠り所となる行動指針を示してくれる人によって導かれる社会的機関に、溶け込み、承認されることを大いに必要としていると考えられるのである。

子どもが所属する最も身近な社会的機関は家族であり、効果的なセルフリーダーシップとは何かについての最も直観的かつ有益な学びを、子どもはこの家族という場で経験するリーダーシップから得ることになる。8歳の子どもがいる家庭では、誰かが明確にリーダーシップを発揮する必要がある。ただしその誰かが8歳の子ども本人であるなどというのは、もってのほかである。権力、権威、支配という言葉に、多くの人がよい印象を持たない。その理由は、1つには、恣意的な権力の濫用（わけても政府や企業における濫用）をあまりに多く目にしてきたせいで、権力の行使はすべて本質的に恣意的あるいは有害だと思うようになってしまっているからである。だが実は、親として権力を行使してこそ、子どものためになる愛情の注ぎ方、リーダーシップの発揮の仕方ができるのだとしたらどうだろう。また、そのような権力の行使には、どの次元の意識が必要なのか。

② 私たち大人は親として、境界を適切にマネジメントすることを期待されている

つまり、家族内のさまざまなサブグループの立場の区別を認識・維持することと、家族と家族以外の人たちという区別を認識・維持することを求められている。そして子どもは、家族の立派な一員である点は親と同様だが、家庭の運営の仕方や、家族が情報を手に入れる方法、メンバーごとの役割に対する責任の割り当て方、家族以外の人の関与の調整の仕方と受け容れ方において、親とは異なる役割を担っている。

子どものいる家庭で効果的に境界マネジメントを行うためには、含めることと取り除くことを同時に行う必要があると思われる。子どもに心を砕き、少々のことではびくともしない人間味あふれるグループの一員であることを子どもに確信させると同時に、同じくらい確実に、グループの一員たる大人の責任を子どもに負わせることなく、グループのなかで子どもらしく生きたいというニーズを守らなければならないのである。子どもを大人扱いしたり（リーダーシップの一端やリーダーとしての精神的負担を子どもに負わせる、など）、私たち

自身が子どもになったり（大人にリーダーとしての責任などないかのように振る舞うことによって、子どもに責任を委譲する。リーダーとして行動するためのより大きな権限、能力、資格を主張しない。親としての役割を離れ、子どもの友人のように振る舞おうとする、など）する場合、私たちはまず間違いなく、この境界マネジメントの義務を果たせていない。この期待にしっかり応えるために、意識が到達すべき最低ラインがあるのだろうか。

③ 親である大人はさまざまな制限を設けるよう求められているが、その1つである特別な制限は、②の境界マネジメントと大いに関係がある

家庭の経済状態について心配したり、親代わりになって弟妹の面倒を見たり、非行に走るあるいは過度に真面目になることによって家族の過ちを正そうとしたり、そういうことを子どもにさせないとき、私たちは子どもに制限を設けることによって、親子のあいだの境界を守っている。また、自分が子どもの頃に失った希望、あるいは配偶者のなかに見出せなかった心の支えを子どもから得たい気持ちを抑えたり、家族に足りないリーダーシップを、行動力ある子どもに発揮してもらおうとするのをこらえたり、本当はじかに言うべきだが口にしにくい気持ちを、つい子どもを通してパートナーに伝えようとするのをやめたりするとき、私たちは私たち自身に制限を設けることによって、親子のあいだの境界を守っている。

ただ、私たち大人は親として、単に境界を守るだけでなく、私たちにとって重要なさまざまなことのために制限を設けるよう求められている。実際、家族としてのあり方や方向性を考える（親に対する最大の期待だ）際には、そうした方向性の大切な要素と相容れないものがあれば、ことごとくはねつけてもいいくらいなのだ。制限を設けることによって、誰かをがっかりさせたり、激怒させることさえあるかもしれない――しかもその誰かは家族の一員で、私たちはまさにその人のために制限を設けているという場合もある。だが、ど

んなにその人を愛していて、悲しませたりつらい思いをさせたりしたくなくても、ましてその原因になどなりたくなくても、子どもの安全のため、強者の理不尽な暴力から弱者を守る責任のため、頑固さや身勝手さより協調や分担のほうが好ましいという確信のため、その他さまざまな価値観や信念のために、そうせざるを得ない場合がある。第3次元の意識、つまりティーンエイジャーに期待する精神《メンタル》があれば、そのような行動が必ずできるのだろうか。

リーダーとしてビジョンを描く。境界を守る。制限を設ける。この3種類の期待には親としての驚くほど多様な行動と難題が関係しているが、それでも、ペアレンティングにしろ親である自分自身への期待にしろ、そのすべてが語られているわけではない。とはいえ、とりあえずはこの3つで十分だろう。[2]

「パートナー」に期待されていること

続いて、パートナリングの領域を加え、別の文献に見られる重要な期待をさらにいくつか、ここでは結婚と親密さに的を絞って考察しよう（あらためて断っておくが、私はこうした期待をよいものとして勧めているわけでも支持しているわけでもなく、ただ、どんなことが期待されているのかを詳しく検討している）。

①うまくいくカップルとそうでないカップルを研究する人たちは、親密な関係にある大人に対し、心理的に十分自立して、相手を「自己の意味構築係」と捉えないよう求める[3]

いやそれどころか、「十分に差別化され明確に定義された自己意識」[4]や、相手のアイデンティティから「切り離されたアイデンティティ」を育てることを求める。レズビアンのカップル専門の女性カウンセラーらによれば、カップルは「より多くの距離、自分だけの空間、個人の自主性」を互いに与え合って親密さを増すことを必要としているという。[5] 異性愛者カップルの女性は、結婚したら夫の「姓を名乗る」というこの国の伝統（最近ようやく反対の声が聞かれるようになったが、それでもまだごく少数だ）を考えれば、このおよそすべての人に共通する期待に応えるのは、必然的に男性より女性のほうが難しいと推測される。[6] だが、あとでわかるとおり、そのような推測は、ピーターとリンのケースと同様、根拠に欠けるかもしれない。

②①と類似するが全く別の期待もある――親密な関係にある大人は、「結婚とは、考え方も感じ方も何もかもが異なるふたりの別個の人間の共同事業である」との認識に賛同し、愛と親密さに対する理想化あるいは美化されたアプローチを超えることを求められている

文献では次のようにも述べられている。パートナーは必然的に違いや意見の対立を経験するが、そのような違いは、親密になっていないことを示すのではなく、むしろ別個の人間であるという現実を示している、と。この期待は当然の結果として次の考えを生む。すなわち、うまくいっているカップルは、いっそうの親密さを追求することをあきらめず、親密さとは何かの定義を再構成する、という考えである。親密さについてのこの新ロマン主義的な概念は、リルケの次の言葉にいくらか示されているかもしれない。

「最も近しい人間と人間のあいだにさえ無限の距離が存在し続けるという理解を受け容れることができたら、ともに暮らすふたりは成長することができる。それはつまりふたりが、あいだにある距離――空を背景に互いに相手を丸ごと見ることのできる距離――を、愛おしく思えるということなのだ」[7]

③親として制限を設けるという要求に似ているが、私たちは家庭において、親密なパートナーとしても制限を設けることを期待されている

これは家族のなかで、子どもからも祖父母や義理の両親からも切り離された、独自の目的を持つ独立したサブグループとしての夫婦を守るためである。文献によれば、うまくいっているカップルは、なんらかの手を打って、自分たち夫婦の役割が親だけあるいは息子や娘だけにならないようにするという。そのようなカップルは、結婚生活を維持するためには、家庭の内外で負う重要な役割から生じる義務や活動ばかりでなく、夫婦としての関係に時間を割く必要があることも認識している。

さらに、制限は子どもに対しても設ける必要がある。子どもらしく生きる機会を守る（親として期待されることの1つ）ためだけでなく、ペアレンティングにとどまらない協力関係を夫婦が築くためである。また、夫婦の親たちには、親自身の子どもや孫への愛情からだとしても、家族の問題に立ち入らせてはならないし、夫婦の間接的コミュニケーションにおいてどちらかに味方して関わらせてもいけない。

このようにすると必然的に、子どもにも、自分たちにも、ときには義理の両親にさえも制限を設けることができる（ピーターは両親をがっかりさせてまで夫婦水入らずのバカンスを守ろうとはできないらしい。そのせいでリンは愛情も安心感も十分に覚えられずにいるが、これは制限を設けるという期待に応えていないことを示す例と言える）。

文献ではさらに、家庭の外での関わりにも制限を設けることを求めている。すなわち仕事や、友人との付き合い、夫婦ではなく個人で行っている趣味や娯楽、市民活動、さらには自己拡大のためのさまざまな活動（より高度な教育、サイコセラピー、自己啓発）などに対する制限である。いずれも、制限を設けなかったら、うまくいくどころか結婚生活の維持に必要な最低限の時間さえ、夫婦から奪ってしまいかねないのである。

④ 大人になってもそれは発達における最終の状態ではなく、さらなる成長の可能性があるという認識が高まるなか、私たち大人は親密な協力関係において、パートナーの成長を支援することも求められている

この要求は、家族のリーダーとして子どもの成長をサポートするときに直面する要求と全く違うと思われる。一方で、似た部分もある。

親として子どもの成長をサポートする場合と違い、パートナーの成長を支援することは、支援しようと思う相手より私たちのほうが成熟していることやより深い知識や将来を見通す力を持っていることを前提としない。また、パートナーが目指す未来の創造に関して、ほとんどあるいは全く関わってこなかった人もいる。その場合、求められるのはむしろ、パートナーの計画や夢にこれから「参加」し、パートナーの目標達成を手助けすることだ。これは、親としてするサポートとは全く違う。親としてサポートする場合には、子どもが自立できていることがはっきりわかっても、それでも私たち親には未来――子どもにとってどれほど別物に見えようと、人生の先輩として私たちがすでに経験したのと同じさまざまなものごとが待ち受けている未来――を、少なくとも協力して意味構成する責任があるのだ。

一方で、子どもをサポートする場合と同じ選択の悩みが、パートナーを支援する場合にも確かにある。より大切にすべきは、現在のパートナー（現在の子ども）か、それとも、変化と成長を続けた結果としての未来のパートナー（未来の子ども）か、という選択である。この難しい選択が本質的に似ているなら、サポートするのが難しいのは、子どもよりパートナーのほうだろう。

子どもの場合は、成長・変化し、その変化を示す特徴を手に入れ、いろいろな点で今とは違う人間になるという考えを、私たちは何の迷いもなく受け容れ、称賛さえする傾向がある。私たちは子どもに向かってこう言う。「いずれ大人になったら、～できるようになる。～になるかもしれない。～しなければならない。

〜したほうがいい。〜になるだろう」と。子どもに言うだけでなく、私たちは自分のなかでもこう思っている。「この子がもっと大人になったら、〜できるようになる。〜になるかもしれない。〜しなければならない。〜したほうがいい。〜になるだろう」と。この考え方は私たちの心に強く影響する。

それと同じくらい強く、大人（配偶者や同居する相手を含む）に対する見方には、逆の考え方が作用する。結婚するとき、私たちは自分を「大人」だと思っているし、結婚する相手のこともすでに「大人」になっていると思う。「大人になっていない」相手と、いったい誰が結婚したいと思うだろう？　私たちは、現在のその人に強く惹かれて、結婚をする。この人とずっと一緒にいたい、いや死ぬまで一緒に暮らしたいとさえ思う。生涯の伴侶のことを「いずれ大人になったら」などと考えることはない（成人期の心理的発達においては、「もっと大人になったら」がありうるが）。

子どもが自立する、あるいは責任感と思いやりのある家族の一員になるのを支援するというのは、親への依存を窮屈に感じるとか、好きなことに没頭してもやりがいを感じられないとか、そうした思いを卒業して前進するのを手助けすることを意味する。子どもが「あっという間に大きくなっていく」ことには複雑な気持ちがあるかもしれないが、巣立ち自体はうれしいものだ。一方、もしパートナーが今のとおりの人だからこそ頼りに思ったり一緒にいていちばんほっとできたりするなら、そのパートナーの成長を支援することは、子どもの成長を支援する場合よりはるかに厄介になるかもしれない。

⑤　さまざまなリストのトップを飾る期待であり、カップルに関する研究者や支援の専門家が期待するのは、コミュニケーションをうまく図れるようになることだ

この普遍的な期待には、次のようなやるべきことが多数含まれる。互いに率直に話す。相手が心を読んで

くれると思わない。自分の立場を守り、不満や批判をはっきり伝えなければならないが、パートナーを身構えさせたり反論しなければと思わせたりすることのない、建設的な方法でなければならない、などである。ほかにも、「不満を要求に変換しなさい」「喧嘩は真剣に、ただし公正にしなさい」「『あなた』を主語にするYOUステートメントを控えて『私』を主語にするIステートメントを使いなさい」というアドバイスがなされている。相手に話を伝えるときは「自分の問題」をパートナーに任せてはならず、逆に相手から話を聞くときは、相手の問題を押しつけられないようにする術を身につけるべきであろう、とのアドバイスもある。

⑥最後にもう1つ、私たち大人は、過去の親密な関係や生まれ育った家庭を含め、これまでのさまざまな人生経験を現在の関係に持ち込んでいる、という認識から生まれる期待もある

大人として親密な協力関係を築くこと、とりわけ新たに家族をつくることは、育った家庭で感じていた気持ち、おそらくあまり、あるいは全く意識していない気持ちを、必然的によみがえらせる。親密な関係は、言うなれば文字どおりの「フィールド・オブ・ドリームス（夢たちの畑）」であり、「関係を築けば、彼らがやってくる」。映画『フィールド・オブ・ドリームス』同様、「彼ら」とは過去の亡霊だ。適切に忘れ去られなかったために今なお不安げにこの世界をさまよっている、昔の私たちである。

うまくいっているパートナリングとそうでないパートナリングの違いを扱う研究者は、パートナー関係にある私たち大人に対し、自分の個人的な歴史が自分にどのような傾向を持たせるか（自分をどのように方向づけるか）を認識していることを求める。これは、私たちが「ストーリー」（あるいは「台本」「ドラマ」「神話」など）――まだ幼くてそういうものについて考えることはできなかったが、それを自分の考え方の本質にするくらいの年齢には達していたときに内在化した「ストーリー」（「台本」「ドラマ」「神話」）――の意味するところを承

知しているという期待である。

これはつまり、そのような「ストーリー」を自覚していない場合、ストーリーが私たちを、さらに言えば私たちの過去だけでなく現在や未来をも、生み出し続けるということだ。そうした「ドラマ」に気づいていなければ、私たちは知らぬ間に配偶者に役を振り当て、配偶者が知る由もない台本に沿って、ふたりの関係という舞台でともに役を演じてしまうかもしれないのである。夫婦が互いにこの期待に応えられないとなれば、ふたりの結婚生活について唖然とするほかないイメージが浮かぶ。夫婦は同じ舞台に立っているものの、「配役する側」も「配役される側」も上演することを知らない台本にある役を相手に振り当てている――そんなイメージが。

「神話」を認識せよと求められるのは、それによって所有されるのではなくそれを所有するためであり、そのような「神話」は、夫婦それぞれの家族の歴史に特有の、私的・特異な「知恵」に関連している場合もあれば、それらの家族が所属していたもっと大きなグループ（民族、宗教、階級）によって共有される、より一般的な神話を意味することもある。あるいは、そのようなサブグループを超えて広く社会に共有される意味構成という場合もあるかもしれない（アメリカ文化に広がる、ヒエラルキーにおける男性優位の神話など）。

「ストーリー」（「台本」「ドラマ」「神話」）という比喩の根底には、一途なまでの信念というカテゴリに分類されるものがある。真実だと解釈される信念、筋や脚本やエートス（倫理的慣習）によって伝えられる信念、そのような「真実」は本当の真実ではなく、ともに暮らした現実の、ただし完璧ではない人たちからもたらされた自分たちにとっての真実でしかないことに気づかない人によって持ち続けられる信念である。そのような「真実」の偏った、あるいは仮定的な性質を見抜くことを、私たち大人は求められている。それと気づかないまま当たり前のように受け継いできた独断的信念を、パートナーに押しつけてしまうことのないように。

さて、ここまでは家庭生活における大人の役割に的を絞り、専門家による抽象的な提言から、午前1時に失意の配偶者からなされる要求まで、文化のあらゆるレベルに存在する期待あるいは要求を見てきた。[8] 要約すると、親あるいはパートナーとしての役割には、次のような期待がなされていると思われる。

1 リーダーとして家族を引っぱる。ルールと役割を設定する。家族として目指す方向を決める。
2 家庭の内でも外でも、子どもがたゆまず成長できるようサポートする。
3 境界をマネジメントする(家庭の内外を問わない)。
4 子どもと自分に制限を設けて、子どもの子ども時代を守る。
5 配偶者から心理的に自立しつつ、親密なつながりを保つ。
6 愛と親密さについて、理想化あるいは美化されたあり方を超え、理解を新たにする。
7 子ども、義理の両親、自分自身、家族以外の人たちに制限を設けて、夫婦としての領域を守る。
8 パートナーの成長を支援する。
9 しっかりと、率直・公正に、コミュニケーションを図る。
10 自分の個人的な歴史が自分にどのような傾向を持たせるか(自分をどのように方向づけるか)を認識する。

では、こうしたことを私たちが私たち自身に求める、その意味は何だろう? このようなリストを読む人は皆、単にその項目の多さにたじろぐかもしれない。だが、期待されていることのいわば本当の意味にアプローチするには、項目の数ではなく内容に注目する必要がある。これらの期待は、どのような種類のものなのか。

私は同じ問いを、第1章で、ティーンエイジャーに対する期待に関しても投げかけた。まず、ティーンエイジャーに対するさまざまな期待は、ある行動やその行動を生む感情や態度に対する要求のように見える、ということを述べた。だが、こうも述べた。行動が感情や態度から生まれるのと同様、感情や態度は、置かれた状況に対する理解の仕方から生まれる、と。そしてこう指摘した。これらの期待は実は、特定の理解の仕方、あるいは意味づけ方をしてほしいという期待である、つまりマインドに対する要求である、と。

これらの期待に応えるためには、実のところどの次元の意識が求められるのか。私たちの意識がこの要求にきちんと応えられる可能性はどれくらいなのか。どちらの問いに対しても、答えは興味深く、意外で、少し不安をかき立てられ、一方で救われる人もいるかもしれない。そして、現代アメリカの生活をなぜこのように感じるのか、その理由を理解するためのヒントに満ちている。

「親」への期待に応えられない場合

まず、ペアレンティングに対する期待から始めよう。次のストーリーを、じっくり考えてみてほしい。

アリスはひとり親で、アン（10歳）とジェニー（7歳）というふたりの子どもがいる。子どもたちの父親と別れて1年余り、アリスは今、アンとの会話がずっと心に懸かっている。スーパーマーケットで妊婦を見かけたのをきっかけに、赤ちゃんはどこから来るのかにまつわるアンの質問が始まり、最初はよどみなく答えていたアリスだったが、まさかのアンの問いに戸惑う。

「パパがいなくなってから、ママは誰かとセックスした？」

アリスが思い悩んでいるのは、夫と別居後に男性と関係を持ったことがあるのに、ないと娘に答えてしまったことである。このことをなぜアリスは気に病んでいるのか。

「そのときからずっと、気にかかって仕方がありません。私は娘に嘘をついてしまったんです。何でも隠さず正直に話したいといつも思っていますし、娘にも本当のことを話してほしいと思っているのに、そんな私が娘に嘘を言ってしまっているのです。嘘はつきたくありませんが、本当のことを言ったら、娘は顔も見たくないと思うくらい私を嫌いになるんじゃないかと心配です。いいママだと思ってもらいたいので、娘がどんなふうに受けとめるかが気がかりでたまらないんです」

一方、アンの妹ジェニーは、別のことで悩んでいる。姉妹は仲がいいが、性格は全く違う。アンは、頭はいいのに、計画性がなく時間にルーズで、ジェニーを待たせてばかりいる。対するジェニーは、努力家で几帳面このうえなく、常に時間を守ろうとする。

そんな姉妹は毎朝、一緒に学校へ行くために支度をし、一緒に朝食を食べ、たいてい歩いて一緒にバス乗り場へ向かう。ジェニーは朝すんなり起き、母親がテーブルに朝食を用意する頃にはすでに出かける準備ができている。アンはその正反対だ。ベッドからなかなか出られず、朝食にも遅れて来る。ようやく家を出られるようになる頃には、ジェニーはとっくに用意をととのえてアンを待っているのである。

毎朝のように、こんな光景が繰り返されている――ジェニーはもういつでも出かけられるというのに、アンはまだ歯をみがいているか朝食を急いで食べている。ジェニーがアンを大声で急《せ》かし、アンがちょっと待ってと叫び返す。母親のアリスが、先に行きなさいとジェニーを促し、アンには、急がないとバスに遅れるわよと強く言う。けれどもジェニーは決してアンを置いて出かけようとせず、だいたい最後には泣き出す。ふたりしてバスまで走り、それでも運転手を待たせてしまっていることもしょっちゅうだ。アンがもたもたしていたせいで、もしふたりがバスに乗り遅れたら、アリスは車でふたりを学校まで送っていかなければならない。[9]

そして、アンはアンで、思い悩んでいる。母親の性生活とも妹の不満とも関係のない、別の悩みだ。アンは月に3回、妹とともに、父親の家で過ごしている。母親と父親の関係はぎくしゃくしており、金銭に関しては特にうまくいっていない。法的な合意にいまだ達していないうえ、子どもたちの父親から母親に対し、自分たちの必要を満たすにはあまりに少ないとアリスが思う金額しか毎月支払われていない。

上の娘が利発で金銭的な問題を理解していること、別居中の夫が娘からのお願いに甘いこと、こうしたことがわかってくるにつれ、アリスはアンに、問題について話す（「それは買えないのよ。あなたのパパが十分なお金をくれないから」）のではなく、不十分であることを父親にどう訴えればいいかを指南するようになる。アンは、最初のうちこそそういうオトナの話を母親とするのを面白く思っていたが、父親が金銭について話したがらないので、今では、母親がその話題を持ち出すたびに嫌な気持ちになる。一方でアンは、母親の家に帰ったときに、パパとお金の話をしなかったと母親に言うことになるのも嫌だと思っている。

かつてトルストイはこう書いた。「幸せな家族はいずれもよく似た様子をしているが、そうでない家族は皆それぞれ違う形の不幸を背負っている」。トルストイに異を唱えるのは少々おこがましい気がするが、少なくともある種類の家族の不幸には、トルストイが思ったよりもう少し規則性があるのではないか。私はそんな気がしてならない。先述のストーリーは、深刻な問題を抱える家族を映し出してはいない。そのような問題が起きる気配もない。アリスの家族の暮らしは、100パーセント当たり前ではないとしても、いたってふつうだ。ただし、ふつうだとしてもこの家族が不幸であるのは確かであり、多くの人が、健全とは言えそうにないと思うのではないだろうか。アリスとアンとジェニーは、大きな犠牲を払うことになるかもしれない一連のリスクを抱えている。では、彼女たちの不幸を1つひとつ考えていこう。

家族関係にとって「隠し事をせず何でも正直に話す」ことが大切だと強く思いながら、それを自分が守らなかったことをアリスが心底悔いているのは、なかなか立派と言えるかもしれない。だが、この価値観を、両親の生活のきわめてプライベートな部分を子どもが知りたがる場合にまで持ち込むとしたら、行き過ぎにならないだろうか。自分の性生活について娘に積極的に話そうとしなかったとき、アリスは娘に隠し事をしたことに対して罪悪感を覚えている。娘に対して不誠実だったということの感覚からは、秘密にすること（情報を出さないのは信頼を裏切る行為、あるいは相手と疎遠になる行為だと感じる）とプライバシー（情報を出さないのは全く問題ないし、相手を守ることにつながる場合もあると感じる）をアリスが区別できていないかもしれないことが窺える。10歳の娘が母親の性生活について知る権利があるかどうか、自問したこともない様子だ。娘に本当のことを言わない最大の理由は、知る必要のない情報を知って娘が重荷を背負う結果にならないようにすることではなく、むしろ、娘に母親を尊敬したりいいママだと思ったりし続けてもらうことと関係がある。アリスはそのように考えている。

ただ、アリスが母親として分別が足りないわけでも信念に欠けるわけでもないのは明らかだ。理想に真摯に向き合い、ついてしまった嘘に苦しんでいる。どうすれば、何でも正直に話すという理想を叶えつつ、娘のいいママであり続けられるのか、困惑しているのである。ここでのアリスの問題は、できるようになる必要のある行為、あるいは学ぶ必要のあるスキル、もしくは身につける必要のある態度という観点から考えることが可能だ。これら3つのうちどれか、あるいはすべてが、スーパーマーケットでアリスが娘からぶつけられたような問題を解決するうえできっと役立つだろう。

しかしながら、アリスの問題の根本的な原因は意識——とりわけ、アリス自身の意識の次元と、目下の問題である「ペアレンティングに関するカリキュラム」をこなすのに必要な次元とのミスマッチ——におそらく関連がある。理想に基づいて行動を調整できることと、娘が抱く母親像を自己概念としていることから、アリスの意識は、私が「持続的カテゴリを超えた」意味構成と呼ぶ複雑な次元であることが窺える。だが、その理想を、どのように感じ行動すべきかの指針とし、それにがんじがらめになっていると思われること、及び、娘との関係を、その関係にまつわる問題における感じ方や行動の仕方の土台とし、それにがんじがらめになっていると思われることから、「持続的カテゴリを超えた」意味構成が、現在の次元のマインドの限界であることも見て取れる。娘からの質問とはいえ、こんなプライベートなことにきちんと答える必要はない——アリス自身がそう感じるためには、何が必要なのか。

第４次元の意識で親子関係を捉え直す

いわゆる価値観（理想、信念）を基準にして自分の行動を調整したりそれに縛られたりするのではなく、アリスは、（「隠し事をせず何でも正直に話す」のような）申し分のない理想を脇に置き、そのような理想を調整しうるもっと大きな考え方《セオリー》あるいはイデオロギーのほうを大切にできるようになる必要がある。

そもそもなぜ、隠し事をせず何でも正直に話すことが重要なのか。理由がもし、「私自身がそう言われて育ったから」や「私の尊敬する人（絆を感じる人、信頼している人）が大切だと言っているから」というだけなら、裏切っていると感じずにその価値観から解放されることはできない。だがもし、もっと深い心の奥底にある一連の確たる信念を反映しているから、あるいは、そういう信念から生まれているからという理由であるなら、その理想は、いわゆる価値観という領域からではなく、行動を調整しうる心の奥底にある一連の確たる信念という土台から生まれることになる。

するとアリスは、おそらく次のように考えられるようになる。

「うーん。この子がそう尋ねるのも無理はないけど、答えたくないと私は思っている。私がセックスについてこの子とかなりざっくばらんに話していたのは、そういうごく個人的なものごとについてもママには尋ねていいんだとこの子が思ってくれることがうれしかったから。ざっくばらんに話すこと、隠し事をしないこと、ついでに言えば、嘘をつかないことを私は大切だと思っているし、そのすべてを今まで実際に大切にしてきた。でも今、私自身の性生活について尋ねられて、これまで考えたこともなかった別の価値観がいくつも働いているのがわかる。どんな価値観かといえば……。たとえば今は、両親が離婚しかけていて、アンにとって大きな変化と不安と喪失のときだと思う。そんなときに、これ以上、余計なものをアンの人生に持ち込みたくない。セックスを本当はどういうものだとアンが思っているのかわからないけど、私がアンの父親としていた行為だということを、アンは理解してる。だから、私がほかの人ともしていると言ったら、それも誰とも真剣に付き合っているわけではないと言ってしまったら、アンをひどく動揺させてしまうかもしれないし、まだその気配さえないうちから新しいパパができるかもしれないと夢を見させてしまうかもしれない」

あるいは、「考えたこともなかった別の価値観」は、細かい点について違う角度からの見方を持つことだとも考えられる。それは、刺激の強すぎる情報を子どもに与えて重荷を背負わせることのないようにする、という見方かもしれない。父親と母親の関係が破綻しても、父と子、母と子の関係はどちらも決して傷つかないようにする、という見方かもしれない。あるいは、子どもは質問したからといって必ずしも答えを求めているわけではないと信じて、前向きな姿勢を持つという見方かもしれない。

注目してほしいのは、これらのより大きな「見方」が、単なる価値観ではないことである。それは「価値観についての価値観」だ。複数の価値観が対立しているときに、取捨選択を可能にするシステムなのである。「正直であること」は、1つの価値観であり、個々の具体的事例の一般化であり、「持続的カテゴリを超えた」意識構造であり、第3次元のマインドのあらわれである。一方、「子ども時代を子どもらしく生きる権利」や「その権利を守る親の義務」は、個々の具体的事例の一般化をはるかに超えるものである可能性が高い。それはむしろ、さまざまな抽象概念、すなわち、「正直であること」という価値観だけでなくほかの数多の価値観を含めた、さまざまな価値観の一般化に近いと考えられるのだ。

このように価値観や理想を脇に置き、調整し、いやむしろ生み出す（価値観や理想によって生み出されるのではなく）ことができる――価値観や理想を、理解の主体ではなく客体として捉えることができる――というのは、イデオロギー、つまり確固たる信念体系が精神的《メンタル》に創造されるなかで示された、第4次元の意識のあらわれにほかならないだろう。

娘からの質問であっても、こんなプライベートなことに答える必要はない――アリスがそう感じるために必要なものに対し、今度は次のように考えてみよう。アンとの関係における自分の感情や行動を、まさにその関係という文脈のなかに制限されてしまうのではなく、アリスは、関係から少し離れたところに立つことが可能だ。そこでなら、アリスは、娘との関係をすっかり駄目にしてしまったと感じることなく、その関係が要求するものについて判断できるだろう。そうなれば、アリスはおそらく次のように考えられるようになる。

「うーん。アンは『パパと別々に暮らすようになってからママはセックスをしたことがあるのかないのか』という観点から問題を捉えている。でも、もっと適切なのは、『これはアンが知って役立つ情報なのか（それとも役立たない情報なのか）』という捉え方だと私は思うし、そういう文脈でなら、私はアンの質問に答えるわ」

質問をリフレーミングしたアリスは、もう返答に窮することはなくなるだろう。当初の観点に立っているときは、答えようがない、少なくともすんなりとは答えられないと感じることになる。なぜなら、嘘をつくのは嫌だし、といって本当のことも言いたくないからだ。当初の観点に立っている場合、セックスしたことがあるともないとも言うわけにはいかないと私はアリスに提言するが、アリスにすればそんなの答えになってないとしか思えないだろう。一方、質問をリフレーミングすれば、その反応が答え――娘の質問に対し、アリスが進んでしようと思う答え――として創造されるのだ。当初の観点に立っている場合、私が提案する答えは、たとえ一時的にせよほんの少しにせよ、娘との今の関係を、断ち切ったり途絶えさせたり放棄したりするものとしてしか現れないだろう。だが、質問がリフレーミングされたら、10歳の娘にとってその情報が役立つかどうかについてアリスがどのような判断をするとしても、アリスの反応は、娘との関係を放棄した状態からではなく、娘との関係から生まれることになる。それは、今後は「娘との関係」が、アリスに対する娘の期待や要求より大きな精神的《メンタル》文脈から生じるということである。

このより大きな文脈は、「関係に対する（アリス自身の）関係」――娘の要求が置かれ評価がなされうる文脈――を必然的に伴う。この文脈から考えて、アリスは、娘の要求（念のために言うと、娘の要求には、単に情報を求めるよりはるかに多くの要求が含まれる。たとえば、友だちの家に三連泊したい。手持ちの服はどれもダサいので、流行りのブランドものを一揃い買ってほしい。もう十分「大人」なので、ひとりで地下鉄に乗って繁華街へ行きたい、など）のうちいくつかについてノーと言うかもしれない。それは、娘を悲しませたり怒らせたりするかもしれない不承知であり、親子の絆をアリスが台無しにしたと娘が主張することになるかもしれない不承知である。だが面白いことに、そして重要なことには、アリスの新たな観点から考えると、アリスが駄目だと言おうと関係が台無しになったと娘が主張しようと、それらのせいで、実際に関係が壊れることはなくなる。娘にとって重荷にしかならないと思う情報を娘に伝えずにおくとき、アリスは、娘との関係を壊してしまったとは感じず、むしろ関係を強めたと感じるのである。

　関係が続いていくことになるこのより大きな文脈を確立したら、すなわち、関係に対する関係を生み出したら、アリスの意識はふたたび、「持続的カテゴリを超えた」理解より質的に複雑な次元になるだろう。アリスは自分の人間関係の意味を、基底に含んだり、下位に置いたり、それに基づいて行動したり、それに方向性を与えたり、それをつくり出したりさえする精神的《メンタル》構造を生み出すのである。この精神的《メンタル》構造——「持続的カテゴリを超えた」意味構成を集めて複雑な、あるいは統合されたシステムにする精神的《メンタル》構造——を、私は第4次元のマインドと呼ぶ。その主体－客体の構造をはじめとする特徴は、**図3・1**に示してある。

なぜ親の意識が子どもに影響するのか

　アリスが現在、理想との関係や娘との関係に対してこのより大きな文脈を全く確立できていないことが、おそらく、娘のアンに嘘をついてしまったという1つめのストーリーに見られるアリスの不幸の原因だろう。だがそれは、2つめ・3つめのストーリーに見られる娘たちの不幸の原因でもあるかもしれない。いやそれどころか、この家族にしろ多くの「不幸せな家族」にしろ、不幸は、トルストイが考えたよりはるかにパターン化された共通の原因から生まれると考えられるのだ。

図3・1　意識の4つの次元

	主体	客体	基本構造
1	◆知覚－空想的 ■社会的知覚 ●衝動	動き 感覚	時の一点／今その瞬間／ 他と関連のない小さなものごと
2	◆具体的－実際の現実 データ、因果関係 ■ものの見方 役割概念 単純なやりとり（仕返し） ●持続する性質 ニーズ、好み 自己概念	知覚 社会的知覚 衝動	持続的カテゴリ 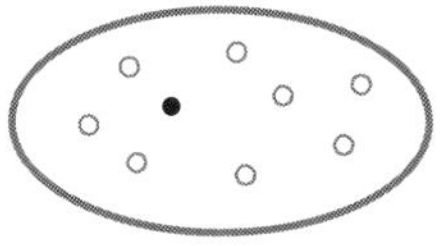
3	◆抽象的思考－理想性 推論、一般化 仮説、提案 理想像、価値観 ■相互関係／対人関係 役割意識 相互のやりとり ●心の奥底の状態 主観的、自意識	具体的なもの ものの見方 持続する性質 ニーズ、好み	持続的カテゴリを超えた 持続的カテゴリを超越した 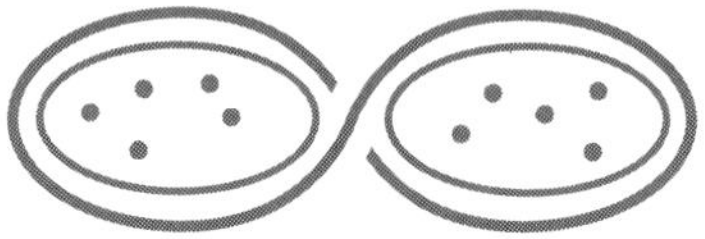
4	◆抽象的なシステム イデオロギー 公式化、権威づけ 抽象概念と抽象概念の関係 ■組織 関係調整の形態《フォーム》 多様な役割意識 ●自己著述 自己調整、自己形成 アイデンティティ、自律性、個体化	抽象概念 相互性 対人関係 心の状態 主観性、自意識	システム／複合体 

一連の発達における主要要素として、「◆＝認知的」「■＝個人間の」「●＝個人内の」発達を表している

ジェニーの不幸は、ジェニー自身は早起きでいつも準備が整っているのに、大好きな姉のアンのせいで学校に遅れたり遅れそうになったりし続けていることに関係がある。もしできるなら、幼いジェニーはいっそう早く起きて、アンが決まった時間に支度を整えられるよう必要なことを何でもするだろう。姉のことが大好きだし、時間を守ることがジェニーにとってとても大切だからだ。だが現実には、時間に対する姉のルーズさを改善することができず、それがジェニーがずっとイライラしている原因になっている。

これは誰の問題なのか。私はこれまで千人を超える人たちにこのストーリーについて話をしてきたが、ほぼ全員が次の考えに同意する。「幼いジェニーの問題でないのは間違いない。アンの問題でないとは言えない。だが何より、母親の問題だ」。つまり、「ジェニーのため、アンのためになんとかするのは、ほかの誰でもない、母親の義務だ」という考えに。けっこう。母親がなんとかしなければならないのだとして、一体何をすればいいのか。ここで意見が割れる。キャサリン・カウフマンは母親たちに、「皆さんならどのように対処しますか」と質問し、それぞれの考えを書いてもらった。[10] 次に示すのは、母親たちの典型的な2つの対処の仕方だ。違いについてよく考えてみよう。

Ａ

私なら、アンが確実に起きるまで、アンの部屋にいます。灯りをつけたり、カーテンをあけたり、なんならラジオをつけて大きな音を立てます。アンがちゃんと目を覚ましても、着替えが済むまで部屋を出たりしません。それから下へ降りて朝食を食べるように言って、学校へ送り出します。

B

私なら、その状態がそれ以上続くのを許しません――当然ながら、アンには自分が時間を守って行動しないせいで起こっている問題に対処してもらいます。ジェニーには、姉を待たず先に行ってひとりでバスに乗るよう言い聞かせます。もしアンが時間どおりに朝食を食べに来なかったら――朝食は抜きです。バスに乗り遅れたら、学校まで歩いて行かせます。厳しいようですが、私は罰を与えるためにこうしたことをするのではありません。アンがみんなを待たせても、もうずっと、お咎《とが》めなし。それはアンのためにならないのです。また、アンを急《せ》かすことがジェニーの負担になっているようです――でも、はっきり言って、これはジェニーが悩むべき問題ではありません。アンが遅刻してもそれはジェニーのせいではないことを、私はジェニーに気づかせたいと思います。この状況で親が介入しないわけにはいかないのです！

カウフマンの質問に対しその場で即興的に書かれたこれらの答えのどちらについても、けなす必要も崇《あが》める必要もないが、その対照はなかなか興味深い。

Aの対応をするなら、アリスの現在の理解で十分だろう。ただしこれは、家族における効果的なリーダーシップの発揮というより、自己犠牲的かつ入念な対処のように思われる。この対応策には、制限を設け、発達を促し、境界をマネジメントし、態度を明確にし、ビジョンを体現するリーダーの姿がほとんど確認できないのである（ちなみにここでのビジョンが対立を避けることであり、子どもがおのずと向かおうとする方向に逆らわず、その方向に沿って変化をもたらすことだと考えるなら、話は別だ。だがその場合でも、リーダーシップを発揮することより子どもの行動を効果的にマネジメントすることが焦点になっている）。

いずれにしても、Bの対応は全く異なるレベルで作用するように見える、あるいは少なくとも、対応策の背後にある構造をはるかに明確に示している。Bの対応はアリスとアンの関係に目を向け直させ、その関係がどのように進むべきかについて新たな助言をする。そればかりか、各関係の関連を説明する方法、アリスとアン、アリスとジェニー、ジェニーとアン、それぞれの関係を同時に保持する方法を確立する。Bには、家族がどのように機能すべきかについての包括的な考え方《セオリー》——各メンバーの役割を定義し、役割に対しさまざまな責任を割り当て、その不履行を特定する考え方《セオリー》——があると思われる。リーダーの役割は監督であり、不履行の責任を果たさせることだとも理解されている。

Aの対応をする場合、アリスはとてつもない責任を負う（アンをおだて、なだめすかして、朝のするべきことを1つひとつさせる）が、一方で、アンが負うべき責任に対しては責任を負わない。アリスは、支援者の役割を果たすという意味に限れば英雄的と言ってもいいくらいだが、そもそも役割をつくり出したり、その役割が果たされているかどうかを監督したりという上位の行為となると、まるで活動できていない。

社会的役割に伴う責任をみずから意識して忠実に果たすことは、第3次元でなしうる。つまり「持続的カテゴリを超えた」マインドの意識構造であるということだ。だが、Bの対応によって示唆される文脈からアリスがジェニーの不幸に介入するためには、アリスは役割の履行という「持続的カテゴリを超えた」能力だけでなく、役割の創造・調整という第4次元の能力も理解する必要がある。関係との関係をあらわすものとして制限を設けるのに第4次元の意識が必要なのと同様、境界の維持にも第4次元の意識が必要だ。なぜなら、役割に伴う要求に応えるだけでなく、役割をつくったりつくり直したりし続けることになるからである。もし「役割」が第3次元の意味構成であるなら、第3次元の意識があれば役割を主体として責任を負うことができる。だが、「持続的カテゴリを超えた」意識構造を、その構造を基底に含むマインドの新たな意味構築に重ね合わせる第4次元の能力がなければ、役割——他者の責任を監督したり他者に対する自分自身の責任を監督したりすること――を客体として責任を負うことはできないのである。

必要な統制が家族のなかに欠けているせいで、幼いジェニーが行動の遅いアンから害を被る事態になっているとすれば、前述の3つめのストーリーには、アンも全く同様に害を被っていることが示されている。2つめのストーリーから、アンが都合よく自分のペースに妹のジェニーを巻き込んでいることに対しても、アンを「救う」のをジェニーが自分の責任として引き受けようとしていることに対しても、アリスが制限を設ける必要があることは明らかだ。だが、3つめのストーリーから、このリーダーがみずからにも制限を設ける必要があることが見て取れる。アリスが、それとなくとはいえ、夫との対立につい娘を巻き込んでしまうのは理解できるし、同様のことは週末ごとにアメリカ中で繰り返されている。ただ、その行動をアリスが変えられないために、父親とアンの関係も母親とアンの関係も危うくなってしまっている。

しかしながら、今アリスが第3次元の意識で現実を意味構築しているなら、「制限を設けられない」のも「境界を維持できない」のも、性格的に何か問題があるわけではなく、まさに視覚の問題だと理解することが重要だ。つまり、境界を守る意志がないのではなく、守るべき境界が侵食されている状況がアリスには見えていないのである。アリスは、自分が大切だと思うものを守るために現在しているのと同じ自己犠牲的な細かい気配りをすれば、自分が大切に思うほかのものも守れると思っている。だが、現実に対する今の意味構成の仕方を変えることなく、単に「ペアレンティングのスキル」として「制限を設けること」や「境界を維持すること」を教わっても、古い意識に新しい考えがもたらされるだけだ。そして古い意識は、古い意識の利益になるように、新たな考えをできるだけ使おうとするのである。

ここでの「古い意識」とは第3次元のマインドのことだが、このマインドでは、アリスの愛情と心配りの実践を有益な軌道に戻すのに十分ではないだろう。アリスが娘たちに対して深い愛情を持ち、心を砕いていることは、別居中の夫とコミュニケーションを図るのに上の娘を代理人にしていてなお、疑いの余地がない。結局のところ、アリスがより多くの金銭的支援を得ようとするのは自分が贅沢をするためではなく、大切に育てていきたいふたりの子どもとの関係に尽くすためだ。ただ、この関係に対する献身がどれほど立派でも、「子どもとの関係」と関係を持つこと——第4次元のマインドに必要なこと——ができないために、アリスの愛情がいつのまにか、悪影響をもたらしかねないものになっている。娘を十分に慈《いつく》しむことに忠誠を尽くしながら、アリスは知らぬ間に、娘と母親との絆にも、娘と父親との絆にもよからぬ影響を及ぼしてしまっているのである。

親のなかに「傷ついた子ども」はいるか

親が子どもにもたらす心理的な不幸——アリスの例のような、深く愛情を注ぎながら知らぬ間にもたらしてしまう不幸——のうちどれくらいが、まさにこの複雑な意識から生じているのだろう。これと際立った対照をなす状況として一般にイメージされるのは、——実際にはまれだが——、とことん利己的で子どもを搾取する親だ。彼らは子どもを親の必要性に合わせてモノを運んでくるだけの存在にしている。それは明らかに第2次元の意識を示唆する環境であり、全く異なる種類の改善と保護を子どもに与える必要がある。一方、アリス・ミラーが『新装　才能ある子のドラマ』[11]で論じる問題児や、ヒルデ・ブルックの『思春期やせ症の謎』[12]に登場する拒食症の子どもたちの親は、愛情にあふれ誠実で責任感のある人間として描写されている。これは、ディケンズ※が描く搾取的な親とは違う——彼の描く親は、気遣いと信頼と責任によって関係を構築することも、社会に適応することもできず、子どもを使い走りか召使い、あるいは個人的な財産として自己中心

※　チャールズ・ディケンズ：労働者階級の生活を描き社会を風刺する小説を書いたイギリスの作家

『新装　才能ある子のドラマ』
山下公子訳、新曜社、1996年

『思春期やせ症の謎』
岡部祥平、溝口純二訳、星和書店、1979年

的に利用する。一方、ミラーとブルックは、親によるより複雑な虐待を描いている。

ミラーは「近年さまざまなことが解明されているなかで、唯一触れられないタブー——母性愛の理想化」[13]を自分は破ろうとしていると述べているけれども、ミラーの著作を注意深く読むと、次のことがわかる。ミラーは「自己愛の強い、傷ついた」親による子どもたちの心理的な搾取を非難し、「母親を批判する人」として知られるようになったが、ミラーが提起している本当の問題は、そういう親が子どもを愛し子どもに尽くしているかどうかではなく、特定の形の愛や献身が期せずして子どもに害を及ぼすのかどうかだ、と。親は自分の心の傷を癒やしてくれるものをいかにして子どもに持ってこさせるようになるのかを説明するとき、ミラーは一種の意図せぬ虐待について述べ、その原因は、信頼と気遣いと献身を大切にする関係を築けないことではなく、そういう関係が成立している状況それ自体だとしている。

ミラーと私で意見が違うと思われるのは、心理的に自己本位な親はどのような「精神《メンタル》の仕組みによって」わが子を利用するようになるのかという点かもしれない。ミラーは、親が子ども時代に負った傷、つまり親がその親からネグレクトされたことについて述べている。その推測はおそらく正しいだろう。ただ、ミラーはさらに、(成人した)親のわが子に対する現在の虐待を、無意識のなかに今なお存在する「子どもの自分」のせいだとしている。この「子どもの自分」が、親としての権力を使って、子ども時代に求めていた——そして今も求めている——変わらぬ愛と関心を、わが子から得ようとしている、と。ミラーの解釈では、犯人は、大人になった親の無意識のなかに今もいる傷ついた子どもである。この子どもが、別の子どもを利用して自分の欲求を満たすというまたとない機会において、自己の内の有能で責任感のある感性豊かな大人の部分を抜け出し、親の人格を乗っ取るのだ——。このように解釈しなければ、子どもを心理的に搾取していると同時に、聡明で感受性が豊かで子どもに共感さえしているという、2つの親のあり方を両立させられないとミラーは考えている。つまり、ミラーの解釈ではどうしても、親のなかに「ふたりの人間」がいるという図を描くことになる。

一方、もっとシンプルで、全く別の解釈もある。親のなかにいるのは「ふたり」ではなく「ひとり」であるという解釈、自己の「大人の部分」として認められる有能な複雑さこそが、その大人の利己的なペアレンティングにおいて作用している、という解釈である。

傷ついた子ども時代の歴史は、独立して共存する「子どもの自分」のなかではなく、この大人が今まさに意味構築している特定の種類の第3次元の意識のなかにあらわれる。ミラーが親のなかにある「子どもの自分」の利己的な性質と考えるものは、実は「大人の自分」が一時的にストップすることのあらわれではなく、「大人の自分」との完璧な同調であり「大人の自分」のあらわれと思われるのだ。結局のところ、親による利己的利用という形態《フォーム》（意味構築）は子どものそれではないし、ミラーの解釈における利他的な行動と適切な行動から生じる葛藤を、当の親は必ずしも感じるわけではない（一瞬「自制心を失った」ことを親が後悔しない場面だ）。

ミラーが論じる問題あるペアレンティングには、子ども時代の心の状態や肥大化した自身のニーズがあらわれているというより、役割や関係が要求するものとは別の、自分自身のニーズが軽視されていることのほうが強くあらわれているように思われる。アリスが夫との争いに娘のアンを巻き込むのは、娘の信頼と誠実さを自分の都合で乱用しているように見えるかもしれないが、実は、娘に幸せでいてほしい、娘を慈しみ養うみずからの義務を果たしたいという一貫した気持ちのあらわれかもしれない。そのような義務や献身を身勝手に放棄することではなく、そのような義務や献身から独立した自己が欠如していることこそが、いざ義務を果たし献身しようとしたときに、子どものためになる場合とならない場合を生み出してしまうと思われるのだ。[14]

アリスが義務や献身と「同一化」せず「所有」できるようになったら、つまり、それらがアリスの意識のなかで「地」から「図」へ、あるいは主体から客体へシフトしたら、アリスは役割を誠実に果たす以上の存在にきっとなるだろう。というより、その同じ誠実さが、それまでアリスが同一化していた役割と役割の関係に捧げられるだろう。娘をもっと充実した環境で育てることは、アリスにとって重要であることに変わりないが、その願いはもっと大きな忠誠（娘に負担をかけすぎない、両親のどちらかを選ばせるようなことをしないなど、「関係」と関係を持つだけでなくそれを調整し創造さえする意識のあらわれとなるような忠誠）に関連するものになるだろう。

以上のような考えから、アリスについて、またアリスと同様の意識を持つ（あるいは持ってきた）すべての人について、次のことが言える。その意識ゆえに、また支援もないために、現代アメリカのペアレンティングにおける重要な役割の多くを果たせずにいるのに、もし第4次元の意識がなければ果たせない務めを果たすことに「失敗している」とみなされるなら、私たちは十分に理解されることも十分に手助けしてもらえることも決してないだろう。なにしろ、第4次元の務めに取り組んでさえいないのだから、と。一連のストーリーにおいて、アリスは「第4次元の務め」（制限を設ける、境界を維持する、役割を生み出し守る、会社の幹部のようなリーダーシップを発揮する）を果たすことに「失敗している」のではなく、ペアレンティングをするなかで気づいた第3次元の務めを果たすことに成功しようとしているのである。

環境と意識の次元の関係

「ペアレンティングとパートナリングに関する要求に応えるには、第3次元の意識があれば十分か」という問いをさらに探究する前に、重要なこととして、同時に生じるこの問いを明らかにしておこう。

「もはや言うまでもないかもしれないが、現代のペアレンティングに要求されるものに第3次元の意識では十分応えることができないなら、第3次元の意識のルールによって世界を意味構成している場合、親になる準備ができていないということなのか」

この問いに対する答えは、親の意識の次元とは全く関係がなく、親が暮らす世界の性質に大いに関連している。このことを、ぜひ理解してほしい。

第3次元の意識をペアレンティングの領域に持ち込むこと自体には、なんら問題はない。つまり、持ち込むからといってその人について特に言うことはない。思うに、100年前には第4次元の意識を持つ人は今よりはるかに少なかっただろう。だからといって、それは当時のペアレンティングがあまりよい成果を出していなかったということではない。第3次元の意識で子どもを育てても、それをもって、その親が病気だとか、気がどうかしているとか、発達が遅れているとか、欠陥があるということにはならない。親になる準備ができていないということにも、無責任だということにも、第4次元で経験を意味構成する親ほどうまくペアレンティングができないということにもならない。

確かに言えるのは、第3次元ではなく第4次元の意味構成をするようになったら、ペアレンティングに伴う務めや課題に対して、見方が変わるだけでなく、より複雑な見方をすることになるということである。この差が、ペアレンティングのカリキュラムをうまくこなすうえで重要かどうかは、文化がどのようにデザインされ、第4次元の意味構成がどのようにしてできるようになるものだと文化が考えているかによる。つまり、生徒の能力だけが問題ということは断じてなく、生徒の能力と、(ほかの誰でもなく)その生徒が果たすべきだとされる務めがマッチしているかどうかが問題になる。

どういうことかを明確にするために、例をもう1つ挙げよう。第3次元の意識でペアレンティングをする能力と第4次元の意識でペアレンティングをする能力との違いは、オートマ車（ＡＴ車）を運転する能力とマニュアル車（ＭＴ車）を運転する能力との違いにたとえることができる。ＡＴ車を運転する人のほうが優れている、あるいはＭＴ車を運転する人のほうが優れていると言うのは、どう考えても無理がある。また、どちらかのほうが、より優れた（安全な／誠実な）ドライバーだとも、少なくとも最初からは言えない。一方で、この能力は比較不可能だとか、（ジェンダー、学習スタイル、性的指向などと同じく）人間の多様性の1つのあらわれであり、公正に比べることのできないもの、認めて尊重するほかないものだとみなすこともできない。

だが実は、この2種類のドライバーには、明確に線引きできる関係が存在する。ある状況においては、一方がもう一方より優れていると言えるのだ。すなわち、ＭＴ車のドライバーは皆、ＡＴ車も運転できるが、ＡＴ車のドライバーは誰もがＭＴ車を運転できるわけではない。ＭＴ車のドライバーのほうが優秀というわけではないし、ドライバーとして腕が上というわけでさえないが、一方で、ＡＴ車のドライバーの多くが運転できない種類の車を運転できることは間違いない（その逆は言えない）。より正確に言えば、ＭＴ車のドライバーはギアチェンジという重要な操作に対してみずから責任を負うことができるが、ＡＴ車のドライバーは負えない。ＡＴ車のドライバーはこの側面を、自分の外にあるもの（エンジン）、自動でギアチェンジを行うものに委ねることになる。

だから何なのか。いや肝心なのはここからだ。自分でギアチェンジできないＡＴ車のドライバーは車というより大きなコンテクストの一側面に頼ってギアチェンジを行うわけだが、その事実は、いつどこを見てもＡＴ車ばかりで、しかも問題なく走っているなら、実のところ全く問題にならない。きちんと機能するＡＴ車を誰もがいつでも使えるなら、ＡＴ車のドライバーとＭＴ車のドライバーの違いは、全く問題にならないだけでなく、違いそのものが見えなくなるだろう。その違いに、私たちは気づかなくなるのだ。今まで生きてきてAT車を利用できなかったことがない人たちは、当然ながら世界はこういうものだと思うだろうし、AT車をいつでも利用できることは、世界に関する真実だと思われている特徴の1つだという事実を意識することもない。これに対し、もし世界にAT車があふれていなければ、そしてもし世界が、運転するという行為には自分でギアチェンジすることがつきものだと人々が考える世界であるなら、それならば、取るに足りない特徴だったAT車しか運転できないことが、きわめて重大な特徴になる。

結論として、2種類のドライバーの違いが車の性能の違いでないことは明らかだろう。たびたびギアチェンジする必要があるのも、どちらの車にも共通だ。違いは、ギアチェンジを行う人もしくはモノにある。そして、ギアチェンジ自体は恒常的なものであり、車の操作という領域につきものである。

さて、このたとえ話からわかることは何か。私は次のように考えている。ペアレンティングにおける重要な特徴――制限を設ける、役割を生み出す、境界をマネジメントする、関係を調整する、態度を明確にする、成長を促す――は、第4次元の意識が不可欠であると同時に、家族の運営《オペレーション》という領域につきものだと思われる。ちょうど、ギアチェンジが車の操作《オペレーション》という領域についてまわるのと同じように。これは、親が第4次元の意識で行動できなければ家族を立派に「運営《オペレート》」できない、という意味だろうか。答えはノーだ。それは、ドライバーがギアチェンジできなければ車をきちんと操作《オペレート》できないのと同じ意味でしかない。では、第4次元の意識を持つ親は必ず子育てに成功するという意味だろうか。この答えもノーだ。ギアチェンジできるドライバーなら常に注意深く運転するだろうというのと同じ意味でしかない。ただし、車（家族）がきちんと操作（運営）されている場合には必ず、モノ（人）によってギアチェンジが行われる（第4次元の意識が使われる）ようだ、という意味ではある。こう言ってもいい。何としても避けたい状況、それは、AT車しか運転できない親がいつのまにかMT車のハンドルを握り、しかもその車に子どもたちが乗っているという状況だ、と。

そんな最悪の状況は、滅多にないことなのか、それともよく起こることなのか。この問いはきわめて重要だ。ただしそれは、MT車のハンドルを握っていると気づいて動転している親を非難するものではなく、隠されたカリキュラムの要求に応えるにあたり、私たちの文化が差し出す支援が十分かどうかを、私たちがともに考えるために、私たち全員に投げかけられた問いである。この問い――ふと気づけば、子育てにおける重要な務めを果たすための準備が、親の中にも外にもできていなかったという状況は、どれくらい頻繁に起きているのか、という問い――については、後章でより詳しく答えを探っていく。ただ、その答えは不安をかき立てられる答えなので、今から備えておくために、外的な支援が私たちがふつう思い浮かべるのとは全く違う方法でなされることについて、ここで少し考えておこう。

コミュニティによる発達の支援とは何か

一般に、私たちは数量や、ネットワークの大きさ、距離の近さ、持続性、支援者から伝わってくる思いの強さ、そうした観点から支援を考える。これに対し、現実を意味整理する方法としての「意識の複雑さ」――その借用のしやすさ――という観点から支援を考えるとは、どういうことなのか。

ミラーは著書のなかで、こんな問いを投げかけている。とどのつまり、第3次元の意識を持つ大人は必然的に幸せになれない、あるいは成功できないリスクがあるのだろうか、という問いである。そのような大人が「幸せに満ちあふれて生きることは難しいのだろうか」と。そして次のような答えを導き出している。

そういうケースは確かにあるし、過去にはもっとたくさんあった。(中略) 正統派ユダヤ人だけを集めた強制居住区域や100年前のアメリカ南部の黒人家庭のような、他の価値体系から切り離された文化においては、個人は自立した存在と認められなかったし、その人の支えになったかもしれない（私たちが考える意味での）個人としてのアイデンティティも存在しなかった。にもかかわらず、個人はその集団によって支援されていると感じていた。「敬虔《けいけん》なユダヤ人」である、あるいは「忠実な奴隷」であるという認識を持つことが、この世において個人に一定の安心感を与えたのである。無論、ここは自分のいるべきところではないと思い、そこから脱出する強さを持っていた人たちのような、例外はあったけれども。今日においては、さまざまな価値観を持つ他のグループから孤立し続けることは、どんなグループにとってもほとんど不可能だ。そのため、個人としては、もし利害関係やイデオロギーの被害者になりたくないなら、みずからの内に支えを見出すことが必要になる。みずからの内にこういう強さを持つことは（中略）今や、当人にとってきわめて重要である一方、はるかに難しくなっている。現代の人々は、多様な価値体系に接しながら暮らしているからである。[15]

ミラーが述べているのは、過去にはもっと一般的だったと彼女が考える、今とは違うタイプの社会組織だ。伝統文化や非主流派の文化においては、より同質な価値と信念が、その文化の根幹に存在する。世界の仕組みやそこでいかに生きるべきかについての観念が共有されているのである。地理的な環境だけでなく精神的な環境も共有するコミュニティで暮らす場合、どのように生きるべきかについて個人が判断しなければならない機会が劇的に減少する。そのようなコミュニティは、なんらかの宗教団体であろうとなかろうと、実質的に宗教的であり、絶えず続く祝祭や儀式や所作や象徴を通して、共有すべき中核的な信念が人々のなかにたびたび送り込まれる。そして、宗教あるいは民族、地域、市民といった枠組みで分かちがたくつながっていようといまいと、ある種の均質性が際立ち、「ロールモデル」の概念が人々のあいだに広く浸透する。年長者は誰もがロールモデルとなり、現在及び未来においてどのように行動すべきかについて若い世代の人々に伝える。そして若い世代の人々は、人生の先達との逃れることのできない結びつきと彼らへの信義から、その教えをまるで「息を吸うように」取り入れる。

　このような原理原則主義のグループに所属したことのある人なら（実は私もそのひとりだが）誰もが知っているとおり、究極的にはコミュニティの集合的意識それ自体が、秩序や方向性、ビジョン、役割の創出、制限の設定、境界マネジメント、発達の促進の源になる。コミュニティに活力と一貫性《インテグリティ》があらわれている、まさにそのことが、コミュニティが単一の有機体のように各部分を調整し、制限を超える危険のあるメンバーに警告を発し、一線を踏み越えたメンバーを救うことができる証にもなる（これが、「orthodox［正統な］」の接頭辞「ortho」の本当の意味だ。それは頑固さや独断的態度ではなく、たとえば「orthodontia［歯列矯正］」のような、正しくしたりまっすぐにしたりする行為を指す）。

　いかに生きるべきかを示すビジョン、包括的な考え方《セオリー》、あるいはイデオロギーはコミュニティの規範や信条を通して伝えられるが、それらは退屈な教本や名ばかりの聖地のなかではなく、日常の暮らしに一貫する慣習や制裁や禁止事項のなかに存在する。そして信条の内容やスタイルや雰囲気にはコミュニティごとにずいぶん違いがあるが、形式認識論レベルでは共通点がある。それは第4次元の意識――コミュニティの大半の大人が同一化し、忠誠を尽くす関係や役割や価値観を、創出・調整する意識――をもたらすことである。コミュニティに暮らす多くの、いや大半の人にとって、第4次元の意識はおそらくこのようにして生まれる。

　この意識は、人々自身のマインドからは生まれないし、それを必要とされてもいない。人々が自主的に行う「手動《マニュアル》の」ギアチェンジからも生まれない。この意識は、コミュニティの福祉、メンバー全員、コミュニティとしての方向性、それらに精神的に参加することから生まれる。そして無条件にそのように行動するなかで、人々（考え方やあり方がそのように黙っていても次から次へとふんだんにもたらされることが世界の仕組みの特徴であるのは、実はそう見えているだけだと気づくべくもない人々）は、この世界でここそが自分たちの場所、自分たちの時間、自分たちの歌であるというゆるぎない感覚を持つようになる。

このようなコミュニティを私は「トラディショナル・コミュニティ」※と呼んでいるが、これは第3次元の意識を持つ大人が第4次元の務め（ペアレンティングに伴う務めなど）を果たすための、1つの支援のあり方を示している。そこで間断なく提供される第4次元の支援はふつう、誰かが誰かに制限の設け方や境界の維持の仕方を教えるのではなく、日々の暮らしという「地」に対し「図」としてくっきりと浮かび上がらせるのである（私たちが結びつき、忠誠を尽くす相手なら、頼めばいつでも教えてくれるにちがいないけれども）。しかし、制限の設け方や境界の維持の仕方といった「情報」は、日々の暮らしという基本構造あるいは土台のなかに織り込まれて伝えられるほうがさらに多い。人々は、さまざまな状況の1つひとつについてどのように対処すべきとされているかを知り、それが、その人自身もそうすべきだと思う対処法になる。さまざまな状況に対し、そうすべきと思われている方法で対処することは、問題を解決することでもあるが、コミュニティと協調あるいは調和していることのあらわれでもあるのだ。

現在・過去を問わずトラディショナル・コミュニティにこのような仕組みがあることを、私は称賛も批判もするつもりはない。ポストトラディショナルの観点からすれば、今のほうが精神的にずっと自由だと思ってそのようなコミュニティのあり方を下に見る場合もあるだろう。あるいは、現代に確たる拠り所がなく調和が図られていないことに失望し、そのようなコミュニティの精神的な深いつながりに憧れを抱く人もいるかもしれない。だが、実際のトラディショナル・コミュニティに対する私たちの感じ方がどうであれ、また、

※トラディショナル・コミュニティ：第3次元の意識で現実を意味構成する人々によるコミュニティ

そのようなトラディショナル・コミュニティが現代の文化に今なおどれくらい存在しているのであれ、そこは大半の現代アメリカ人にとって相容れない場だ。トラディショナル・コミュニティは、「借用しやすいマインド」という1つの形態《フォーム》であり、第3次元の意識が第4次元の務めを調整するのを支援するかもしれないが、今日の多元的、私生活中心、個人主義的、非宗教的なモダニティ（現代性）はその最も重要な特質として、「伝統《トラディション》」が持つ一枚岩のような精神をばらばらにせずにはおかないのである。

　そのため、私たち現代の大人が第3次元で現実を意味整理するとき、ふと気づいたら、自分を包み込んで育ててくれるコミュニティという培養液のなかを漂っていた、などということはない。というより、皆承知していないけれども、私たちは水から出た魚のようなものであり、自分を漂わせてくれる環境へ向かって進まなければならない。なぜなら私たちは、自分を漂わせてくれる環境に生まれ、その環境に支援されているわけではないからである。現代世界はさまざまな要素から成り立っている。私たちを迎えてくれるマインドのコミュニティにしても多様な形があり、互いに異を唱え合っている。第4次元へ向かうための外部からの助言は、自動的に、途絶えることなく、あるいはスムーズに得られるものではないのである。

　私たちは自分をプレモダンな人間だともトラディショナルな人間だとも思っていないかもしれないが、もし第3次元の意識で現実を意味構成するなら、意識の観点から見て、私たちは現代《モダン》世界に生きるトラディショナルな人間ということになる。モダニティ（現代性）を求めることはすなわち、第4次元の意識を持てという要請である。それは、効果的なペアレンティングやパートナリングに関するどの要求や期待のなかでも言われているし、アリス・ミラーも「みずからの内に支えを見出すことが必要になる」と記している。AT車を探すのではなく、みずからギアチェンジする必要がある。そうミラーは述べているのである。

　このような助言の、第3次元の意識にとっての意味は、第4次元の意識にとっての意味とはずいぶん違うと思われる。「水から出た魚」と聞いて目に浮かぶのは、生きていくのに必要な環境から締め出された、死に物狂いの、息も絶え絶えな生き物の姿だ。だが、「水から出た魚」は、実は人類の進化を物語ってもいる。海中生物から進化した陸上生物にとって、ミラーの助言は全くそのとおりだろう。しかし、水から出た大半の魚が今探しているのは、陸上生物へ進化する道ではない。飛び込むための新たな池である。どうやら、現代世界における第3次元の意識への支援は、まさにこの2種類――「飛び込むための新たな池を提供する」と「水中生活からの進化を促す」――になりそうである。

支援というテーマについては意識に対する支援としてのちほど詳述するが、その伏線をまずは示しておきたいと思った。なぜなら、親に対する期待――リーダーとして家族を導く、役割をつくる、制限を設ける、境界を維持する――を考察するなかで、「ペアレンティングに関する要求に応えるのに、第3次元の意識があれば十分か」という問いに対する答えがノーであることが明らかになってきたからであり、結果として、第3次元の意識で世界を意味整理する親は効果的なペアレンティングを行えないと言えそうだからである。

とはいえ、そこからそう簡単に次の考えが出てくるものではない。おそらくは、第3次元の意識を持つ親が子どもを育てる際には、第4次元の意識を持つようになるための支援が必要ということだろう。必然的に目を向けることになる問題は、「そのような支援を必要としている親がどれくらいいるか」と「どのような支援を得ることができるか」だ。ただ、これらの問題がどれくらい重要であるかは、ペアレンティングに関して行き着いた本書の結論が、現代における大人の生活の他の領域で要求されるものにも当てはまるかどうかで決まる。

第４章　夫婦関係

愛と意識

ペアレンティングを考察するなかで、「大人に対する要求に応えるのに、第3次元の意識があれば十分か」という重要な問いを取り上げた。そして、現代の文化からの期待であることを考えると、ペアレンティングという領域に関しては、第3次元の意識では十分でないことを突きとめた。同じ問いを、今度は別の領域で考えていこう。

「パートナリングに関する要求に応えるのに、第3次元の意識があれば十分だろうか」

第3章で述べたように、親密なパートナーとしての役割を担っている場合、私たちは次のことを求められる。

①配偶者から心理的に自立しつつ、親密なつながりを保つ。

②愛と親密さについて、理想化あるいは美化されたあり方を超え、理解を新たにする。

③子ども、義理の両親、自分自身、家族以外の人たちに制限を設けて、夫婦としての領域を守る。

④パートナーの成長を支援する。

⑤率直・公正にコミュニケーションを図る。

⑥自分の個人的な歴史が自分にどのような傾向を持たせるか（自分をどのように方向づけるか）を認識する。

これらの要求を、第3次元の意識では、どれくらい満たすことができるのか。

次に示す、有名な会話について考えてみよう。19世紀の劇作家ヘンリック・イプセンが『人形の家』の最後に描いた、夫婦の会話である。

ノラ　つまり、私はパパの手からあなたの手へ移ったんだってこと。あなたは何でも自分のしたいとおりに段取りして、私は何でも、あなたがいいと思うものを真似しているだけだった――いいえ、真似してるふりをしていたのかも――自分でもよくわからないわ。たぶん、両方が少しずつね――本当に真似をしたり、真似してるふりをしたり。思えば、その日暮らしの貧乏人みたいに暮らしてた。私はあなたに芸をして見せて、するとあなたが食べ物や飲み物をくれたのよ。でも、それがあなたの望みだったから。あなたとパパは私にとてもひどいことをした。あなたたちのせいで、私は自分の人生とちゃんと向き合ってこなかったんだわ。

トルヴァル　ノラ、よくもそんなわけのわからない恩知らずなことが言えるな。ここにいて幸せじゃなかったのか。

ノラ　ええ、ちっとも。以前は幸せだと思っていたけれど、本当は違ってた。

トルヴァル　幸せでは――なかったと?

ノラ　ええ。楽しい生活ではあったわ。あなたはいつも私に優しかったし。だけど私たちの家はずっと、遊戯室《プレールーム》でしかなかった。私は妻という名のあなたの人形だった。昔、子どもという名のパパの人形だったのと同じように。そして子どもたちは私の人形だった。私が部屋に入って一緒に遊ぶのを子どもたちが楽しいと思うのと同じように、あなたが来て一緒に遊んでくれるのを、私は楽しいと思ってた。それが私たちの結婚生活だったのよ、トルヴァル。

トルヴァル　おまえの話はわからないこともないが、大げさだし、想像が入りすぎている。だがこれからは違う。遊びの時間は終わりだ。さあ、教育を始めるぞ。

ノラ　教育って、誰を？　私、それとも子どもたち？

トルヴァル　おまえと子どもたちの両方だよ、かわいいノラ。

ノラ　トルヴァル、私を教育して自分にぴったりな妻に変えるなんて、あなたには無理よ。

トルヴァル　なぜそんなことが言えるんだ。

ノラ　じゃあ、私はどうなの。私はあの子たちを教育するのにふさわしくないんでしょ。

トルヴァル　ノラ！

ノラ　ついさっき、あなたこう言ったわよね、私には子どもたちを任せられないって。

トルヴァル　カッとなって、つい。本気で言ったなんて思ってないよな？

ノラ　いいえ、思ってるわ。全くもってあなたの言うとおりだもの。私は子どもたちを教育するのにふさわしくない。先にしなきゃいけないことが、ほかにあるのよ。それは私自身を教育すること。あなたに手伝ってもらえることじゃない。私がひとりでしなければいけないこと。そういうわけで、あなたと別れるわ。

トルヴァル　［跳び上がって］何だって？

ノラ　自分について、そして人生について真実を見つけようと思うなら、自立しなければならない。だからもう、ここであなたと暮らすことはできない。

トルヴァル　ノラ、ノラ！

ノラ　あなたと別れるわ、今すぐに。今夜はクリスティーネが泊めてくれるでしょう――。

トルヴァル　どうかしてる！　そんなことがおまえにできるわけがない！　許さんぞ！

ノラ　私の行動を禁じようとしても、もう無駄よ。自分のもの以外は何も持っていかないわ。あなたからは何ももらわない、今もこれからも。

トルヴァル　狂気の沙汰としか思えん。

ノラ　明日は家に帰るわ――生まれ故郷に帰るってこと。私にとっては、そのほうが仕事やなんかを探しやすいでしょうから。

トルヴァル　おまえに何がわかる！　世の中に出た経験もないのに――。

ノラ　だから少し経験を積もうとしているのよ、トルヴァル。

トルヴァル　いや、おまえは家と夫と子どもたちを捨てようとしているんだ！　世間にどう言われるか、考えたのか。

ノラ　抑えられないの。こうしないわけにはいかないのよ。

トルヴァル　だからって、これはあまりに馬鹿げてる！　おまえは自分の最も大切な義務を放り出せるのか。

ノラ　何が私の最も大切な義務だと言うの。

トルヴァル　言われなきゃわからないのか。夫に対する、そして子どもに対する義務だ。

ノラ　同じくらい大切な義務がもう1つ、私にはあるわ。

トルヴァル　ないさ。いったいどんな義務があるというんだ。

ノラ　私自身に対する義務よ。

トルヴァル　おまえは何よりもまず、妻であり母親だ。

ノラ　そんなの、もう信じない。私は何よりもまず人間だと思う、あなたと同じように――少なくとも、そうならないといけないと思う。ほとんどの人があなたと同じ考えであることは知っているし、そういう考えが本に書いてあることも知ってる。でももう、世間が言うことや本に書いてあることをすんなりそうですかって受け容れるわけにはいかない。私は自分の頭でしっかり考えなければならないし、自分自身の答えを探さないといけないの。

トルヴァル　この家でのおまえの務めは決まってるじゃないか。こういう問題を考えるときの確かな指針を――信条を、おまえは持っていないのか。

ノラ　ああ、トルヴァル、信条って何なのか、よくわからないわ。

トルヴァル　なんだと。

ノラ　私にわかるのは、堅信礼※のときにハンセン牧師が教えてくださったことだけ。信仰とか信条とかについてあれこれ説明してくださったわ。ここを出て自分の頭で考えられるようになったら、それについてもじっくり考えてみたい。牧師のおっしゃったことが正しいのかどうか――少なくとも私にとって正しいのかどうか知りたいの。

トルヴァル　全く、若い女にあるまじき言動だな！　信仰に導いてもらえないなら、おまえの心に聞いてみよう。道徳心はおまえにだってあるだろう？　いや――もしかしてないのか。どうなんだ。

ノラ　ああ、トルヴァル、すぐには答えられないわ。本当にわからないのよ。こういうことって、どう考えればいいのかよくわからない。わかるのは、こういう問題では、私の考えとあなたの考えが全然違うんだってことだけ。[1]

※ 堅信礼：幼児期に洗礼を受けたキリスト教徒が改めて信仰告白をする儀式

「心理的な自立」の本当の意味

ノラの情熱的で感情の入り乱れる言葉は、明らかに独立宣言だ。結婚生活のなかでできないなら、そこから出て実現しようというわけである。ただ、ふたりがどのような種類の独立について話しているのかをよく考えることが重要だ。現代の結婚や親密なパートナーシップが（ノラのように関係を解消することなく）実りあるものになるためには、ふたりがそれぞれに「心理的な自立」を実現できなければならない――この言葉は、実のところどういう意味なのか。それぞれが「十分に差別化され明確に定義された自己意識」を持つ、すなわち、互いに相手を「自己の意味構築係」にしないとは、どういう意味なのか。

「心理的に自立する」は「自分自身の考えを持つ」と概ね同義だが、ノラがただ単に、他者の考えをもはや受け容れることはできないと言っているわけではないことをぜひ理解しよう。ノラは、自分がよいと思う新たな考えに心を移し、他人がよいと思っている古い考えから独立しようとしているだけではない。他人の考えを受け容れるのをやめて自分自身の考えを持たなければならないという意味以上のことも述べている。これらはいずれも、さまざまな種類の「心理的自立」と捉えることが可能だ。

ただ、ノラが近づきつつあるのは、自分自身のいろいろな考えだけではない。自分の考えについての、いや考えがどこから来るかについての、誰が考えに権威を与える（つまり真実にする）かについての、一連の新たな考えに近づきつつある。ノラは、ほかの人の考えどころか、ほかのあらゆる人の考え――彼女の外で生まれた考えであり、かつ、彼女の考えをつくり出し、その考えが正しいと証明してくれる考え――から独立するための一歩を踏み出しているのである。

彼女は、自分がさまざまな考えを持っていることに気づいたが、自分が、自分の外（夫、教会、文化）からもたらされた考えと無批判かつ無意識に一体化していたことにも気がついた。外部の源と無批判かつ無意識に一体化することは、その源から生まれる考えの正しさを疑問視することも考慮することもできないということだ。つまり、それらの考えを真実と捉えてしまうのである。ノラは、夫や教会や文化が設定する前提をはねつけようとしているだけでなく、それらが真実であるという思い込みとの関係もはねつけようとしている。ノラは、自分がさまざまな考えや価値観や信念を持っていることに気づいたが、考えや価値観や信念がそもそもいわば思い込みであることにも気づいたのである。

　実際、ノラの独立宣言は必ずしも、自分と違うあるいは対立する価値観や信念に反抗するものではない。ノラの台詞（「こういうことって、どう考えればいいのかよくわからない」）にあるとおり、夫や牧師と同じ信念を、ノラ自身が持つ可能性もあるのだ。ノラが離れようとしているのは、夫や牧師の価値観や信念ではなく、それらに対する以前の自分の態度《スタンス》であり、無批判にそれらと一体化する態度《スタンス》である。

　やがてノラのなかに現れる「心理的に自立した」自己は、単に、以前の「心理的に自立していない」自己が「強くなって」あるいは「自信にあふれて」あらわれるわけではない。それは以前とは異なる自己であり、今や、他のドラム奏者が叩くドラムに合わせて踊るのではなく、自分のなかの奏者が刻むリズムに耳をすますようになったのである。これは、自己とは、何であり、どのように働き、何のために在るか、の意味が完全に変わったということだ。信念・価値観・役割の「持続的カテゴリを超えた」意識構造と一体化し、それによって形成される自己から、この構造を相対化する自己、この構造に対する態度《スタンス》（もしくはこの構造との関係）を意識する自己、すなわちこの構造を主体ではなく客体として持つ自己へ変化したということである。

　ノラは、他人の価値観に従順に従い妻や母としての義務を果たすなかで「人形」という言葉によって示したのと同じ意識を、今や新たな構造を通してあらわすようになったのである。実を言えば、ノラはまだ、この新たな構造を確立できていない、つまり、その「持続的カテゴリを超えた」構造を、統一性のある複合体（あるいはシステム）に統合できていない。なぜなら、台詞にあるとおり、ノラは何を信じるかがまだわかっておらず、自分を教育しなければならないからである。

ただし自分の価値観、信念、役割、義務を「みずから考察する人間」になろうと思っていることは、はっきり認識している。ノラは今や「自分自身に対する義務」を自覚するようになったが、実は「妻という名の人形」だったときも自分自身に対する義務を果たしていなかったわけではない。単に、当時の自己のつくられ方が今とは違っていたというだけだ。それは、「他者」という人間も「自己」という人間も変わることがないかのように、ただ「忠誠のベクトル」の向きが他者から自己へ変わったということではない。ノラは、他者や自己のつくられ方を決める原理（理解の仕方）そのものを意味構成し直しつつある。ノラの独立宣言は、第3次元から第4次元へ意識が変化したことのあらわれなのである。

次の点にも注目したい。夫であり半ば支配者というトルヴァルの立場が社会的にノラより上位であろうと、人形の持ち主、ノラと遊んでやる人間、「「この人がいいと思うものなら」何でも「ノラも」いいと思ってしまう」人物としての役割を担っていようと、ノラは今、認識論的な行動を起こしつつあり、実のところ、夫の意識に追いつくどころか追い越そうとしているのかもしれない、という点である。というのも、トルヴァルにすれば――そして当時の同じ文化に暮らす似た立場の人にすれば――奇妙に思えるかもしれないが、トルヴァルの「心理的な自立」の程度は、人形だったときのノラと大差ないと思われるのだ。トルヴァルは、妻に怒り、その言葉を心外だと思うだけでなく、ひどく困惑しているようにも見える。理解に苦しみ、妻に向かって「狂気の沙汰」だとも言う。妻の言葉に対する最初の反応は、妻の行動が他人の目にどう映るかという点に重点が置かれている（「家と夫と子どもたちを捨てようとしているんだ！　世間にどう言われるか、考えたのか」）。

さらには、ノラに異を唱えられると、トルヴァルは自分の考えの正しさの根拠をどこに置いているかを、こう述べて明かしている。「この家でのおまえの務めは決まってるじゃないか。こういう問題を考えるときの確かな指針を――信条を、おまえは持っていないのか」

自分の外に間違いのない指針を持ち、何も疑うことなくそれに権威を与え、その権威に忠誠を誓う――これが、心理的に自立していない人の本質だ。プレモダンのトラディショナルな状態のマインドの本質であり、第3次元の意識の本質である。トルヴァルの担う役割のほうが上位であるとどれほど社会的に認められていようと、トラディショナルな状態のマインドは、その状態を脱した人から見れば、無知で無邪気としか思えない。ちょうど、「トルヴァル、私を教育するなんて、あなたには無理よ」とノラが述べているように。

ノラがもう結婚生活を続けられないと感じるのは、ノラ自身が「心理的な自立」を必要としているからというより、むしろトルヴァルにそれが欠けているせいではないだろうか。そしてノラは、結婚の誓いより大きなものを破《ブレイク》った。夫婦がともに第3次元に埋め込まれているという呪縛を解《ブレイク》いたのだ。世紀の変わり目のこの有名な会話は、実のところ噛み合わない意識同士の対話だ。トラディショナルなマインドが、新たに生まれたモダンなマインドと話しているのである。

これは、21世紀を迎えようという今が、旧式な考え方から現代的な考え方への過渡期であるために起きるのか。いやひょっとして、時代は時代で新たな世紀という節目に近づく一方、そのような旧式な考え方と現代的な考え方の噛み合わない会話が今の今まで連綿と続き、真夜中に、リンとピーターが寝室で繰り広げた会話につながっているのかもしれない。

夫婦間の「違い」と「親密さ」

リンはきっとこう話すだろう。ピーターと結婚した当初、ふたりがあまりに似ていて驚いた。それと同時にうれしかった、と。ユーモアのセンスも同じ、政治家や映画の好き嫌いも（理由も含めて）同じ、ケチャップは冷蔵庫、マスタードは食器棚にしまうものだというところも同じ。互いに相手の家族とすっかり打ち解けたので、いざ結婚することになって式を挙げるとき、それぞれの家族を義理の家族と思えないほどだった。相手の言いたいことは最後まで聞かなくてもわかるし、ある話題を持ち出そうとするタイミングもふたり一緒。込み入った話も、ふたりのあいだだけの特別な言葉で通じ合わせることができた。そしてリンは、羽毛布団にふんわり包まれるような心地よさを感じていた。

こうしたことが変わり始めたのがいつだったか、正確なところはリンにはわからない。ただ、結婚生活がうまくいかなくなった一因だと今では確信していることがある。自分とピーターがいかに違うか、そればかりがやたら目につくようになってしまったことだ。かつてピーターは、ふたりの「心は1つだ」と言った。彼は今でもその考えを大切にしているし、リンも確かにそうだと思いたい。だが、ふたりの生き方が大きく違うことに、リンはいよいよ愕然《がくぜん》とするばかりだ。

「彼が子どもにとことん甘いのに対し、私はとても厳しく接します。私は余るほど部屋数の多い大きな古い家が好きですが、彼は『こぢんまりとした』ところに引っ越したいと思っています。私はたまにはおしゃれなレストランで食事をしたり家で高級なワインを楽しんだりしたいと思うのに、彼はしゃれたレストランなんて気取ってると言って、シャブリとモンラッシェの違いがわからないのも鼻にかけている感じです。夕方、彼は運動をして気分をすっきりさせますが、私は仮眠を取るのが好きです。挙げたらきりがありません。

ちょっとしたこと、大事なこと、どうでもいいこと、何もかもが違うんです」

だが、リンが頭を悩ませているのは、そうした違いそのものよりも、違いについての自分の感情である。

気持ちがとても穏やかな日は、自分にこう言い聞かせます。私は最高の選択をしているけれど、ピーターの選び方にも同じくらいきちんとした理由があるんだと。でも、ほとんどの日は穏やかな気持ちではなくて、自分の嫌悪感の強さにわれながら唖然とするときもあります。彼に猛烈な怒りを感じるんです、すごく理不尽なんですけど。

さらに悪いことには、私が批判がましいことを言うときより、気持ちがとても穏やかなときのほうが、彼は傷ついているように思います。私が彼に文句を言っているときより、ふたりの違いを広い気持ちで受けとめたり、ときには感謝さえしているときのほうが、彼は気が滅入るようなのです！　彼のものごとのやり方にもきちんと理由があるのだと認めるなんて、私はけっこう心が広いつもりですが、彼にとっては私が「ふたりの心は1つ」の状態を取り戻すために努力していないということになって、いっそう腹を立てるんです。

彼の考えはこうです――ふたりの心が離れていくのは仕方のないことだと、リンは受け容れようとしている。ふたりがあまり親密でなくなり、愛し合うことさえもやめてしまうのを受け容れようとしているんだ、と。私が受け容れようとするのを、彼はあきらめだと捉えてしまうんです！　そういうとき、ものすごくイライラします。たとえイライラしなくても、夫婦でありながらたまらなく孤独を感じます。だって、何もかも内緒にして暮らせと言われているようなものでしょう。

私は、何事につけても、自分の考えを彼に伝えないことにしています。伝えたら、私たちが親密でなくなった証だと彼に受けとられるに決まっていますから。そういうとき私思うんです。「ええそうよ、彼の言うとおり。私たちはあまり親密でなくなってきているし、私の心も離れ始めてるわ」。でも実のところ、状況はとても複雑です。確かに私たちの心は離れつつありますが、それは考えが違うからではなく、考えが違うことを彼が受け容れようとしないからなんです。私の言っていること、わかりますか。

価値観や好みや信念の違いをリンがどれほどたくさん挙げたとしても、そのような違いがリンとピーターを分けているわけではない。ふたりの（「持続的カテゴリ」を超えた）価値観は確かに違うが、そのせいで、リンはピーターと別の心理的世界に住んでいると感じるわけではないのだ。

リンの熱心な訴えからは次のことがわかる。それらの違いを抱えたまま、それでもなお、きわめて「親密な」関係を続けることが可能かもしれないこと。親密さが失われた今の状態には、価値観の違いではなく違いに対する考え方自体の差が関係していること、である。

ピーターは、ふたりの違いをなくすことが、親密さを取り戻す道だと考えている。リンの主張を聞きつつも彼はその道を探りたいと思っているし、そのほうが、ふたりはそれぞれ別の考え方を持つ権利があることを前提とする彼女の頑固さやあきらめ（と彼の目には映るもの）よりもよいと考えているのである。一方、リンは次のように述べている。気持ちがとても穏やかな日には、違いだけでなく親密さについても全く別の考え方ができる、と。その考え方が自分という人間であるかのように感じられるようになればなるほど、その考え方を理解できないピーターに対する親密さが薄れていく。親密さに対するこの新たな定義——親密さとは、特定の価値観を共有することではなく、別個の価値創造者が協力すること——は、自分という人間についての全く新しい意味構成、第4次元の意味構成のあらわれだからである。

一般的に言って、個人間の親密さとは、近さのこと、ある人が別の人の近くにいることである。ここでふつう最も注意を払う変数は近しさ、つまり自己と相手の自己のあいだの距離だ。だが、その定義にとってきわめて重要でありながら見落とされがちなのが、そもそも「自己」をどのように意味構成しているかという隠れ変数である。なぜ重要かと言えば、これによって、「近づき」つつある相手のありようが決まるからである。

もし自己がみずからの第3次元の意味構成に支配され、それとイコールになっているなら、価値観・理想・信念の共有は実質的に自己の共有になってしまう。だが、自己がみずからの第3次元の意味構成を相対化し、もはやみずからの第3次元の意味構成とイコールになるのではなくそれを所有するなら、価値観・理想・信念を共有してもそれだけで、自己（自分という人間）の共有という究極の親密さが感じられることはないし、逆に、価値観・理想・信念を共有しないからといって必ずしも親密さが壊れると感じられることもなくなる。

ピーターがリンとの関係について、そのように（つまり、価値観・理想・信念の共有がなければ親密さが壊れると）感じているのは間違いない。だがリンは、親密であることとそれが壊れることについて、質的に違う感じ方をするようになってきている。リンが述べたことを言葉を変えて言うなら、リンが求めるピーターとの親密さとは、価値観の共有に基づくものではなく、ふたりがそれぞれに価値観を持ち、つくり出し、調整する人間として互いに認め合うことに基づくものなのだ。それが今リンがなりつつある人間であり、相手に対しても、もしそういう人間に「近い」人間だと感じられなければ、親密な結びつきを覚えなくなっている。ふたりの違いを受け容れようとするリンの姿勢を、ピーターは親密な関係に対するあきらめと捉え、一方リンは、親密になるのに必要なステップと捉えている。これもまた、噛み合わない意識同士の対話であり、20世紀末のアメリカにおけるトラディショナルなマインドとモダンなマインドとのすれ違いである。

ピーターとリンが苦境に陥る一方、20世紀末のアメリカでは、伝統的な男女の役割分担が見直され、意味構成が改められ始めている。親密な関係にある男女に対し文化として立場の違いを負わせてきた歴史的背景を踏まえると、各自に対する、「別個の心理的アイデンティティを持つべきだ、パートナーなどによって心理的に定義されるべきではない」という要求は、女性にとっては実に理解しがたく、男性にとってはまさしく脅威かもしれない。なにしろ、文化(多くは母親)によって全く別のカリキュラムを教えられてきたのだから。

一方で、そうした要求がそもそも特定の行動を求めているわけではないことは明らかである。また、自立していると「見えて」実際にはそうではない行動もあるし、女性は男性に従うものだという古い価値観に縛られているように見える行動が実は個人的な自己定義に基づいている場合もある。メアリー・スチュワート・ハモンドの詩『朝食の支度(Making Breakfast)[2]』では、そうした複雑な状況が表現されているが、伝統的に見える行動(と細やかな愛情)に、ときとして自己権威というモダニズムの意識が反映されることも明らかにされている。

朝　夫の求めに応じたあと
南部の女は
不思議なほどきまって　この儀式を行う
大急ぎで台所へ向かう　取り憑かれたように
昔ながらの豪華なご馳走をつくる
お礼に
お礼なんて言うべきじゃないとわかっているけれど
こんなことをするなんて

なんだか主人に仕える卑屈な奴隷みたいだし
彼はますますお腹が出て　腰痛にもなって
癌やら心臓発作やら脳卒中やらにもなってしまうかも　だから
近頃は考えてしまう――
豚の背脂を取り出したり　パン生地を練ったり
火加減を見ながらゆっくりとボイルしたり
鉄のフライパンに水をちょっと落として
温度を確認したりしながら
湯気の立ちこめる　蒸し暑く　いい匂いのする台所で
この行為は露骨な敵意かしら　従順さへ逆戻りする兆しかしら
それともその両方かしら　と
そんなふうに考えない日は　彼に出す肉を
数時間かけて揚げる代わりに
小麦粉を軽くつけ　丁寧にあぶり焼きにし
肉汁からこしらえたグレイビーソースをかける
でも　実を言えば　そういうことはきっともうしない
たとえ彼がどんな素敵なことをしてくれたとしても
それに　一緒になって18年になるけど
私たちは昔ほどしょっちゅう朝食を食べるわけではないし

今後食べるときはあとで彼にオートミールを出したほうがいいかしら
だけど　この衝動は
死神――マンモスや西ゴート族や一族の反乱分子のような――が
外の世界で待ち受けていた時代を思い出させるし
それなら　南部らしい朝食を料理するのは
古くさいけど健康的
念には念を
彼の顔を見る　優柔不断で　バッファローみたいな目の
髪を切られたあとのサムソンみたいな顔
彼のすべてが
粗挽《あらび》きトウモロコシとソーセージとフライドアップルとスコーンと私の力とで
見た目によくなってる　それが彼の外側に漂ってる
そういうのを見ると　私はまたしても彼に感謝を感じる
ほかの人より体が大きく動きがゆっくりで全然変わらないところはさておき
まるで　手足を縛られ　筋骨隆々の彼が打ち上げられるかのよう
私の胸に　大きな斑点のある蝶をつけて
医者の意見に反して　衰えることなく
大気中へ打ち上げられ　一緒になり　そして先に行く

夫婦間に必要な「制限」とは何か

結婚生活において「心理的な自立」を実現し「親密さについて美化されたあり方」を超えようという要求が、やはり第4次元の要求であることが明らかなら、夫婦としての関係を守るために制限を設けようという要求も同様であることに何の不思議もない。制限の設定という複雑さが親である私たちに第4次元の負荷を課すことは、すでに確認した。子どものためではなく自分たち夫婦のための対処だとしても、認識論的な観点からすれば、求められるものの本質が違うはずがないのだ。

私たちの親、パートナー、子ども、友人、同僚、上司――身近にいる人々は皆、たいていは無意識ながら、私たち夫婦の持続的な権威、共同体の感覚《インテグリティ》、あるいは活力を脅かしかねない行動や選択や要求をするかもしれない。そんな人々を――たとえ彼らが私たち夫婦をどれほど大切に思っていようと、逆に私たちが彼らをどれほど大切に思っていようと――、心理学の文献ではふつう、夫婦にとってリスクあるいは脅威と捉えられる。

だが実は、私の親、子ども、友人、同僚は、私の結婚生活にとって脅威にはならない。彼らとの関係に対する私の意味構成、彼らとのつながりに対して私が感じる忠誠こそが、潜在的な脅威の源なのである。彼らは脅威ではないし、実のところ私が制限を設けるべきはこの人たちではない。むしろ私は、彼らに対する私自身の忠誠、私が大切に思う彼らとの関係に、制限を設けなければならないのだ。

こうして、制限の設定における認識論的要求によって、私はこれらの絆や忠誠との関係において自分が上になる、つまり、それらの絆や忠誠より私自身が「大きく」なることを余儀なくされる。必要なら、それらに私が影響を及ぼせるように。もうおわかりと思うが、これは「持続的カテゴリを超えた」理解の構造を相対化せよという要求、ひいては第4次元と言って間違いない要求なのである。

第3章冒頭の、ピーターとリンが午前1時に繰り広げた言い争いを思い出してみよう。

「信じられないわ、私に何の相談もしないまま勝手に誘ってしまうなんて」

リンは、「第2のハネムーン」であるはずの旅行に夫が両親を誘ってしまったことについて、激怒して言う。

「子どもたちなしでふたりだけの時間を過ごしましょうって、何カ月もかけてプランを練ったのに、ご両親を呼んでしまうなんて」

その後、こうも述べている。

「そこがいちばん頭に来るのよ、ピーター。ご両親、あるいは子どもたちが――ええ、子どもたちだってそうよ――ひとこと不平を漏らしたら、たちどころに私たちの計画は消えてなくなってしまう。仕方がないと言って、あなたはご両親を誘ったのよ」

リンがピーターに本当に求めているのは何か、そして、それに応えるためにピーターにはどの次元の意識が必要なのか。リンからすれば、ピーターについて幾とおりもの見方ができる。もしかしたら、ピーターは確固たる目的意識を持っておらず、意志の強い人の言葉にすぐ流されてしまうのかもしれない。あるいは、自分の望みや意志ははっきりわかっているが、異議を申し立てるべき相手に立ち向かう勇気がないのかもしれない。さもなくば、意志も勇気も十分持っているが、みんなにいい顔をしすぎることと、自分の心の広さではすべての人を喜ばせるのは無理だと理解できていないことが問題なのかもしれない。

ピーター自身の内的経験は、この最後の見方が最も近いと思われる。ある感覚が、ひたひたと押し寄せてくる。「いやな感覚」と名づけた、いつもの、こんな感覚だ――「できるはずがないのに、いくつもの場所に同時に『存在』しなければならないという感覚。引き裂かれるような、あるいはてんでばらばらな方向に引っぱられるような感覚、愛するすべての人を幸せにしたい、いや自分ならそれができるはずだという気持ち――みんなが譲り合って、幸せになる必要を同時には訴えずにいてくれたらいいのだけれども」

ただ、ピーターについてのこれらの見方には共通点がある。『オズの魔法使い』の登場人物たち同様、ピーターには何かが欠けていいるとしている点だ。もしピーターに、もっと勇気が、もっと強い意志が、もっと広い心があったら、リンは、彼が夫婦水入らずの時間を過ごす計画を立て、それを全うできると思えるだろう。さらには、彼の両親や子どもたちという形でやってくる、いやもっと正確に言えば両親や子どもたちに対する彼の愛情という形でやってくる、計画に対する脅威を阻止してくれるとも思えるだろう、というわけである。もしこうしたことが確かにピーターに対するリンの感情の源であるなら、ピーターが黄色いレンガの道をたどり、現代の魔法使いのひとりのもとへ行くのは道理だろう。魔法使いは、彼を「訓練」して「自己主張」できるようにしてくれるか、「みんなを幸せにしたい」と「思いすぎ」なくなるよう手助けするか、さもなくば、彼を森へ連れていって、失われた本来の男らしさを取り戻させてくれるだろう。

だが、私としてはこう言いたい。誰も彼もを大切にしようとすることには何も問題はないし、勇気にしろ意志の強さにしろ、ピーターは皆が持ちたいと思うくらいには持っている、と。ピーターには『オズの魔法使い』の案山子《かかし》のようにもっと大きな脳が必要だ、と言うつもりもない。彼は、高学歴の専門家に対する一般的な認識と同じレベルで頭がいいのだ。彼の知性、愛情、勇気、意志はすべて「最大級」に機能していると思われるが、一方でそれらは、彼が世界を理解するとおり、世界を意味構成するとおりにしか、世界のなかで機能することができない。おまけに、彼の意味構成の仕方は、リンが今必要としているものに内在する認識されていない要求に、もはや合っていないのかもしれない。

リンが必要としているものとは、リンがピーターに十分親密さを感じられるようになるために、つまり、リンが自分を見て自分はこういう人間だと考えているとおりに、ピ、、、ー、、、タ、、、ー、、、にもリンを見てリンはこういう人間だと考えてもらえていると感じられるようになるために、必要としているものである。意味づけの仕方が合っていないことは、ピーターの責任ではない。ピーターが世界を意味構成するその方法自体は何も「おかしく」ないからである。問題が生じるのは、関係という文脈のなかだ。関係とはたとえば、互いのマインドに無意識になされる要求と、そのような精神的《メンタル》要求に応える能力との関係である。

もしピーターが「持続的カテゴリを超えた」理解の構造の影響下にあるなら、彼が捉える世界はリンが捉える世界とは異なるだろう。リンが捉える世界は、「持続的カテゴリを超えた」構造よりも、そのような構造に権威を与え調整するシステムのほうを重視すると思われるのである。

リンは、ピーターと同じように自分も子どもたちを愛しているとはっきり述べている。ピーターの両親のことも愛していると言っているので、舅や姑に会いたくないわけでもない。みんなを大切にしたいと思う気持ちもピーターに引けを取らないが、ただ、それを行動に移すにあたって、愛する人たちとのつながりとの一体化を土台にしてはいない。リンは、義理の両親や子どもたちに制限を設けることで彼らが感じるだろう不満におそらく心から共感できるが、制限を設けるからといって冷たい対応だとは必ずしも感じない。罪悪感も覚えないだろうし、覚えたとしても制限を設けたことだけが理由ではないだろう。リンの場合、制限を設けたためになんらかの点で自分の評価を下げてしまったと感じることはおそらくないのだ。

ところがピーターは、自分のせいで不満や失望を味わわせてしまったとして、そうした感情をことごとく引き受けてしまう。なので、ピーターの勇気を云々したい人は、彼が世界を構築する際にこのように作用させてしまう制約について、まず考えるべきである。

私が先ほど投げかけた問いの答え、つまりリンがピーターに本当に求めているものとは——もっとも、リンとピーターがティーンエイジャーの息子マティに本当は何を求めているかわかっていないのと同様、リン自身は自分がピーターに本当は何を求めているのかわかっていないが――、ピーターの理解を超えた次元の意識なのである。

「I《アイ》ーステートメント」でも溝が埋まらないとき

夫婦間でコミュニケーションを図るための確かなルールとは何か。これについての一般的な考え方は、ほんの2世代のあいだに大きく飛躍した。私の両親と義理の両親はどちらも結婚して50年になるが、夫婦間でしっかりコミュニケーションをとるためのなんらかのルールに気づき、守ってきたのかどうかという私の問いに、義理の両親は次のように答える。

「私たちの時代には、『関係』は維持するとかそういうものではなかった。きみの世代はそうしたことを考え、るのにずいぶん時間をかけるようになっているね」

一方、私の両親は次のように言う。

「私たちがずっと心がけていたのは、『怒ったままベッドに入らない』ことだった。じっくり話し合うのに夜中の2時まで起きている必要があるなら、そうした」。ピーターとリンが関心を持つとすれば、後者だろう。もっとも、こう尋ねるかもしれない。「2時まで話し合って、それでも怒りが収まらなかったら、どうするのですか」

このような問いに対して、今日、多くの権威筋や専門家（半世紀ものあいだ同じ相手と婚姻を結んでいる人は、たぶんほとんどいない）がさらなるアドバイスを寄せている。おかげで、とことん話し合うだけではなく、どのように話し合うかが重要であることがわかっている。「怒ること」や「戦い抜くこと」がもてはやされた時期もあったが、今では、戦うことが必ずしも健全ではないことに私たちは気づき、得るもののない争いと生産的な争いとを区別するようになっているのである。同様に、結婚生活における「実際の」コミュニケーションは、ほとんどを妻が行い、夫は基本的に避けたり最小限にしたりするという型にはまった考えを、私たちはしなくなったかもしれない。デボラ・タネンやリリアン・ルービンら[3]の著作を読むと、男性と女性は、スタイルこそ違うが、それぞれが「実際に」コミュニケーションを図っていることが、明示的あるいは暗示的に主張されている。

だが、私たちがしていない、いや、まだしていないことがある。夫婦のコミュニケーション、わけても考えが合わないときのよりよいコミュニケーションの取り方に対する現代の期待に、どんな次元の複雑さが知らぬ間に織り込まれているかを判断することである。

良好なコミュニケーションの原則のうち、全米のワークショップやカウンセラーのオフィスで毎日のようにカップルに伝えられる有名なアドバイスについて考えてみよう。これは、「『あなた』を主語にするＹＯＵ《ユー》ステートメントではなく、『私』を主語にするＩ《アイ》ステートメントで表現しなさい」というものだ。

たとえば、夫の汚れた洗濯物が床に散らばっていることが週に3度ある場合、次のように言ってはいけないと専門家は助言する。

「あなたって、ほんとにだらしないわね！　洗濯物は洗濯かごに入れたらどうなの」

代わりに適切とされるのは、次のような言い方だ。

「私はいやなの。あなたの汚れた服がしょっちゅう家のあちこちに散らばっているのが」、あるいは「私、なんだか馬鹿にされている気分だわ。あなたが散らかした洗濯物を、私が拾うのって、お手伝いさんか何かだと思われているみたいなんだもの」という言い方である。

これはどういうことなのか。

「私は」という言い方では、相手ではなく私がコミュニケーションを図るうえで軸になり、その結果、相手が身構えて非建設的に反応する可能性が低くなるのだ。「私は」という言い方をしている場合、相手に対する要求ではなく、自分の感情や感覚を伝えている。どんなことについても、自分がどう感じているかという点についてさえも、相手を責めてはいない。「あなたのせいで私はこれこれこういう思いをさせられている」と訴えるのではなく、基本的に「あなたの行為の結果として、私はこんなふうに感じている、私は私自身にこんな思いをさせている」と述べているのである。

私は相手に、責任を何一つ押しつけない。それどころか相手に、批判されているとか何かを要求されていると感じず、どこまでも好きなように対応できると思ってもらいたいと願っている。無論私は、私や私たちの関係を十分大切にし、私が伝えた不愉快な気持ちを真剣に受けとめ、今後はその気持ちにしっかり配慮して選択してくれることも願っている。重要なのは、洗濯物を脱ぎ散らかす夫が、自分の好きなように対応できること。妻の命令に従う必要も、妻が彼の性格について下している否定的な判断について自己弁護する必要もないことである。

まあこれはこれで悪くはないし、このような助言が実際とても役立っている夫婦もいる。だが、そういう方針で夫婦に助言をしてきた人なら誰もが知っているように、このアドバイスに従って行動しても少しも問題を解決できない夫婦もいる。一体、なぜなのか。

そのようなアドバイスには、コミュニケーションを始める側と相手側がそのコミュニケーションをどのように理解しているかについて、誰も気づかずにいる前提があるとしたらどうだろう。ひょっとして、そのようなアドバイスは、ある種類のマインドを想定しているのではないだろうか。

　次のことについて考えてみよう。

「この手の会話は例外なく、話を始める側が、たとえ一時的にせよ関係にある種のヒビが入る感じを覚えることが発端になっている」

　つまり、何か不具合が生じているのである。前出のアドバイスは基本的に、不具合を感じていることを伝える方法、それも、沈黙したり不平不満を並べたり個人攻撃したりといった、ありがちで非生産的な対応よりも有望な方法を提案している。

　だが、たいてい認識されずじまいになっているのは、このアドバイスが、不具合のあるそのものごとを事実上、意味構成する点である。

　たとえば、このアドバイスに従って不満を伝える妻は、夫婦関係で自分が感じたいと思う気持ちが不当に扱われている、関係がどうあるべきかについての自分の「考え方《セオリー》」が、程度はさておき侵害されていると事実上、述べている。妻は、夫婦関係のなかで起きていることと、夫婦関係がどうあるべきかやそのなかで自分がどう感じるべきかについての自分自身の理解（夫や他者とは別の理解）との不一致を認識することができる。また、ヒビに気づく一方で、関係そのものが終わったとも断たれたとも思わずにいることができる。

　つまり妻は、夫婦関係を維持し、所有し続けることができる。目下、妻は関係のこの側面に関する不満について話し合うことによって、関係を所有している。結果として妻は、夫の行動あるいは行動しないことによって引き起こされた不快で不愉快な感情を、その感情を妻にもたらした責任を夫に押しつけることなく所有できる。いやむしろ、夫には夫自身の行為について責任があり、夫の行為について妻が持つ感情については妻自身に責任があると考える。

現実を意味構成するために人々が用いる精神的《メンタル》仕組みについて、20年にわたり実証的研究を行ってきて、私は今では、「不具合」をこのように意味構成する能力は自動的に身につくものではないと確信している。ある年齢になったから、ある教育レベルに達したから、ある社会的地位についたからという理由でこの能力が身につくとは考えられない。それは、州政府発行の婚姻証明書と一緒に授与される能力ではない。それどころか、どのような年齢、教育レベル、社会的地位の男女であろうと、大人であるあいだに身につけられるかどうか定かではない、きわめて高度な能力である。いや、「不具合」の感じ方はそもそも人によって全く異なるにちがいないと私は思うのだ。

「不具合」を第4次元で意味構成する場合は、不具合を、関係がどうあるべきか、どのように感じられるべきかについて自分が意味構成した考え方を侵害するものとして捉える。自己がその関係にどれほど真剣であろうと、その関係をどれほど大切に思っていようと、第4次元のマインドはその経験を、関係の意味構築から離れて存在する自己というコンテクストにおいて、内部処理できるのである。

だが、会話の口火を切ったほう（たとえば、不満を抱える妻）が、第3次元で世界を意味構成しているとしたらどうだろう。妻が感じていると思われるヒビとは、自己（侵害されても損なわれることのない自己）が侵害されたことではなく、むしろ、自己が邪魔をされたことかもしれない。ヒビは、関係に対する、及び関係のなかで自分が感じるべき気持ちに対する妻の計画と食い違うこと――計画を侵害されること――ではなく、むしろ、その関係がどういうものであるかや関係のなかで妻が実際に感じる気持ちが構成し直されることかもしれないのである。

彼女が感じる気持ちは、怒りとは限らない。悲しい、寂しい、あるいは何かが足りないと感じるかもしれないし、むなしくなるかも、自分の価値を低く見るかも、自分でもよくわからない何かほかの感情を抱くかもしれない。侵害された個人的基準の存続に対する自分の立場をあらわすのではなく、状況の変化の仕方、（基準の存続ではなく）関係の存続の仕方を嘆いているために、「不当な扱いをされた」、あるいは「ひどいことをされた」と感じるかもしれない。

いや案外、タミー・ワイネットの歌に登場する女性のような、どんなに悲しくても「夫を支えてそのそばに立つ」という態度を示す可能性もある（ヒラリー・クリントンは、スーパーボウルのハーフタイムに放送された全国ネットのテレビ番組で、自分のそれまでの結婚生活について、タミー・ワイネットの名を出して述べ、注目を集めた。スーパーボウルはアメリカ最大の視聴率を誇っており、アメリカの未来のファーストレディが「自分は結婚生活を第3次元の意識で意味構成していない」と断言するのを、1億人が聞くことになった）。

第4次元では、「不具合」は自己評価・自己統治システムが働くことで正常化される。夫は汚れた衣類を洗濯かごに入れるようになる場合もならない場合もあるが、意味は、妻の不変の考え方《セオリー》――夫、妻自身、ふたりの関係、妻が我慢しようと思うものと思わないものについての不変の考え方《セオリー》――に従って構成される。言い換えるなら、夫は自分がやろうと思うことを何なりとやり、妻は自分で状況を正常にする。一方、第3次元――自己、相手、両者の関係が「持続的カテゴリを超えた」意味構成の影響下にある――では、妻は実質的に自分で状況を正常にできない。妻の内なる心理的世界が穏やかなときなら、状況は正されるかもしれないが、妻の内なる心理的世界は自身のコントロール下にある「客体」ではないのだ。

注目すべきは、2つの意識の次元のうちどちらであるかによって、夫と直接話して妻の不満に対処するというアドバイスがおそらく別の経験になり、第3次元の意識を使う人のほうが、はるかに大きな犠牲を払うことになる点だ。第4次元の意識を使う人は、夫ともめても、夫に行動を改めてほしいと願っても、必ずしも親密さを失って苦しむことにはならないのである。

ここで思い出してほしい話がある。ピーターとリンでは、心理的な近さについての意味構成が違うという話だ。もし親密さに対する自覚が、心や精神を共有している（少なくとも、ベストを尽くしているときには共有している）という感覚から生まれるなら、自分の希望を相手に直接伝えなさいというアドバイスに従ったところで不具合が是正される見込みはない。Ｉステートメントについて話し合ったとき、人々は私に次のように言った。

「欲しいと彼女に言わなければならないなら、私はそれを欲しいと思わない」

「必要なものを、欲しいと言わなければ、愛する人から得られないなら、そこには何の情愛もない。あなたの必要なものを彼がわかっていないなら、あるいは存分に与えようとしないなら、それを得るのはあきらめたほうがいい」

「私は愛を与えてもらいたいのであって、自分から求めたくない」

第４次元から見れば、これは理不尽な要求ということになるだろう――パートナーの心を読めなければならない、少なくとも、パートナーが出す遠回しなちょっとしたヒントに１つ残らず注意深く耳をすますことによって、誕生日パーティーにもらっていちばんうれしいプレゼントは何かを見抜くという一種の試験に合格しなければならない、などというのは。パートナーに何が好きかを率直に尋ね、パートナーも率直に答えるべきだという考えを好むのは、無粋でロマンチックさに欠けるとみなされるのである。

だが、ロマンチックとは何かという問題が、単に習慣や個人的な好みの問題でもなければ考え方が古いかどうかの問題でもないとしたらどうだろう。ＹＯＵステートメントよりＩステートメントのほうがいいというアドバイスは、実のところ、パートナー同士で「率直に話す」ことについて、もっと広い意味での主張を示しているのだ。最高の「ロマンチック」とはたぶん、このうえなく「うっとり」となることだろう。だが、ひとたびパートナーとなったら、何はさておき、相手が自身に対して行う意味構成のとおりに、相手を見て、向き合い、関わらない限り、「うっとりさせる」など望むべくもない。

「率直に話すこと」が、やはり第4次元の要求であるなら（間違いなくそうだろう）、第3次元の人にとってはロマンチックでないかもしれないが、第4次元の人にとっては、それはロマンチックな関係に不可欠だと思われる。第4次元の人に対し、相手がどれほど細やかに関心を払い、あれこれ尽くし、生活の中心に置いたとしても、心理的に全く別個の存在として捉えられていないことの埋め合わせにはならない。結果として、第4次元の人はその愛を、たとえどんなに真摯で純粋で立派な愛だとしても、息がつまるようだと感じることになる。なぜならその愛は、第4次元の人の実際の自己より小さな自己にまといつこうとするからである。

　YOUステートメントではなくIステートメントで気持ちを伝えなさいというアドバイスについて、もうひとこと話しておこう。このアドバイスは、会話の受け手側にも第4次元の要求をする、という点についてである。会話の口火を切った側が、申し分のないIステートメントを用い、相手のせいにすることなく気持ちを伝え、相手が身構えずに会話できるよう心を砕いたとしても、もし相手が第4次元の差異化を行えないなら、YOUステートメントで話された場合と全く同様に行動したり感じたりしてしまうかもしれないのだ。

　たとえば、「ひどいじゃない！　パーティーに連れてきておいて、着いたとたん私をひとりにするなんて」ではなく、「ふたりでパーティーに来たのに、一緒にいられないんじゃ楽しくないわ」と言うとしよう。いや、よりわかりやすく、Iステートメントを教える学校の優等卒業生として、次のような素晴らしい言い方をするとしよう。

「ねえ、パーティーであなたがそばにいなくなると、私すごく気が滅入る。あなたにとっては、私よりほかの人たちといるほうが楽しいんだわと思って、傷つけられた気分なの。正直、こんなふうに感じるのって、自分でも意外でちょっとショック。私、このことについてじっくり考えないといけないわね」

完璧だ。これぞ、自分の経験を伝えることに徹した言い方である。得難い機会をもらったと、実質的に彼に感謝している。次にどうするかは、相手の問題ではなく、自分の問題だと明言している。それでもなお、相手によっては、非難されたと感じたり、罪悪感を覚えたり、申し訳ない気持ちになったり、あるいは弁解がましくなったりする場合がある。

結局、相手が自己防衛的になったり非難されていると感じたりしないようにするのは、自分だけでどうにかできるものではないということだ。「実りあるコミュニケーション」に必要なものは、気持ちを伝える側と伝えられる側の双方に要求されるのである。そう言うと奇妙に思えるかもしれないが、伝えられる側のコミュニケーションにおける役割は、実は伝える側と同じくらい能動的だ。とどのつまり、聞くことは結果的に解釈をすることなのである。聞こえたことをどのように聞くかは、聞いた人の理解の仕組みによって、制約が加えられたり加えられなかったりする。実りあるコミュニケーションのために、気持ちを伝える側にまず必要なのが、責任が間違いなく自分にある問題について責任を負うことであるなら（相手の行為に対する自分の反応など）、気持ちを聞く側にまず必要なのは、責任を間違いなく相手が負うべき問題について責任を負わないことではないだろうか。

見過ごされがちだが、自己防衛的な姿勢は、責任を負うという行為がない限り生じない（責任を感じないものごとについて、私たちは決して自己防衛的にならない）。そして、自己防衛的になっているとき、私たちはある意味押されたり引っぱられたりしているように感じる、つまりなんらかの影響を受けている。一般に、「自己防衛的になる」のは、「攻撃されている」とか「判断されている」と感じる場合だ。だが、自分があまり気にかけていない人から攻撃や判断をされても、私たちは自己防衛的にならない。なかなかこんなふうに考える人はいないけれども、自己防衛的になるときには必ず、望まないところへ動かされると感じている。ゆえに、自己防衛的になるためには、自分を動かせる（と思う）なんらかの「力」がきっと存在することになる。

では、その力はどこから来ているると、私たちは考えるのか。これは実に面白い問いだ。「自己防衛的になる」、すなわち「自己防衛的な気持ちにさせ」られていると感じるとき、私たちは、望まないところへ自分を動かす力は相手から来ていると考える。力が相手から来ているとするこの判断、不安をかき立てるその力に対処しなければならないという判断は、意味構成されている、つまり世界に対する自分の意味構成の仕方から生じている。自己防衛的になっているとき、私たちは、脅威を感じる相手によって押されたり引っぱられたりする経験を意味構成しているのである。

すでに述べたように、私たちはそのような経験を、相手が私たちをある方向へ確かに押そうとしているとき（「汚れた服を脱ぎ散らかすのをやめて！」）に意味構成する可能性があるが、押そうとしているわけではないとき（「私はこういうことに敏感に反応してしまうの」）も意味構成する可能性がある。ということは、私たちが自己防衛的になるかどうかは、相手の言葉だけで決まるわけではない。私たち自身も大いに関与しているのである。たとえ相手が私たちを押そうとしていても（「あなたって、だらしないわね！」）、相手の言葉を、相手の経験――間違いなく相手の経験で、責任を相手が負っている経験――についての情報に変換することによって（「彼女は私の行動が気に入らない。彼女は私に怒っている……」）、自己防衛的にならずに反応することができる。すると私たちは、自分自身の目的や基準や信念に従って、行動を変える（あるいは変えない）という選択――この責任を負うのは私たちだ――が可能になる。逆に、相手が私たちを押していないことが明らかだとしても――パーティーでひとりきりにされた前出のパートナーがそうだったように――、私たちは、自分が責められているかのようにその経験を意味構成し、結果として、自己防衛的になって相手に反発したり、あるいは罪悪感を覚えて自己嫌悪したりする可能性もある。

責任についてそのような迷走的な主張をせず、結果的に自己防衛的（相手を攻撃する）にもならないし罪悪感（自分を攻撃する）も持たないようにするためには、私たちは何をしなければならないのか。「共依存」したり「他人の目と評価を気にする人」になったり「恋におぼれ」たりしないようにという、外部（配偶者、友人、カウンセラー、自助グループ、心理学を扱う大衆文化）からのアドバイスを心に留めるのも一手だ。アドバイスを大切で誠実な人がもたらしてくれるなら（私たちは別の意味で、その人と「共依存」関係になったりその人を「喜ばせ」たりその人との「恋におぼれ」たりするかもしれない）、よい結果が出ることもあるが、まあ無理だろう。

しかしながら、自分のものではない責任を負わないようにするために、自分のなかにあっていつでも応えてくれるものを使おうと思うなら、「相手」と「自分が内在化した相手のものの見方」との区別、「自分自身」と「自分が内在化した相手のものの見方」との区別を維持する精神的《メンタル》能力が必要になる。これはどういう意味なのか。

第3次元のマインドでは、相手のものの見方が自分にとって重要であるとする、新たな態度が獲得される。いやむしろ、自分のものの見方と相手のものの見方の関係のなかで自己意識を意味構成するようになる。相手のものの見方が自分にとって、自分のより利己的な目的を達成するうえで、付帯的にではなく本質的に重要な意味を持つようにもなる。これが、社会学でいうところの「社会化」――社会が真にある個人の一部になるために、その個人が真に社会の一部になる――の心理学的構造である。だが、過去の制約された状態と比べればマインドは新たな態度を獲得したと言えても、将来要求されるかもしれない態度と比べれば制約になる。この、相手のものの見方を自分のなかに取り込むこと、自己を共同で意味構成することは、「持続的カテゴリを超えた」能力であり、第3次元の新たな態度の獲得及び限界である。第3次元の人が「自分のものではないもの」に対する責任を引き受けるのを本質的に避けられないその理由は、ただ単に、第3次元の観点からすれば自分のものであるからなのだ。

第3次元では、誰かと真剣な関係になれば必ず、自分のものの見方というカテゴリと相手のものの見方というカテゴリの関係（「持続的カテゴリを超えた」主観性）によって、自分自身を共同で意味構成することになる。現実を第3次元で意味構成している場合、パートナーが不平を漏らしてもムキになったり罪悪感を覚えたりしなくていいというアドバイスをもらっても、そのアドバイスを、もっと冷淡になりなさいとか無関心になりなさいという意味だと受け取ったり、相手ともっと距離を置きなさいという意味だとさえ考えがちかもしれない。しかしながら、これもまた、噛み合わない意識同士の対話である。なぜなら、このアドバイスは冷ややかな態度を取ることとも、関心を持たないようにすることとも、相手から遠ざかることとも全く関係がないからである。むしろ、考え方を少し改めるよう求めているだけに思えるこのアドバイスは、関係における親密さや気遣いの程度を変えることではなく、どんな自己とどんな相手が関係のなかに身を置いているのかについて、意味構成の質的なやり直しを求めている。なぜそうなるのか。

自己が、相手のものの見方と「持続的カテゴリを超えて」混じり合うことをないがしろにすることなく、むしろ共同での意味構成よりも大きくなる、つまりもはやそれと同一ではない場合、自分の意識のなかで維持され続ける幸福感や自尊感情《インテグリティ》を生み出す自己自身の感覚の源は、関係という共有の現実の内にある自身の世界に限定されない。相手の気持ちに対する自分の理解を無視することは、冷ややかな態度をとったり、自己弁護的になったり、思いやりが薄れたりすることと同じに思えるかもしれない。だが、自分の内面が感じる相手の気持ちと同一化することも無視することもせず、代わりにそれとの関係のなかに身を置くことができるなら、相手を大切にするのをやめるのではなく、大切にする気持ちによって自分が形成されるのをやめることになる。私たちは、相手を大切にする気持ちにしっかり対処できるようになる。パートナーが求めるものから離れ、それをじっくり見て、それについて判断をすることを、その際にパートナーから離れていると感じることなく、できるようになるのである。

内なる判断者になるという自己の新たな能力によって、「自己」と「相手を思いやること」の区別が初めてつくようになる。だが、これは相手との結びつきを弱めることを意味しないのだろうか。パートナーからなんらかの要求をされたときにもし第3次元で自己を意味構成していたら、私たちは必然的に、内なる判断者になる前の状態に戻される（罪悪感を覚えて要求に応じるのであれ、「戻される」ことに自己防衛的に対応するのであれ）。だが、第4次元で自己を意味構成しているなら、そして相手の主張、期待、あるいは要求が、私たちが大切にしている関係の本質にぴったり合っていると内なる判断をして結論づけるなら、内なる判断者になる前の状態にみずから戻ることになる。

どちらの結びつきが、より強いと感じられるだろう。これには第4次元の意味構成が欠かせないが、そのような判断ができる場合、私たちは自分自身と相手の両方を、結びつきの、今その瞬間の性質との同一化から解放する。私たちは、パートナーが何かを不快あるいは不満に思っているときでも（その原因が私たちにあるときでさえ）パートナーと付き合うことができる。なぜなら、親密だからといって私たちはパートナーの経験によって形成されることを要求されない（「私はパートナーの経験とイコールではない」）ことに私たちはある程度気づいているし、パートナーは自身の経験を自分でつくっている（「パートナーは自身の経験によって形成されるわけではない」）ことにも、ある程度気づいているからである。この気づきは、自己にとっても相手にとっても素晴らしい解放感をもたらす可能性がある。その先にあるのは、現在の結びつき（あるいはつながり）を弱めることではなく、自律的存在としての自己を尊重するための新たな種類の結びつき（あるいはつながり）

なのである。

自分は相手の経験によって形成されない。これが理解できたら、確かに、かつ初めて自分の責任ではなくなったものごとについて、責任を負わずにいられるようになる。結果として、相手の経験（たとえその経験が、私たちに対する失望や怒りや不満であったとしても！）に、自己防衛的に対応する必要も罪悪感を覚えて要求に従う必要もなしに、存分に近づくことが可能になる。

相手は相手の経験によって形成されない。これが理解できたら、相手の感情だけでなく、その感情のつくり手（あるいは持ち主）としての相手に対応できるようになる。相手が、相手の経験などではなくなる、つまり相手の経験より大きくなる。私たちは相手、このうえなく大きくなった相手、「経験それ自体」ではなく「経験をしている相手」と、つながり、対応できるようになる。相手がしている経験が私たちについてのネガティブな経験であるときでさえ、私たちは、相手がその経験をしている際に感じている後悔や怒りや失望とつながることができる。私たちと相手との関係に、相手と相手自身との関係に対する私たちの認識が、強力に含まれるのである。

自分は自分の経験によって形成されない。このことが理解できたら、相手に関する不愉快な経験について相手に責任を負わせなくなる。その経験をつくったのは、相手ではない。私たち自身なのだ。

また、相手は自分の経験によって形成されない。このことが理解できたら、私たちの不満を知っても相手がその不満をどうにかできないことについて相手に責任を負わせなくなる。

これら4つ、すなわち、

1　自分は相手の経験によって形成されない

2 相手は相手の経験によって形成されない
3 自分は自分の経験によって形成されない
4 相手は自分の経験によって形成されない

という深い気づきを得ることが、「自分の責任ではない責任を負わない」能力、及び「相手の責任ではない責任を相手にとらせないようにする」能力の概念的基盤になる。どちらの能力も、「優れた意思伝達者であれ」――親密な関係だけでなく（次章で考察する）公的な場、とりわけ職場において「優れた意思伝達者であれ」――という、大人に対する文化的要求を満たすのにきわめて重要な能力である。ただ、その概念的枠組み自体は、より大きな認識論的基礎――自己と相手がどのように作用し、「責任」とは何かをあらためて意味構成する、質的に異なる次元の意識――に基づいている。そう、これは質的に異なる次元の意識だ。なぜなら、かつての次元の意識（「持続的カテゴリを超えた」構造）が、全体から部分へ、理解というシステムそのものから新たなシステムの一要素へ、主体から客体へ変化しているからである。

この4つは、教えてもらうことも「学び覚える」こともできない。箇条書きにして冷蔵庫の扉に貼ったり、暗記したり、広い講堂で歌ったりしても、それらを理解する以外の目的にしか役立たないのだ。第4次元の意識で現実を意味構成している場合、それらが目の前に存在する必要はない。第3次元の意識で現実を意味構成している場合、それらはよそよそしく感じられたり奇妙に思えたりする。

深い気づきというものは教わることも学び覚えることもできないが、それをもたらす意識は、発達させることができる。意識の変化なしに深い気づきを教えようとするのは、りんごの木を育てずにりんごの実を生《な》らせようとするのと同じなのである。

「自分の問題を意識する」とはどういうことか

自分が当事者であるカップルについて、その関係を効果的に維持し、うまくコミュニケーションを図るようにという要求は、1つの人間関係という世界を育み、持続させる必要性に言及している。しかしながら、ふたりの人間を1つにするものとは、そもそも何なのか。私は大人の認識論的側面が多くの疑問を解く有望な手がかりになると信じているが、この疑問に関しては、あまり期待できないかもしれない。

人間は切望・希望・欲望という他の何より深い個人的・根源的なテーマに関して共通点があると恋に落ちる、と私は考えている。相手のなかに、感じるのだ――切望に対するなんらかの返答、あるいは逃げ込む場を。癒やされたい、解放されたい、深く慰められたい。息をつきたい、あるいはもっと強く抱きしめられたい。守ってほしい、あるいは守ってあげたい。世界ともっと情熱的につながりたい、あるいは世界との刺激的すぎるつながりから解放されたい。そんな強烈な願望に対するなんらかの返答、あるいは逃げ込む場を。そのような心の奥底からの願望やニーズによって、私たち1人ひとりのイメージ、テーマ、ストーリー、神話に命が吹き込まれる。

次いで、私たちのなかにあるそれらのイメージ（テーマ、ストーリー、神話）は、私たちの外で、そうしたイメージ、テーマ、ストーリー、神話を演じ、表現してくれる人を探す。私たちの認識論的側面ではなく、体の奥底から感じる願望やニーズが、親密な関係を生み出し、深めるのである。ただ、認識論的側面は、そのような根源的なイメージ（テーマ、ストーリー、神話）に、私たちがどのように関わるかに関係している。イメージ（テーマ、ストーリー、神話）が持つ情熱的な可能性を、希望を、活力を与えるパワーを、私たちがどのように大切にするかに関係している。さらに、過去の失望や心の傷を現在のパートナーとともに上演するなかで、イメージ（テーマ、ストーリー、神話）の、活力を奪うパワー――制限や制約や破壊さえもするパワー――から、私たちがどのように自分の身を守るか、あるいは守らないかに関係している。

結婚相手と十分にコミュニケーションを図ることは、考えに差異がある場合に特に重要だと思われるが、そのような差異はどこから来るのだろう。もしふたりが時を遡《さかのぼ》り、考えの差異が対立になってしまう前に、原因にもっと真摯に取り組むことができたら、「十分にコミュニケーションを図るように」という要求の重荷が軽くなるかもしれない。そして、そのような原因のどれかが、最も切実に望むもの、すなわち夫婦として1つになることのきっかけになるかもしれない。これが、パートナリングにおける6つめの要求につながる。パートナーとして実りある関係を築くためには、自分の個人的な歴史が自分にどのような傾向を持たせるか（自分をどのように方向づけるか）を認識しなければならない、という要求である。これは、どのような種類の精神的《メンタル》要求なのか。実のところ、どんな種類の認識が求められるのか。現代のこの要求に応えるためには、どの次元の意識が必要なのか。

私たちには1人ひとりに歩んできた人生があり、それが私たちにどのような傾向を持たせるか（私たちをどのように方向づけるか）を理解するのは、なかなか大変だ。どんなに早くても思春期のある時期になるまで、こんなことを言う人はいない。

「父は大変な努力家だった。おそらくそのせいで、私は自分がどれほど努力しても、決して十分だと思うことができない」

あるいは、こう言う人もいない。

「私が彼のことをこんなにも好きなのは、彼と彼の家族がごくふつうだからだと思う。私が育った家では、家族そろって夕食をとることが全然なくて、ふつうの家庭というものにずっと憧れていた」

こうした言葉を10歳の子どもが言わないのは、なぜだろう。10歳児がそんな台詞を口にするなど、考えただけで笑ってしまう。だがそれは、そういう言葉はもっと大人になってから言うものである気がするだけのことであって、10歳の子どもがそういうことを言わない理由の説明にはなっていない。

10歳ではまだ知能が不足していると考えるのは、明らかに無理がある。それくらいの年齢になれば、好きな野球チームの先発メンバーと平均打率を覚えられるし、それと意識していなくても、両親が使うパラ言語(声の強弱など言語以外の情報)の意味を100種類くらいは理解できる。さらには、特別な日の出来事や5年前のある日について驚くほど詳細に語れるという点で、自分に歴史があることを知っている。他者を理解し、自身の経験を述べることができるのに、なぜ、10歳の子どもは前述のようなことを決して言わないのだろう。

考え方の成熟という表現が示すのは、聡明さの程度ではなく、聡明さ、あるいはその欠如が実現される意識の次元だ。10歳の子どもが前述のようなことを言わないのは、抽象的に考えず、文字どおり自己を意識していないからなのである。経験という歴史を持ってはいるが、それについて深く考えることはないし、そこから一般化できるテーマを引き出すこともない。自分が何に惹かれるかは知っているが、その理由を自問するよう仕向けられても、具体的レベルの思考から離れることも決してない。

「なぜ、お金が欲しいのですか」
「お金があれば、欲しいものが買えるからです」
「なぜ、欲しいものを買いたいのですか」
「おまえには買えない、と他人に言われなくなるからです」[4]

自分には、自分にある傾向を持たせたり方向づけたりする個人的な歴史があること――具体的レベルの経験が、一般化できるモチーフ、パターン、あるいはテーマに関連しているかもしれないこと――を理解するには、第3次元の意識が必要だ。だが、第3次元の意識があれば、自分の個人的な歴史をどうにかして、そんな歴史のせいで配偶者を責めるのを減らせるのだろうか。

30歳のウィリアムと妻ベティの例について考えてみよう。夫婦関係のストレスに対処するなかで、互いのあいだに距離ができてしまったために、ふたりはカップル・セラピーを受ける。ストレスの要因が何であるかは、ふたりともわかっている。ときどき長時間の休息が必要になる、ベティの腰痛である。ウィリアムは妻を思いやっているようだが、同時に、家事や育児を本来よりはるかに多く分担していることを悩んでいる。彼は最初、こう訴える。夫婦のあいだに距離ができたのは、妻に対する自分の気持ちが変化したせいではなく、あまりに多くの時間とエネルギーを要求されるからだ、と。自由な時間が減ったために夫婦で充実した時間をあまり過ごせなくなり、といって、自由な時間ができたときは、へとへとに疲れてしまっている、とも述べる。だが、セラピーで話を続けるうちに、彼は気づく。自分がイライラするのは、妻が家族のことにしっかり関われていないと感じるときであること、ときにはそのせいで妻に怒りを覚えたり、心配でたまらなくなったりしてしまう、と。

また、そのセラピーで、ウィリアムとベティは、それぞれの両親の結婚生活及びそれぞれが育った家庭について話し合う機会を得る。そのなかで、ある出来事について、ふたりもセラピストもこれが重要なのではないかと思う。ウィリアムが子どもだった頃、母親が入退院を繰り返していたことである。

母親がたびたび、不意にいなくなる――それがどんな気持ちになるものかを話しながら、ウィリアムは、個人的な歴史によって妻の腰痛に対し自分がどのように感じる傾向を持たされている、あるいは方向づけられているかを意識する。彼は気づく――妻の腰痛によって、妻は弱くたぶん頼りにならないという感覚が、彼のなかに呼び覚まされることに。その感覚がたまらなく苦痛なのは、守ってもらえず無力感を覚えた子ども時代の記憶、死ぬほど嫌いでいやなその感覚と重なるためであることに。そして、はっきり言っておこう。個人的な歴史が自分にある傾向を持たせたり方向づけたりすることについてのこの気づきは、彼にとって、セラピストの興味深いと言えるだろう解釈――頭では納得できるが、体のより深いところに記憶されることのない解釈――として存在するだけでない。ウィリアムにとって、その気づきは、経験的知識に基づいてなるほどと思えるだけでなく、感情的にまさしく真実として存在する自覚だ。その気づきについて考えるときには腹に、話すときには唇に、セラピストがそれについて話すのを聞くときには目に、彼はその存在を感じるのである。

では、この問いに進もう。ウィリアムは、「個人的な歴史が自分にどんな傾向を持たせる、あるいは方向づけるかを意識せよ」という、彼に対する（そして私たち全員に対する）要求に応えることができるのか、という問いだ。答えがもしイエスあるいはノーなら、その気づきに関するウィリアムの対応について私たちは憶測をしていることになる。なぜなら、彼がこの要求に応えられるかどうかは、過去と現在のこのつながりを理解することで彼がどう変わるかを私たちが知るまでわからないし、さらには、彼が今後どう変わるかを、これまでの話をもとに私たちが予測することは実のところできないからである。

サイコセラピーによって可能になる気づきを「生産的に活用する」能力が、クライエントによってなぜずいぶん違うのか、首をかしげるセラピストは少なくない。クライエントがふたりいて、どちらも確かに「気づきを得られる」と評価できる場合、ひとりは経験の意味構成の仕方を劇的に変えるが（ピアジェなら、気づきに応じた意味づけシステムの調節、と呼ぶかもしれない）、もうひとりは現在の意味づけシステムを変えない、もしくはいっそう強固にするというケースがありうるのだ（ピアジェなら、現在のシステムへの気づきの同化、と言うだろう）。

たとえばウィリアムは、本書で述べている過去と現在の強力な関連性に気づくことはできるようだが、それでも、妻の休息したいというニーズによって自分のなかにつらい感情が呼び覚まされてしまう責任を、妻に負わせ続けてしまうかもしれない。そしてそのことをきっかけにこのように理解する――妻の必要性と行動が、自分につらい感情を生じさせる、と。そうなる理由はよくわかるようになるが、彼はそうなるのは妻の責任だという意味構成をし続けるだろう。さらには、私自身セラピーを行うなかで目の当たりにし、興味を惹かれると同時に驚くことがあるのだが、彼の場合も、カップル・セラピーを受けるなかでその気づきを得るのをきっかけに、妻にいっそう責任を負わせるようになるかもしれない。

「きみはここで全部聞いていた。僕が子ども時代にどんな経験をしたかを知り、それが僕にとってどんなにつらいことだったか今では承知している。それでも、相変わらずたびたび寝込まなければならないわけだ」

ウィリアムは第3次元の意識を持っているので、過去の人生を顧みてパターンやテーマに気づいたり、過去と現在を関係づけたり、ある感情を持つときになぜその感情を持つのかについて気づきを得たりすることはできる。だが、第4次元の意識は持っていないので、その気づきを「生産的に活用する」ことはできない。ちょうど、内なる心理的世界を所有し、その世界を心の奥底からのものとして経験し述べることができること（第3次元の意識の能力）と、自分を内なる心理的世界の意味構成者として捉えることが別ものなのと同様に。また、内なる経験がそこに「あらわれ」、結果として自己意識する自己が内なる経験の観客になるなら、気づきとは、作者が台本あるいはドラマをそのように書く理由や方法についての気づきではなく、観客が内容にそんなにも激しく反応する理由についての気づきになってしまう。

よく言われる『自分の問題』に気づくように」という要求、すなわち個人的な歴史が自分の言動に特定の傾向を持たせたり方向づけたりすることを意識するようにという要求は、実はそれ以上のことをせよと期待している。それは、経験を自分がどのようにフィルターにかけて解釈しがちかを理解し、相手の行動や選択に対する自分の感じ方の責任を相手に負わせることがないようにせよと主張しているのである。

ウィリアムは、気づきを得てなお、状況を次のように意味構成している。「ベティ、きみの行動に僕はつらい気持ちにさせられる。こんなにも苦しいのは、母に感じたのと似た気持ちになるからだったんだ」。だが実は、これは文化が要求する「自分の問題に対する気づき」ではない。期待されているのはむしろ、次のような状況の捉え方だ。

「ベティの行動にイライラしてしまうのは、母にまつわるつらい経験と似ていて、それによって大きな影響を受けるからだったんだ。気をつけないと、今の状況と過去の状況を、あるいはベティと母を、混同してしまいかねない。今の状況をあるがままに大切にしたいなら（母のときと状況はいくつかの重要な点で同じではないから）、そして僕が知っているベティをあるがままに大切にしたいなら（ベティは多くの点で母と似ていないから）、僕は注意深くならなければならない」

このように「自分の問題を意識する」ことは、伝えることが可能な内なる心理的世界の経験者であると同時に、内なる心理的世界のつくり手でもある自己を前提にする。自己——経験を創造し、形づくり、批判し、つくり直す者、そして各部分を調整するシステムあるいは複合体としての自己——に対するこのような意味構成を求めるのもまた、第4次元の意識を求めることに等しい。自分の問題によって自分がコントロールされるのではなく、自分が自分の問題をコントロールできるようになるべきだというのは、実のところ、第4次元の意識を持てという要求なのである。

個人の発達と文化的メンタリティの発達

これまでのストーリーでは明らかになっていないが、リンとピーターが家庭で過ごすのは生活のうち半分にすぎない。親や配偶者としての役割をフルタイムで果たすだけでなく、それぞれが、家庭から離れたところで絶えず重要な責任を負っているのである。ふたりとも、家の外で働いている。仕事で大きな変化のときを迎え、責任が増し、評価が高まってきているのも共通だ。どちらも、自宅の玄関を出た先には、広大な世界——私たちがふつう、世の中とその要求に出合うと考える場所——が広がっている。だがふたりは、玄関はおろか寝室からもまだ出られずにいて、親として、パートナーとして、巧妙に重ねられた文化からの要求に、すでに次から次へと襲われている。

「プライベート」における親とパートナーというこの2つの役割がどれほど「人それぞれ」であっても、それらの役割をしっかり果たせるかどうかは、専門家曰く、数多の課題——各人に合わせてデザインされた課題ではなく、この文化のすべてのパートナー・親によって共有される課題——をこなせるかどうかにかかっている。ただ、専門家が述べていないことがある。それらの課題は、言うなれば大学院レベルのカリキュラムであり、知識を増やすだけでなく（何を理解するかの変化）、理解の仕方を質的に変えることが求められる。思春期が終わるまでに、すなわち真に文化に参加し、その一員となり、それに忠誠を尽くすようになるときまでに到達した次元の意識は、現代の大人が生きていくうえで十分ではないかもしれないのだ。

もしそうなら、玄関を出た先に広がるリンとピーターの世界を見るまでもなく、仮説として私がきわめて面白いと思うものが私たちに向かって主張を始める。この仮説は、個人の発達という観点からも、文化的メンタリティの歴史的進化という観点からも説明することができる。

個人の発達という意味では、次のように表現したい。現代の大人に要求されているのは、学童期の子どもが魔術的思考から具体的思考へ、10代の若者が具体的思考から抽象的思考へ変化を求められるのと全く同様の、意識の複雑化における質的変容ではないだろうか、と。

文化的メンタリティの進化という意味では、こう言いたい。かつてはほとんどの共同体において集合知のレベルでのみ見出されていただろう次元の意識を、大人1人ひとりがみずからの内に生み出す必要があるという、途方もない文化的要求に応えること、それがまさに現代世界が負う精神的《メンタル》重荷ではないだろうか、と。これは信心深い信者がみずから聖職者になるという期待、すなわち、文化適応した人たちがその文化になるという期待を意味する。私たちは「共同体の喪失」を現代社会の状態と捉え、憂えているが、その主たる理由は、とてつもなく孤独だからだ。同伴者がいない、と私たちは魂のレベルで感じているのである。だが、同伴者がいないのは、近代の哲学者たちが主張したように、神が死んだ、あるいは私たちを見捨てたからだろうか。それとも、神になることを課せられていると、私たちが感じるからだろうか。

Part 3

職場や社会における精神《メンタル》的要求

仕事と自己啓発

The Mental Demand of Public Life

Work and Self-Expansion

第5章 仕事
自律的なプロフェッショナルを雇おうとすることについて

ピーターもリンも、このところ朝早く起きる。あわただしく顔を洗ったり歯を磨いたりするときには心はすでに家になく、仕事のことで頭がいっぱいになりながら洗面所をあとにする。ふたりのぼやきが聞こえてきそうだ。「このところ、仕事が手に負えない」。就いている職業は違うが、気づけば、ふたりとも似た状況に陥り、どちらも苛立ちを抱えている。

リンは、12年前からハイランド中学校に勤めている。もともとは国語の教師で、今もいくつかのクラスで授業をしているが、3年前からは国語科主任としても仕事をこなしている。そんななか、校長が新設した教育リーダーシップ委員会に、国語科を含めた各科の主任が参加することが昨年決まり、リンの主任としての通常業務に新たな仕事が加わった。

リンが当初ぜひ参加したいと思ったこの委員会は、学区が掲げる「自律的学校運営（ＳＢＭ）」をハイランド中学校が採り入れた結果として設けられた。リンたち教員に説明されたところでは、ＳＢＭとは、学校運営の責任と権限がもはや校長ひとりのものではなく、校長と教員（あるいは教員代表）とで共有されるという意味である。教員にとっては仕事も会議も心配事も間違いなく増えるが、一方で、学校運営によりしっかり参加することが可能になる。

これは、リンには素晴らしいと感じられた。ハイランド中学校はベテラン教員ぞろいであり（勤続10年を超える教師が7割を超えており、その平均年齢は41歳だった）、そのような挑戦的な課題に皆、意欲的に取り組むにちがいないとリンは考えたのだ。同僚たちも同意見であるように思われた。この新たな運営体制を試すにはまず、校長と保護者協会、さらには教員の3分の2が賛同する必要があったが、彼らは実際、賛同したのである。

ピーターは、ベストレスト社に勤めて19年になる。ベストレスト社は、国内に12の工場を持ち、本土全48州の家具店や百貨店に出荷する、全米3位の寝具メーカーである。ピーターは、まだ大学生だった頃、毎年のように夏休みのあいだ同社で働くようになった。

その熱心な仕事ぶりと聡明さに目を留めたのが、工場長のアンダーソン・ライトだ。そして、大学で学びつつ「実社会のビジネス教育」を受けられるように取り計らってくれた。「製造業を知るには、まず工場からだ」。アンダーソンはそう言って、ピーターを麻の部屋《サイザル・ルーム》へ連れていった。騒々しく雑然としたなかで、ボックスプリング（ボトム用マットレス）に麻を詰める作業が行われている。「『manufacturing（製造）』という語はまさしく『手でつくられた』という意味だ」とアンダーソンは説明した。

「この業界で将来どんな仕事をすることになろうと、商品づくりに汗と技術が注《つ》ぎ込まれていることを忘れてはいけない。われわれはこの工場で利益を得ているが、詐欺まがいのことは一切していない。利益を得ているのは、人々が必要とするものを、しかもよいものをつくり続けているからなんだ」

アンダーソンの誠実な人柄《インテグリティ》とエネルギーと未来を見る目にピーターは感動したが、それはベストレスト社の本部の人々も同様だった。カリスマ性を持つアンダーソン・ライトはより大きな権限を持つ地位へと出世の階段を上り、そのあいだピーターをそばに置き続けた。やがて、難燃性繊維を使用するようにという政府の規制によって全米のマットレスメーカーが窮地に陥りそうになったとき、アンダーソンがピンチをチャンスに変える。彼はシーツ類、掛け布団、敷きパッド、さらには子ども用のパジャマにも難燃性繊維を使った、新たな製品ラインを立ち上げた。そのための処理装置を12の工場に導入する必要はあったが、巨額の追加コストを、最終利益の増加へ転じることに成功したのである。

今や副社長になったアンダーソンは3年前、新たな課題に関心を引かれ、前述の新しい製品ラインについてはピーターを責任者に、かつ自分の直属の部下とした。ピーターは、その任務を光栄に思い、また、何でも気軽に相談できるアンダーソンと引き続き近い距離で仕事ができることをうれしく思った。知り合って長い年月が経っても、アンダーソンに対するピーターの敬服と傾倒は、いよいよ増すばかりだった。

ただ、このところ、ピーターにとって人生が複雑になってきているのは否めない。アンダーソンが好奇心と独創性を向ける先は、ベストレスト社における商品のつくり方の改善から商品ラインの拡大へ、さらに今では、いかに会社を「つくる」かへ、関心のレベルが高くなってきている。

「わが社では、誰もが何かをつくっている」。ある日、アンダーソンがピーターに言った。「工場ではベッドや寝具をつくり、営業部は顧客を生み出している。そしてわれわれ本社首脳部は、会社そのものをつくっている。そんなふうに考えたことはないか」

ありません、とピーターは答えたが、アンダーソンの真意がよくわからないとも思う。

「われわれは執行の役目を負っている」とアンダーソンが続ける。「われわれがどのように職務を執行するかで、会社のあり方が決まっていく。われわれがつくるのは会社だ。この会社をどうデザインするかだ。何の改善も要らない製造工程などないし、それはわれわれも違わない」

このやりとりをしてほどなく、アンダーソンは「従業員の経営参加」や「協調を促す経営理念」について語るようになった。その後、四半期ごとに行われる最新の製品ライン視察の際にようやく、ピーターはアンダーソンの真意を知ることになった。

「ピーター、もしその気があるなら――私はきみなら立派にやれると思っているんだが――、この新商品のラインナップ『セーフスリープ』を1つの会社として捉え、経営してもらいたい。セーフスリープをわが子と思い、私のことは銀行の担当者と考えるんだ。計画も方向性も新たな取り組みも、私ではなく、きみが考える。新たな取り組みのために追加の資金が必要になったら、本当の銀行の担当者を訪ねるのと同様、きみは私のところに来ることになる。なにしろわが子だからな。きみの計画を、私は本物の銀行担当者のようにチェックし、健全性を評価し、追加融資するかしないかを判断する。融資すると判断したとしても、援助を受けるのは、きみのプロジェクトであって、私のプロジェクトではない。うまく進むのも進まないのも、きみの計画であって、私の計画ではない。最後までやり抜き、支払いをし、きみの仕事を成功させるのは、きみの責任になるということだ。私は、『銀行』の株主と経営者に対して責任を負う。もし私が追加融資に疑問を感じたり銀行の資産を危険にさらすわけにはいかないと思ったりしたとしたら、そうだな、それでもセーフスリープはきみの子どもだ。きみは、私が納得できるだけの理由を説明するか、でなければ、もう結構と言い捨てて別の銀行を探すかする必要がある。きみの会社だからだよ、ピーター、違うか？　ベストレストのセーフスリープ部門のトップをやってみないか」

　アンダーソンの声には興奮がにじみ、素晴らしい贈り物をできるうれしさがあふれていた。新たに始まるふたりの関係をアンダーソンはとても気に入っているのだとピーターは思った。そのため、ためらうことも深く考えることもなく、ただアンダーソンに尽くしたいと思い、彼と新たな場で新しい関係を築くことにした。「光栄です」とピーターは答えたが、軍人の妻が新たな駐屯地での夫との再会を喜びつつも、これからどんな生活が始まるのだろうと、慣れない環境にこわごわ辺りを見まわすような心境だった。

かくしてリンとピーターは、仕事上の共通点がほぼなさそうな学校教師と企業幹部でありながら、いつのまにか似た状況に直面している。一方の仕事はサービス業の要素が強く、もう一方は商品重視。組織形態は、非営利⇕営利。職場は、女性中心⇕男性中心。組織「文化」は、思いやり、安全、育成を特徴とする文化⇕競争、駆け引き、結果を特徴とする文化。こんな具合で、ふたりの仕事には共通点が見当たらない。

にもかかわらず、リンの仕事人生もピーターの仕事人生も、同じ理由で不安定になっている。現場の人間の経営参加という新たな取り組みが、職場における責任、オーナーシップ（主体性、当事者意識）、権限の問題に変化をもたらしているのである。そのような取り組みが目指すのは、1つには人々に新たな活力を与え、士気を高めることだ。だが、リンとピーターの様子を見る限り、とてもそうとは思えない。ふたりとも、仕事上の変化に戸惑い、やる気を失っている。その理由を、これから詳しく探っていこう。

リンの話——混乱する学校運営

「ハイランド中学校でなぜ取り組みがうまく進まないか、わかりやすい例をお話ししましょう」とリンが言う。

すべての教科主任と大半の教員が同意すると思いますが、教員の評価方法に大きな不具合があるのです。まず、新任教師——ほとんどいません——を除く教員の評価は、校長による2度の授業査察をもとに行われます。たった2度の査察、それですべてです。それを、校長が実施します。前もって通知されるので、教員はあらかじめ準備することになりますが、ろくな評価方法じゃないと、教員たちは憤慨しています。本当はどんな授業をしているか、校長に正しく見てもらえないと思うのです。生徒たちも何が行われているか理解しているので、様子が変わります――借りてきた猫みたいに「神妙に」しているのです。校長は当たり障りのない評価報告書を書きます。教師はそれを念入りに読みます。公式声明に何か隠された意味があるのではないかと目を凝らす、旧ソ連政治の研究者みたいに。隠された意味なんて、ふつうありません。校長は義務を果たしているだけです。面白くもなければ得るものもないと、教員同様、校長もわかっている義務を。何の学びもありません。校長としては、「全員を評価した」と教育委員会に報告できますけど。きちんとパソコンで打ったりファイルしたり事務作業をして、それを証明するわけです。

私もほかの教員たちと同じでした。でも、国語科の主任になった頃、評価について、いいえ、本当を言えばあらゆることについて、いろいろ考えるようになりました。そしてこう思ったんです。学校はすべての人にとって「学びの場」であるべきだ、私たちは学びのプロでなければならない、私たちのすべての行動は学びを促すかどうかに基づいて評価できる、と。私の子どもたちは、ピーターと私の行動に驚くほど敏感です。なので、わが家では説明するより手本を示して教えるほうが多くなっています。私は、生徒に学校で学んでほしいなら、私たち自身が学びの手本を示すとよいのではないかと考えました。

教育リーダーシップ委員会にぜひ参加したいと思ったのも、もともとはそう考えたからです。ハイランド中学校がSBMへのシフトを考え始めたころ、私は最初こう思いました。「学校運営なんて、私に何の関係があるの。そんなの経営者の仕事、ピーターならよく知っていること、そうよ、校長たるキャロラインがやるべき仕事でしょ。私は知らないわよ、経営なんて」。でもその後、こう思いました。「そうね、キャロラインが組織運営に詳しいのは素晴らしいこと。それは彼女ならではの専門知識だし、だから校長をしているわけだし。それに対して私には、何が学びを促し、何が邪魔するかについて豊富な知識がある。もし、学校はすべての人にとって『学びの場』であるべきだという私の考えをみんなに支持してもらえたら、この学校の経営レベルで私の知識が役立つことになるかもしれない」

いずれにせよ、教員の評価について、私にはいろいろな考えがありました。私は、報告書の作成ではなく学びに注目したいと思いました。教員に対しては、学ぶうえでの自分の課題と、その達成に必要なものに気づいてもらいたいと思いました。管理者に対しては、教員の学びを積極的にサポートするよう、主任の立場から訴えたいと思いました。特に、終身在職権を得た教員については――この学校ではほとんどの教員がそうです――、校長による評価をやめてほしいと思いました。各科で行うほうが、公正に評価できると思うのです。キャロラインは優れた管理者であり、管理者というのは立派な職業だと、私は思っていました――私の夫も管理者ですし。ただ、学校の教員であることとは別だと思いました。管理者の領分から教師の領分に入ったとたん、キャロラインはものごとをあまりうまく進められなくなるようなのです。管理者として立派に病院を運営しているからといって、外科医に向かって、どこにメスを入れるべきか指示したりしない……と言えばいいでしょうか。

なので、キャロラインがSBMを提案したとき、学校運営にみんなの声を積極的に活かそうなんてさすがキャロラインだとは思いましたが、「さあ、これからは運営についてあれこれ口を出そう」とは思いませんでした。私は運営なんかしたくありません。校長になりたいとも思いません。でも同時に、キャロラインに教科主任になってほしくもありません。それに、キャロラインのオフィスで個別に話し合うより、委員会のように大勢で話し合うほうが、こういうことは解決できる可能性が高いと思いました。

教員評価の問題をめぐっては今学期にすべてが崩れ始めたように、私には思えます。そして私は主導権を発揮できませんでした。私たち教員はそれなりに互いを知っているはずなのに、歴史科主任のアランがこの問題に対する考えを提案したとき、私はこれ以上ないくらい驚きました。たぶんキャロラインはうすうす感づいていたでしょう。事は水面下で進んでなどいませんでした。その頃にはもう、委員会についての不平不満が、教員のあいだでさんざんささやかれていましたから。今年初めに起きた「ベッキーとベティ」事件などにも、皆やる気を削がれました。

その事件は、ひとことで言えば、9年生（最上級生）の勇気あるふたりの少女が一石を投じたのです。きっかけは、卒業プロムにカップルとして一緒に参加すると決めたことでした。誤解しないでくださいね。「カミングアウト」したわけではないんです。ふたりは同性愛者ではありません。たとえそうでも、ハイランド中学校には先日決まった差別禁止の方針がありますし。ふたりは、性的な慣習に抗議しようとしていたわけではなく、ハ、イ、ラ、ン、ド、中学校の習俗における矛盾に抗議しようとしていました。卒業プロムは「カップルのみ」が参加できる行事なのですが、ずっと続いてきた「カップル」の定義を、ふたりの女子高校生が昨年、みごとに覆しました。同性愛者であることを公表し、一緒にプロムに出ることを認められたのです。そして今年、ベッキーとベティ――ひとりは学級委員をしている優秀な生徒です――は、こう考えます。彼氏がいないというだけで自分たちのプロムに出られないなんておかしい、と。「私たちが同性愛者だったら、一緒に出られるのにね」。ひとりがもうひとりに笑いながらそう言ったとき、ふたりははたと気づきます。性にまつわる本来プライベートであるはずの問題のせいで、一緒にプロムに出られないのは馬鹿げている。昨年、高校生のふたりは認めてもらえたのに、と。

もう、話の続きが見えるでしょう。9年生のふたりは、自分たちには一緒に出る権利があると主張し、性にまつわるプライベートな問題を調べる権利は学校にもプロムの実行委員会にもないと言うのです。息を呑むほかありません。生徒に、そこを突かれるとは。ふたりは、システムの綻《ほころ》びに気づき、それをまっすぐ指差したのです。

とにかく、騒ぎは校外でも注目され、キャロラインにとっては厄介な問題になりました。あるいは、キャロラインが厄介な問題にしたのかもしれません。アメリカ自由人権協会から何度か問い合わせがありました。委員会でも詳細に話し合いました。どうやら、大半の教師がこう考えているようでした。生徒たちの主張はポイントを突いている――。「カップル限定」のルールなど守れるはずがない、いまどきナンセンスだ。同性愛者のカップルを参加可能なカップルと認めた以上、プロムに出ていいふたり組《カップル》かどうかを、立ち入った問題を詮索《せんさく》することなく判断することは不可能でした。教員の多くがこう思っていました。「カップル限定」のルールを撤廃し、9年生ふたりの意義ある主張を褒め、世の変化に適応する難しさに苦笑いするべきだ。だいたい、「カップル限定」なんて、14、15歳の生徒にすれば馬鹿馬鹿しい限りのこんなルールは、なぜつくられたんだろう、と。

ところが、キャロラインの考えは違いました。9年生のふたりは、この学校のルールと伝統を馬鹿にしている。自由で多様性を認めるルールを、自分たちの目的のために悪用している（同性愛者のカップルはルールに適っている）。その目的には、大人を笑いものにすることが含まれている。キャロラインはそう思ったのです。教える立場の大人を教わる立場の子どもが笑いものにすることを、キャロラインは心底、不快に思っていました。カップル限定ルールの完全撤廃にも反対で、多様性を認めるからといってカップルという言葉の本来の意味が損なわれてはならないと言っていました。ええ、そんな感じのことを。私にはよく理解できない考えでした。

いずれにせよ、問題はキャロラインの考え方が不合理だったことではありません。彼女の意見が委員会で明らかに少数派だったことと、この件はひとことで言えば内輪のつまらない騒ぎでしたが、キャロラインは外部に対応しなければならず、その際に自分の意見を学校の意見として話してしまったこと。それが問題でした。委員会のメンバーは皆、面食らいました。「ちょっと待て。私たちって？　われわれは校長付きの諮問委員会か何かなのか？」

キャロラインが困難な立場に立っていたのは確かでしょう。よくない評判が立てば、地元テレビ局で報道されてしまう。自分が完全に賛同しているわけではない立場を表明しなければならないときは、いっそうの困難に見舞われる。でも、チームマネジメントってそういうものでしょう。キャロラインは、委員会内で意見が割れています、と話すことができたはずです。そうした意見の不一致に関して自分の立場は中立ではない、と言うことだってできたでしょう。ところが多くのメンバーがこう感じたのです。彼女は委員会をないがしろにしている。優勢な考えに触れさえしないなんて、と。

委員会のメンバーは、不信感を持ち始めました。

「ああ、SBMね。校長が一切を仕切るのは今までどおり。ただ、以前よりは多くのメンバーに意見を聞いてから決める。そういう意味ですよね」

なかには、相談を受けるだけの集まりなら時間を割くのも協力するふりをするのも御免蒙《こうむ》ると思う人もいました。私自身は、今はキャロラインと委員会との関係を公正に判断できるタイミングじゃないと思いました。校内の問題が地元紙で報じられるような不安なときですし、新しい運営システムはまだ始まったばかりですし。私たちの誰もが、これから慣れていこうとしているときなのです。私は新システムに対するキャロラインの対応の仕方をまずいと思いましたが、あの重圧のなか、キャロラインはどうやら、信頼できる馴染みの運営方法に戻ってしまったようでした。いずれにしても、教師の評価についてアランから提案があったとき、不信感がすでに渦巻き始めていたのは疑いようがありませんでした。

アランの提案は、ひとことで言えば、実験的な教員評価を歴史科で1年間やらせてほしいというものでした。テストを受ける前のような緊張感を教員評価から取り除きたい、とアランは考えていました。ベテラン教師と若手教師が、監督する・される関係を結ぶという選択肢を示したいとも思っていました。ベテラン教師は、厳密に言えば監督というよりコンサルタントですね。監督兼コンサルタントを務める教師は、報告も評価もしません。むしろ、学習目標を早く達成できるよう、歴史科の教師が「雇う」のです。教師はコンサルタントを「クビにする」こともできます。そうしたからといって、影響は何もありません。校長による授業査察もありません。コンサルタントに授業を見てほしいと思う場合は、段取りしてもらえますが、教師のファイルに何かを書き込むことが目的ではありません。報告も評価も、1年のあいだ一切、記入されないのです。アランはこう提案しました――プロジェクトを1年かけて検討・記録し、この評価方法をどう活用するか、そこからどんな種類の学びがどれくらい生まれるかを探りたい。ただ、教師ではなく実験を評価するものなので、名前はすべて匿名にする、と。だいたい、そういう内容でした。

言うまでもなく、素晴らしい提案だと私は思いました。私自身が思いつきたかったと、うらやむ気持ちもありました。私はこう考えています――教師がみずから評価を管理するほうがいい。評価の目的はあくまで学習であって自分をよく見せようとすることであってはいけない。教科主任は自律学習のコンサルタント兼支援者としての役割を果たすことができる、と。そんな私の考えを実行する方法として、アランの提案はうってつけのように思えました。

アランの提案については、委員会で長時間にわたる議論を3回重ねました。でも、その方法の本質的なよさについては、まだ何も話し合えていません。もっと早く気づくべきだったのですが、キャロラインにとっては、教員の学びを促進することより、一般的な責任や彼女にとっての責任に関して前例をつくってしまうことのほうが、よほど問題なのです。校長による授業査察をやめる？　何を学ぶ必要があるかを、教員に自由に決めさせる？　誰もファイルに評価を記入しない？　いずれも、キャロラインにとってすんなり受け容れられることではありません。ふだんは、全員に意見を述べてもらうために議論の最後にしか発言しないのに、アランの提案を聞くと、彼女は真っ先に口をひらきました。

ただ、彼女が言わずにいられなかった内容に、私たちは皆、押し黙ってしまいました。彼女はアランの案の素晴らしさを認識していませんでした。その案が実のところ何に取り組もうとしているのかにも気づいていませんでした。その提案に関して自分が受け容れられない部分を、自分の問題として示しませんでした（個人的に受け容れられないことを、委員会のメンバーみんなで話し合って判断する必要があったのかどうか、今でも議論の余地のあるところです）。彼女は、提案に関して自分が受け容れられない部分について、誰かに助言を求めることもありませんでした。つまるところ、ただこう言うばかりだったのです。「私たちにできることではありません」と。

みっともない対応をしてしまったと今では思いますが、キャロラインの態度があまりに一方的で傲慢だったので、私はつい頭に血が上ってしまいました。こう言ったのです。「なぜできないの、キャロライン？　アランの提案が法に触れるとでも？」

みんなが笑い、キャロラインが激怒したのが見て取れました。私は、言葉どおりのことを言いたかったわけではありません。アランの提案に反対するなんて何もわかってないと言いたかったわけでもありません。私が反応していたのは、アランの提案に対するキャロラインの捉え方に対してです。私はこう言いたかったんです。キャロラインは校長だ、だから委員会が条例や地方憲章に反するかもしれない領域に迷い込んだなら、一方的な態度を取っても頷ける。でも、委員会がそういう領域に迷い込んでいない場合には、議論を止める権利はないと思う、と。あのとき私が過剰反応して皮肉を言ってしまったのは、アランの提案が、私自身が特に重要だと思うまさにそのことだったからです。なのにあんなふうに却下されてしまい、私は腹を立てました。だからといって、皮肉が正当化されるわけではありませんが、多少重みは持たせられました。

ともかく、その日の会議が終わると、キャロラインが私を校長室へ促し、厳しい調子で次のように言いました。なぜ私にあんな態度が取れるのか。あなたの忠誠を私がどれほど頼りにしているか、わからないのか。教科主任として自分がどれほど影響力を持っているかも、私が立場を明らかにしたときにあのように疑問を呈することがどれほどマイナスに働くかも、わかっていないのか。あなたと私はパートナーだと思っているし、これまでずっと、力を合わせて素晴らしい仕事をしてきた。SBMを進めるにあたっては、互いの呼吸を合わせてチームプレーをすることが、これまで以上に大切だ――。私はこう言わなければなりませんでした。「ちょっと待って、キャロライン、そんな矢継ぎ早に言われても、反応できない」と。

最終的には、話し合いは実りあるものに、いえそれどころか、ここ数年で特に有意義なものになりました。ただ、決して簡単ではありませんでした。

私はこう言わざるを得ませんでした。あなたへの私の忠誠を利用するのはフェアじゃないし、そういうのはリスクが高い気がする、と。そしてこう話しました。あなたのことは心底尊敬している。心から友人だと思っているし、仕事に関してずっと私を支援してくれてきたことに深く感謝もしている。一方で、あなたは自分のコピーみたいな友人なんて要らないだろうし、イエスマンだからという理由で誰かを昇進させるような人じゃないとも思う。ふたりでいろんな「チーム」を組んできたけれど、私は困惑してばかりだった。なぜなら、私はあなたに賛成できないときでもチームプレーができると思うのに、あなたは、私が賛成していないと、「チームを見捨てるの？」と言わんばかりの顔をしていたから。

……その後、話はSBM全体のこと、委員会のこと、委員会はチームなのかどうか、メンバーとして私たちがどのように機能することを期待されているか、といったことに移りました。キャロラインは突っ伏し、涙ながらにこう訴えました。SBMの実施がどんなに大変かわかってきた、まさかこんなに苦労することになるとは思いもしなかった。夜な夜な見る夢の半分は、統制がとれずカオスになって、学校が崩壊する悪夢。もう半分は、自分が手綱を握らなくても学校運営がすこぶるうまくいくようになり、自分の仕事が徐々に減って、SBMがあれば校長なんて要らなくなっていくという悪夢なのだ、と。

この大がかりな実験を私たちがどこまで進められているのかよくわかりませんが、教育委員会はSBMの導入について、信じられないくらい甘い考えしか持っていなかったように思います。運営方法の抜本的な変更を票決するのに、説明会が数回と教員同士の話し合いが1回だけで、準備が整うわけがありません。SBMに賛成したとしても、その人は、より協力的な学校運営とはこういうものだという、自身が思い描くイメージに賛成票を投じたことになります。教員と校長を含む関係者全員が徐々に協力の仕方を学ぶ煩雑なプロセス、きわめて長期にわたるだろうプロセスに賛同したわけではないのです。

キャロラインとの話し合いを終えたあと、私はこう思いました。キャロラインがSBMを阻んでいるのを私や他科の主任たちが非難したのは公正さに欠けていた、と。ハイランド中学校があらゆる人にとって「学びの場」であろうとするなら、キャロラインにもそこで「学ぶ」権利があるのです。ただ、SBMがキャロラインにとって難しいカリキュラムであることは私には明らかでした。なのに、そのカリキュラムをキャロラインが有意義な学びを得る場にすることが、私たち委員会メンバーは全くうまくできていませんでした。新しい協調的な運営方法を、キャロラインは当然何の問題もなくすぐに始めるものと、私は思っていました。それができない彼女に、私はイライラしました。でもそれは、その学年が終わるまでに学んでほしいと思う知識を、まだ身につけていないのかと、学年の初日に、生徒に向かって怒るのと変わりありません。

さらに私はこのことにも気づきました。私があの会議でキャロラインに皮肉を言ってしまったのは、学びの観点に立って教師評価を行いたいという思いから程遠かったこと。立派とは言えない側面が、そこにあったことに。私は、口にする信念をすべて実行できるような、素晴らしい人間ではありません。何かを恐れるようになって、行動にブレーキをかけてしまうことは、私だってあります。そしてブレーキをかけるのを、心の奥底では恥ずかしく思っています。そんな気持ちになるのはいやなものです。なので、多くの人と同様、そういう思いをあまりせずにすむ方法を探します——ブレーキをかけないのではなく、そういう場面に遭遇するのを避けるのです。

いずれにせよ、ＳＢＭの本来の趣旨に沿って行動できないキャロラインに対する私のどうしようもない苛立ちには、こうしたことが確かに関連していました。自分の嫌いな「自分」が彼女のなかに重なって見えるせいで、私は理不尽に、自分ではなく彼女に怒りをぶつけているというか、そういうことだと思います。

話は以上です。このプロジェクトを私たちが成功させられるかどうか、私にはわかりません。ＳＢＭが実際どういうものかをキャロラインがもっとよく理解したとして、それでも彼女が積極的に取り入れたいと思うかどうかもわかりません。彼女の学びを、委員会のメンバーが十分にサポートできるかどうかも同様です。一方的なリーダーシップを協調的なリーダーシップへ変えるためには全員が学習プロセスを経験することになりますが、このプロセスについての各自の期待を調整し直せるかどうかもわかりません。私たちが今まさに陥っている状況に対しては、すべての人にいくらか責任があるのではないかと私は思います。

教育委員会は計画や準備がろくにできていなかったかもしれませんが、教育者たる私たちも、無知から知への移行を、混乱に満ちた学習プロセスを経ずにできると、愚かにも考えていたのです。

ピーターの話——板挟みにあう経営者

アンダーソンがセーフスリープ事業を社内カンパニーとし、ピーターをその社長に任じて以来、当のピーターはあらゆることに違和感を覚えている。友人や家族から、祝いつつもからかうように、やっぱり気分が違うかい？と尋ねられると、今や社長のピーターは決まってこう答えた。

「いや特には。オフィスも机も秘書も変わってないし、給料も、少なくとも今のところは同じ。仕事も、3年前からしている内容そのままだしね」

　仕事の中身は同じだが、実を言えば、気持ちは同じではなかった。ピーターにとってアンダーソン・ライトは今も変わらず上司なのに、ピーターはあえて「上司も同じだ」とは言わなかった。「上司は替わってない」とピーターは思った。「でも、別人だ」

「社長」になることが本当はどんな感じがするものかを話すとしたら、ピーターは次のように白状するかもしれない。

　本当のところ？　間違いなく、がらりと変わります！　どんなふうに？　そうですね。言うなれば、社長になる前は、キャッチボールをしている感じでした。アンダーソンが投げ、私が受け取る。私が投げ返し、アンダーソンが受け取る。そんなキャッチボールが長いあいだ続いていました。じゃあ今はどうかといえば、なんだか自分がジャグラー（ジャグリングの演者）になった気分です。それもボールは1個ではなく、5個のときもあれば、10個だったり、いや15個のときさえあるんです！　みんなが次から次へとボールを私に放り、私がジャグリングしているボールがどんどん増えます。でも私は誰にも投げられず、宙に放り続けるほかありません。受け取ったらすぐ、宙へ投げるのです。ジャグラーである私は、ボールを空中に投げ続け、1つも地面に落とさないようにしなければならないのです。

信じられない数の仕事が、私のところへやってきます。

「この件は今後はあなたに相談するようにと、アンダーソンが言っています」

「この件の担当は自分ではなくあなたになったと、アンダーソンが言っています」

そんな台詞を、セーフスリープ事業を立ち上げた最初の月のあいだに、20回は聞いたでしょう。そうやって次から次へと問題が持ち込まれました。こういう変化に対するさまざまな人の感情にも対処しなければなりません。セーフスリープ事業を会社と捉えるのは、アンダーソンが提案したときは素晴らしいアイデアだと誰もが思いましたが、実際に始めてみた今、多くの人が首を傾《かし》げています。当のアンダーソンでさえ今となってはそれほどいいアイデアではなかったと思っているかもしれないと、私は先夜、リンに話しました。社長になってどんな気分かとみんなに尋ねられますが、実のところ、どんな気分かなんて考える暇はありません。なぜなら、ほかのみんながどう感じているかという問題に、私は1日の半分を費やしているんですから。

テッドの例でお話ししましょう。テッドは販売員で、この会社で知り合って10年になります。彼の息子と私の息子マティは、実の兄弟のように行き来して育ちました。息子のそばにはきっとテッドの息子の姿がある。そんな感じです。

そのテッドが、セーフスリープ担当から自分を外さないよう、強力なプレッシャーを私にかけてくるんです。彼はマットレス専門の優秀な販売員で、顧客のために抜群の仕事をします。顧客というのは、家具店と、２つの大手デパートチェーンのマットレス売り場です。顧客は彼を信頼し、彼も顧客を大切にしています。

セーフスリープ・シリーズは、計画のうえで始まったわけではなく、アンダーソンが言うところの「起業家の柔術」、つまりピンチをチャンスに変えてスタートしました。難燃性のマットレスを製造せよという政府の新たな規制を受け、まずは数百万ドルを投じて設備を整えます。設備が整うと、アンダーソンがこれを他の製品にも使わない手はないと考えます。考えたら即行動。そして生まれたのが、セーフスリープ・シリーズなのです。もっとも、このシリーズのもとになっていたのは、マットレスの販売員が「おまけ」として家具店に提供していた製品でした。つまり、最高級マットレスを売るための「販促品」です。キングサイズのマットレスとボックススプリングをご購入くださるお客様には、キングサイズのベッドカバーを無料で差し上げます、といった具合です。それで誰もが満足していました。家具店の顧客はおまけが好きでしたし、家具店は高価なマットレスを売ることができ、わが社の販売員は家具店からの注文が増えたのですから。でも、まさにそれこそ問題でした。誰もが満足してしまっていたことが、です。

「うまくいっていることをなぜ、台無しにするんだ?」。テッドはしきりに私に尋ねます。「ピーター、僕は家族だろ」と彼は言います。「だがハロルドは違う」。これは確かにそうです。「なのになぜ、鳶《とび》のあいつが僕の油揚げをさらうのを放っておくんだ?」

私はセーフスリープ事業の社長になってすぐに、寝具の販売経験が豊富だという理由で、ハロルドを雇いました。マットレス以外の商品を専門とする販売員は、彼が最初です。そういう人材が、新会社のセーフスリープには必要だと、私は思ったのです。彼の働きには実際、目を見はるものがあります。アイデアが泉のように湧いてきて、しかもそのほとんどが実に合理的なのです。一方で、それはテッドたち一部の社員を怒らせる結果にもなっています。アンダーソンも、もしかしたらハロルドをあまり評価していないかもしれません。

ハロルドはこう考えていました。ベストレストがセーフスリープの成長を妨げている。セーフスリープを別会社にしている最大の理由は、ベストレストの陰に埋もれさせて成長を阻害することだ、と。彼はこんなことも言っていました。家具店というのは、パジャマが売れる場所ではないし、ベッドカバーの販売にさえもうってつけとは言えない。そしてこう言いました。セーフスリープ・シリーズは、「上等なおまけ」などというレベルではないので、よさを前面に出して販促を行うほうがいい。デパートでは、家具・マットレス売り場ではなく、寝具・パジャマ売り場に置いてもらうのがいい。難燃性生地のパジャマは、子ども用ではなく大人用のものをつくるべきだ。大人はベッドで煙草を吸うから、大やけどする可能性が子どもより高い――。

彼の話は私にはなるほどと思えるものばかりでしたが、ものごとのやり方が変わるかもしれないときというのは、どうしても、自分にどんな影響があるかと心配になりますね。ハロルドは本当の問題は何かについても話していました。ベストレスト社では、マットレスの販売チームは全国に配置されているが、パジャマの販売チームはそうではない。ベストレストが顧客にしているのは、家具の販売店であって、パジャマの販売店ではない。つまりパーティー、展示会、業界紙、ブランド認知のどれをとっても、ベストレストが重視して考えるのは家具業界であって、パジャマ業界でも寝具業界でも子ども服業界でもない、と。彼の意見はこうです。セーフスリープが会社として本気で自立するつもりなら、独自のアイデンティティ、独自の目、的、さらには独自の顧客に売り込むための独自の販売チームを持つ必要がある。ベストレストの添え物みたいな立ち位置を脱却しなければ駄目だ、と。

ただ、この意見には問題があります。セーフスリープ・シリーズをマットレスの販売チームから取り上げてしまったら、とたんにテッドのような人、つまりセーフスリープ・シリーズから恩恵を得ていた人が痛手を被るのです。ある場所で無料で提供しているものを別の場所で販売しようとしたところで製品のクオリティを確立できるはずがないというハロルドの意見は、基本的に正しいと思います。けれども、セーフスリープ・シリーズをおまけとしてつけられなくなったら、自分の受けるマットレスの注文数が、少なくともしばらくは減るだろうというテッドの言い分も、たぶん正しい。なぜなら、マットレス販売の際におまけとしてセーフスリープ・シリーズをつけるのをやめた売り場で、そのとおりのことがすでに起きているからです。

テッドは、営業成績だけでなく報奨旅行についても心配しています。そして私の気をものすごく重くさせています。テッドはおそらくノルマを果たせず、今冬「ご褒美クルーズ」に行く資格を得られないでしょう。テッド夫妻がクルーズに行けない理由を、テッドの妻エイダと私の妻の両方に、私は説明しなければならないでしょうから。でも、テッドが気を重くさせるべき相手は、家具店じゃないでしょうか。彼が受ける注文数が減るとしても、減らすのは私ではなく、家具店ですから。

いや、実は先週、リンと私はテッド夫妻と夕食をともにしたのですが、楽しいとは言いがたい時間でした。空気がピリピリしていたんです。食事をするうちに、テッド夫妻に対する私の気持ちは、楽しみを奪う結果になってしまった申し訳なさから、私をこんな後ろめたい気持ちにさせるなんてという怒りに変わりました。いったい何の権利があって、テッドたちは私にこんな罪悪感を覚えさせるんですか。私は会社を運営しようとしているのに、ふたりは、バハマに行けないと言って怒っているんですよ。冗談も大概にしろと言いたいです！

私はテッドとアンダーソンを親友だと思っていますが、この新たな職務によって、ふたりとの友情が両方とも壊れてしまうとしても、私は驚きません。私を社長にするとき、アンダーソンは、これで私たちの関係が全く新しいレベルになると言いました。私たちは本当の仕事仲間になる、結果を見るのが待ちきれない、と。

ええ、確かに全く新しいレベルです！　誰かにもう二度と会いたくないと思ったら、その人と本当の仕事仲間になったらいいんじゃないですかね！　なにしろ、アンダーソンにちょっといいですかと尋ねても、いいけどとしか答えてもらえないんですから。それはつまり、「ああ、きみか」とか、「私は呼んでないよ」という意味なんです。

いや、本当です。しばらく距離を置いてみると、わかります。私に何か言う必要があるときは彼は自分から連絡してくるのだ、と。私から連絡して会っても、いろいろ話したはずなのに、そのわりに考えが明確になることはありませんでした。セーフスリープの現状についても、彼の判断を仰ぐ必要のあることについても、彼の考えは全くわからずじまいになり、私は自分の理解の範囲でなんとかすることになるでしょう。彼はセーフスリープについてもうなんとも思っていない、関心をなくしてしまったんだと、何度思ったことか。さらに、難燃性生地で大人用のパジャマをつくるべきだというハロルドの考えを伝えたときは、「今どき煙草なんか誰も吸わない」とにべもなくて、私は1週間かけて最近の喫煙状況を調べる羽目になりました。

どうしたらいいですかなどというストレートな質問を、アンダーソンが嫌っていたのは明らかでした。

私に対し、自分でプランを練れと思っていたのも間違いありません。一方で、アンダーソンにいいと思うプランとそうでないプランがあったのも事実です。ハロルドの考えに関しては、それこそことごとく切り捨てられました。私は、アンダーソンのオフィスをあとにすると、気がつけば3日間くらいハロルドをなじっていました。アンダーソンは、ハロルドと距離を置けと警告しつつ面と向かって私にそう言うつもりはない——そんな気もしました。

アンダーソンのいいところだと私が思っていたのは、表裏がないところです。彼はいつも、欲しいものを単刀直入に伝えましたし、欲しいと言ったものは本当に欲しいものであったことがあとでわかりました。真意は何かなどと探る必要はありませんでした。

ところが今は、彼の本心がよくわからなくて、不安になります。

ある日には、彼はこう言います。テッドとバハマのことなど放っておけ。それより、テッドと同じ販売員200人と、ベストレスト社のCEOのことを心配しろ。重要な役割を果たしているセーフスリープ・シリーズがベストレスト社から完全になくなったら、CEOは軒並み売上げが落ちるのを見ることになるのだから、と。

そう言われた日には、私はプライドをすっかり傷つけられて彼のオフィスをあとにします。波に完全に乗り損ねた気分になるのです。初めて車を買ったときの気持ちと言えばいいでしょうか。ローンの返済が毎月どれくらいかきちんと計算したはずが、オプションを6つもつけることになったり消費税がかかったりして、結局いくらになるのかわからなくなってしまったような気分でした。満足な仕事ができていないとアンダーソンに思われているのがわかりましたし、もしかしたら荷が重かったとさえ思われていたかもしれません。

でも、次に会った日には、彼は熱心にこう言うんです。セーフスリープは独自の販売チームと独自の顧客基盤を持つべきだ、と。私としては「CEOのことはどうなったんだ?」と首を傾《かし》げざるを得ません。アンダーソンは、よくやっているなと言って私を褒めたりしませんが、足を引っぱっているとも言いません。ただ、私が質問すると、なぜか彼は私に失望します。それだけは確かです。

セーフスリープをアンダーソンのもとで一部門として運営しているときは、うまくいっているかどうかを判断するかなり明確な方法がありました。でも今は最終利益の数字しかありませんし、もしハロルドと私が考えている方向へ進めていくなら、その数字もこれまでのようないい数字にはならないでしょう。セーフスリープ・シリーズを家具店に提供するのをやめ、新たな顧客基盤をつくり、大人向け難燃性パジャマ市場をテストし、ベストレスト社とは別に独自の広告キャンペーンを展開する――これらはどれもが、しばらく大赤字をもたらすでしょうから。

このような状況を、あなたならどう評価しますか。私はアンダーソンに、「きみたちはここで勝負したいというわけだな」と言って、すべてのプランに参加してもらいたいんです。なんだか、私ひとりにリスクを背負わせ、自分は椅子にふんぞり返って声援だけ送っている感じがします。私にとっては何の足しにもなりません!　一緒に進めてもらえたら心強いと私が言うと、彼は苛立たしげにこう答えます。

「私が手を貸すなどとは金輪際思わないことだな!　気の利いたおまけのセーフスリープを、会社の主力商品に変えたいらしいが、もし失敗したら私が責任を問われてしまう」

すると、私はいよいよ落ち着かない気分になります。アンダーソンが面子を保てるよう、配慮もしなければならなくなったわけですから。

こんな具合に、社長になるとさまざまなことががらりと変わります。私は、テッドのことを心配しなきゃいけない。アンダーソンにも気を配らないといけない。ボールが次から次へと私の手に渡され、私は絶えず宙に放り、なぜかそれが続くのが当たり前ってことになっていて、ボールが地面に落ちるなんて誰も思ってない。もう腕が重くて仕方がありません。この素晴らしい仕事に自分がふさわしいかどうか、確信も持てません。

上司との関係を損ねずに自分の役割を主張するリン

職場の現況に不満を覚えているのは、ピーターもリンも同様だと思われる。不満の原因も共通しており、被雇用者の運営参加の拡大という変化が原因であることを、ふたりとも認識している。だが、そのような変化に対する感じ方に違いのあることが、ふたりの話には示されている。実のところ、仕事という一大事業全体に対する経験及び理解の仕方に重要な違いのあることが、ふたりの話には示されているのだ。

私たちの文化において、労働やマネジメントの専門家は、結婚生活やペアレンティングの専門家に劣らず遠慮がない。彼らの文献には「成功する」「熟練する」「卓越する」とはどういうことかについての、暗黙のあるいは明白な決まりごとや期待が、気が滅入るほど並んでいる。ただ、マネジメントの専門家が結婚生活の専門家による文献について書いたり述べたりすることはないし、逆に、結婚生活の専門家がマネジメントの専門家による文献について書いたり述べたりすることもない。また、どうも互いに関心も持っていないらしい。

これは一見、当たり前に思える。なにしろ分野が違えば、学問的な修練も、職業的アイデンティティ、専門用語、確立されている枠組みも違うのだから。他分野の文献などどうでもいいと言わんばかりに専門家が行動するのは無理もない。注目する課題、問題、スキル、目的のいずれもが、両分野のあいだで全く関連性がないように見えるのだ。従業員は子どもではない。だから、もし子どもとみなされたら、多くは、解決策ではなく問題になってしまう。配偶者を効果的に「マネジメントする」という考えは相手に失礼であり、同様に、従業員をもっと「愛する」という考えは不適切だ。相手の課題に対し我が事のように尽くし関わるのは、夫婦なら絆の証というべき行為だが、雇用関係において行うのは、搾取的で従業員を束縛することになりかねない。

以上のように述べたあとでは奇妙に聞こえるかもしれないが、実は両分野の文献を比べると、違いより共通点のほうが、はるかに際立っている。結婚生活やペアレンティングに関する文献も、マネジメントに関する文献も、単なるスキルではなく、ある質的な次元の精神的《メンタル》複雑さを要求している。さらに重要かつ核心部分と言うべきは、仕事で要求される特定の次元の複雑さと、家庭や家族で要求される特定の次元の複雑さが全く同じである点だ。既存の習慣にとらわれず、愛に関する文献と仕事に関する文献を1つにまとめ、同一の時代・文化の知的産物として捉え、そこに書かれている願望と勧告を認識論的に分析すれば、私たちは、現代の文化が大人に対して真に求めるものをはるかによく理解できるようになるだろう。まさしくその目的のために、リンとピーターが同様に、また別個に経験している苦労を検討していこう。

ハイランド中学校のＳＢＭ導入に関するリンの話には、マネジメントに関する現代の専門家が望ましいと考える特徴がいくつも登場する。私が幅広く文献にあたったところ、私たちは職場で次の点を期待されていると思われる。

1　自分の仕事を自分で生み出す、または所有する（仕事を、雇用主が生み出し、所有するものと考えない）。

2 みずから行動を起こし、みずから修正し、みずから評価する姿勢を持つ（問題点の指摘にせよ、軌道修正にせよ、容認できる状況かどうかの判断にせよ、誰かがやってくれるだろうと当てにしない）。

3 自分自身のビジョンを指針として仕事をする（ビジョンを持たずに仕事をしたり、権威あるものの言いなりになったりしない）。

4 職場で起きたことについて、内的・外的に責任を持つ（自分の現在の内的環境及び将来起こるかもしれない外的な出来事を、ほかの誰かのせいにしない）。

5 自分が引き受けている仕事上の役割、職務、専門分野において、熟達した支配者《マスター》になる（見習ったり真似したりする関係を、自分の仕事に対して持たない）。

6 組織を「外から」、すなわち全体として考える。自分と全体との関係を見る。部分と全体との関係を理解する（組織の人々や組織の各部を、自分の観点から、すなわち「内から」のみ考えるのをやめる）。

リンの話には、自分自身や同僚に対する苛立ちがにじむ一方、自分の仕事に関する冷静さや自己を権威づける姿勢が見て取れる。組織に所属する人が文字どおり自分で生み出した仕事をすることはめったにないが、それでも——たとえ所定の職務のために雇われたのだとしても——、仕事を「つくり出す」（生み出す）、あるいはつくり出さない（生み出さない）という認識は存在する。そしてリンの話には、リンが自分の仕事のデザインを自身の芯の部分で所有していることがはっきり示されているのである。

複雑なお役所組織でぶつかり合うさまざまな力が、仕事に対するリンの姿勢をどんなに変えさせよう、あるいは邪魔しようとしても、リンはおそらくは無意識に、そうした妨害を、仕事へのオーナーシップ（主体性、当事者意識）再確認の機会として使うことによって対応している。これをリンは、誰とも衝突せず、周囲を不快にする自己主張もせず、さらには、自己所有するリンの姿勢を乱そうとする人たちに断固として反対する必要も距離を置く必要もなく、行っている。

それどころか、こう述べている。自分は雇い主であるキャロラインとじかに会い、自分の役割に対する自分なりのデザインをあらためてはっきり主張した。そのとき、ここ数年でも特に有意義で実りある話し合いをすることができた、と。また、公私にわたる支援に対し、リンには上司に恩義があるとキャロラインが示唆しても、リンはそのことでキャロラインを責めたりしない。さらにリンは、キャロラインに対して自分が心から感謝と恩義を感じることに、つまり、この関係においてある種の忠義を期待する権利が上司にあると考えることに、何の迷いもない。

上司と対立する事態にならないようにしつつ、リンは、キャロラインへの恩義と忠義はキャロラインが言うようなものではないと否定し、自分が認識しているキャロラインへの恩義と忠義がどういうものかを述べる。リンは次のように明言する。自分はどんなときもチームプレーヤーだ。ただし、自分のプレーは自分が考える仕事のデザインに沿っていることが第一であり、キャロラインの願い、ニーズ、あるいは期待を聞き入れるのはその次でしかない、と。『人形の家』の主人公ノラのように、リンは、自分自身に対する忠誠を正当なものとして受け容れている。だがその忠誠は、ノラの場合のような、夫や子どもに対する忠誠より多少優先されるものではない。リンは、自分自身に対する忠誠をベースにしつつ、上司や同僚に対する他の忠誠をしっかり持つことができると思われる。また、ノラはトルヴァルと別れなければならないと思うが、リンはキャロラインと袂を分かつことなく自分自身への忠誠を実現できる。

キャロラインとの会話において、リンには、自分の仕事をデザインする自由を、支配的な上司や戦略的なライバルから勝ち取ろうとか奪い返そうとする姿勢は窺えない。リンの発言にあらわれているのは、自分は自分の仕事の所有者であり、今後もそうあり続けるという認識である。その事実を、やむを得ないとはいえ組織の他のプレーヤー（ここではキャロライン）がしばし見失ったら（このケースでは、キャロラインには権勢を振るおうとか優位に立とうなどという計画的な意図はなく、彼女が一時的にストレスや憤懣を抱えたことが原因だ）、リンはただ単に、既存のこの事実を組織に思い出させる。もっとも、リンは意識的にそうしているわけではない。仕事を「所有する」というリンの姿勢は、自転車に上手に乗れる人が、乗っているあいだバランスをとり続ける能力に近いと言えるだろう。バランスをとることは、リンにとって今やごく自然なことになっている。バランスをとるために何ら努力することはないし、やり方を頭のなかで考えることさえもない。それがリンという人間であり、あり方である。道に隆起したところがあって、つかの間バランスを崩すおそれがあるのに気づくや否や、まさに反射的に体が動いて、リンはバランスを取り戻す。リンはこのところ仕事で悩んでいるが、それはバランスをうまくとり続けられないからではなく、とんでもないでこぼこ道を進んでいるさなかだからである。

言うまでもなく、個人事業主のほかには誰も、仕事を所有することも生み出すこともない。仕事は、すでに生み出されていたり、すでに生み出されたものを与えられたり、ときには奪われたりするのだ。しかしながら、リンの話からは次のことがわかる。私たちの職務を誰が生み出し、所有していようと、私たちはやはり、自分の仕事を創造し、所有することができるのだ、と。仕事に関する現代のどの文献を見ても、自分の仕事を生み出すことや所有することが真っ先に要求されている。つまり、次のことを理解できるようになりなさいというわけである。

- 自分の職務は自分のものである
- 自分の仕事は自分である程度コントロールできる
- 職務は自分という人間の一部だ[1]
- 権威の最も信頼できる源泉は、自分の内にある
- 任務を自分のものとして扱いなさい
- 自分の価値観に従って行動しなさい
- 自分の自主性を大切にしなさい
- 上司の期待を意識することは必要だが、それに振り回されてはいけない
- 上司に認めてもらうためだけにこの職務に従事しているわけではないことを、肝に銘じておきなさい
- 生き残れるかどうかのカギを握っているのは、上司ではない。それは、「あなたが」する仕事の質と不可侵性《インテグリティ》であり、「あなたの」人間関係を「あなたが」管理するうえでの質と不可侵性《インテグリティ》だ[2]

たとえば**図5・1**には、仕事での成功に必要なものについての専門家の意見が公正に示されている。[3]「自分は自分の仕事を所有していると考えよ」という精神的《メンタル》要求（ここでの対象はエンジニア）が、専門家の考える「戦略」リストの至る所で（「フォロワーシップ」の戦略においてさえも）なされているのである。

リンにとって、仕事に対する自分のオーナーシップがキャロラインの考える忠誠に呑み込まれるのを拒むのは、バランスをとり直す行動――リンにとって今や呼吸するのと同じくらい自然な行為――の1つにすぎない。また、管理者と教師、あるいは校長と教科主任との違いについて意見を述べるときには、現代の組織につきものの障害にぶつかっても自転車に乗り続ける様子が窺える。

図5・1　職場における精神《メンタル》的要求：エンジニア対象の場合

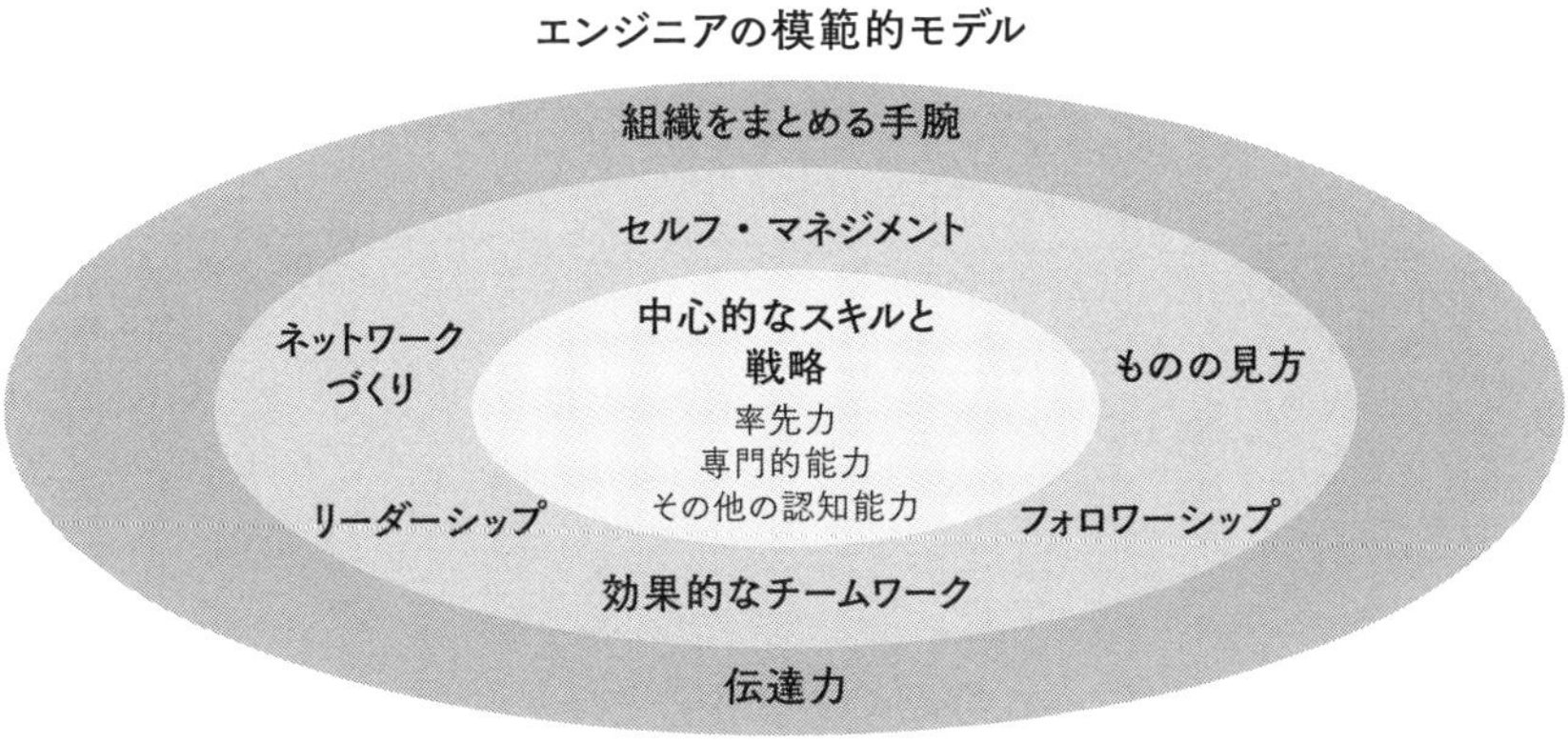

仕事における9つの戦略

率先力	所定の職務以上の責任を引き受ける。追加的な仕事を進んでやる。新しいアイデアを推し進める。
ネットワークづくり	技術的専門知識を持つ人に直接、速やかにコンタクトを取る。自分の知識を、それを必要としている人に教える。
セルフ・マネジメント	仕事上の約束、時間、業績レベル、キャリアアップを自分で管理する。
効果的なチームワーク	さまざまな作業に対する共同責任を引き受ける。さまざまな取り組みを調和させる。共通の目標を、同僚と力を合わせて達成する。
リーダーシップ	共通の目標とその達成に向けて取り組むことを計画・明言し、コンセンサスを確立する。
フォロワーシップ	リーダーが組織の目標を達成するのを支援する。管理者の指示を頼るだけでなく、自分で考える。
ものの見方	自分の仕事をより広い文脈で捉え、顧客やマネジャーや作業チームのような他の視点を取り入れる。
伝達力	自分の考えを、口頭あるいは文字で、相手が納得できるように説明する。
組織をまとめる手腕	組織において利害が対立する人あるいは人々が、協力し合い、対立に取り組み、仕事を完遂できるよう、うまく導く。

出典　『ハーバード・ビジネス・レビュー』の許可を得て転載。R・ケリーとJ・カプランの「ベル研究所はいかにして抜群の業績をあげるのか」（1993年7月、8月）より。

およそすべての組織にヒエラルキーがある。一般的に言って、トップ層の人々のほうが下位層の人たちより大きな権力と特権、高い評判と給料を得る。たとえば、校長の役割にはヒエラルキー的優位性があり、教員や教科主任の仕事に対するオーナーシップをたやすく取り込む、あるいは吸収することが可能になる。だが、それは必然なのだろうか。

リンが「校長の役割にも教師の役割にもそれぞれに不可侵性《インテグリティ》がある。教師が校長の役割を侵害することに納得できないのと同様、校長が教師の役割を侵害することに納得できない」と述べて、それぞれの役割を明確にするとき、リンは、組織における人々の社会的権力と、彼らの心理的権力を区別して、誰が仕事を所有しているかを明確にできることを示している。仕事の所有者は誰かという問題は、社会組織や政治的に優位な立場にある人、すなわち職務の所有者によって必ずしも見きわめられるわけではないことをリンは示しているのである。

病院の管理者は外科医に向かってどこにメスを入れるべきか指示したりしないと述べるとき、リンは、管理者が外科医の上司であることを、すなわち、管理者が外科医に対し、その職務から外すことを含め、さまざまな支配力を正当に行使しうることを否定しない。一方で、管理者が外科医の職務にどんな支配力を行使しようと、外科医の仕事そのものにまでは支配力を及ぼせないことも明らかにする。

リンはこのように、職場での上下関係における権力の問題を複雑化し、上司も部下もどちらか一方だけが優勢になるのではないと考える。両者はむしろ、リンが意味構成しているように、関係において、ある側面では上司のほうが優位に立ち、別の側面では部下のほうが優位に立つのである。

リンはなぜ、こんなことができるのか。いくつかの文献によれば、この能力は「プロフェッショナリズム(プロ意識)」と関連があると考えられている。法律や教育や医療のような制度化された職業に就いている場合、倫理上・職業上の固有の行動規範によって、「雇われた者」であると同時に「自分の運命の支配者」として行動することを求められる。

たとえば私が弁護士を雇った場合、その人は私のために仕事をするので、ある意味、私の部下になる。つまり、私はその人を解雇する権限を持つ。同時に弁護士は、決して破るまいと思う自分なりの行動規範に従って行動を決める必要がある。そのため、弁護士の雇用を所有するのがいくら私であっても、仕事は弁護士が所有することになる。

もとより、職業上の行動規範が明文化されていても、専門家がそれらの規範を遵守することが保証されるわけではない。ただし、保証されない理由は、人間は誰もが罪人であり、その職業が目指す限りなく崇高な志を実現できない運命にあることだけではない。もし、多くの人にとって、行動規範を守り抜けない理由が、どちらかと言えば俗な動機（つまり収入を得ること）のほうを優先してしまうからではなく、この規範が求めるものをそもそも理解できていないからだとしたらどうだろう。そのような規範それ自体が、認識論的理解を求めるものだとしたら……。

1つの関係における2つの権力のあり方を意味構成するリンの能力が、専門職と目される特定の種類の職業に無条件に付随する能力でないのは明らかだ。「専門家」でもそのような能力が欠けている場合があることを誰もが知っているし、一方でブルーカラー、聖職者、サポート部門のスタッフといった「専門家ではない人」でもそのような能力を発揮する場合があることを皆、知っている。

ウォーターゲート事件で、リチャード・ニクソン大統領が司法長官のエリオット・リチャードソンに対し、アーチボルド・コックス特別検察官を解任することによって部下としての忠誠を示せと言うのに対し、リチャードソンは職を辞することによって忠誠を示した。このとき、リチャードソンが発揮したのが件《くだん》の能力である。そして、司法長官の職は失ったが、仕事に対するオーナーシップは持ち続けた。だが、同じ能力は、私が『進化する自己』で取り上げた無名の掃除婦も持っている。この掃除婦は、特定の掃除用具をはじめ自分にとって必要な数多のものを、契約を結ぶ前に雇い主にはっきり伝えて、自分の基準で仕事ができるようにするのである。

リンが示す能力——職場での1つの人間関係のなかで、権力と権威という2種類の概念を持ち続けること——を、人々は、「プロフェッショナリズム」に対する自分たちの認識と重ね合わせるかもしれない。だがやがて、弁護士なのに専門職ではない、掃除婦だが専門職というケースがあると気づくことになる。もしかしたら、「専門職」であるということの意味は、外面的な社会的定義より内面的な心理的能力と関係が深いのかもしれない。

これを理解するのにうってつけなのは、ブルーカラーもホワイトカラーも含めたすべての被雇用者が、ヒエラルキーの下位に位置していてなお仕事のオーナーシップを持とうと奮闘している状況だろう。そのような状況においては、あまり権力を持たない位置にいながら、より強い権力を持つ人に立ち向かうことのできる人がどこかにいる。

映画『ノーマ・レイ』で主人公の工場労働者ノーマ・レイが「ＵＮＩＯＮ（労働組合）」と書かれたボードを高々と掲げるシーンには、ハリウッドらしい脚色があるかもしれない。しかし私は、労働組合の関係者らが次のようにはっきり言うのを聞いたことがある。労働組合は、やはり労働者の外の存在として指示を出すかもしれないが、一方で、労働者が自身の声に気づいて育てる、つまり自分自身の内なる権威を創造する手助けができるかもしれない、と。[4]

台湾の労働教育者リンチン・シアの研究調査にある、ハリウッド、いやアメリカからも離れた事例を紹介しよう[5]（シアは、台湾における「完全自律型の組合」——経営者からもオーナーからも指示を受けない労働者組織——の実現への取り組みを研究している）。その事例でシアが取り上げたのは、そのような組合をつくり始めた初期段階における、重大な場面についてのストーリーである。

社員２５０人が集まる話し合いの場に、会社のオーナーがいきなり入ってきた（ちなみに、このオーナーは社員から「若社長」と呼ばれていた。先代のオーナーの息子であり、多くの社員が彼を、工場で遊んでいた幼少の頃から知っていたためだ）。組合幹部のひとりが畏《かしこ》まった様子で、「今まさに検討している問題についてお話しいただけませんか」と尋ねた（社員たちは、会社が近々設立すると提案している組合と、一部の工場労働者が提案している社員主導型の組合との違いについて話し合っていた）。若社長は、次のように語った。いわゆる組合というものを、自分は昔から支持してきた。会社が提案している組合の運営方法はよくできていると思う。なのになぜ社員のみんなが首を縦に振らないのか理由がわからない、と。最後には、強い感情を込めて言った。自分は社員に、わけても子どもの頃まさにこの場所で遊んでくれた社員に、長きにわたり深い親愛の情を抱いてきた、と。シアは次のように記している。

> それまでの熱い話し合いの場が、一瞬で静まりかえった。若社長の話に、すぐには誰も反応せず、3分ほどのあいだ皆、押し黙る。その後、J氏が立ち上がって話をした。J氏の話は、「心優しい家長」と「立派な家族」という情緒的なつながりを、産業社会における労使関係という構図へとリフレーミングするうえで、重要な役割を果たすことになった。

以下に、J氏の（英語に翻訳された）発言を紹介する。

私たちと快く、じかに話をしてくださって、ありがとうございます。……あなたの行為からは社員を思いやり守ろうとする温かさが伝わってきます。

ただ、組合をつくることは私たち社員の問題です。社長という立場であるがために、あなたの心遣いや真摯さが社員にとってあだにならないとも限らないのです。これは、人としてのあなたがどうのということではなく、ひとえにあなたの立場ゆえのことです。

今、あなたは社長としてここにいらっしゃいます。なので、あなたの言葉は「命令」に近いものに感じられます。そんな状況であなたと対等に話をするのは、社員には不可能に近い。この重要な局面において社員に必要なのは、自分たちだけで組合をつくることのできる空間です。

今は、どんなに「気遣いのある」提案でも、社員の新たな取り組みを邪魔することにしかならないでしょう。あなたは「温かい」提案をしてくださっていますが、それを受け容れるかどうかに関して、社員は自分たちで決める必要があります。それが可能な場が、今まさに社員には必要です。そして社員には社員の、独自の案があること。これが何より重要です。[6]

シアによれば、J氏が介入すると、その後はしだいに、社員たちは経営陣の提案に対する不満や反対意見を、若社長がいてなお述べ始めたという。シアはさらに次のように記している。

家長と家族の関係を絵に描いたような展開になった。古参の社員数人の対立に対応するうちに、若社長が悲しみとショックを吐露したのである。頬に涙を伝わせながら、彼は言った。

「今まで生きてきて初めて、自分が資本家であることを思い知らされた」

社員のなかで、その涙に心をゆさぶられない者はいなかった。少数ながら、申し訳ない気持ちになる社員もいた。J氏は、これが最大の危機だと思ったという。なぜなら、若社長の涙によってある種の罪悪感が生み出され、何か悪いことをした気になる社員が出てきたからだ、と。そこでJ氏はもう一度、事態を決定づける介入をした。次のように述べて、心ゆさぶる涙をリフレーミングしたのである。

「苦しい思いでいらっしゃるだろうとお察しします。どうすれば現代的な社長になれるかを学ぶこと、困難に立ち向かうことは、調整という難しい作業にほかならないからです。これは、私たち全員が立ち向かい、経験する必要のあるプロセスです……現代的な経営者へ変わるための代償なのです」

J氏が介入すると、場の緊張がいくらか和らぎ、皆で社員たちの案について議論を続けることができた。[7]

J氏は、地球の反対側にいるリン同様、仕事に対するオーナーシップを持ち、かつ維持している。リンと同じく、J氏は、敬愛によって上司としっかり絆を保ちつつ、その絆に自分が呑み込まれてしまわないようにしているのである。

シア曰く、そうするためには、経営者と社員という染みついた文化的定義から、ヒエラルキーの上位にいる人に服従する習慣から、家父長制的な伝統から、J氏は距離を置く必要があるという。中国とアメリカでは文化が違っていてなお、シアは次のように明言する。そんなふうに距離を置くためには、J氏も社員たちも、従っている相手への恐れ（まるで、脅されるから服従するかのようだ）を克服するだけでは不十分だ。自分自身を、すなわち、そのような服従を適切だとする自分自身の線引きを変えなければならない。若社長に涙を流させてしまったことに対する心の痛みを乗り越えなければならない、と。J氏は、雇い主と仲間の社員たちの両方に、「相手とのつながり」と「相手が果たす役割とのつながり」との区別を教えている。また、興味深いことに、自身が教えている考えに、みずから現代的《モダン》という表現を用いている。

同様に、昔からより強い立場の専門職の下位の職位とされてきた専門職——医師に対する看護師、学校経営者に対する教師、聖職者に対する宗教教育者など——は、そのような立場であるにもかかわらず、不可侵性《インテグリティ》とオーナーシップを確立・維持しようとしている。病院、学校、教会といった組織のなかで弱い権力しか持たないのに、先述のJ氏をはじめとするそのような職業の一部の人々は、長く続いてきた人間関係と忠誠心を本質的に意味構成し直そうとしているのである。歴史を振り返ると、劣位に置かれる専門職は女性向け、優位の専門職は男性向けであることが多いため、J氏のような人たちは、伝統的な関係を「家父長制的」と表現し、「呑み込まれ吸収されること」に警戒するよう注意を促している。

たとえば、1990年発行の『ナーシング・アウトルック』では、「家父長制の倫理的失敗」というタイトルで特集記事が組まれている。[8]同誌の別の記事では、看護師養成プログラムを担当するジョイス・ロバーツが次のように書いている。

「看護師と医師の協力はずっと、上位の役職に呑み込まれて吸収されるのも同然だとみなされている。なぜなら、看護師が『協力して行っている』と考える仕事を、医師はともすれば『自分が指揮監督している』と考えがちだからだ[9]」

仕事のオーナーシップを持つということ

大人は仕事を「所有」するものだという要求（あるいは期待）に応えられるようにするこの心理的能力は、

具体的にどんな能力なのか。リンやJ氏のような弱い立場の職業の人々は、組織においてより強い権力を持つ人たちに邪魔をされそうになりながら、なぜ仕事に対するオーナーシップを持ち続けられるのか。

この点についての理解を深めるために、ピーターの話について考えてみよう。リンの話と同様、ピーターの話にも、バランスを保つというテーマが一貫して流れていると思われる（とんでもない数のボールをうまく操ろうとしていると、ピーターは表現している）。ただし、リンの言うバランスとは種類が違う。

リンは、キャロラインがつかの間彼女を「呑み込んで吸収」しようとするときに、反射的あるいは無意識に行動して、仕事に対するオーナーシップを回復すると思われる。一方ピーターは、反射的・無意識に行動するのは同様だが、自分が最も一体化しているバランスを回復するように思われるのだ。

ピーターをセーフスリープ事業の社長にしたいという意向を示した重要な会話のなかで、アンダーソン・ライトはピーターの職務の性質だけでなく、ピーターに対するアンダーソン自身の期待についても意味を再構成する。ピーターとどのようなつながりを持ちたい、あるいはどのようなパートナーでありたいか、そしてピーターに自分とどのような関係でいてもらいたいかについて、意味を構成し直すのである。ピーターが社長を引き受けたのは、意識的かつ慎重な選択ではない。ちょうど、恩義とチームメンバーに関するキャロラインの考えを正し、仕事に対するオーナーシップを明確にするのが、リンにとって意識的かつ慎重な選択ではなかったのと同様に。ピーターは、アンダーソンが関係を新たな場所に移したのを目にした。そして、自分が一体化している種類のバランスを回復するために行動を起こし、アンダーソンに従った。ピーターは、仲間内での自分のいるべき場所をしっかり守るために必要なことをしたのである。

バランスを崩す力だと感じるものを相殺《そうさい》するための反射的・無意識の行動によって、私たちが所有する責任ではなく、私たちを所有する責任、すなわち私たちが同一化している責任が明らかになる。言い換えるなら、私たちが所有する責任ではなく私たちとイコールである責任、つまり私たちにとって「主体」である責任が明らかになる。リンとピーターはどちらも責任感が強い。職場で責任を果たすにあたって何か支障が出てくると、ふたりとも落ち着かなくなり、「このところ、仕事が手に負えない」と感じる。責任を果たす際には、ふたりとも勇気を示す。行動を慎むよう警告する上司の話をさえぎるのは、リンにとって簡単ではなかったはずだ。ピーターにしても、これからどんな生活が始まるのかとたちまち不安になるような仕事を引き受けるのは、かなり大変だっただろう。ふたりの違いは、責任感の強さにあるわけでもなければ、同一化している責任を果たすべく行動する勇気にあるわけでもない。違いは、責任そのものにあるのだ。

職場でのピーターの苦境を、それ見たことかという目で見るのはたやすい。部下からの期待と上司からの要求のバランスをとろう——すべての人を喜ばせ続けよう——とするあまり、彼は途方に暮れ、すんなり行動できなくなっている。なぜなら、一方との関係を修復あるいは維持するために行動すれば、もう一方にとって問題が起きたり不利益が生じたりするからである。

自分が基本的に部下だったあいだ——アンダーソンとキャッチボールができていたあいだ——は、そういう問題はなかった。だが、自分が采配を振る立場になり、アンダーソンからも部下からも采配を振ることを期待されている今、オフィスや秘書こそ同じだが、職場が一変した。ピーターはなんとかしてこれまでどおりの役目を果たそう、つまりアンダーソンの期待を理解し、それに応えようとするが、仕事が別ものになった気がして仕方がない。なぜなら、アンダーソンが新たに期待しているのは、つまるところピーターが、アンダーソンの期待に応えるのをやめて、みずから采配を振ることだからである。

状況ががらりと変わったとピーターは表現しているが、期待が変わったのに状況は同じであるかのようにアンダーソンがふたりの関係の意味を再構成し、そのなかにピーターが身を置き続ける限り、ピーターが職場で違和感を覚えなくなることは決してないだろう。そして、（大人向けのパジャマについてにしろ、製品ラインを独立させることによるマットレスの売上げへの全体的影響についてにしろ、ピーターの新たな仲間ハロルドについてにしろ）アンダーソンの意見と評価を、ピーターは、関係者からの率直な反応ではなく、関係者が期待を間接的に伝えてくる方法と捉え続けるだろう。

　アンダーソンが、采配を振るのは自分ではないことを明確にすればするほど、ピーターはますます、アンダーソンの「腹の内がわからない」、あるいはアンダーソンはこの事業から距離を置いていると感じることになる。アンダーソンはハロルドを信用していないのではないかとピーターは思うが、アンダーソンが関心を持っているのはハロルドではなく、むしろ、ハロルドに対するリーダーシップをピーターが放棄しているように見えることのほうかもしれない。

　結局、ピーターの問題とは何なのか。リンなら、上司がアンダーソンのような人でも着実に前へ進む様子が目に浮かぶが、ピーターはうまくできていない。マネジメントに関する文献では、ピーターのような人は過度に臆病で、依存心が強く、他者に認めてもらうために信念を曲げる人と評される。たとえば、P・ブロックは著書『21世紀のリーダーシップ』のなかで、次のように記している。

「他者に認めてもらうことに集中していると（中略）いちばん受けのいい道を見つけるために（中略）みずからの不可侵性《インテグリティ》を犠牲にするリスクを冒すことになる」[10]

　その意味は、ピーターが、負うべきとされている責任と調和して行動しているということではなく、すべてに優先する性格上の弱点、つまり承認欲求のために、責任を事実上打ち捨てているということだ。ピーターには、仕事とそれとの関係とを理解する何か別の計画、ビジョン、あるいは方法があるが、それは自身の不可侵性《インテグリティ》とはあべこべであり、彼は自分の一貫したあり方を犠牲に、あるいはないがしろに、もしくは

『21世紀のリーダーシップ』
安藤嘉昭訳、産業能率大学出版部、1990年
（本文は独自に訳出）

ひそかに傷つけている、という意味である。

このように、ピーターの「依存」は、あたかもアルコール依存症——酒を断とう、信頼に足る市民であろうという決心を吹き飛ばしてしまうほどに飲みたくなる、抑えがたい衝動——であるかのように捉えられている。この見方によれば、ピーターの性格上の欠点、つまり依存症を取り払うことができたら、彼がすでに持っている「不可侵性《インテグリティ》」がきちんと作用する、ということになる。

マネジメントに関する文献にも、ブロックの前述の著書にも見られるもう1つのアプローチは、説教めいてはいないが、基本的にやはり「本当の」ピーターをポイントにしている。ピーターに必要なのは、依存症の治療ではなく、学習のつまずきの改善だというのである。この見方によれば、ピーターには、自分を主張するスキル、自由に行動できる空間を要求するスキル、周囲のあらゆる人の必要性や要求を満たさなければ申し訳ないと思うのをやめるスキルが欠けている、となる。

つまりこういうことだ。ピーターには一揃いのスキルが不足しており、それらが「インプット」される必要がある。ピーターが頭脳明晰なのは間違いないが、どういうわけか、職場でうまく任務を果たすのに必要なことを学ばずじまいになっている。ゆえに、頭で理解することを増やす必要がある、と。

これは基本的に、ピーターの問題に対しての、知識を与える（informational）スタンスである。「中毒者」で依存心の強いピーターの「形態《フォーム》」が変わる必要がないのと同様、ピーターの「形態《フォーム》」、つまりピーターのマインドも変わる必要はない。「悪い」ものを形態《フォーム》から取り出す（依存症の治療）か、さもなくば「よい」ものを形態《フォーム》に入れる（学習のつまずきの改善）かすればそれでいい、ということである。ブロックは、「個人に権限をしっかり持たせる方法を編み出す」よう雇い主を促す際には自身の考えを明確に述べているが、[11] どうすれば雇用主が従業員にもっとみずから考え行動できるようになってもらえるかについては、そこまで明確に述べることができなかった。

知識を与えるスタンスでは、形態《フォーム》についてはそのままにし、人々が何を知っているかを変えることに集中する。つまり基本的に、自己変革するためのトレーニングモデルである。これを、別の状態へ形づくる(transformational) スタンスと比べてみよう。このスタンスでは、形態《フォーム》こそを危険にさらし、人々がどのように知るかを変えることに集中する。つまり基本的に、自己変革するための教育モデルだ。education（教育）は、ラテン語の動詞 ducere（「to lead」＝「導く」の意味）に接頭辞 ex をつけた語であり、「外へ導き出す」ことを含意する。トレーニングが知識を蓄え、増やすのに対し、教育は、なんらかの意味構成あるいはマインドの意味構築から、より大きな意味構成あるいはマインドの意味構築へ、私たちを導き出す、もしくは解放するのである。

ピーターの苦境に対する、別の状態へ形づくる見方では、「相反する期待というボールをジャグリングしているとき、ピーターは自分の不可侵性《インテグリティ》を犠牲にしている」との考えを否定する。というより、ジャグリングせざるを得ないときにピーターがあらわす、現在のマインドの形態《フォーム》という不可侵性《インテグリティ》を深く考える。

また、ピーターの「依存性」は、「あっという間に体内に広がってなかなか治らない病気である」とか「本来の素晴らしい性質にできてしまった、取り除くべき悪いものである」との考えを否定する。というより、ピーターの言うなれば「依存症」は、ピーターが形成される過程の付属物が申し分のないあらわれ方をしているのではなく、ピーターという人間が形成される過程の核心が申し分のないあらわれ方をしていると考える。

さらには、ピーターが今まさに調和している現在の不可侵性《インテグリティ》――現在の彼という人間を形成している申し分のない方法――は、彼が職場で直面しているカリキュラムに合っていないかもしれない、と考える。そのような状況に陥っていても、恥じる必要はない。学生が、真に成長しなければこなせないカリキュラムを突きつけられたからといって恥じる必要がないのと同様である。一方で、アメリカ実業界に、人々が職場でもっと力を発揮できるよう支援するためのエネルギーや関心や資金が欠けているかといえば、それも違う。欠けていると思われるのは、職場でもっと能力を発揮できるようになるための、ただし人々が支援を必要とする変化についての十分な認識だ。足りないと思われるのは、仕事に関する要求――仕事の隠されたカリキュラム――が、新たな一揃いのスキルを「加える」ことではなく、新たな意識の入り口に到達することを求めているという理解である。

マネジメントの専門家と子育ての専門家が情報交換しない世界でなら、当然のように、責任に対するピーターの形態《フォーム》を「依存症」と呼び、それは人間をむしばむ性格上の病気であるとみなしてしまうだろう。ブロックによれば、この「依存症」の本質は、次のような誤った考えだという。

「知識の源として基本的で最も信頼できるものは、みずからの外にある。崇め敬われるべき英知は自己の外に存在する、と言ってもいい。組織における外的な権威へのこうした崇敬の念によってこそ、強烈な依存心と他者に認められたいという願望が生み出される[12]」

だが、この「見当違いの」考え方、感じ方、敬い方が、リンとピーターの息子マティのなかにはっきりあらわれても、「依存症」と呼ばれることはない。人間をむしばむ病気とみなされるどころか、重要かつ必要な進歩をしているとして、いやそのような考え方ができてこそ、ティーンエイジャーへの数多の期待に応えられるとして歓迎されるだろう。

多くの心理学者が、私たちの文化は思春期と成人期を明確に区別していないと述べるが、彼らがいかに間違っているかを示すのに、これほど説得力のある例はない。思春期は明確な区切りを持つ最後の段階であり以降は発達理論が立ち入れなくなるとか、思春期が終わり成人期が始まるその境目は曖昧だ（自分で決めるものだ、あるいは実在しない）とか、そのような考え方は過去のものとすべきだろう。ティーンエイジャーに要求されるものと大人に要求されるものは、幼児期と潜在期、あるいは潜在期と思春期に要求されるものが全然違うのと同じくらい、劇的に異なる。さらには、まだ認知されていないが、成人期においてそうした期待に応えるためには、質的に異なる次元の意識――魔術的思考と具体的思考、あるいは具体的思考と抽象的思考の違いと同程度に異なる次元の意識――が求められる。

忠誠心をコントロールする

リンが仕事を「自分のものとして所有」し、オーナーシップを、奪われそうになってなお持ち続けられるのは、専門職の立場であることだけが原因ではない。また、ピーターがすべての同僚を満足させられないことを気に病むのも、「依存心が強い」ことだけが原因ではない。むしろ、これらのバランスの違いには、意識の次元が全く異なること、すなわち、理解の仕方において何を主体とし、何を客体とするかの差が反映されている。

　リンは無意識ながら、上司のキャロラインとのやりとりを複雑に意味構成するなかで、2つの関係を1つに統合していた。2つの「サブ関係」のうち一方では、リンは部下であり、ヒエラルキーにおけるキャロラインの優位を認識し、敬っている。だが、もう一方のサブ関係では、リンはもっと強い権威を持ち、自分にとって不可欠な労働環境を守っている。どちらのサブ関係を意味構成する場合も、「持続的カテゴリを超えた」理解の構造が要求される。そして、異なる2つの「サブ関係」を1つの複雑な関係に統合するためには、「持続的カテゴリを超えた」構造を客体として捉える能力、つまり少なくとも第4次元の意識が要求される。もし、ある人が「持続的カテゴリを超えた」構造を主体とし、その支配下にあるなら、その人は、「持続的カテゴリを超えた」構造を、新たな理解の仕方に組み入れることはできないだろう。

キャロラインに対するリンの態度については、多くの人が「境界を守る能力がある」と評価するだろう。だが、もし自分と「持続的カテゴリを超えた」構造を区別する――その構造に支配されるのでも、それと一体化するのでもなく――能力がなかったら、守る必要のある境界自体を持たないことになる。他者との社会的関係のなかに反映される「境界」は、社会的領域の話ではない。境界の向こう側に存在しているのは、相手ではなく、相手の主張だからである。社会的なやりとりのなかで私たちが明らかにする境界には、私たちが心に持つ内なる境界が反映される。リンは、自分に対するキャロラインの主張にどの程度の強制力を許すかを制限できるが、それはリンが「持続的カテゴリを超えた」理解の仕方を自分のなかで調整できるからである。リンに対するキャロラインの期待（キャロラインのほうが優位なサブ関係から生まれる期待）も、キャロラインに対するリンの期待（リンのほうが優位なサブ関係から生まれる期待）も、リンには調整可能だ。いずれの期待も、より複雑なシステム――リンが理解の仕方において従っているシステム――のなかに存在する。キャロラインがサブ関係をしばし高みに移そうとすると、リンのバランスが崩されるが、リンはそれを回復させるのである。

それにひきかえ、ピーターは、アンダーソンやハロルドやテッドのような人たちに「権限を渡して」しまい、その人たちの関心事が自分の関心事になってしまうタイプとしておそらく評される。これはエンパワーメントに関する文献でしばしば見られるタイプであり、「権限を持たない」人というのは、「自分の権限を手放す」ことによって、他人を大きくし、自分が小さくなる人だと述べられる。そのため、言うまでもないことだが、トレーニングして身につけるべきは、手放してしまったものを取り戻す方法ということになる。だが、どのような管理者研修が「権限を持たない人」にとって効果的かに関しては、全く別の意見がある。その人は権力も権限も決して「渡す」ことはない、なぜならそもそもそういうものを持っていないからだ、という考えから生まれる意見である。

ピーターが感じるバランスの崩れは、「他者の期待」というカテゴリを彼のシステムのなかの然るべき場所に存在させても回復することはできない。このバランスの喪失は、期待というカテゴリのなかで生き――そこに存在し――、別の誰かを失望させずに誰かの期待に応えるのは不可能だと気づくことから生じているのである。ピーターは、他者の行動に対処して仕事の所有者になろうとしないだけでなく、他者の行動によって自分が守るべきものを失う結果になっているという意味においても「措置を講じる」ことができていない。ピーターが、「アンダーソン（ピーターとの関係を定義し直す）やハロルド（実質的にセーフスリープの社長ピーターのために方向性を示す）のせいで自分自身のなんらかの部分を壊したりあきらめたり捨てたりさせられている」とか、「彼らが生み出す定義や方向性に自分が心穏やかなのは、自分の生み出す定義や方向性と一致しているからだ」と感じているとは、とても考えられないのだ。ピーターは「境界の侵害」に対して抗議も同意もしない、なぜなら、彼はそのような種類の境界を生み出していないからである。職場でそういうことをしようとする様子が、彼にはない。バランスは、ここでは崩れない。リンの仕事は彼のとは違う。彼は、他者からの要求を、調整することも脇に置くこともない。むしろ、自分のほうが要求に調整されているのである。

変容を目指すすべての管理者研修でまず取り組むことになる問題、それは、受講者が心理面で管理できるようになるべきは何か、という問題である。ピーターの場合は、仕事仲間に対する忠誠心を維持できるようになる必要がある。リンは、そうした忠誠心が、それを含むより大きなシステムの目的を侵害するのを阻めるようになる必要がある。ある意味、「管理者研修で最初に取り組むべき問題」に対する答えは、常に同じと言えるかもしれない。つまり、人々が心理面で管理できるようになるべきは自分自身である、と。ただし、この管理が含意するものは、自己がどのように意味構成されているか——結びつきの中心原則、基本となる忠誠、主たる脅威が、自己にとってそれぞれ何か——によって違いが生じる。

自己が「持続的カテゴリを超えた」理解の仕方に基づいている場合（ピーターはたぶんそうだろう）、相反するさまざまな期待に応えられそうにないとなったら、落ち着いて自分をコントロールすることが難しくなるかもしれない。それをピーターが「依存症」と感じるはずはないし、ピーターはリンほど「自分に忠誠を尽くしていない」と私たちが考えることもない。もし自分に忠誠を尽くすことにリンがピーターほど困難を感じていないとすれば、それは、リンの理解のシステムが数々の期待を1つにまとめられるからではなく、リンがそれらの期待よりも、自分の理解のシステムに根差す原則を優先できるからである。この原則のおかげで、忠誠、人間関係、期待、価値観、信念の各「持続的カテゴリを超えた」構造を調整あるいは調節することが可能になる。それらが対立しているときに、いずれかを選んだり優先順位をつけたりできるのである。

これらの「持続的カテゴリを超えた」構造がまさに、ピーターがジャグリングしようと苦労しているボールだ。彼がなんとかして操ろうとしている5個、10個、いや15個のボールの1つひとつが、忠誠（loyalty）、価値観、期待、あるいは信念なのである。ボールを、彼はもはやアンダーソンに返すことはできない、なぜならアンダーソンにもうボールを受け取る気がないからである。

ボールをきちんとコントロールできるジャグラーなら、ボールを実は自分自身に投げていることを理解する。だがピーターは、ボールをコントロールできていない。ボールの扱い方がわかっていないので自分に投げることができず、そのため地面に落とさず宙に浮いたままにしなければと必死になっているのである。しかも、彼はそれらのボールと一体化しているので、自分も「宙に浮いて」、自身と責任が地面に落下しないよう懸命になっている。複数のボールと一緒に自分自身も宙に浮いているため、いずれかのボールに何かが起きるたび、彼は直接かつただちに影響を受けることになる。

その点リンは、仕事のうえで自分にとって重要な忠誠と価値観と期待を調節するという意味でしか影響を受けない。結果として、自分が一体化している体系的な理解の仕方によって、それらを捉え、扱い、取り組むことになる。

マネジメントに求められる能力とは

管理すること（マネジメント）――ビジネスに関する文献やビジネススクールでの最大の関心事――という概念自体が示唆するように、対処、段取り、設定の調整、決定、実行、巧みな解決、運営、統括という行為には、著述という第4次元の意識の能力が必要である、または含まれると思われる。心理的に一段と異なるこの理解の仕方は、自分自身とさまざまな役割をまず区別することによって役割を意味整理するという社会的能力のなかにあらわれる。すると、より深い内面性を示すそのような理解の仕方によって、方向性と価値観の源泉たる自己――現在の社会的環境ではなく――がつくり出される。こうした能力は、職場で私たちになされる期待のうち最大の期待――労働を所有せよ、あるいは生み出せという期待――だけでなく、あらゆる期待において求められる。

問題をある枠組み《フレーミング》で捉えたり、調整を始めたり、容認できる状況かどうかを判断したりすることを、誰かほかの人がしてくれるのを当てにせず、みずから行動・修正・評価せよという期待が、仕事に関する多くの文献でもリンとピーターのストーリーでも、至る所でなされている。ある意味、この期待は、仕事に対するオーナーシップを持つことの延長線上にある。なぜなら、仕事を心から自分のものとして捉えるなら、人はおのずとそういう行動をとるからである。リンとピーターの苦境は、究極の2つの例であり、仕事のコンテクストによっては挑戦的なカリキュラムを効果的に支援するための必要条件を満たせなくなるかもしれないことが示されている。リンの例の場合、導入された「SBM」という方針は、早い話が上司より自分自身をもっと当てにせよという要求だが、ハイランド中学校では、上司が本当はどれくらい部下にみずから行動してほしいと思っているかに関して、上司自身が矛盾を抱えているのである。

別に珍しいことではない。自己著述的であれという認識論的要求があらゆるレベルの従業員に対して高まってきていると、私やほかの誰かが指摘しても、無視できない事実として、多くの雇用主はそのような要求を一切していないし、要求すべきかどうか迷いさえしていない。実のところ、文化がティーンエイジャーに望むこと――社会に適応した、信頼の置ける、忠誠心ある働き手、明確に定められた義務を誠実に果たし、雇用主がちらりと見せる指示や望みを敏感に察知・理解する働き手になること――を従業員に対して望んでやまないのは、一部の雇用主だけだ（ただし、そのような雇用主は、業績のよい企業あるいは優良企業［いい言葉だ］の経営者がするべきだと専門家や研究者の考えることが実行できていない）。より多くの雇用主は、従業員にみずから行動・修正・評価してもらいたいのは確かだが、その度合いについて葛藤している。彼らは、従業員の「依存度の高さ」を非難し、自分で自由に決めればいいあらゆることについて子どものようにいちいち伺いを立てに来る従業員たちのせいで「ビッグ・パパ」や「ビッグ・ママ」にされてしまっていると嘆く。そのくせ、同じ従業員がみずから行動しようとすると、巧妙に罰を与えたり、あからさまに妨害したりする。[13] そのように矛盾するメッセージは、第4次元の意識を要求する事実は変えずにおきながら、要求に応えることを難しくする。リンは、この要求に応える準備がしっかり整っているのかもしれない――要求に応えようとするリンを支援する準備を、キャロラインが整えているよりもしっかりと。

アンダーソンが、セーフスリープ事業をピーターが社長の独立会社とし、自身を「銀行の担当者」として意味構成し直すのも（ブロックの言う、従業員への権限委譲のためのリフレーミング）、従業員にみずから行動することを要求するものだが、この場合、アンダーソンはその要求と調和して行動できるように思われる。人々が判断を求めてやってきても、ピーターがするべき判断であれば、アンダーソンは突き放し、ピーターが名ばかりの社長になるのを食い止める。ピーター自身が判断を求めてやってくるときも、アンダーソンはピーターがみずから名ばかりの社長になってしまわないようにする。

だが、ピーターの状況は、別の意味では、やはり支援されていない。どう見ても、彼は「キャパオーバーのあっぷあっぷ状態」に陥っているのだから。犬は水中深く放り込まれることによって泳げるようになるかもしれないが、第4次元の意識に対する力は本能ではない。それは発達するものである。また、意図がどれほど思いやりに満ちていようと、アンダーソンはよきメンターとしての務めを半分しか果たしていない。やりがいのある課題を与えたものの、そこからピーターが学ぶための支援を何もしていないのだから。ピーターは、ハロルドのみずから行動する能力という生命維持装置にしがみついて浮き続けていると思われる。だが、第4次元の能力を借りること、いや報酬を払って借りることは、その能力を自分で発達させるのを支援してもらうこととは別ものである。

みずから評価・修正せよという要求は、自分のなかに基準を持つことを要求する。単なる「持続的カテゴリを超えた」価値観ではなく、大切なものは何かについての考え方《セオリー》あるいは指針——第3次元のさらに先への、高次の飛躍——を求めるのである。すると私たちの忠誠が、ある1つの価値観を順守することから、大切なものを生み出すあるいは考え出すプロセス——これまでずっと心理社会的環境によってなされていた判断――を順守することへ変容する。

意図せず第4次元の意識を要求する雇用主は、そのような種類の、従業員の価値観を決定づけるような心理的環境になるのをなんとかして避けたいと思っている。ローランド・バースは、学校長として教室を巡回するときに教師のなかにどんな緊張感が見えるかについて書き、次のような考えを述べている。

教師たちは、授業と期待との不一致、つまり「自分が実際にしていること」と「学校から要望・期待されていること」が違うのではないかと、そればかりを気にしているように思われる……。校長たる私が個人的に目指していることの1つは、いつ誰と校内を歩いていても、どの教室に入っても、生徒や教師にほとんど注目されないことだ。見向きもされないのを私はうれしく思う、なぜならそれは、教師が授業に集中していて、無関係な人間の思惑などより、ひとりでも多くの生徒にとってわかりやすい授業ができているかに心を砕いているということだからである。

注目されないことを私が重視するのは、授業プランとその理由を教師自身が把握していることを示す証だからだ。そのプランが自分にとってもクラスにとってもたいていうまくいくことを、彼らは知っている――そしてときにうまくいかない場合があることも。うまくいかないとき、それは教師と校長の問題ではなく、教師と生徒の問題であることも、彼らは知っている。誰かが教室に来ても礼儀を守りつつ無関心でいられる教師は、多くの場合、有能で自信に満ちている。人としても教師としても、信頼できるのだ。そういう教師にとっては、「自分が実際にしていること」と「学校から期待されていること」のズレは気にならず、むしろ「自分が実際にしていること」と「自分ができるようになりたいこと」のズレが問題になる。教師としての行動と、生徒と学習についての信念を調和させようとしている教師は、他人の期待に沿っているかどうかなど、まず意に介しない。

逆に、何を大切にするかについて確信を持てずにいる教師は、他人にいそいそと答えを押しつけられることになる。教育的空虚――つまり中身のない教師――は、他の教師や保護者、校長、教育委員会、教育長らによって、あっという間に頭のなかをいっぱいにされてしまうのだ。[14]

バースは、学校におけるリーダーシップについて優れた考えを発表しており、教師の専門能力開発に力を注ぎ続けている。だが、第4次元の意識を持つ教師を（無意識に）支援する一方、その意識を持つようにという要求をまだ満たせていない教師については厳しい、おそらくは誤った描写をしてしまう。校長の期待の影響を受けている教師はなぜ、「中身がない」し「信頼できない」と評されるのか。誰の観点から考えてそういう評価になるのか。もしかしたら、その教師は信念と責任感にあふれていて、どんなに緊張しているとしても、その態度は心底の思いをあらわしているかもしれない。第3次元の意識で世界を意味構成している教師も、ほかの教師と同様、心底の思いに従って行動している可能性もある。「自分ができるようになりたいこと」と「学校から期待されていること」が同じということもありうる！　心理的に独り立ちしている人を雇いたいと思う校長は、この状況に失望するかもしれないが、その教師に「中身のある」人間になってもらったり「真正の自己」をあらわれさせたりしようとしても、状況を改善することにはならないだろう。

「燃え尽き症候群」をテーマにしたマネジメント関連の文献は、従業員にもっとみずから行動・評価できるようになってほしいという期待と、暗黙のうちに結びついている。故意ではないにせよ、やはり第3次元の意識の人に対してずいぶんな扱い方をしているのだ。[15] 文献の多くは第4次元の観点から書かれており、大人は誰もが一様に第4次元であることと、燃え尽きる人は基本的に意志が弱く、納得のいく仕事の仕方をやり通す勇気あるいは自信が欠けていることが述べられている。

燃え尽き症候群という造語の生みの親であるフロイデンバーガーによれば、ある人が燃え尽き症候群に陥るのは「その人の目標が、外から強制されたものであること」のあらわれだという。「どういうわけか、そうすることを期待されているからという理由でその人は今歩いている道を歩み始めてしまったのだ（中略）その人は断じて心底納得してその選択をしたわけではないし、ゆえに本物の満足感を得ることもほとんどない」[16]

マスラークは、「燃え尽き症候群になりやすい」のは次のような人だと述べている。

気が弱く、他人に対して強い態度をとれず（中略）従順、心配性で（中略）境界を設けるのが苦手な人は、状況をなかなかコントロールできない。そして、状況からの要求を、自分の力の及ぶ範囲に制限するのではなく、要求されるがままおとなしく従ってしまうのである（中略）。燃え尽き症候群になりやすいのは、自信がなく、野心をほとんど持たず、明確な目標もなければ、それを達成するのに必要な意気込みや自信もない人だ。そういう人は、少し強引なくらい積極的に行動して難題に立ち向かうのではなく、状況が課す制約に、自分を曲げて従う。こういう人は自信を持てないため、他人に認め、受け容れてもらうことによって、自己の価値を確認しようとする。[17]

だが、第3次元の観点からすれば、究極の目標は価値を創造する環境と調和する——そのような環境に忠実であることであり、「他人に認め、受け容れてもらうことによって自尊心を確立」しようとすることが「自信のなさ」が原因で起こるのは、わかりきったことではないし、必要なことでもない。そのような人は必然的に、「野心」や「明確な目標」、「強引さ」、「進取の精神」が欠けているのだろうか。それらはひょっとして、何より大切なものは何かについての意味構成が異なることのあらわれなのだろうか。それとも、燃え尽き症候群に関する文献に見られる散々な言い方をする側面には、学校としての文化が、真面目に努力しているにもかかわらずカリキュラムについてこられない人たちに対して、故意ではないとはいえ、どれほど冷たくなりうるかが示されている。教える必要のない生徒を贔屓《ひいき》する、ひどい学校なのだ。第4次元の意識を期待される学校に第3次元の意識のまま行けば、生徒はいよいよ燃え尽き症候群に陥るリスクにさらされるだろう。

しかしながら、問題はもっぱら燃え尽き症候群になりやすい人にあるとするこのような見方から私が思い出すのは、「現実の」生徒と「現実の」学校のあいだのミスマッチだ。正確な情報源が見つからないのだが、1960年代、危機にさらされる学童をテーマとするウォルター・モンデール主宰の上院委員会で、忘れがたいイメージを示しながら証言がなされている。証言者は委員たちに向かって次のように述べた。移住労働者の子どもたち――他のすべての子どもと同様、親の愛や称賛や喜びを一身に受けてこそ立派に育つ子どもたち――が、親が農場で働くのを見つめているところを思い浮かべてほしい。4歳になる頃には、この子どもたちは両親が農場で働く目的や意味といったものが理解できるようになり、手伝うこと（子どもとしては手伝っているつもりのこと）が肉体的に可能になる。子どもは、果物をもいだり、かごを短い距離ながら引きずって運んだりして、両親の輝くような笑顔という報酬を受け取る。子どもの行動に対する両親の誇らしげでうれしそうな様子から、子どもたちは、自分が今学んでいることの正しさ、すなわち、素早く強く肉体を動かすことの重要性を確認する。物理的なエネルギーと賢さを見せると両親の顔が輝くのだ、と。

畑でこうしたことを学んで数年後、彼らは小学校に入り、当然ながら、両親に誇らしげでうれしそうな顔をさせたときと同じあり方――学校で新たな大人に出会う前のあり方――を続ける。この立派な（つまり、身体のエネルギーと知性をしっかり使える）子どもたちは、おとなしく座ったり順番を守って行動したり手を使わずに「収穫」したりすることを望む学校と、どれくらいぴったりマッチしているのか。かつて畑で両親を笑顔にしたのと同じエネルギーと知性と誠実さを白人の教室で見せると、教師が難しい顔をしたり、そういう行動はよくないと言ったりすることに、子どもたちはどれほど戸惑うことだろう。この子どもたちが直面する最大のリスクは、「燃え尽き症候群に陥りやすい人」同様、何かが欠けている――なんらかの能力、ことによると野心が足りない――としか見られないことであり、本当の自分《インテグリティ》をあらわしたら、適応できていない証拠だと思われてしまうことである。

「自分自身のビジョンを指針とする」とは何か

２３８ページのリストの3番目、すなわち「自分自身のビジョンを指針として仕事をする（ビジョンを持たずに仕事をしたり、権威あるものの言いなりになったりしない）」によって、本当のところは何を求められているのか。第4次元の体系的あるいはイデオロギー的な理解の仕方は必然的に、「その独自のビジョンによって」、つまりその独自の内なる著述の仕方によって「導かれる」。ビジョンに対する要求は、実際には、イデオロギー的な理解の仕方に対する要求なのである。「イデオロギー」という言葉によって私が述べているのは、「堅固な信念」でも「やみくもに信じること」でも、常識や定説に自己を委ねることでもない。社会学者カール・マンハイムが、最終的に相関主義に行き着く説明体系について述べるのに使ったのと全く同じ意味で、私はこの言葉を使っている。イデオロギー的な理解の仕方は明確に、権力と社会秩序を焦点にしている場合もある。たとえば、台湾の労働組合員のJ氏が、「労働者たちに対する若社長の『家父長のような』訴えかけには、取り込んで吸収する性質がある」と、即座に政治的分析をしたケースがそうだったように。いや、職場環境に対するリンの理解のケースのように、権力や社会秩序といった側面があまり明確にあらわれない場合もある。ただ、どちらのケースにおいても、この考え方によって、人間関係を熟考できるようになる。そして、それらの人間関係のなかで区別を生み出し、新たな価値観によってすでに整えられているものを意味整理し直すことが可能になる。こうしてみると、私たちに期待されているのは、ビジョン（ジョージ・ブッシュ元大統領は「ビジョンとかいうもの」と呼んだ）を持とうとすることではなく、むしろ、価値を生み出せるように理解を意味構築する能力と言えるかもしれない。

ハイランド中学校での仕事に関するリンのストーリーには、この能力が明示的にも暗示的にもあらわれている。学校は「学びの場」であるべきだと話すときには、意味整理のためのビジョンが明示的に示される。

①　学校が教師をどのように評価しているかに関するリンの分析
②　SBMへシフトするにあたり教育委員会が教員に示した準備プロセスに対する批判
③　協調的なリーダーシップについて学ぶために支援を得る権利がキャロラインにもあるという考え
④　キャロラインに対する自分の期待が理不尽であったという評価

リンに関するこれらの点を考えれば、学校を「学びの場」とすべきであるという彼女の考えが、単なるスローガンでないことは明らかだ。そこには、新しい多様な現象を整合性と統一性をもって管理できる概念体系全体が、端的に示されているのである。

この「概念体系」は、筋は通っているものの現実の生活・人々・要求から切り離された、高尚な精神論などではない。社会的に構築された現実、合意されたしきたりや伝統、個人間の忠誠心と期待（リン自身の期待を含む）が渦巻く場で作用することが可能なのだ。

ただし、それらの強力な力がこの概念体系を形づくるのではなく、概念体系のほうが、価値を判断する独自の方法に従って、それらの強力な力を意味構成し直したり調整したりする。ハイランド中学校のほかの人たちは、評価プロセスが妥当であるかのように、校長が無能であるかのように、あるいは教員に対する説明会が適切であったかのように行動するかもしれない。だが、リンの概念体系は、そのような現実の形づくり方を自分のなかの基準に照らし、「基準に達していない」と独自に判断する。リンは、自身の期待――キャロラインは新しい協調的な運営方法をすんなり始められるはずだという期待――さえも、この基準に照らし、「基準に達していない」と判断することができる。

この体系的能力は、暗示的にも示される。委員会メンバー（アラン）の提案に対するキャロラインの反応を、リンが批判したときである。リンはこう述べる。

「彼女はアランの案の素晴らしさを認識していませんでした。その案が実は何に取り組もうとしているのかにも気づいていませんでした。その提案に関して自分が受け容れられない部分を、自分の問題として示しませんでした（個人的に受け容れられないことを、委員会のメンバーみんなで話し合って判断する必要があったのかどうか、今でも議論の余地のあるところです）。彼女は、提案に関して自分が受け容れられない部分について、誰かに助言を求めることもありませんでした。つまるところ、ただこう言うばかりだったのです。『私たちにできることではありません』」

リンの言葉は、自身の概念体系について述べるにとどまらず、それがみごとに機能していることを示している。その言葉に内在するのは、否定的なフィードバックを与えることについての、幾重にも層をなす複雑な「ビジョン」、すなわち考え方《セオリー》である。リンの発言は、新たな区別を生み出すように、現象を一般的な意味から解放するように、状況をある枠組みで捉えて《フレーミングして》いる。その言葉に内在するのは、たとえば次のような見解や見方である。

1 ある提案について組織のトップが否定的な評価をしたからといって、必ずしもその提案自体に価値がないとは限らない。
2 否定的なフィードバックを与える場合は、議論や考察を促すように与えるほうがよい。その提案にほとんど価値がないときも、同様である。
3 組織のトップがある提案を皆の前で評価する際には、態度も含めて相応の評価を受ける。
4 ある提案の妥当性と、その提案が意味するもの（解決すべき特定の問題がある）の妥当性を区別する必要がある。
5 提案に対してある人が述べる反対意見と、その提案自体を不愉快だとする考えを区別する必要がある。
6 誰かひとりが提案に反対しているというだけで、ほかの人たちも同様に反対しているとは限らない。
7 組織のトップが提案に反対していることを、部下たちは必ずしも一大事と捉える必要はない。
8 提案に対する自分の反応に責任を持つことと、自分の反応と提案そのものの素晴らしさを混同しないことが、誰にとっても必要である。
9 同僚には、提案に磨きをかけるために支援を求めることができる。また、すでに挙げられている区別を守るため、あるいは提案を皆で評価するプロセスを向上させるためにも、支援を求めることができる。

10 駄目だと決めつける評価（「何の価値もない」、「私たちにできることではない」）は、説明や議論がなされない限り、評価のプロセスに有益なものをほとんどもたらさない。

思いつくまま10の考えを並べたが、たぶんあと20くらいは挙げられるだろう。肝心なのは、これらの考えが必然的に賢明であるとか納得できるということではなく、どれもが、リンの概念的システムによって生み出された価値観、確信、一般化、抽象概念――「持続的カテゴリを超えた」意識構造――であるということだ。これらは、第4次元の「ビジョン」によって生み出された、第3次元の「考え」なのである。

リンの（否定的なフィードバックを与えることについての）「体系的思考《セオリー》」は、価値を生み出す機械のようだ。リンは自分がこれら10の見方を持っていることに気づきさえしていないだろう。なぜなら、まず10の見方を学習し、次いでそれらをまとめ合わせて1つのシステムにすることによって、体系的思考《セオリー》を生み出したわけではないからである。むしろ、リンのシステムあるいは体系的思考《セオリー》のほうが、価値を創造し、考え出し、生み出す。第4次元の意識が、第3次元の意味構成を発するのである。第3次元の意識を持つ大半の人は、これら10の考えを暗記・暗誦《あんしょう》できるかもしれないが、もし、どのようにしてこれらの考えに行き着いたのか、なぜそういう考えになるのか、何がそれらの考えを真実にしているのかと尋ねられても、彼らは尋ねた人を、リンがこれらの考えを生み出すために使う内なる価値創造システムへ案内することはできないだろう。

「内的・外的に責任を持つ」とは何か

10の考えのうちいくつかは、238ページのリストの4番目、すなわち「職場で起きたことについて、内的・

外的に責任を持つ（自分の現在の内的環境及び将来起こるかもしれない外的な出来事を、ほかの誰かのせいにしない）」とも関連している。

すでに見たように、ピーターは自分のものではない責任を引き受けてしまう。今では、同僚たちの関心事を聞き、自分の行動と彼らの感情がより直接的に関連しているのを見て、同僚らの関心事に対して――彼らの経験の性質を変えることに対して――責任を感じている。彼らの関心事、いや、彼らの関心事に対して自分が責任を負ってしまう関係性が、ジャグリングしなければならない新たなボールになっている（皮肉なことに、彼は自分の仕事の所有者になれていないために、不適切にも、他人の仕事の所有者になってしまっている）。

おまけに彼は、自分のものではない責任を引き受けるだけでなく、ほかの人たちに、その人のものではない責任を負わせてしまう。テッドこそが、彼に罪悪感を覚えさせる。そのため、罪悪感を覚えさせるからという理由でテッドに腹を立てる。アンダーソンこそが、その期待に沿うためのロードマップがもはやないことで彼を不安にさせる。そのため、「腹の内がわからない」という理由でアンダーソンに不満を覚える。彼らの行動が変わらない限り、ピーターの感じ方は変わらない。ピーター自身ではなく、彼ら同僚によって、ピーターの内的環境が形成されているのである。

同僚の関心事に責任を感じるのをやめるためには、ピーターは、同僚の経験によって形成されるのをやめる必要がある（すると、同僚の経験は同僚のものであることが理解できる）し、他者がその他者の経験によって形成されると考えるのをやめる必要もあるだろう（するとテッドのことを、不満や不安と一体化しているのではなく、テッド自身の不満と不安の「所有者」として捉えて、テッドとの関係のなかに身を置くようになる）。また、同僚に対し、その同僚の責任ではないことについて責任を感じさせるのをやめるためには、ピーターは同僚がピーターの経験によって形成されると見るのをやめる必要があるだろう（するとアンダーソンは、ピーターを安堵させるために何もしないことに罪悪感を覚えなくなる）。加えて、ピーター自身もみずからの経験によって形成されるのをやめる必要があるだろう（するとピーターは、自分の外ではなく自分の内にもっと目を向けて自分の感情の原因を探れるようになる）。

だが、第4章で考察したとおり、人間はこのような種類のことをそう簡単にはやめられない。これらはどれも、第4次元の能力――「個人と個人の関係」及び「個人の内面の状態」によって形成されるのではなく、それらとの関係のなかに身を置く能力――が必要なのである。

同僚とのあいだでの、ありがちな問題を紹介しよう。

> 同僚と私は約束をしています。私がある資格を取るために大学で講座を受けられるよう、毎週水曜、午後1時に私の業務を引き継いでもらう、という約束です。時間については、彼はきっと守ってくれると思っていました。その受講が私にとって重要であることを、彼は知っているからです。彼も、時間の都合をつけなければならないときがあって、そういうときは私が彼の業務を引き継いでいますし。彼の場合はたいてい家族の用事ですね。とにかく、先ほども言ったように、その講座に通うことは私にとって重要です。資格試験を受けるんです。そして、重要であることは彼も知っています。それなのに、この1カ月間に彼は2度も遅刻して、そのせいで私たちのあいだもなんだかギクシャクしてしまって。昨日の水曜日も、彼は1時45分になってようやくやってきました。私は準備万端整えて、45分のあいだここで座ってたんです。もちろん講座はもう始まってしまっていますよ。彼は電話1本よこさず、ようやく姿を現すと、会議があってどうしても抜けられなくてと、言い訳を並べました。5週間のあいだに、これで3度めです！　張り倒してやろうかと思いましたよ！

では、研究のためのインタビューでよくなされる質問に、この話し手がどう答えるかを考えてみよう。「その経験のなかで、あなたにとっていちばん頭にくる（あるいはイライラする）のはどんなところですか」という質問である。たとえば、次のような答えが返ってくるかもしれない。

あまりに配慮に欠けると思います。時間を守らないことについて私がどう思うか、彼は知っています。なのに守らないんですから。私は、何かに遅刻すると、とてもイライラします。なので、手を尽くして絶対に遅れまいとします。ところが、私が避けようと思うまさにそういう状況に、彼は私を放り込むんです。私が遅刻を何より嫌っていると知っていながらそれをするというのは、私や私の気持ちをあまり大切にしていないのかもしれないと思います。それはこう言っているようなものです。「僕の用事はきみのより大切なんだ。時間は、守れるときは守るけど、守れないときは、まあそういうことだから！」。彼は私のことを十分に気にかけていません。だからとても腹が立ちます。

全く同じ状況でも、別の人なら、こう答えるかもしれない。

午後1時に引き継いでもらうことが私にとってどんなに大切か知っているのに、彼は約束を守ってくれません。いちばん頭にくること？　すっかり準備を整えて1時45分まで座っているとき、こんな考えが浮かびました。「待てよ、いちばんの馬鹿は誰だ？」。この件に関してあまり信用のおけない人間であることを彼はすでに示したのに、私はいまだに彼を当てにしている。それはつまり、こういうことなんじゃないか

――彼は時間厳守の事柄に関して私の力になってくれないということ、それが何を意味するかを彼も私も理解すべきだということ、私は時間厳守が自分にとってどれほど大切であるかに気づかないといけないということ、そういうことなんじゃないか。でも、今のところいちばん頭にくるのは、自分の大切なことを彼に委ねる状況を、自分でつくってしまっていることですね。彼が来るのをむなしくただ待つのではなく、この状況を切り抜ける方法が、ほかにいくらでもあるはずです。

1番目の人は、同僚が行動によって伝えていると思われるものについての失望と怒りという観点から、経験を意味構成している。このまま私たちが考察を進めて、たぶんこの人はこのスタンスにしか立てない――残念ながら、状況についての同僚の意味構成に対する自身の理解によって形成されてしまう――とわかったら、この人にできる理解の仕方のいわば限界や制約を、あるいは理解の仕方が凝り固まってしまっていることを、私たちは突きとめたと言ってもいいかもしれない。自分が何を知らないかをこの1番目の人自身が知っていること（同僚が行動によって確かに伝えていること）の領域と、自分が何を知らないかを自身が知らないこと（状況それ自体は人生がつくり出す既定の事実ではないこと。同僚がどのような意味構成をするにせよ、それによって彼という人間が形成される必要はないこと。状況をどう意味構成するかに関して彼自身も参加しているので、不当に扱われる被害者になる以外の選択肢があること）の領域の両方を突きとめたと言ってもいいだろう。1番目の人がこのより大きな問題について熟考できないなら――そのためのさまざまな機会を与えられてなおできないなら、そこにはこの人の選択だけでなく認識論的な能力も反映されているのではないかと考えたほうがいい。

2番目の人は、経験をもっと広い枠組みのなかで考えていると思われる。彼は、同僚の行動によって伝えられているもの（その対人関係の範囲内で起きていること）に注意を払うだけでなく、その関係における条件の設定者という立場をとることもできる。状況の意味構成の仕方に関して責任を引き受け、状況にとらわれない別の種類の探索にみずから向かう。関係のあり方についての設定と、それが自分自身の基準あるいはビジョンと一致している必要性（自分の領分内でそうであるように）を、明確に理解している。彼は今や、自分という人間の外側において、同僚との関係を変えることが可能になっているが、その行動は、傷ついたあるいは怒れる被害者として反応するより効果的であるように思われる。なぜなら、彼はまず、みずからを変えるために自分という人間のなかで行動を起こしたからである。彼は相手の見方に従ってしっかりと世界を受け取り、次いで自分の感情についての責任を相手に転嫁したりせず、その問題において自身の支配的な立場を再発見したのである。

リンがこのより広い視野で見る能力を示すのは、アランの提案を一方的に否定したキャロラインに対して苛立ち、憤る自身の状態との関係を発展させるときだ。リンははじめ、怒りと憤りという精神状態を引き起こした責任を「キャロライン」（リンが頭のなかでつくり出したのではない、別個の人間たるキャロライン）に負わせる。だが、ほどなくリンは気づく。この例においてリンが「キャロライン」と呼んできたものが、より適切には、みずからの信じる価値観に沿うことのできない自身の落ち着かない気持ちであり、キャロラインに投影していた自分の気持ちであった、と。

憤っている自分の心の状態を認識する（第3次元の能力）だけでなく、どのようにその状態を生み出したかも理解する（第4次元の能力）ことによって、リンは、「自身の心の状態」と「キャロラインとの関係」の両方を変化させ、それらとの関係のなかに身を置く。両方を変化させることができるのは、キャロラインが行動を変えるからではなく（ピーターはアンダーソンとテッドに変えることを望むが）、リン自身が行動を変えるからである。

「熟達した支配者《マスター》になれ」とは何か

238ページのリストの5番目にある、仕事に関して（見習いや模倣者ではなく）「熟達した支配者《マスター》になれ」という期待が、特定のスキルの習得ではなくマインドに対する要求であるなら、キャリア開発の領域に重要な影響がある。キャリア開発は、キャリアを積む当人の成長よりも出世に、はるかに注意を向けてきたからである。たとえば、責任や仕事の幅や権限が段階を追って増し、広がっていく様を示す図には、職場におけるポジションも次第に上がっていくことへの期待が透けて見えるといった具合に。

段階本位の発達心理学同様、そのようなアプローチは社会的に定義された課題をカリキュラムのごとく順に並べている。**表5・1**には、そのような一連の課題を、ウォートレーとアマティーがまとめたものを載せている（課題はレビンソン、ニューガーテン、ブリム、グールド、シーヒー、エリクソンらの発達段階理論から導き出されている）[18]。たとえば20代では、内面的には、仕事で得たいものに対する「夢」あるいはビジョンを明確に持つことを、外面的には、特定の職に試しに就いてみることを期待される。30代では、職業アイデンティティを具体化することと、キャリアの流れを定め、出世を目指して努力することを求められる。40代では、カリキュラム上の課題に直面し、新たな優先順位や将来性をふまえて仕事上の目標を見直したり、監督・メンター・管理の役割を担ったりする、といった具合である。

これらの心理的・社会的課題は、成人期の他の領域における年齢ごとの課題に似ている。また、プライベートな領域における多くの課題は、本書ですでに述べた期待を彷彿させる。たとえば、30代の10年間における課題を網羅的に挙げると、次のようになる。[19]

表5・1　仕事やキャリアに関する段階本位の課題

年代	外面的な課題	内面的な課題
20代	仕事の探索、訓練・教育、試用の申し込み。キャリアの方向性と初期の目標を決める。特定の仕事、領域に邁進する、または再検討して変える。あるいは短期的な仕事を継続する	職業アイデンティティを確立する（「型」が重要になる）。次世代育成能力や生産性を高める（「夢」、すなわち築きたいものに対するビジョンを考案することが重要になる）
30代	キャリアの流れを定め、出世を目指して努力する。あるいは見直しを図り、よりよい訓練を受ける。再就職したり、女性は出産のために退職することもある	自分自身の期待と重要な他者の期待の両方が変化するのに合わせて、仕事の目標を見直す（「夢」に関して譲歩する）。熟達、昇進、名誉、信用、自信を追い求める（「成功する」）。職業アイデンティティを具体化する
40代	仕事上の責任・業績・名声がピーク期に入る。監督・メンター・管理の役割を担う。中年期の選びうるキャリアは、個人的な価値観や優先順位に合わせて変わる。起業する場合もある。年齢が原因の異動によって強制的に変わる場合もある	価値観や優先順位や将来性をふまえ、仕事上の役割・目標を見直す
50代	キャリアの最盛期。メンターや助言者として行動する。「昼夜の別なく仕事をする」。退職後の生活の安定を確保する。スキルが足りない人は、年齢を理由とする雇用問題に直面したり、解雇されたりする。	仕事上の役割を離れ、引退に備える。あるいは、来るべき引退を先延ばししたり無視したりする。満足や自負（インテグリティ）、もしくは失望を感じながら、業績を評価したり振り返ったりする
60代	退職の準備をし、実際に退職する。地位や収入やの変化に伴い、正式な職務を離れる。パートタイムの仕事やボランティアに挑戦する。趣味や余暇を充実させる——「したいと思いながら、ずっとできなかった」ことをする。敬意を払われる立場に立ち、賢者の役割を果たす	心身のエネルギーを他の活動へ向け直す。あるいは、満足か不満かはさておき仕事をしない生活になじむ

出典　D. Wortley and E. Amatea, “Mapping Adult Life Changes,” Personnel and Guidance Journal, April 1982

仕事で　熟達、昇進、名誉、信用、自信を追い求める（「成功する」）。職業アイデンティティを具体化する。
自分自身及び重要な他者の期待の変化に合わせて、仕事の目標を見直す（「夢」に関して譲歩する）。

家庭で　仕事、友人、家族、地域社会に対する複数の役割、責任、約束について、バランスをとり、調和させ、優先順位をつける。「家族としての計画」を作成し、そのビジョンを、現実のさまざまな要求に適合させる。義理の両親や親戚との関係について話し合い、折り合いをつける。現実からの要求に全力を注ぐ。「家族としての計画」に心を尽くし、家族1人ひとりの成長、進歩、社会的交流に力を注ぐ。家族の変化にもライフスタイルの変化に伴う要求にも沿うよう当初の親密な関係を見直す、あるいは、夫婦が成長差を上手に解消し、変化する個人の必要性に適応できない場合は当初の関係を壊す（再婚は35歳がピーク）。家族が親密になる仕組みを考案する。

複雑で多様な課題が並んだが、そこには共通するただ1つのテーマ、すなわちニューガーテンが「パーソナリティの経営者的プロセス」と呼ぶもの——自己認識、選択力、状況の制御・操作、熟達、能力・適性（コンピタンス）、幅広い認知的方略——も示されている。[20] つまるところ、「これだけ多くの課題をクリアするためには新たなレベルの自己権威、冷静さ、批判的思考が必要だ」という暗示的な要求であり、一方、発達本位の理論家は「これらの課題は一時的な意味に限って発達的だ」と明示的に述べている。彼らは、カリキュラムが進めばその要求も本質的により複雑になるとは考えていないし、次第に精神的《メンタル》に成長すれば一連の課題を立派にクリアできるようになるとも思ってはいない。[21]

人生の段階についての文献では、対処の質においては個人の内的視点が重要な要素だと示唆されているが、目の前の課題を意味整理・理解する意味解釈の能力が、個人によって、たとえ同い年であっても、どれほど違っているかという点については書かれていない。

また、成人期の一連の段階を見れば成熟とはどういうことかがわかると考えられているが、成熟に関する他のあらゆる文献同様、成熟してゆく個人と、その個人につきものの社会的に構築された期待のどちらもが、変化するだけでなく、より複雑になることによって成長または発達もすることは考究されていない。

さらには、先述した段階別の課題をすべての大人が一様にクリアできるわけではないことが認識されているが、クリアできるかできないかの差が、主として、レビンソン同様「性格的特質、社会構造、ジェンダー、社会的役割、人生の大きな出来事、［及び］生物学」の観点から説明されている。[22] だがレビンソンの観点では、はるかに重要な要因、すなわち意識の次元――各人の理解の仕方という複雑さ――が抜け落ちてしまっている。ニューガーテンが「経営者的機能」と呼ぶものを行う能力は、性格的特質や生物学上の問題、あるいは人生の大きな出来事の観点から説明されうるものなのだろうか。

仕事において熟達した支配者《マスター》になれという要求は、実を言えば、内なる基準や自分自身のビジョンを持てという要求に似ている。見習いや部下というつかの間の境地を超えようという要求よりも、むしろ、心理的環境に対する忠誠心及びその環境の価値観との一体化という認識論的境地を超えようという要求に近いのだ。仕事において支配者《マスター》になることは、職務に時間をかけたり昇進してより重い責任を負ったりするだけでなく、自分自身の仕事の「やり方」を見つける（はっきり言えば、生み出す）という心理的能力が備わって初めてできることだ。「自分のやり方」が、師と仰いだ人々とのつながりや信義や共感の歴史から生まれるのは言うまでもないが、それらを、自分のやり方に役立つ材料や道具に変えようということなのである。

自分が仕事において支配者《マスター》になったことがわかるのは、（微笑みながら、あるいは少し不安に思いながら）こう考えるときだ――もし、ある状況に対する自分の対処の仕方を今、メンター（あるいは監督者、元上司、教育責任者）が見たら、「草葉の陰でショックを受け」たり「私はとんでもない人間を生み出してしまったんじゃないか」と思ったり「これが私の弟子なのか」と思ったりするかもしれない、と。そう考えたからといって、古くからのつながりや、昔教わったことへの敬意や、教えてくれた人たちへの愛情を忘れたわけではない。だが、もはや彼らを手本にしているとは言えない。彼らの「やり方」は、たとえどんなに優れていても、結局のところ私たちのやり方ではないし、私たちのやり方も彼らのやり方とは違うのである。

「仕事において支配者《マスター》」になるのは、追い求めているあり方が自分の外ではなく内に存在するようになったときだ。キャリアを築く途中において――発達段階理論家やキャリアパスの策定者が何と言おうと――、40歳ではこの「境地」に行き着かないかもしれないし、地位や給料が上がろうと、50歳でも行き着かないかもしれない。反対に、地位はまだ下のほうだとしても、40歳を待たずに行き着く可能性もある。行き着くのは、時が経てば必ず到達できる、つかの間の境地ではない。質的に新しい次元の意識のあらわれによってたどり着くことが可能になる、漸進的変化の流れのなかにある境地なのである。

「組織を全体として考える」とは何か

職場で要求される望ましい特徴として238ページのリストの最後に挙げたのは、「組織を全体として考える」、つまり「全体像」を見渡し、自分の部分的で偏狭な観点からだけでなく「外から」組織を見るというものだ。このような要求は、なぜそういう観点を持てるのかに関する、自分自身の直観的な推測を確かめる機会になる。というのも、誰かがそういう能力を持っているときには皆それと察するし、意識しているかどうかはともかく、その力を持っている人はなぜ持っているのか、持っていない人はなぜ持っていないのかについてなんとなくわかるからである。

もしかしたら、単に頭の良し悪しの違いかもしれない。ほかの人より賢く、そのために、起きていることについてより深く「理解」できる人がいるのは確かだ。だが、頭はいいが詰めが甘いなら、むしろ知っているか知らないかの、つまり現実世界の仕組みを知っているか知らないかの差のように思えるかもしれない。あるいは、生まれながらの戦略家というケースもあるかもしれない。もともと音楽が好きだったり機械いじりが得意だったりするのと同様、全体を見渡す能力を生まれながらに持っている場合である。あるいは、家族の歴史が差を生むのかもしれない。大家族や、思惑があれこれ交錯する家に生まれた人、誕生した順番が集団（家族）全体の戦略を考えるのに適していた人は、こういうものの見方が得意になる。あるいは、集中力に関連があるかもしれない。些末《さまつ》なあれこれに注意をそらされることがあまりなければ、広く全体を見ることが可能になる。あるいは、知性ではなく、感情の繊細さの問題とも考えられる。他者の感情に波長を合わせられるなら、視野を広くできる。あるいは、心理的な問題というより社会的、システム的な問題かもしれない。組織で十分に高い地位に就いている人なら、広い視野が提供される見晴らしのよい場所に立てるだろう。

しかしながら、以上のようなもっともらしい解釈はどれも、人にしろ状況にしろ覆すことができる。たとえば、ピーターが会社で就いているポジションは、リンが学校で就いているポジションより高いが、リンのほうが大局的な見方ができる。部分同士がどのように組み上がっているかを、多くの経営幹部より深く把握できる秘書や幹部補佐が、どの企業にも少なくともひとりはいる。「知恵」とは、「偏狭さ」「視野の狭さ」の反意語であり、多様な生き方や考え方に触れてきたことを示すものだが、広く世の中を見てきたにもかかわらず自分の観点からしかものごとを見られない人間がいるのを、誰もが知っている。他者の感情にことあるごとに丁寧に寄り添える――ピーターはたぶんそういう人だ――が、自分のなかに取り込んだ他者の感情に圧倒されてしまい、ピーターがそうであるように、より広く状況を見渡すのではなく、他者の細かな気持ちが負担になって苦しむ人もいる。ずば抜けた集中力を持つ人は、どうすれば森より木に集中するのをやめられるのか。ピーターはテッドとその業績が下がることにばかり注意が向いてしまい、そんなピーターにアンダーソンは、200人の販売員と会社全体の収益を心配するよう指示をする。

「木より森」、「全体像」、部分がどのように全体と関連しているかを見よという期待は、家族の歴史や集中力、政治的本能、感情の繊細さ、知識と関係があるかもしれない。だが、これらのなかに、大局を見る能力の主な要素と言えるものはないのではないかと私は思っている。いくつかは、その能力の使い方や使えるかどうかという点に（持っているならだが）関わるかもしれない。だがその能力自体は、仕事に対するオーナーシップを確立したり、自分のなかに基準を持ったり、全体的なビジョンを生み出したり、あるいは仕事において支配者《マスター》になったりできるようにする力を、政治的あるいは組織的に捉えたものであるというほうが、より適切ではないかと思われる。「部分がどのように全体と関連しているか」に気づくのはシステム思考力のあらわれであり、それはおそらく、部分を調整する全体――組織あるいはシステム――として自己を意味構成する能力によって大いに促進される。自己というのは、いわば内的機構の心理的管理者になったら、仕事に対する見方を1つの秩序《システム》として捉えたりそれと一体化したりしやすくなるのだ。

　リンは、学校は「学びの場」だと信じている。シンプルな表現だが、これは第3または第4次元の意識のもとで意味構築された信念である。一方でリンは、協調的なリーダーシップへなかなか移行しようとしないキャロラインに、心の底から苛立っている。リンがもし第3次元の意識のもとで学校は「学びの場」だと信じているなら、その信念は、キャロラインのせいでふたりの関係がこじれそうになっているというリン自身の経験によって調整されることになる。この場合、リンは森のなかの「木」に注目している。だが、実際にはそういう事態にはなっていない。リンは、学校は「学びの場」であるという考えが、人間関係がぎくしゃくしかかっているという自分の経験を調整するように（考えが経験に調整されるのではなく）、その考えを機能させているのである。リンは、キャロラインに苛立っていないふりなどしない。つまり苛立ちを、隠しも否定も投影も忘れもしない。けれども、その点に注意を集中させてはいない。リンは、対人関係にまつわる経験を持ち続けると同時に、それを脇に置き、学校全体とのシステミックな調和という森を大切にできる。これにより、リンはこの結論に導かれる――学校は、校長を含めたすべての人にとって「学びの場」でなければならない。校長とのあいだに起きているリン自身の苛立たしい経験という「部分」を含めたいくつもの部分を調整する「大局」全体でなければならない、と。

「部分」は、全体との関係のなかに身を置くことを私たちに要求するが、この「部分」自体はきわめて複雑だ。それは単なる「事実」ではない。つまり、組織が本当にコミットしているのは何か、Y氏が外交的でない場合にX氏がY氏を本心ではどう思っているか、ある予算項目にどれくらい費やしたら行きすぎなのか、といったことではない。むしろ近いのは、キャロラインとの関係に対するリンの願望や信頼や期待をキャロラインが傷つけているとリンが悟る、その力である。

　私たちが、職場で経験する絶え間ない出来事の流れを把握し、自分に起きていることだけでなく自分がそのこと自体をどのように気にかけているかを理解するために、全体のなかの部分は、（貴重な存在ではあるが）あくまで部分として、政治的本能や感情の繊細さや精神の集中や知識とは違うものを私たちに要求する。つまり、第3次元の部分より第4次元の全体を重視できるよう、第3次元の部分との一体化を離れる能力を要求するのである。一種の「知性」と呼んでもいいが、私たちははっきり知らなければならない――私たちが知性と呼んでいるものは、当然ながら、部分と全体の関係、私たちが客体として捉えるものと主体として捉えるものとの関係と関わりがあることを。このような種類の「知性」は、政治的本能や音楽の才能とは別ものであり、生来のものか否かと論じるようなものではないことを。第4次元の意識を、生まれながらに持つ人はいない。私たちが「知性」と呼んでいるものは漸進的に変化する能力であり、その変化は促進されうるのだということを、私たちははっきり知らなければならないのだ。

意識の次元をどう測定するか

職場で期待されるこれらの望ましい行動を検討すると、その1つひとつが、特定の行動やスキル以上のものを要求していることがわかる。どれもが、ある1つの理解の仕方をするよう、マインドに要求している。少しずつ異なる方法で、心理的権威の力ただそれだけを要求、あるいは期待しているのだ。そろそろなじみの言葉になってきたのではないかと思うが、この力は、経験を意味構築するシステムだ。価値観・信念・確信・一般化・理想・抽象的概念・個人間の忠誠・個人内のマインドの状態を生み出す精神的《メンタル》活動よりも質的に複雑な、経験を意味構築するシステムである。

この力は、そのような精神的《メンタル》活動よりも、質的に複雑だ。なぜなら、それらすべて（価値観や信念、確信、一般化、理想、抽象的概念、個人間の忠誠、個人内のマインドの状態）を、システムそのものではなく、客体あるいは自身のシステムの要素と捉えている――すなわち、それらと一体化せず、それらを新たな全体の部分として見ている――からである。この新たな全体は、価値観・信念・確信・一般化・理想・抽象的概念・個人間の忠誠・個人内のマインドの状態を調節・統合したり、それらに基づいて行動したり、それらを生み出したりすることが可能な、イデオロギーであり、内なるアイデンティティであり、自己著述的在り方(self-authorship)である。新たな全体はもはやそれらによって創造され(authored)ず、新たな全体がそれらを創造し(author)、ゆえに自己権威を獲得する。仕事上の期待として表面的には違いがさまざまあるとしても、それらの期待が共通して要求するのは、1つの根本的能力、1つの次元の意識なのである。

そろそろなじみの言葉になっただろうと表現したのは、このような社会的な仕事での期待によって求められる意識の次元が、成人の私生活での役割によって求められる意識の次元と全く同じだからだ。パートナリング、ペアレンティング、あるいは扶養に関する現代文化の専門家の文献を読むと、そこにはただ1つの、共通する、認識されていない要求と思《おぼ》しきものが見えてくる。第4次元ならではの心理的権威を持つようにという、現代の大半の大人の意識に対する要求である。そして、カリキュラムにあるこの要求と、現代の大半の大人が実際に持っている能力を比べると、現代生活において精神的な重荷がどれほど際立っているかが窺える。

ピーターとリンにしても、仕事と家庭生活に共通点などないように思われるが、実はパートナリングとペアレンティングに関してふたりが使う意識の次元は、仕事で使う理解の仕方と同じだ。第3次元の意識を頼りにするピーターは、家庭での現実の形づくり方も仕事での現実の形づくり方も、第4次元の意識を使うと思われるリンのそれらとは大きく異なる。一方で、リンとピーターの仕事における主たる意味構築の原理は、ふたりが家庭でつくる現実と著しい類似点を持つ現実をつくり出す。ピーターは、夏休みの計画を立てているときに妻と子どもたちと両親に対する忠誠のせいであまりに多くの方向へ同時に引っぱられるように感じ息が詰まりそうになるが、その状況を生む源は、社長としてどう行動したらいいかと考えあぐねているときにアンダーソンとハロルドとテッドによってあまりに多くの方向へ引っぱられるように感じて身動きが取れなくなるときと同じと考えられるのだ。

とはいえ、ピーターとリンは現実には存在しない想像上の人物である。そのため、疑問が浮かぶかもしれない。仕事での現実と家庭での現実が類似しているというのは、現実の人間のケースにも十分当てはまるのか。ピーターとリンはそれぞれ別の次元の精神的《メンタル》複雑さを示しているが、それらは、本書で述べてきたように、発達上互いに関係しているのか。最後にもう1つ、暮らしのなかで使う実際の意識の次元を評価するための、実証済みの方法はあるのか。あるとすれば、大人は意識の発達上、今どの辺りに「いる」のか。つまり、現代の大人の意識の複雑さは第4次元のカリキュラムにどれくらいマッチしているのか。

これらは、私が『進化する自己』を執筆して数年のうちに他の研究者も取り組むようになった実証的問題であり、仕事の領域だけでなく、本書でこれまで考察してきた現代生活の隠れた領域の探究全体にも関係がある。それを今ここで取り上げるのは、延々と山登りをして、ようやくうってつけの「見晴らしのいい場所」にたどり着いたからだ。家庭と仕事の領域について考察を重ね、十分に遠くへ来て、ついに、振り返って、これまで話してきた大人の領域全体を広く見渡せるようになったのである。話の骨組みはもう明確だと思うが、先へ進む前に、先ほど述べた「眺めのいい場所」が私の想像上の景色にすぎないのか、それとも、現実の風景と言って問題ないと信じるなんらかの理由があるのかを、簡単に話したいと思う。

リンとピーターの、仕事での現実と家庭での現実が類似しているという話は、現実の人間のケースにも十分当てはまるのか。この疑問を、私が知るなかで最も体系的に探究したのは、リサ・レイヒーだ。男女を対象に「主体‐客体インタビュー」を実施して、[23]「恋愛」と「仕事」に対する意味構成を探究したのである。[24]「恋愛における対立」と「職場での対立」に対する感じ方がどれほど違うと人々が言おうと、また、私的で親密な関係においてどこまで「原始的」「無防備」「無制限」あるいは「未熟さ」をさえ感じるかについて論文で客観的に論じられていようと、レイヒーがインタビューから見出したものは、被験者が多様な領域から集まっていてなお、認識論的に圧倒的なレベルで一貫していた。

恋愛での経験の意味構成と仕事での経験の意味構成がどちらも「概ね第3次元」だったり「おおよそ第4次元」だったりするのはあまり驚くことではないかもしれないが、レイヒーの研究によって「一貫性（consistency）についての仮説」がきわめて厳密に検証された（研究の詳細については原注を参照[25]）。ある次元の意識から別の次元の意識への漸進的変化――いずれの意識も、漸進的変化における1時点であり、経験を少し違う方法で意味構築できるようになる――を精確に測る尺度を用いて、レイヒーは、インタビューした人々が恋愛でも仕事でも同じやり方で経験を意味構築する傾向があることを突きとめた。すなわち、本書で注目している、リンとピーターの家庭での意味構成の仕方と仕事での意味構成の仕方が類似しているという話は、絵空事ではないと思われるのである（「一貫性［consistency］についての仮説」については原注を参照[26]）。

これまでの章で述べてきたとおり、ピーターとリンが示す異なる次元の精神的《メンタル》複雑さは、生活のさまざまな領域で機能する傾向がある一方、発達的に互いに関係している。つまり、リンの第4次元の精神的態度《メンタリティー》はおそらくピーターの精神的態度《メンタリティー》より複雑または包括的であるだけでなく、「より成熟して」いると分析できるということである。その意味は、たとえば第2次元の精神的態度《メンタリティー》によって世界を意味構成する人は、第4次元の複雑さを学ぶことも教わることもできないということだ。第2次元から「脱却」し、さらに第3次元を経験したのちに、晴れて第4次元のやり方で世界を意味構成できるようになるのである。この点は、先ほどの話と同様、実証的でもある。つまり、リンとピーターそれぞれの意味づけの仕方や文化的要求につきものの複雑さを分析する場合、たとえ私が、私たちがここで目にしているものは質的に異なる次元の精神的《メンタル》複雑さであることをはっきり証明したとしても、分析だけでは異なる次元の複雑さが発達的であるという考えの正しさを示すことはできない。だが、もし異なる次元の複雑さが確かに発達的であるなら、新たな精神的《メンタル》スキルを習得できるかどうかではなく、包括的な精神的《メンタル》成長あるいは変容がプロセスに従って徐々にできるかどうか――意識が漸進的に変化するかどうか――で、「第4次元を習得」できるかどうかが決まることになる。

異なる次元の精神的《メンタル》複雑さはプロセスに従い徐々に発達するものであるという主張を支持するには、長期の調査研究が欠かせない。人々、特に大人を長年にわたって追跡し、何度もインタビューを実施し、人々の精神構造が変化したかどうか、どのように変化したかを確認する研究である。私の知る限り、そのような研究は、リサ・レイヒー、エミリー・スーベイン、ナンシー・ポップ、ステファニー・ブッケマ、そして私が過去9年にわたって行った研究をおいてほかにない。

私たちは、22人の大人に対し、4年間は年に1度、そののちは5年後にふたたびインタビューを実施した。最後のインタビュー（初回から9年後だ）の分析はまだ終わっていないが、最初の4年分からは示唆的な結果が出ている。**表5・2**に示したとおり、データを見て印象に強く残るのは、現実をだんだん複雑に意味構成するようになる様子が明らかになっていく点だ。ある人の意識の次元がある年から翌年のあいだに変化する場合、ほぼ例外なく、より複雑なほうへ変化する。また、例外なく、きわめてゆるやかに変化する（ある次元の意識から別の次元の意識へ至る道において2つ、つまり「5分の2」より多く変化することは決してない）。

インタビューは（評価担当者間で意見をしっかり一致させつつ）前年の評価を知らせずに行われており、その点を考えれば、注目すべき発見がある。もし研究によって評価されたこれらの意識の次元が、次第に発達するものではなく教わったり自分で習得したりできるものであるなら、意識の次元にはなぜ、そのような時間の経過とともに決まった方向へ変わる性質があるのか。その変化はなぜこんなにも漸進的なのか。なぜ次元

表5・2　大人の意識の次元に関する長期にわたる研究

				主体・客体の状態				
被験者	インタビューなし	3	3(4)	3/4	4/3	4(3)	4	4(5)
AA			1、2年目	3年目	4年目			
BB	2年目			1年目			3、4年目	
CC			1年目	2、3年目	4年目			
DD	1、4年目						2、3年目	
EE	1年目						2、3、4年目	
FF	2年目				3年目	4年目	1年目	
GG				1年目	2年目	3、4年目		
HH			1年目		3?年目	3?年目	2、3?、4年目	
II	2年目	1年目			3年目	2年目		
JJ		1年目	2年目	3年目	4年目			
KK				1?年目	1?年目	2、3年目	4年目	
LL			1年目	2年目	3年目		4年目	
MM					3年目	4年目	1年目	2年目
NN					1年目	3年目	2、4年目	
OO				1年目	2年目	3年目	4年目	
PP	3年目		1年目?	1?、2?年目	2?、4?年目	4?年目		
QQ	2年目		1年目		3、4?年目	4?年目		
RR	1、4年目	1?年目	1?、2年目					
SS				1年目	2年目	3年目	4年目	
TT	4年目					1年目	2年目	3年目
UU				1、2年目	1年目		4年目	
VV	1年目				4年目	3年目	2年目	

R・キーガン、L・レイヒー、E・スーベイン、N・ポップ、S・ブッケマによる研究より。

主体－客体インタビューを行うと、意識のどの2つの次元でも、明確な6つの差異を見出すことができる。第3次元と第4次元の場合なら、意味構築の仕方における違いが次のように判断される。
① 第3次元のみがあらわれている：「3」
② 第3次元があらわれているが、第4次元での意味構成はまだできない：「3(4)」
③ 第3次元と第4次元の両方の理解の仕方があらわれているが、第3次元のほうが優勢である：「3/4」
④ 第3次元と第4次元の両方の理解の仕方があらわれており、第4次元のほうが優勢である：「4/3」
⑤ 第4次元の理解の仕方が支配的になっているが、第3次元に割り込ませずに機能できるようになる必要がある：「4(3)」
⑥ 第4次元が安定して確立されている：「4」

を（たとえば第3次元から第5次元へ）飛び越すことが決してないのか。データによって記録されているものは、精神的《メンタル》能力の漸進的発達あるいは展開であると考えるほうが、はるかに筋が通っているように思われる。

一体、現実に存在する大人はどのような能力、とりわけどの次元の意識を持っていると、調査研究は示唆しているのか。もし、第4次元の意識を持つようにという要求が今や、現代の大人に対する要求——特定の領域で求められる局所的な要求とは対照的に、生活にあまねく広がる文化的要求——として、（認識されずとも）多方面にわたって広まっているなら、そしてもし人々がほとんどすべての領域で同じ次元の意識を使うなら（原注26を参照）、必然的にこの問いが頭をもたげる。現代の大人の意識は、同じく大人によってなされる精神的《メンタル》要求の複雑さに、どれくらい十分マッチしているのか。「キャパオーバーのお手上げ状態」に陥っているという現象は、果たしてどれくらいありふれたことなのか。

さしあたっての結論ではあるが、その答えはこれだ。現代文化においては、大人（一目置かれるような、教養のある、中流階級の大人を含む）が「キャパオーバーのお手上げ状態」に陥っている、そんな現象が当たり前のように広がっている、と。場合を選ばず、およそ2分の1から3分の2の大人が、第4次元の意識に十分には到達できていないと思われるのである。

私がこの推測に至ったのは、主体－客体インタビュー及びランダムサンプリング手法を使った、成人対象の研究を検討したのちのことである（それらの研究については**表5・3**にまとめている）[27]。検討にあたり、層化サンプル——比較のために、研究者があらかじめ選んで、どの次元の意識を使う人も同数になるようにする——に基づく研究を除外したのは言うまでもない。収監者や入院患者のような、極端な「非正規」母集団に関する研究も除外した（私は、精神科の入院患者における意識の次元の分布が、全住民におけるそれと必然的に異なるのではないかと思っているわけではない。ただ、いろいろな要素を持ちつつも、できるだけ一般集団を代表するサンプルを欲しい

表5・3　成人に関するランダムサンプリング調査に見る意識の次元の分布

意識の次元	(1) グッドマン (1983) N=24	(2) ジェイコブズ (1984) N=40	(3) アルバレス (1985) N=30	(4) レイヒー (1986) N=24/44	(5) ディクソン (1986) N=24	(6) アリソン (1988) N=19	(7) ブッケマ (1990) N=20
5	0	0	0	0	0	0	0
4と5の間	2	3	4	3	0	0	2
4	8	15	14	13	0	12	12
3と4の間	6	10	12	24	12	3	3
3	3	11	0	4	1	3	3
2と3の間	1	0	0	0	10	1	0
2	4	1	0	0	1	0	0

意識の次元	(8) グッドマン (1983) N=24	(9) グッドマン (1983) N=24	(10) ジェイコブズ (1984) N=40	(11) アルバレス (1985) N=30	(12) レイヒー (1986) N=24/44	論文合計 (研究1～12) N=282 (100%)	(13) バーヤム (1991) N=60 (100%)
5	0	0	0	0	0	0 (0%)	0 (0%)
4と5の間	0	1	2	0	0	17 (06%)	6 (10%)
4	5	3	7	6	2	97 (34%)	25 (42%)
3と4の間	6	4	4	5	2	91 (32%)	22 (37%)
3	0	1	2	5	7	40 (14%)	7 (11%)
2と3の間	0	1	2	6	1	22 (08%)	0 (0%)
2	0	2	2	5	0	15 (05%)	0 (0%)
						男性=67%	男性=67%
						女性=33%	女性=33%

と思った)。

しかし、表5・4に示した研究を見ればわかるとおり、結果として集まった種々の要素を含むサンプルである1~12の被験者の大人282人は、一般集団ではなく、白人が多く裕福で高学歴の恵まれたアメリカ人という偏った集団になっている。そのせいで一般集団について評価するのが難しくなっているが、にもかかわらずこのサンプルは、「キャパオーバーのお手上げ」状態に陥っている現象は果たしてどれくらいありふれたことなのか、という疑問を考えるのにうってつけだ。裕福ではなく、教育もあまり受けておらず、差別を受ける民族の出身であるという状態では成長するための支援や機会を多くは得られないかもしれないと考えるのは道理なので、「キャパオーバーのお手上げ」状態の発生率は、先のサンプルの恵まれた人々より一般集団のほうが高くなると考えられる。言い換えるなら、もしこの現象が恵まれたサンプルの人々のあいだで広まっていると思われるなら、一般集団のあいだではそれより

表5・4　意識の次元の研究におけるサンプル

研究	サンプル
1	男性12、女性12。11～13歳の息子を持つ親。半数が医療関係者。平均39・45歳
2	男性20、女性20。28～55歳の夫婦。中流階級
3	男性15、女性15、25～40歳、高学歴
4	男性11、女性11(二度インタビューを受けたため倍でカウント)、30～40歳、専門的職業、全員が学位を持っている
5	女性24、19～30歳、専門学校の2年生
6	男性10、女性10。25～36歳の夫婦、高学歴、ほとんどが学位を持っている(ただし1人については発達段階の測定ができなかったため、表5・3では19人のみの結果が掲載されている)
7	女性20、28～50歳。高学歴、20人中15人が修士号の所有者
8	女性11、31～44歳。中流階級、大半が大学の学位以上を持っている
9	女性6、男性6。小規模企業のオーナー/創業者。31～66歳。12人中11人が大学の学位を持つ
10	男性7、女性13、ティーンエイジャーの子どもを持つ親
11	女性27、40～49歳。1つの町からランダムに抽出、教育レベルもさまざま
12	女性6、男性6。35～48歳。6人は中流階級の夫婦。12人中10人は大学の学位所有者、12人中5人は学士号より上の学位の所有者
13	女性40、男性20。25～55歳。ヨーロッパで兵役に就いているアメリカ人、その扶養家族、軍に雇われた民間人。全員が大学院の学位を目指している

はるかに広まっていると考えられるのだ（実を言えば、**表5・5**にあるとおり、社会的地位及び教育レベルに特徴のあるサンプルを使っている研究のほうが、意識の次元の幅に広がりが見られる）。

データからわかることは何か。分布に明確なパターンがあることは明らかだ。どんな研究でも、結果の信頼性に疑いがあればきっと議論が起こるが、これほど多くの研究が集まり、そこに1つのパターンが見られるとなれば、無視するわけにはいかないだろう。比較的少数のサンプルを使っている1～12の論文について、その結果をまとめ合わせてみれば、意識の次元の分布が、13のバーヤムによる最多規模の研究のそれと酷似しているのである。[28] きわめて幸運というべきは、バーヤムのサンプルの年齢層及び男女比と、1～12の論文を総合したサンプルのそれらが、理想的と言って差し支えないことだ（どちらも3分の2が女性。3分の1が男性。年齢層は25歳から55歳）。バーヤムのサンプルは、大学院の学位を目指す大人のみで構成されており、1～12の論文の総合

表5・5　4つのサンプルによる比較

意識の次元	1～12の合計		「幅広い社会経済的地位」の混成（研究1、5、11）		「高学歴の専門家」の混成（1、5、11、13を除くすべて）		13のバーヤムの研究（高学歴のサンプル）	
5	0	0%	0	0%	0	0%	0	0%
4~5	17	6%	2	3%	15	7%	6	10%
4	97	34%	14	18%	83	40%	25	42%
3~4	91	32%	23	31%	68	33%	22	37%
3	40	14%	9	12%	31	15%	7	11%
2~3	22	8%	17	23%	5	2.5%	0	0%
2	15	5%	10	23%	5	2.5%	0	0%

サンプルよりほんの少し学歴が高い（面白いことに、バーヤムのサンプルは、意識の次元に関して分布的な広がりが欠けている）。だが、両サンプルにおける分布のパターンはとても似ている。比較的恵まれた人々のうちほぼ半数が、第4次元の意識に十分には達していないのである（1～12の論文のサンプルでは59パーセント、バーヤムのサンプルでは48パーセント）。

12本のなかから3本（研究1、5、11。合計75人）を切り離してみよう。より幅広い社会経済的階級を代表するサンプル、大学や大学院の学位を持たない大人を含むサンプルを選んでいる論文である。これにより、「キャパオーバーのお手上げ状態」に陥っている現象は経済的・社会的に恵まれている度合いが平均的であるグループのほうが際立っているはずだという考えと、いやその現象はやはり恵まれた高学歴の専門家グループのほうに広まっているはずだという考えを比較検討することができる。**表5・5**は、その比較を実行し、両方の考えを支持している。「幅広い社会経済的地位」の混成の欄は、それを体現するサンプルを含む3つの研究を元にしており、第4次元あるいはそれ以上の意識の人々がより少ないことを示している（全論文の総合計が約40パーセントなのに対し、約21パーセントだ）。だが、残り9つの研究を元にする「高学歴の専門家」の混成の欄でも、「キャパオーバーのお手上げ状態」に陥っている現象が広範に見受けられる。そう、そのサンプルの半分以上が、第4次元の意識に十分には到達していないのである（**表5・5**では次の点にも注目したい。この表で新たに設けた高学歴のサンプルにおける分布は、バーヤムの研究にある同程度の人数のサンプルが示す分布と完全に一致しており、恵まれている人々についての推測が裏付けられている）。

「幅広い社会経済的地位」の混成においては、第3次元未満の複雑さで意味づけをするサンプルの発生率が全論文の総合計のそれより高く、第4次元より複雑な意味づけをするサンプルの発生率が全論文の総合計のそれより低いが、一方で、興味深いことがある。第3次元に埋め込まれている、あるいは第3次元と第4次元が組み合わさっている人々の出現率は、この表に示した4種のサンプルすべてにおいてほぼ同じなのである（第3次元：それぞれ14パーセント、12パーセント、15パーセント、11パーセント。第3次元と第4次元のあいだ：32パーセント、31パーセント、33パーセント、37パーセント）。現代の成人期の成功に第4次元の意識が求められるなら、一般集団においてはより大勢が「キャパオーバーのお手上げ状態」に陥っているかもしれないが、その現象は、あまり恵まれておらず、教養が低く、裕福でない人々にもっぱら見られるものでは断じてない。「労働者階級」、つまり「専門的な一生の職業（careers）」ではなく「収入を得るための仕事（jobs）」に取り組む人々のあいだにばかり広がるわけでもない。最も裕福で、教養があり、高学歴で、「専門家」として目される人々であっても、およそ半数は第4次元に十分には達していないのである。

これらの主張は、ビル・トルバートらによる関連研究によって裏付けられている。仕事とマネジメントの研究に対する彼の理論的アプローチでは、明らかに主体－客体理論が活かされているが[29]、意識の複雑さを測る物差しとしてレヴィンジャーの文章完成法が使われており、それによって主体－客体理論から導かれるものに近い結果が得られている。また、かなりの数のサンプルを使った別の複数の研究――第一線で活躍する監督官、看護師、下級・中間管理職、経営幹部、重役、そしてトルバートが「起業家精神あふれるプロフェッショナル」と呼ぶ人々についての研究――では、すべてのグループで最も多い、ただしそれが限界となっている意識のあり方は、第3次元から第4次元のあいだに相当するものだった[30]。つまり、大半の研究において、被験者のほとんどが第4次元の入り口に到達していないかった。実際、それらの研究を考え合わせ、500人近いプロフェッショナルから成るサンプルを総合してみると、うち58パーセントが第4次元に至っていないのである。

カリキュラムがどのようなものであるかは、以下の重要な問いによって判断できる。カリキュラムは学生に、どの次元の複雑さを要求しているか。その次元の複雑さに対応できる能力を、学生は持っているか。カリキュラムが求める複雑さと学生の能力はどれくらい釣り合っているか。私たちが行った家庭と仕事での期待についての分析からは、文化のあらゆる領域で、意図せず、しかし申し合わせたように、特定の意識の入り口が指し示されていることがわかる。だが、実証的な情報によれば、現代のかなりの割合の人がそのような入り口に到達していない。それは、この要求と能力のはざまでこそ、現代生活の精神的《メンタル》な重荷がはっきり見えてくるということにほかならないのである。

第6章　性格・文化・男女の違い

男女間のコミュニケーション／理論間のコミュニケーション

心理的な問題は、無意識にというより、むしろ十分な意識の欠如によって引き起こされる。私たちが、もし一生を通じてもっと確かな意識への道筋を得ることができたら、もし起きていることを概念化するもっと正確な言葉を持っていたら、もし引き起こされた感情にもっと近づくことができたら、もし自分の本当の選択肢を知ることができたら――私たちは行動するためのよりよい計画を立てられるのだが。十分な意識の欠如を、私たちは入手可能なものから生み出してしまっているのである。

――ジーン・ベーカー・ミラー『yes,But…』

『yes, But…』
河野貴代美訳、新宿書房、1989年
（本文は独自に訳出）

構成主義的発達理論と「タイプ別診断」の違い

リンとピーターでは、仕事についての理解の仕方が明らかに違う。そして理解の仕方が違うことによって、仕事で成功するための、文化が課す隠されたカリキュラムをこなすにあたっても、全く異なる経験をすることになる。一方で、「理解の仕方」という概念は、今では多くの心理学理論に登場している。それらの理論はどれも同じことを述べているのだろうか。リンとピーターの理解の仕方が明らかに違うと指摘するとき、そこで意味しているのは、どのような種類の「理解の仕方」なのか。

主体‐客体理論は、学問的な2つの強力な流れ――心理学だけでなく、20世紀の西洋における知的生活のほぼすべての分野に影響をもたらしてきた流れ――が組み合わさっている。1つは、人やシステムは現実を組み立てるあるいは構成すると考える構成主義。もう1つは、人や有機的組織は変化と安定という規則正しい原理に従い、質的に異なる複雑化の時期を経ながら発達すると考える発達主義である。主体‐客体理論は、人間の経験に対する「構成主義的発達理論の」アプローチだ。そして、私たちが意味を構成する方法に関して、その成長あるいは変容に注目する。

「理解の仕方」の概要は、構成主義の伝統に由来する。ポイントは、私たちは現実を理解することに積極的であるということだ。すでに意味構築されている現実を「コピー」あるいは「吸収」することに消極的であるだけでなく、私たちは自分の経験に対し進んで形とまとまりを与えるのである。私たちの意味づけには整合性や総体性があることを、構成主義は示している。部分についての理解の1つひとつは、つかの間の刺激に対する反応であるだけではない。それどころか、理解の仕方は、生活のさまざまな領域で、どんなときも、同じ意味構築の原理（システム）のデザインを共用している。

主体‐客体の理解の仕方にこれらの構成主義の特徴が含まれているのは間違いない。先述したとおり、ピーターの「持続的カテゴリを超えた」理解の仕方による積極的な現実のつくり方は、同じ現実でも、リンの体系的な理解の仕方であればこうだろうと思われるつくり方と大きく異なっている。また、次のことも考察した。リンとピーターが仕事で主に用いる意味構築の原理によって、仕事での現実ときわめてよく似た現実が、家庭での結婚生活や子育てでもつくられる。ピーターは、夏休みの計画を立てているときに妻と子どもたちと両親に対する忠誠のせいであまりに多くの方向へ同時に引っぱられるように感じ息が詰まりそうになるが、その状況を生む源は、社長としてどう行動したらいいかと考えあぐねているときに、アンダーソンとハロルドとテッドによってあまりに多くの方向へ引っぱられるように感じて身動きが取れなくなる場合と同じと考えられるのだ。

だが、これはどのような種類の理解の仕方なのか。言うまでもなく、積極的で整合性のある総体的な「理解の仕方」の候補は主体－客体の理解の仕方だけでない。職業及び管理者トレーニングの分野では、「性格タイプ」についてのカール・ユングの考えに間接的ながら大きな影響を受けている、マイヤーズ・ブリッグスタイプ指標が使用されている。これは、人々の経験との向き合い方を16通りに区別する、実施のしやすいテストである。キャサリン・ブリッグスと娘のイザベル・ブリッグス・マイヤーズによって開発され、広く使われているこの方法では（出版社によれば、１９９０年の利用者は２００万人）、４組の性格的分類からタイプを導き出す。被験者は自分が「内向型」と「外向型」、「感覚型」と「直観型」、「思考型」と「感情型」、「判断型」と「知覚型」のどちらにより当てはまるかを見きわめる。これらの型はそれぞれ、「刺激とエネルギーを受け取ること・データを集めること・意思決定することをどのように好むか。どれくらい計画的・組織的に、または柔軟・臨機応変にものごとに対応することを好むか」をあらわしている。[1] このテストでは、４つの指標についてそれぞれどちらか一方を選ぶだけで、受験者を16の予想される「タイプ」に分類できる。

「理解の仕方」に対するマイヤーズ・ブリッグスのタイプ別アプローチは結果的に、自分や同僚の性格タイプの仕組みについて理解を深めてもらうための無数のセミナーや出版物を生み出してきた。仕事の世界では、クルーガーとトゥーゼンが著した『職場におけるタイプの話』がまさにそれだ。[2] この本では、各タイプが仕事の典型的な側面――目標設定、対立の解決、チームビルディングなど――にどのように対処するかを述べ、

『職場におけるタイプの話』
Type Talk at Work（未邦訳）

自分と違うタイプの人への接し方についてアドバイスをしている。たとえば、8人のエンジニアから成る作業チームと新任のCEOとがうまくいっていないケースでは、次のような助言がなされている。

新任のCEOのタイプは、チームの主流派のタイプと正反対だった。8人はほぼ全員が内向的／直観型／思考型／判断型なのに対し、新しいCEOは外向型／感覚型／感情型／知覚型だったのである。この事実が明らかになると、さまざまなことについて合点がいくようになった。違いが必然であることに両者が気づき、多くの怒りも消えていった。たとえば、CEOが口に出して不満を述べるのは、エンジニアがとかく製図用テーブルに向かい計算機にかじりつきたがることに対してであることが明らかになった［外向型か内向型かの違い］。また、すべてに詳細な計画を求めるCEOの態度は、エンジニアには細かいことにこだわり監視の目を光らせているように感じられ、自分たちのことは放っておいてほしいと思っていた（結局、システムを知っているのはエンジニアなのだ。CEOにやり方を教えてもらう必要はなかった［直観型か感覚型かの違い］）。さらには、CEOが情報をもっと集めようとして決定を先送りしがちなのは、優柔不断でリーダーらしくないとエンジニアには思われた［思考型か感情型かの違い］……などである。

こうした前向きな変化のなかで特に重要なのは、CEOに対して積もっていたエンジニアたちの不満が明確になり理解が深まったことと、エンジニアに対するCEOの苛立ちについてもまた同様だったことである。たとえば、外向型のCEOは、エンジニアの話を確かに聞いているが、説得しようとする傾向があり、そのせいで聞いていないように見えてしまうことを、エンジニアたちは理解できるようになった。また、判断型のエンジニアたちは具体的な方向性を求めるが、知覚型のCEOはおのずと、答えるより問うことが多い傾向があった。

彼らは、話をすればするほど、多くの気づきを得て、互いに本領発揮を妨げていることを特定し、それらを積極的に脇へ置けるようになった。職場で言い争うこともなくなった。[3]

「理解の仕方」に対する「タイプ」別アプローチには、主体 - 客体構造と同じく、構成主義の2つの主要な特徴がある。第1に、人は現実に「たまたま出くわす」のではなく、現実を積極的にデザインするという考えを前提にしている。クルーガーとトゥーゼンは次のような例を挙げている。

感覚型の人が取り込む情報は、言われた言葉や出来事の詳細のほうにより関係がある。そこでは明確な言葉と結果がカギであり、続いて想起と吟味が行われる。一方、直観型の人は、起きたことについてその内容や意味のほうをはるかに重視する。この違いにより、さまざまな「そうですね、でも」が生まれる。たとえば次のような具合だ。

感覚型の人　なるほど、でもあなたはこう言いましたよ……
直観型の人　ええ、でも私が言いたかったのはこういうことです……
感覚型の人　なるほど、でもそれを言いたかったのなら、そう言うべきでしたね。
直観型の人　ええ、でも頭のいい人にわかりきったことを言う必要はありませんから。[4]

第2に、「タイプ」別アプローチも、人生のさまざまな状況にわたって総体性と整合性を主張している。たとえば直観／感覚／思考／判断型の人が、職場でのさまざまな問題にある方法で取り組む場合、その人は家庭でも似た取り組み方をすると推測される。

だが、マイヤーズ・ブリッグスのタイプと主体‐客体の理解の仕方のあいだには、重要な違いがいくつかある。まず、主体‐客体の「理解の仕方」は徐々に変わるだろうと考えられているのに対し、「タイプ」は変わらないと考えられている。マイヤーズ・ブリッグスの「タイプ」は、血液型や利き手と同様、この先もずっと今のタイプのままだとみなされているのである。また、マイヤーズ・ブリッグスの「タイプ」は、つまるところ理解する方法についての単なる好みであって、主体‐客体の「理解の仕方」のような、理解における能力(competencies)や力量(capacities)ではない。タイプ間の差異は、認識論的力量についての階層的な差異ではなく、認識論的スタイルについての、規範的基準のない差異なのである。

そのような、規範的基準のない区別の長所は、適切になされるなら、また、その区別が実証的に真実と言えるなら、タイプを意味構成することによって不適切な判断をしなくなる点だ(「思考」を好むタイプのほうが「感情」を好むタイプより本質的に優れているわけではない、など)。

一方、力量についての基準を設けずに理解の仕方を区別する限界は、管理者教育の分野で広く使われている方法だとしても、実のところ働く人の能力とはほとんど関係がないと思われる点だ。認識論的な視野を徐々に広げるものではないので、スタイルによるそのような区別から見えてくるカリキュラムの目的は、自分自身の好みと相手の好みを理解する力を高め、おのずとは惹かれないスタイルを意識的にうまく扱えるようになることしかないのだ。フィリップ・ルイスとT・オーウェン・ジェイコブズは、リーダーシップのスタイルと力量におけるこの問題に関して構成主義的発達理論の立場をとっている。そして、スタイルに対する認識を高めたり柔軟であったりすることは仕事の効率に一役買うかもしれないが、認識論的な理解力はそれよりはるかに大きな役目を果たす、と述べている。

しかしながら、性格的特性がリーダーの能力に直接影響を及ぼすと考える人が少ないからといって、現代のリーダーシップ理論家が、リーダーの能力に関係があると思われる性格的スタイルの違いを特定しようとするのを妨げられることはない。ドライバー、ブロッソー、ハンセーカーは（中略）意思決定には5つの基本スタイルがあると述べている。（中略）カートンは、管理スタイルがほかに2つあることを突きとめている。（中略）興味深いことに、リーダーシップ・スタイルの主な差異を確認したと主張する多くの理論家と同様、カートンもドライバーらも、ある1つのスタイルが他のどのスタイルより優れていると指摘することには慎重だ。（中略）実は、リーダーシップをスタイル別に考えることを提唱する現代の理論家たちの文献を詳細に読み込んでみると、彼らが有能なリーダーとそうでないリーダーを区別する個人的特性を突きとめたと断言したがっていないことがよくわかるのだ。有能なリーダーとそうでないリーダーにはスタイルに関する重要な差異があると直感的に思うものの、対人関係についてのスタイル、意思決定スタイルなど、個人的な好みにおける差異は、実はリーダーの能力に直接には関係がないと思われる。リーダーシップ・スタイルに注目するアプローチは、リーダーシップの最も肝心な点を見過ごす傾向がある。リーダーというのは、思慮を働かせ、適切な判断を下すことによって、組織の価値を高める。判断を下す際のスタイルはつまるところあまり重要ではなく、本当に重要なのは判断の質なのである。（中略）リーダーの能力における重要な個人差変数は、要求される仕事をするための、思考にまつわる能力である。優れたリーダーには、何よりもまず、リーダーとしての責任を負う能力がある。リーダーが自分及び他人の好みのスタイルを認識することは、コミュニケーションを少し向上させるかもしれないが、結局のところ、正しい判断をすることにはつながらないだろう。[5]

皮肉なことに、「タイプ」別アプローチを利用しやすくしている性質——不適切な判断をしないこと——こそが、このアプローチの利用によるよい効果を少し得やすくしているかもしれない。あるスタイルが他のどれかより必ずしも優れているわけではないと認めたら、自分のスタイルを評価されることについて身構えることが減ると思われる。ただし、より大きな成果を生むものを学ぶ機会も減ってしまうだろう。

理屈のうえでは、理解の仕方に対する「タイプ」別アプローチと「主体‐客体」アプローチの違いはきわめて明確だ。だが、実際の現象に目を向けた場合に、現象が認識論的なスタイルや力量の問題として、よりはっきり理解されるかどうかは定かではない。たとえば、「外向型」と「内向型」の違いが、「持続的カテゴリを超えた」理解の仕方と「体系的な」理解の仕方の違いと混同されることはないと思われるが、「思考型」と「感情型」の違いとならどうだろう。「思考型」は、「好かれるより正しくあるほうが重要と考え、難しい判断をするのが気にならない人」とされる。対照的に「感情型」は、「他者の要求を満たそうとして背伸びしすぎる人」、「白黒をはっきりつけるより調和を好む人」である。[6]この違いは、第4次元の現象と第3次元の現象の違いなのか、それともスタイルの違いなのか。

主体‐客体の理解の仕方と、マイヤーズ・ブリッグスのタイプやあらゆるパーソナリティ・スタイル（コルブの学習嗜好など）との違いから読み取れることの1つは、[7]ある人のスタイルは生涯変わらないかもしれないが、そのスタイルを好む人の形態《フォーム》（複雑さ）は一生を通じてきっと変化するということである。20代のときにたとえば「外向型」や「判断型」のスタイルを好む人は、50代になっても同じスタイルを好むかもしれない。一方で、もし意識の次元が、多くの人がそうであるように、20歳から50歳になるあいだに変化するなら、「外向型」や「判断型」を好む人の形態《フォーム》（複雑さ）も変わると予想されるのだ。もしかしたら、マイヤーズ・ブリッグスタイプ指標によるスタイルの説明には気づかぬうちに特定の意識の次元から意味構成されているものがあって、そのためスタイルと力量が混同されているのかもしれない。

ここで読み取れること——心理的現象の理解に対しては、スタイルと意識の次元の両アプローチを組み合わせるのがよいだろうということ——が特に重要な役割を果たすのは、理解の仕方におけるジェンダー差を考える場合かもしれない。これを考えれば、複雑なこの双理論的アプローチを先へ進められるだけでなく、主体‐客体の理解の仕方と、最近の研究がジェンダーと関連づけている理解のスタイルとがどのように違うかをより明確にすることも可能になる。

私がこれを考えたいのは、10年前この違いが明確でなかったことが『進化する自己』にあらわれており、両者を混同する一因になっているのではないかと思うからである。ジーン・ベーカー・ミラーやキャロル・ギリガンの論文に登場する拙著を読んだ人、[8]とりわけ女性は、たいてい少しトゲのある調子で、しばしばいくつもの問いを投げかける。「持続的カテゴリを超えた」理解によって経験を意味構築するのは、女性のほうが多いということなのか（本書で「持続的カテゴリを超えた」理解をする典型として挙げているピーターは男性なのだが）。「持続的カテゴリを超えた」理解特有の心理的環境に埋め込まれる傾向が、女性にはあるということなのか。逆に、その環境から離れていることができる人は、男性に多いということなのか。包括的システム、体系的思考《セオリー》、あるいは権威を持たせるようなイデオロギーを意味構成できる傾向が、男性にはあるというのか。声にトゲがあるのは、スタイルの違いは一方がもう一方より優れているということでも本質的に価値があるということでもないのに、そのせいで、女性がヒエラルキーにおいて理不尽に不利な立場に置かれているからだろう。

問いににじむそのような調子は、それ自体がよい問いを投げかけている——男性のスタイルは、「意識に関する理論」だという理論において特別扱いされているということなのか、と。一体なぜ、第3次元と第4次元の意識の違いが、実は意識の複雑な漸進的変化における進み具合の違いではなく、スタイルの違い、(ピーターとリンの例はさておき)一般に女性と男性を分ける違いであるということになるのか。

本章では、これらの問いに対する答えにたどり着くために、ジェンダー・スタイル・アプローチの最も展望の明るい特徴だと私が思うものを詳しく分析する。特徴とは、「なじみのあるものを優先し、毛色の違うものを批判する傾向(この傾向があると、強者やグループ内の仲間が自分たちにとってなじみのあるものだけを正しいとし、なじみのないものはあくまで間違っているとする場合に、弱者やグループ外の人々に多大な犠牲を強いてしまう)を克服しやすくすることによって、規範的基準のない違いがあってなおコミュニケーションを深める力量」である。「理解の仕方」にとってのジェンダー・スタイル・アプローチの意味を明らかにするために、「もし異文化間の出来事として考えたら、男女間のコミュニケーションが深まるか」という問いを、これから探究していこう。また、「理解の仕方」に対するジェンダー・スタイル・アプローチの、意識の次元のアプローチとの相補性を考えるために、次の2つの問いも探究する。差異(ジェンダー差など)の尊重を目指す社会運動のなかにも、見えない精神的要求が潜んでいるのか。理解の仕方に対する「性的特徴を反映した」アプローチに潜在する約束や使命は、「意識の次元」の視点を加えることで促進されるのか、それとも阻害されるのか。

なぜ文化的差異が不快なのか

構成主義は、現実を形づくる人間の姿に、背後から光を当てる。創造的な活動をするこの姿にはパワーがある。ただし、諸刃《もろは》の剣《つるぎ》になるパワーだ。ある方法で現実を形づくり、選択し、パターン化することは、他の方法で現実をデザインしないことでもあるのだ。decide（決める、判断する）という語は、「切る」ことを意味する。「切る」は「形づくる」ことを暗示する場合もあるが、「切り離す」意味になる場合もある。熱心に見たり聞いたりすることは、見えないものに積極的に目をつぶり、聞こえないものに積極的に耳をふさぐことを指す場合があるのだ。

数年前、私はある一連の研究グループ会議に出席した。皆、学者ならではのプライドを持ち、録音されるのを当たり前と思っていた会議である。ある研究者のオフィスで話し合いをしていると、デスクのうえの電話が鳴った。オフィスの主である研究者が受話器を取り、「すぐ済むので話し合いを続けてほしい、電話が終わったらどんな話をしたか教えてもらいたい」と言った。実際、電話はすぐに終わり、私たちは彼が席を外していたあいだの話を伝えた。ところが、どんなことを各自が述べたかについて食い違いが起きた。誰かが思い出して言った。「テープレコーダーが回っていたから、わけなく決着する」と。私たちはいそいそと電話が鳴る箇所までテープを巻き戻したが、困ったことに、ほとんど聞き取ることができなかった。なぜか。テープレコーダーは私たちと電話のあいだに置いてあり、周囲の音をすべて、つまり私たちの話し合いも電話での会話も両方とも録音してしまっていた。そのため、同時進行する2種類の会話を聞き取るのは至難の技《わざ》だったのである。

さて、ここが重要なところだ。テープレコーダーは素晴らしい機械で、周囲のあらゆる音を録音する。だが人間の素晴らしさはそれを上回る。なにしろ、私たちは機械にできないことをしていたのだから。私たちはテープレコーダーとほぼ同じ場所で、同じ2種類の会話を聞いていたが、全員が、電話での会話が聞こえているなかでもグループの話し合いを難なく聞き取れたのである。単に私たちの耳が周囲の音を捉えなかったというだけでなく、私たちはきわめて自然かつ無意識に、グループの話し合いの声に耳を傾け、電話でなされる話を無視して聴いていた。さらには、私たちはこれを一度ではなく、片時も休むことなく絶えず行って、ある音を選択して聴き、別の音を選んで聴かずにいた。

この例は、私たちの構成主義――生データを選択・調整し、それに基づいて行動し、判断する能力――を示しているだけでなく、それが対照的な2つの影響をもたらすものであることも示している。私たちは選んで取り入れるが、選んで排除もする。切り取るが、切り離しもする。積極的に耳を傾けることは、室内にある全く「問題のない」音に耳をふさぐことでもあった。私たちにはその音が聞こえていなかった。私たちにとって、その音は発生していなかった。これもまた、構成主義である。

しかしながら、これが、私たちが必然的に関わり続ける構成主義の特徴なのか。私たちは世界を構築したけれども、それが考え出された現実、つくられた世界であることに気づいているのか。同じ経験が統一性を持ちつつ全く違う意味を示しうるような、別の方法を絶えず探してはいないだろうか。つまり、現実について自分が意味構成したものを、本当の現実――「世の中のありよう」という事実――として捉えがちではないだろうか。

1752年に、イギリスで改暦が行われ、もともと9月1日だった日が9月12日になった。国民から11日間を奪うものだとして、数千の人々が政府に対し激しい抗議の声をあげた（先日、この話を友人にしたところ、友人はクスッと笑い、身を返しつつ小声でこう言った。「そうねえ、それは私も困るわね。秋は私の大好きな季節だから、短くなるなんていやなの！」）。より近年には、同じくイギリスで貨幣制度が改められ、ペンスが「新ペンス」になった。この変更について国民を対象に調査が行われ、ある年配の女性は次のように答えた。

「とてもややこしいし、高齢者にはわかりにくすぎると思うわ。なぜ、年寄りがみんなあの世に行くのを待って変更しなかったのかしら」

空を見上げれば、さまざまな星座が見える。北斗七星は、来る年も来る年も、毎晩のように空に輝く。この7つの星同士には確かに何か関係があり、その関係は近くの星々とつくりうるどんな関係よりも強い統合性《インテグリティ》を備えていると、つい考えてしまう。空には、私たちが考え出したわけではない、毎晩のようにあらわれる秩序がある。だが、星々の1つの集まりを1つの星座とするチャンキング（チャンク化）、星座と呼ばれる星々が実際には全体の一部であるという考えは、間違いなく考え出されたものである。しかし、私たちは常々そのように見ているだろうか。星をつないで星座とするという行為をしているのは、星でも空でもなく私たちであることに、私たちは気づいているだろうか。

こうして私たちは「意味をつくる」が、つくられたその意味に対して必ずしも責任を負うわけではない。私たちには、「世界とはこのようにつくられるものだ」と信じる傾向、（かつ、誰によってつくられるかを考慮しない傾向）があるのだ。私たちの意味づけのなかには、このうえなく特異で、独特の個性という規則性しかないものがある。一方で、人類のさまざまなサブグループ――社会階層、民族性、ジェンダー、文化など――から生まれるものもあると考えられる。これらのサブグループはおそらく、私たちがそれらのサブグループに所属していることから生じる独自の意味調整の原則――理解の仕方――を、私たちに与える。意味の構成が文化にコントロールされている状況で、意味構成が持つ「考え出されたものである」という性質に責任を持たないのは、エスノセントリズム（自民族中心主義）の本質と言っていいだろう。まず、構成主義の影響をもたらすものとして、類似する文化領域を見ていこう。そうすれば、「ジェンダーセントリズム（男性／女性中心主義）」の問題に、より強力にアプローチできるかもしれない。

周知のとおり、私たちは皆、育った文化によってつくられていると言える。文化が持つあらゆることについての考えが、私たちのなかに染み込んでいるのだ――食べてよいもの・だめなものをはじめ、伴侶の見つけ方、生計の立て方、子どもの育て方、高齢者のケアの仕方、敵からの身の守り方等々、ひとことで言うなら生き方についての考えが染み込んでいるのである。メンバーに伝えられるある文化の意味調整の原則とは結局のところ、文化を文化たらしめるもの、文化にその文化ならではの特徴をもたらすものなのかもしれない。

もし生まれた文化のなかで生涯を送り、他文化の人々とは直接、間接を問わず何の関係も持たないなら、大人になるまでに果たすべき文化化（文化適応）にまつわる務めは、生まれ育った文化のルールを学ぶことだけである。特定の文化において人間（あるいは大人、もしくは成人女性・男性）になるとはどういうことか、それを学びさえすればいいのだ。ただ、他のどんな文化とも接触がないので、これはある1つの成人の期間がどういうものであるかを学ぶことになるだろう。

今日でさえ、現代アメリカのような多様な国においては、アメリカ人が、人間というのは皆アメリカ人と同様である、もしくはきわめてよく似ているという考えから離れられないのは別に不思議ではない。なにしろアメリカ人は、広大であるためヨーロッパの人々のように近隣の文化を絶えず気にかけなくていい国に、すなわち地域ごと・階級ごと・民族ごとの集まりで成り立っているため差異にさほど向き合う必要のない国に暮らしているのだから。この見方によれば、差異は表面上にすぎず、詳しく調べると、誰もが全く同じ――つまり、ほぼ全員が人気ラジオ番組のホスト、アンクル・チャーリーのようなアメリカ人なのだという。ヘンリー・キッシンジャーは次のような意味のことを述べた。アメリカ人があっという間にミハイル・ゴルバチョフを好きになったのは、彼のなかにアンクル・チャーリーを見出し、それによってソビエト文化と西洋文化の違いが些細であるという考えが裏付けられたからだ、と（キッシンジャーによれば、彼のアメリカ人の友人は次のような話を信じていた。「イギリス人は、本当はあのような話し方をしない。あんな話し方をするのは、ひとえにアメリカ人に劣等感を抱かせるためだ。もし夜中の3時にイギリス人の寝室に忍び込み、ぐっすり眠っているところを起こしたら、一瞬われを忘れ、アンクル・チャーリーにそっくりな話し方をするだろう」)。

ここには若い国らしい単純さがあらわれている。「誰もが全く同じ」とのことなので、鷹揚な若い国らしい、桁外れの、悪気のない単純さである。多くのもっと長い歴史を持つ文化なら面白がって笑ったり軽蔑してあざ笑ったりする、労せず得た親しみやすさという悪気のない単純さなのだ（アジア人はそれを「'Hi!' 'Bye' 文化」と呼ぶ）。だが、意図にどれほど悪意がなくとも、結果には不快感が伴うかもしれない。なぜなら、「私たちは全く同じだ」は「あなたは私と全く同じだ」に言い換えられるからである。親しみやすい単純な人が、イタリアの市場でワゴンからシャツを手にとり、1万リラとは「実際はいくら」なのかを知りたがる「いやな感じのアメリカ人」になる。そういう人にとっての現実は、自分にとってなじみのあるものだ。真実、現実、人生とはどのようなものかを特定するのに独自の基準があり、それをどれくらい忠実に再現しているかに照らして、あらゆることが評価されるのである。

ある人が受容される場合、それはその人の持つ差異が、相手が現実と捉えるものに変換できるからであり、もし変換できなければ受容されない。だから、悪気のない単純さが不快になる。映画『小さな巨人』では、シャイアン族の「シャイアン」が「人間」の意味であることが紹介される。シャイアン族でない人々はどうなるのか。シャイアン族の首長は、「シャイアン族でない他者」とは「白人」であると認識しており、あらゆる「他者」をこの認識によって定義する。アフリカ人を知っているかどうかを尋ねられたら、首長は「むろん知っている。肌の黒い白人だ」と答えるのである。ユダヤ教徒は非ユダヤ教徒を「異教徒」と呼び、モルモン教徒は非モルモン教徒を「異教徒」と呼ぶ。「異教徒」を意味するユダヤ語はゴイムであり、これはヘブライ語では単に「他人」や「他民族」をあらわす。悪意のないエスノセントリズムにできるのは、差異を無視してその差異を含めること、無視できない場合は、自分の定義に基づいてではなく単に「私たちとは違う人」として相手を知ること、それが精一杯である。

もし自分と同じ文化の人としか会わず、他文化の人々とは直接、間接を問わず一切関係を持つことなく暮らせるなら、自分の文化のルールを学び、それをしっかり守るだけでいいかもしれない。だが、そのような世界は、まだ消滅はしていないとしても、急速に消えつつある。多様な文化的経験は、かつては冒険好きの人、偏見を持たない人、あまりに貧しいために望む場所で暮らせない人たちがするものだったかもしれない。しかし今後は、きっと誰もがすることになるだろう。いや今でさえ、アメリカの労働人口は変化し、多数派――白人男性――が少数派になってきている。

差異との避けがたい邂逅《かいこう》がエスノセントリズムを介してもたらされるとしたら、どうなるか。エドワード・T・ホールの詳細な記述によると、アラブ諸国駐在のアメリカの外交官たちは、明らかな文化的差異については情報を得ていたが、細かい差異については必ずしも得ていなかったという。[9] たとえば、あまり親しくないふたりの外交官が、大使館の廊下などで話をする場合、どれくらい離れて立つのが「適切」なのか。アメリカ文化では、「(大半のアメリカ人が意識さえしていない)習慣」として、アラブ文化の「(大半のアラブ人がほとんど意識していない)習慣」より数インチ多く離れて立つように思われる。ホール曰く、アラブの外交官にとって最も快適な距離は、アメリカの外交官の息を顔に感じられるくらいなのかもしれない。

このエピソードをアメリカの講堂で話すと、よく知らない相手の息が絶えず顔にかかるなんて真《ま》っ平《ぴら》だという反応を、必ず何人かがする。これはそれ自体に考える価値のある反応と言えるだろう。当たり前だが、会話する相手との「然るべき」正しい距離などない。自分が快適に感じるより短くても、その距離は、神に背いているわけでも自然の摂理に反しているわけでもなく、自分が考え出した規範や価値観に反しているのである。その事実に対する反応として、あろうことか、私たちは理性的に異を唱えたり感情的に不快に感じたりするだけでなく、身体的に嫌悪感を覚えてしまうことさえあるとは！

そこには、私たちが、自分の意味構成にどれほど固執しているかが示されている。構成した意味を構成した意味として捉えること、構成した意味のなかに埋め込まれるのではなく構成した意味との関係性のなかに存在することが、どれほど難しいかということでもある。本能的な嫌悪感や違和感を覚えたら、自分にとっての「当たり前」が相手を不愉快にさせているかもしれない、と考えよう。自分を美しく見せるためだけに、下唇に皿をはめ、本来の3倍の大きさにまで唇を広げる風習に、私たちは愕然とする。だが、単に自分を美しく見せるために、耳に穴をあけたり豊胸インプラントを挿入したりする慣習に、他文化の人々は愕然とするかもしれない。ある文化では身体を傷つけているとみなされる行為が、別の文化にとっては、魅力と自信を高める方法であるかもしれないのだ。

さて、アラブとアメリカの外交官の話に戻ろう。彼らは大使館のなかで、礼儀をわきまえた会話を、言葉を使ってしようとしている。一方で、言葉を使わずに、それぞれが快適だと思う物理的な距離について交渉している。この光景を高所から見下ろしたら、廊下で滑稽なダンスをしているように見えるだろう。アラブの外交官が自分にとって適切な距離になるよう前進する。すると、アメリカの外交官はやはり自分にとって適切な距離になるよう後退するのである。だが、そこには、滑稽なダンスなどでは片付けられないものがある。言葉を使わないこの「会話」によって、互いに相手に関して不愉快な印象をつくり出しているようなのだ。アラブの外交官はおそらく、「このアメリカ人たちはよそよそしく冷たい」と思うだろう。逆に、アメリカの外交官たちはすぐにこう思うだろう。「このアラブ人たちは厚かましく鬱陶しい」。そのような印象をつくるのは100パーセント理解できるし、両者それぞれが一体化している構築された習慣と100パーセント一致しているが、100パーセント間違っている。どんなに「離れて」あるいは「近くに」立っていようと、相手がそれをどれほど不快に思おうと、どちらも、よそよそしくするつもりも鬱陶しい存在になるつもりもないのである。

文化的差異との避けがたい邂逅が、私たち自身の意味構成とのエスノセントリズム的な一体化を介してもたらされるとしたら、どうなるか。おそらく、差異が何なのかさえわからなくなってしまうだろう。文化的慣習だけでなく、差異自体を意味構成してしまうのだから！　「差異」は、イコール「相手の慣習と自分の慣習との違い」ではなく、イコール「差異に対して自分が感じたことに基づいてつくる、相手についての印象」（「よそよそしい」「鬱陶しい」）になる。かくて差異は、相手の意図された意味ではなく、私たちにとっての意味がすべてになってしまう。

このような誤解の問題に対する解決策としては、相手の文化に「期待どおりのことをせよ」と伝えるのも一手かもしれない。現実に対する意味構成の仕方について、私たちと同じルールを持ってもらうようにするのである。私たちの文化のなかで暮らそうというなら、礼儀として、少なくとも私たちの話し言葉はもちろん意味づけ方も学ぶべきだろう。そうすれば私たちもきっと、折り目正しく寛容に相手を受け容れる。私たちは「オープン」になる。違うというだけで、相手を排除したりしない。会社やコミュニティ、あるいは国の様相も変えていこう――。これは、寛大・寛容で相手を歓迎する態度に見えなくもない。

しかし残念ながら、次の事実が見過ごされている。「この国」には必ずしも「私たち」だけがいたわけではないと思われるという事実、アメリカに入ってきた新しい各文化が独自の特徴を既存の文化的慣習に加えたり、そうした慣習を拒否したりしたという事実である。実際には、「期待どおりのことをせよ」と伝える方法は、次のように言うのも同然だ。「われわれの文化的慣習を学び、少なくともそれに恩があるという態度を示すなら、きみたちを受け容れてあげよう。黒人よ、白人のように振る舞うなら、この国に入っていい。女性よ、きみたちも、男性のように振る舞うなら、この国に入っていい」と。

誤解の問題に対するこの解決策は、最も傷つきやすく、新たにやってきたばかりの、影響力のヒエラルキーにおいて最も弱い立場にある人々に、問題解決の重荷を背負わせる。非情な解決策であり、しかも、生物学者や心理学者、あるいはスポーツファンなら誰もが知っているように、利己的でしかないために批判される可能性が高い。このような種類の心理学的同化は、要は差異と多様性が整然と取り除かれるプロセスであり、種の繁栄や生存性を確実にするどころかその正反対なのだ。

生物学者曰く、遺伝子プールの絶え間ない可変性が、あらゆる生物の健康のカギである。自然淘汰の範囲があまりに狭いと、生物の未来が危うくなる。たとえば、歴史において数多の王朝で見られたように、近親結婚が増え、血統の「混じり気のなさ」を守れば守るほど、結果として身体及び精神が弱まる可能性が高くなる。

心理学者によれば、成長・発達する唯一最良の方法は、差異・不一致・例外を経験することだという。差異の持つ可能性――既存の理解の仕方の限界に挑む力――を弱める整然とした対応は、私たちの精神的プロセスの貴重で必須の保守的な側面――ピアジェが同化と呼び、フロイトが快感原則と呼ぶもの――をスムーズにするかもしれない。だが同時に、それは私たちの精神的プロセスの、やはり貴重で必須の進歩的な側面――ピアジェが調節、フロイトが現実原則と呼ぶもの――との健全で自然なバランスを乱すかもしれないのだ。

チームスポーツに詳しい選手やファンなら誰もが知っているとおり、チームは、多様なスター選手の協調を、許容するどころか大いに頼りにしている。ＮＢＡで、ガードのボールさばき、あるいはセンターのバスケット近くでのプレーがどれほど鮮やかでも、ガードのスター選手ばかりを5人、センターのスター選手ばかりを5人集めて、それで勝てるチームはない。また、ガードのスター選手の才能とセンターのスター選手の才能は、価値は同じだが、種類が違う。チームの勝利のために、それぞれの得意なボールの扱い方を捨て、ガードがセンターとして、センターがガードとしてプレーすることはいずれも歓迎されない。チームが勝つためには、互いの差異が、どちらにとっても必要なのである。

これら（種の存続、健全な精神的プロセス、チームの勝利）のイメージはいずれも、社会的多様性というテーマを考えるための、全く別のあるひとつのコンテクストを示唆している。多様性とは、「解決の必要な問題」ではなく、「貴重なリソースとして重んじ、守るべき機会（あるいは不可欠なもの）」と考えられる可能性を提起しているのである。

アメリカは、歳を重ねて洗練された国になるにつれ、多様な文化にそれぞれのやり方があることを次第に理解するようになっている。そのような違いに対し、尊敬するとは言わぬまでも、いくらか寛容になっているのである。困惑するような差異に直面しても、こう思える人が増えている。「これはたぶん、正しいとか間違っているということではなく、文化の違いなのではないか」と。たとえばアメリカの教育者は、アジア人の子どもが授業中に意見をはっきり言わない傾向について、自分が誤帰属させている可能性はないかを考えるよう訓練を受ける。教育人類学者のジェイミ・ヴルツェルは次のように報告している。

この国の就職面接で「あなたを雇うべき理由は何か」と面接官に問われた場合、アメリカ人の若者なら答え方を心得ており、こう述べる。（中略）「御社が必要とするスキルを、私が持っているからです」と。だが、アジア文化のなかで育った人にとっては、そのように答えるのは大胆すぎるし不快に感じられる。アジア人ならこう答えるかもしれない。「私には仕事が必要だからです」と。私たちアメリカ人は個人の自発性や積極性といった意志を高く評価する。小学校においてさえ、はきはきと話せば話すほど成績が上がる。対照的に、日本は「出る杭《くい》は打たれる」という諺《ことわざ》を持つ国である。にもかかわらず私たちは、この国の学校に通う日本やアジアの子どもたちに、はっきり意見を述べることを期待しているのだ。[10]

ジェンダー間のコミュニケーションスタイルの違い

ジェンダーの違いを文化的差異に近いものとして捉えたら、どうなるか。たとえば、ジェンダーについての最新の研究を使い、職場における男女間のコミュニケーションを異文化間での意思の疎通に近いものとして考えたら、どんなことが起きるだろう。職場でのコミュニケーションに関する、基本的でありながらめったに議論されない疑問について考えてみよう。特定の仕事のために組成された人々の集団――委員会、スタッフミーティング、リンが所属する教育リーダーシップ委員会、ピーターの販売員チームミーティングなど――では、どのように会話をすべきか、という疑問である。好ましい話し方とは、どのようなものなのか。

それらの集団では無意識にどんな話し方がなされているかを検討したところ、次の2つのグループがあることがわかった。1つは、物語を語るように、人格主義者然として、経験に基づいて話すのが当たり前になっており、関連する多様な話や考えを織り込みつつ、徐々に一般的な考えへまとめていくグループ（「この問題にはどう対処するのがベストか。私の以前の勤め先でこの手の問題に取り組んだときのことを聞いてほしい……」）。もう1つは、もっと抽象的・客観的な話し方をするのが当たり前で、まず包括的な考えや知的な枠組みを整え、それから共同で考えるための状況をつくったり範囲を定めたりするグループである（「この問題にはどう対処するのがベストか。思うに、これは『過ぎたるは及ばざるが如し』の状況だ。ある製品を売り込みすぎたら、いずれ人々の熱が冷めるときが来る」)。

これは、どのような種類の差異なのか。「感情的」か「認知的」かの差異ではない。両グループそれぞれに感情的要素と認知的要素が存在しており、どちらの要素にも優勢になる可能性がある。では、「合理的」か「非合理」かの差異かと言えば、それも違う。両グループの話の内容はそれぞれに、合理的と非合理のどちらでも特徴とする可能性があるだろう。言うまでもないが、「単純」か「複雑」かの違いでもない。「ストーリー」にしろ「一般的な考え」にしろ、やはりそれらのいずれにもなる可能性があるのだ。

両グループの差異は、スタイルに通ずるものであり、会話の際に相手とどれくらい離れて立つかの差異に似ている。あるスタイルが別のスタイルより「優れている」と判断する絶対的根拠はない。それぞれに独自の統合性《インテグリティ》、独自の特性があるのだ。ただ、会話の際の距離が文化と密接に関連するスタイルであるのに対し、西洋文化におけるこのスタイル的差異はジェンダーと関連がある、と現代の研究者は述べている。女性は個人的でナラティブなスタイルを好むほうが多く、男性は「客観的で」文脈から切り離されたスタイルを好むことが多いというのである。

先述したように、スタイルに対する私たちの好みが、(「スパイスをどれくらい効かせた『ブラッディマリー』を好むか」のような)穏やかなものであることはあまりない。多くは、知らない人に息を顔に吹きかけられた際に一部の人が感じる強い嫌悪のような、平安が乱されたときに心に湧き起こる強烈な感情に近いものなのだ。もし、「異文化」だと心得ないまま、ミーティング中に自分と正反対のスタイルで話す人に出会ったら、私たちはどのような反応をする可能性があるか。

私は、ミーティングでの人々の経験を調べて、ある共通する現象があらわれることを突きとめた。個人的でナラティブなスタイルを好む人は、「客観的で」文脈から切り離されたスタイルで話す人の話に耳を傾けるが、やがて好ましくない印象をつくり始める。「この人はもっともらしい話をしているだけだわ！　さっきから理屈ばっかり。なぜ本題に入れないのかしら」。一方、「客観的で」文脈から切り離されたスタイルで話す人も、個人的でナラティブなスタイルを好む人の話に耳を傾けるが、やがて好ましくない印象をつくり始める。「このミーティングをグループセラピーか何かだと思っているんだろうか。こっちは朗読会に来たわけじゃない！　なぜ本題に入れないんだ」。どちらもこう思うようになる。相手はミーティングを重視し、すぐ本題に入るという暗黙の協定あるいは取り決めに反している。ある意味、目の前の課題を避けている、あるいは取り組むまでがあまりに回りくどい、と。このような印象は面白くはあるが、犠牲が大きい。なぜなら、そのような印象は間違っている可能性が高く、曰く言いがたい、だが疑いようのない不快な作用・反作用が続くことになり、ひいては慢性的機能不全のコミュニケーションというとんでもない混乱を生み出してしまうからである。

両者によるこの誤帰属のほかにもう1つ、有害な非互恵的要素――ミーティング中の集団にとってはそれだけでも犠牲の大きい要素――も、当たり前のように絡んでくる。職場や既存の文化が両方のスタイル（連続体の両端）を同様に受け容れることはめったにないので、どちらか一方がそれとなく、だが強力に、「正しい」（すなわち、文化的に認められた）話し方だと明言されるのである。歴史的に男性優位の仕事の世界では、客観的で文脈から切り離されたスタイルが「勝利」する。この場合、個人的でナラティブなスタイルを好む人は、自分の話し方が「間違っている」と見られていることを痛感し、ほどなく、自分らしい話し方をするのをやめてしまう。すると、承認され「勝利して」いるスタイルを好む人たちは、数々の破壊的で誤った印象をさらにつくり出し、複雑で絶えることのない機能不全の作用・反作用が生まれることになる。自分らしい話し方ができなくなった人が口を閉ざしてしまうと、情報がなくなり、名ばかりの聞き手たちは、話し手が口を閉ざしている原因は何かと勝手な想像をめぐらせる。多くの場合、黙っている人たちというのは退屈している、怖れている、怒っている、無知、情報に疎い、「時代遅れ」など、あらゆる好ましくない印象を抱かれがちだが、それらはすべて完全に間違っているかもしれない。あるいは、口を閉ざしている人が黙っているのをやめ、自分が適切だと思う話し方で話そうとしたら、その試みは打算的だ、抑圧的だ、まがいものだなどと思われてしまう可能性もある。

　かくして、通説や大衆文学はもとより多くの研究や文献において、アメリカの男性はグループ会話を独り占めする人として描写される。[11] 職場でも学校でも、頻繁に長時間話すのは男性のほうであり、発言するときは場を支配し、みずからの意志で選択するときのみ場を明け渡す。対照的に女性は、ちょっとしたところで、つかの間、話に参加する傾向がある。男性の長広舌の合間に「傍白《ぼうはく》」さながらにひとことふたこと述べるだけで、会話を支配することはめったになく、自分の話を終えようが終えまいが、遮られると舞台を明け渡してしまう。

　とても興味深いことに、男性が会話を独り占めする人として描写されるのは、スタイルの違いをあらわしてのことではなく、むしろ特定のスタイルを「正しい」ものとした結果かもしれない。職場や学校――文脈を離れた客観的スタイルが好まれ、文化の規律や決まったやり方として組み込まれている場――での男性支配について研究している人は、サイコセラピーのような、親密さ重視のコンテクスト――個人的でナラティブなスタイルが制度化されている場――を覗いてみるといい。私の経験では、たとえば男女混合のセラピーグループで、「会話を独り占めする人」と「つかの間、話に参加する人」の役割があべこべになっているケースがある。女性のほうが頻繁に長く発言し、話しているあいだは傲然と場を支配し、誰にも邪魔させない。

一方、男性は、端のほうでちょっとした意見を（しばしば風刺的に）述べたり、傍観者を自認するような合いの手を入れるにとどまっているのである。

スタイルの問題は政治的な問題、つまり権力と影響力の問題になる。そして、あるスタイルが「ホームグラウンドでプレーする有利さ」を得る一方、別のスタイルを好む人々は「ビジター」と見られ、やがて自分でもそうだと思うようになる。「ホームグラウンド」を得た人が不公正な有利さを無批判に受け容れたら、「スタイル上の興味深い差異」の問題は、「相手を征服するようなジェンダー中心主義」の問題につくり変えられるだろう。もし職場（や学校）が特定のスタイルに利益を与え、そのスタイルが男性のほうに密接に関連しているなら、女性は、どんなに熱心に引き入れられようとどれほど温かく迎えられようと、職場でビジターのままでいることになる。一方、職場環境が真に敬意に満ちた多文化の環境につくり変えられたら、男女どちらも自分をビジターと感じることはなくなるだろう。ただし、そのような環境を目指す困難なプロセスにおいては、男女とも、完全には気分が落ち着かない期間が必ずある。

ジェンダーと関連しているように見えるスタイル上の差異が「人格主義」対「客観主義」などというレベルをはるかに超えているのは確かだし、そのような差異が職場において、グループでの話し方の違いなどというレベルをはるかに超えてあらわれているのも間違いない。職場での行動に関する同様に基本的ないくつかの問いについて考察し、その答えを通して表現されるスタイル上の差異を詳しく説明しよう。問いとは、たとえば次のような問いである。

- ミーティングに対して万全の準備をするとは、どういう意味か。
- 上手にリードする、もっと言えばミーティングをうまく進行するとは、どういう意味か。

- 「単なる問題」と「職場の危機」の捉え方の違いは何か。
- なんらかの害を被った場合、真っ先に回復したいと思うのは、組織活動におけるどのような側面か。

人によっては、「万全の準備をする」とは次のようなことだと考える。

「ミーティングに先立ち、自分はどんな課題を最も重要だと思うか、顕著な問題は何かをよく考えて明確にし、答えや解決策についてある程度考えをまとめておきます。解決策やプランやアプローチを皆で検討する際に積極的かつ思慮深く参加できるよう、準備を整えておくのです」

あるいは、次のように考える人もいる。

「ミーティングに先立ち、自分なりの解決策やプランを練ります。自分の考えを提示・発表し、主張し、賛同してもらえるよう、しっかり準備を整えておくのです」

「準備」に対するこれら2種類の意味構成には、ミーティングの目的に対する捉え方がそもそも全く違うことが示唆されている。参加予定のミーティングに関して入念に準備しているのは、両者共通だろう。ただ、言うまでもないことながら、両者がしばしばミーティングに同席するのが問題だ。そして、誰も何も言わないけれども、ミーティングへの両者の参加の仕方が、ミーティングの目的を明らかにするための目に見えないバトルを引き起こす可能性がある。

この手の「噛み合わない会話」によって、どんな誤帰属や機能不全が起きうるか。先ほどの2つのスタイルにおいて、前者は後者を、基本的に自分の解決策を売り込もうとしていると捉え、こう思うだろう。

「彼はなぜ、わざわざミーティングをひらいたり私に出席を依頼したりするのかしら。他人の意見なんか全然聞く気がなくて、話し合いが始まらないうちから答えを決めてしまっているのに。私のこともミーティングのことも、目的地へ向かう途中で我慢せざるを得ない、うっとうしい邪魔ものと思っているにちがいないわ！」

一方、後者には前者が、最終的な解決策を導き出すのが目的で話し合いを始めていると映り、こう思うだろう。

「彼女はなぜちゃんと準備をしてこなかったんだ。こっちは解決策を用意してきたのに、彼女はしてないじゃないか。するべきことをせずにいながら、われわれの時間を使って自分の課題を解決しようとするなんて。私は私の仕事をしたが、彼女は彼女の仕事をしていない。なぜ私が彼女のために彼女の仕事をしなければならないんだ」

これは、どのような種類の差異なのか。軟弱で意気地のない人と勇敢で信念のある人の差異でないのは言うまでもない。というのも、後者は「ご機嫌取り」よろしくCEOの意向だと思うものを主張しているにすぎないかもしれず、前者は早々に話し合いを切り上げることに異を唱えるのにかなりの勇気を示す必要があるかもしれないからである。両者の差異は、基準に基づくものでも階層的なものでもない。状況によってはどちらかのほうが好ましい場合はあるかもしれないが、いずれのアプローチも相手より優れているとは言えないのだ。といって、両者の差異は、知性・複雑さ・メンタルヘルス・組織力などの漸進的な改善や向上におけるる違いを示しているわけでもない。

やはり認識論的差異ではなく単にスタイルの違いであり、この両者の場合は「帰納的」か「演繹的」かの違いと見るのが最善かもしれない。前者は、原材料（つまり問題や課題）から始めて、皆でそれらの原材料に取り組めるコンテクストを探し、グループプロセスによって部分から全体的なものを協力して生み出せるようにする。つまり個から全体への流れである。一方、後者は製品（「調理済み」の解決策やプラン）から始めて、他者から提起されるかもしれない具体的状況、なんらかの異論、個人的関心に対処可能なコンテクストを得ようとする。これは全体から個への流れである。前者と後者では見方が違う。どちらも、それ以上のものは見えていない。なのに、理不尽にも演繹的なスタイルが好まれる世界（一般に男性の世界）においては、帰納的なスタイルを好む人たちが常に不利な立場に置かれている。

　ミーティングをうまく進行するためには、たとえこんな調子で課題をすべて解決できるだろうかとリーダーが首をひねっても、参加型プロセスをつくってできるだけ多くの意見・問題・懸念を集めるのがよい方法だと考える人もいる。ここではプロセスが第一であり、評価はプロセスについて行われる。一方、ミーティングの上手な進行方法とは、検討中の課題に参加者が効率よく取り組めるよう支援することだと考える人もいる。解決できない問題を話し合うのはイライラするので、優秀なリーダーならやむをえない場合を除き取り上げることはない。ここでは結果が第一であり、評価は結果について行われる。

　見えてくるのは、やはり、スタイルの違いだ。いずれも絶対的に優れているとは言えないが、私たちは必ずと言っていいほど、どちらが自分のスタイルと調和しているかを感じ取る。さらに言うなら、不快や苛立ち、憤りにつながるありがちな誤帰属が起きるのも、自分のスタイルと調和しないスタイルで導かれることが原因かもしれない。どちらかのスタイルをよいと思っており、しかし出会ったリーダーがそれとは逆のスタイルをよいと思っている場合、私たちは、このリーダーは参加者が成果を生む支援をせず、こだわりか何かのためにミーティングの有効性を損ね、個人的な必要性（「あらゆることを徹底的に議論する」「すべての議題を話し合う」）に気を取られていると感じるかもしれない。

　問題は、違いによって説明可能な不快感が生み出されることもさることながら、自分が相手に対してつくる印象が間違っているかもしれないことだ。また、どちらの種類のリーダーも、グループの目的を阻害していないかもしれない。どちらのリーダーも、目的地へ向けて針路をそれないよう、しっかりとミーティングを進めているかもしれない。問題は、目的地がどこであるかについて、両者がそれぞれ異なる考えを持っていることである。

組織的あるいは個人的な危機に直面した場合、他者とのつながりや関係を維持、修復、もしくは回復するためにまず行動する人もいる。それらを守ったのちに初めて、みずからのバランスや立場を取り戻すために行動するのである。一方、まず自分自身の安全や立場やバランスを守るために行動する人もいる。それを守ったのちに初めて、他者とのつながりを回復するために行動するのである。

次のような話を、私は聞いたことがある。ベトナム戦争を経験したアメリカ人捕虜が解放され、ドイツのヴィースバーデンまで飛行機で送られたとき、彼らのほぼ全員が真っ先にする行動が2つあったという。1つはシャワーを浴びること、もう1つは愛する人に電話をかけることである。ただし、男性は最初にシャワーを浴び、それから愛する人に電話をかける率が圧倒的に高かった。これに対し女性は、まず愛する人に電話をかけ、その後シャワーを浴びるケースのほうがはるかに多かった。

この違いは必ずしも、男性は自分中心で、愛する人より自分の身体的快適さを優先するものであることを示しているわけではない。男性は、自分にとって最も重要なのは愛する人と話すことだとはっきり感じていたが、体を清潔にしてから、つまり心理的に回復し、愛する人とふたたびつながることのできる自分を取り戻してからしか、最もしたいことができなかったと思われる。この差異は、「利己的」か「利他的」かの違いでもない――男性も女性も、本来の自分に戻るために必要なことをまずしたのかもしれず、その意味ではどちらも「利己的」だったと言えるだろう。両者の違いは、全体性を持つ（whole）自己になるその方法にある。まず自己が回復して初めて、大切な人とつながることができる（大切なつながりにふさわしくなれる）人もいる。

あるいは、自己はつながりのなかで、またつながりによって回復される人もいる。

繰り返しになるが、この差異は基準に基づくものでも階層的なものでもない。基本的な「志向」、私が「スタイル」と呼んでいるものにおける違いである。また、（ギリガンの研究やその同僚らの研究などでは[12]）「分離を重視する」スタイルと「つながりを重視する」スタイルの差異としばしば述べられるが、「これは、（人間が分離かつながりかのどちらか一方を好むものであるかのごとく）両分あるいは両極の問題ではなく、図と地の問題だ」と理解することが重要である。

拙著『進化する自己』で述べたように、私たちは皆、人間らしい2つの強烈な欲求の支配下にあるのかもしれない。「含まれたい、一部でありたい、そばにいたい、加わりたい、抱きしめられたい、認められたい、寄り添ってほしいという欲求」と「自立あるいは自律的であることや、独自の存在であることや、進むべき道を自分で選択していることや、みずからの不可侵性《インテグリティ》を実感したいという欲求」である。デビッド・ベイカンはこれを「人間的経験の二重性」、すなわち「コミュニオン（共同性）」と「エージェンシー（独自性）」に対する渇望と呼んだ[13]。スタイルの違いは、一方を排除してもう一方を支持するものではなく、図と地の違いである。人によっては、つながる経験を土台とし、そこから、人間にとってやはりとても重要なエージェンシーの経験へ進む人もいる。あるいは、独自性の経験を土台とし、そこから、私たちにとってやはり貴重、あるいは何より重要かもしれないつながる経験へ進む人もいる。

スタイルの差異と意識の次元の関係

ジェンダーと強く関連すると思われる、基準に基づかない、スタイル的差異の特徴が少しわかったところで（**表6・1**を参照）、この問いに戻るとしよう。この差異は、本書で探究している主体－客体の差異と比べてどうか、あるいはどのように関連するかという問いである。「声」の差異（関係性理論が言うところの構成主義的差異）と「構造的」差異（主体－客体理論が言うところの構成主義的差異）の関係は、どのようなものなのか。この問いに対し、これまでの考察は私たちを、次の2種類の答えに向かわせるように思う。

①関係性理論と主体－客体理論は、完全に異なる、だが相補的な差異を生み出している。

②さまざまな形の「エスノセントリズム」を克服するために関係性理論（あるいはスタイル本位のあらゆる理論）を積極的に活用する人間の能力それ自体は、主体－客体理論の関わりを示唆する、気づかれていない認識論的要求である。

主体－客体理論は、本当は規範的基準のない「スタイルの差異」の理論なのに、意識の発達理論と称しているのか。もっと悪いことに、主体－客体理論は、男性的スタイルの理解を女性的スタイルの理解より高い次元の意識であると考えることによって、事実上、前者に特権を与え、後者を不利な立場に追いやっているのか。「持続的カテゴリを超えた」

表6・1　理解の仕方あるいは「声」に対する好みにおける、ジェンダーに伴う差異

「女性的」スタイル	「男性的」スタイル
ナラティブな	抽象化する
個人的	文脈から切り離された
経験に基づいた	客観的な
会話中に出てきた考えを結びつけて一般概念を構築する	包括的な考えや一般原則が会話のためのコンテクストを構成する
帰納的	演繹的
プロセス重視	結果重視
「つながり」や「関係」を土台にし、そこから「自立・独立」という課題へ向かう	「自立・独立」を土台にし、そこから「つながり」や「関係」という課題へ向かう

理解特有の「心理的環境」に埋め込まれるのが、女性的スタイルではないのか。そのような環境から距離を置けるのが、男性的スタイルではないのか。包括的システム、体系的思考《セオリー》、あるいは権威を持たせるようなイデオロギーを構築する力、質的により高い次元の意識と呼ばれる力を持つのが、男性的スタイルの典型ではないのか。

実は、以上の問いのすべてに対して、答えはノーだ。ただ、両者を混同するのは理解できるし、過去に書かれた数多の理論を思えばなおさらだろう（白状すると、それらの理論のなかには私が書いたものもある）。拙著『進化する自己』が出版されてから（ついでながら、ギリガンの『もうひとつの声で』も同じ年に出版された）この10年間に、混ざり合ってしまっていた二揃いの区別を分離する、あるいは混ざり合わない状態にする動きが徐々に進んだと思われる。漸進的なこの差異化（分化）のプロセスは、それ以前には存在できなかった、部分と部分の関係を可能にするプロセスであり、知的分野における個人の意識の発達を反映する。

混同する原因は多々あるが、最も重要なのは次の2つかもしれない。

① 関係性理論が「分離」あるいは「自立」と呼ぶものと、主体 - 客体理論が「自律性」と呼ぶものを、私たちが混同している。みずから進んで決断し、自分に権威を与えることができても、「独力で決める」スタイルを好むとは限らない。一方で、他者と関係しつつ自分に権威を与えることは可能である。

② 関係性理論が「関係している」あるいは「つながっている」と呼ぶものと、主体 - 客体理論が一般に「埋め込まれている」あるいは「差異化（分化）していない」と呼ぶもの、とりわけ「心理的環境に埋め込まれている」と呼ぶものを、私たちが混同している。

『もうひとつの声で』
川本隆史、山辺恵理子、米典子訳、風光社、2022年

関係性志向、つまり「つながりを重視する」理解の仕方は、「持続的カテゴリを超えた」原理をはじめとするあらゆる認識論的原理と区別できないことを意味するものではない。むしろ、互いとの有意義な関係の築き方を明らかにしている。換言すれば、この2つの理論が全く違う種類の区別をしているなら、（スタイル的に）「分離を重視する」と同時に（意識構造的に）「心理的環境に埋め込まれている」こと、（スタイル的に）「関係性（あるいは、つながり）を重視する」と同時に（意識構造的に）「自律している」ことが可能ということになる。つまり、主体－客体の心理学が第3次元の意識（「持続的カテゴリを超えた」理解）と呼ぶ理解の仕方によって経験を意味構成しつつ「関係性を重視したり」あるいは「分離を重視したり」することが可能であり、第4次元の意識（体系的な理解）によって経験を意味構成しつつ「関係性を重視したり」あるいは「分離を重視したり」することも可能だということだ（**表6・2**を参照）。そしてこれこそが、多くの理論家が示唆し、研究者が突きとめたことである。[14]

拙著『進化する自己』で、私はこれらの考えを混同して

表6・2　個人の構成主義としての「声」と「意識の次元」

（主体－客体理論の）構造的な違い	（関係性理論の）声の違い：つながり重視	（関係性理論の）声の違い：分離重視
第3次元の意識（「持続的カテゴリを超えた」）	関係性を重視しつつ心理的環境に埋め込まれている（例：「人形」のようだったときのノラ）	分離を重視しつつ心理的環境に埋め込まれている（例：ノラの夫のトルヴァル）
第4次元の意識（体系的）	関係性を重視しつつ自分に権威を与える（例：「家庭の天使」を殺したヴァージニア・ウルフ）	分離を重視しつつ自分に権威を与える（例：ピーターの上司アンダーソン・ライト）

いた。たとえば、第3次元から第4次元の理解への移行について述べるなかで、女性運動で使われた「自分を取り戻すためには、自分の身を遠くへ離さなければならない」という言葉を引用したときに、個人的権威への意識構造的移行を、声の分離志向と結びつけたが、それは、「みずから進んで決める」ことと、「独力で決める」ことの混同にほかならなかった。もし、大切な人とのつながりによって、個人的権威への移行を積極的に後押ししてもらえないなら、前進しようとする自分の人生に忠実であることはとてつもなく大きな犠牲を伴うかもしれない。大切なつながりに別れを告げて去ることになるのである（ちょうど、『人形の家』の最後で、ノラが夫や子ども、教会、コミュニティのもとを去ったように）。だが、みずからに対して指揮を執ることと、人とのつながりに別れを告げることとのあいだに、何の一致も必要ない。ベレンキーらが著書『女性の理解の仕方』で指摘しているように、つながりと支援・理解を得て、支え続けてもらったり文字どおり認識し直してもらったりしつつ、第3次元から第4次元の意識へ（あるいは、ベレンキーらの言葉で言えば、「受け取った［received］」知識から「主観的［subjective］」知識へ、さらに「手続き的［procedural］」知識へ）成長することは可能なのである。[15]

私はさらに、意味構築について、今では「後悔している」（まさしく「ふたたび考える」）比喩やイメージを使うことにより、『進化する自己』の至るところで、スタイルと意識構造を混同してしまっていた。イメージとはコイル状のばねのイメージだ。これによって、ある方向の特徴となりうる意識の次元（第1、第3）と別の方向の特徴となりうる意識の次元（第2、第4）とのあいだで起こる発達において、ある程度変動することを示していたのである。[16] この違いの定義の土台になっていたのは、「人間的経験における、基本的で（しばしば矛盾する）2つの深い欲求」と私が呼んでいたものだ。そばにいたい、一部になりたい、含まれたい、結びつきたいという欲求と、個別的（distinct）でありたい、エージェンシー（独自性）やみずからの責任をみずから選択していることを実感したいという欲求である。無論、私は今でもこの区別の有用性を信じている。ただ、

『女性の理解の仕方』
Women's Ways of Knowing（未邦訳）

この区別を意識の各次元のあいだにある区別と融合させることによって、私は、ある次元の意識（第1と第3）をつながり重視のスタイルと、別の次元の意識（第2と第4）を分離重視のスタイルと同一視してしまっていた。これらの区別を混同しないためには、意識の次元はそれぞれが、2つの基本的な欲求のどちらでも好む可能性があると理解することが必要なのだ。

ギリガンも著書『もうひとつの声で』のなかで、声本位のカテゴリと意識構造のカテゴリについて、同様の混同を起こしていた。ギリガンは次のように書いている。「自立」、「自律」、あるいは「さらなる差異化（分化）」（この3つすべてを、ギリガンは同じ意味で使っている）が成熟への道であるとする昔ながらの男性中心の考えとは対照的に、「女性は、発達観察のレンズの焦点を個人的な進歩からケアの関係へ変えることによって、愛着の継続を成熟への道だと表現する」と。[17] ここでギリガンは、「愛着の継続」と「個人的な進歩」を、相互に排他的で、持続困難にしているように思われる。だがもっと重要なのは、「自律」や「さらなる差異化（分化）」を、「愛着ではない」と定義していることである。

ギリガンの最大の貢献は、発達や成熟の話が「去る」や「家を出る」、つまり大切なつながりや関係から離れる話として語られる場合、万人に当てはまる発達について述べられているわけではないことを明らかにしたことである。それは、すべての男性に当てはまる発達の話ではないし、無論すべての女性（あるいは非西洋文化出身者）に当てはまる発達の話でもないのだ。

ただ、この発見を明らかにする方法としては、次のように表現するほうが有用だと私は考える。「さらなる差異化（分化）」や「より自律的になる」ことの代わりとしての発達の話は、ただ1つの意味で語るべき話ではない、と。いや実際、「さらなる差異化（分化）」は万人に当てはまる発達の話の一部かもしれないが、「さらなる差異化（分化）」自体は、新たな側面でつながり続けること――かけがえのないつながりや相手に誠実であろうとする気持ちを持ち続ける一方で、自分がそれらによって形成されるのではなく自分がそれらを形成するために関係を改めること――についての話だと思われる。

また、「より自律的になる」ことが、孤立を深めるの意味である必要はない。「みずから進んで決める」ことが、「独力で決める」ことと同じである必要もない。「自律的である」ことは自分を調整することであり、調整することは、心のなかの方位磁石あるいはシステムによって、かけがえのないつながりを維持し守ることと同意だろう（シャロン・パークスは、変革的発達のための状況として、「家」と「聖地巡礼」両方のイメージ――居住と旅の両方の活動――を用いている）。[18] 男性も女性も含めた万人の発達の説明として「さらなる差異化（分化）」を持ち出す問題は、差異化（分化）自体が成長に対する男性的発想だということではなく、差異化（分化）についての表現や解釈や「声」が昔から男性寄りであることなのだ。

異文化間で比較する場合にも、同様の注意を払うことが重要だ。たとえば、よく言われるとおり、北米の文化では個性や分離が促され期待されるのに対し、南米、アフリカ、アジアの文化ではしばしば「共同体のなかの自己」や愛着の持続が促され期待されるのは、おそらく本当だろう。だが、南米やアフリカやアジアの人々が、心理的差異化（分化）、自己調整、あるいは自律性を高めるプロセスに、北米の人々ほど参加していないというのは本当ではないかもしれない。というより、彼らは共同体というコンテクストのなかで、そうしたプロセスに参加しているのではないだろうか。たとえば人類学者のロバート・ルヴァインは次のように述べている。アフリカの生活文化において自己という概念がどれほど共同体に従属していても、構成員1人ひとりは、生活のいくつかの活動範囲において、平均的な北米の人々より自律的で、内面的に差異化（分化）し、心理的に自分を調整できる、と。[19] 差異化（分化）それ自体は男性的でも西洋的でもないと思われるが、男性的あるいは西洋的な「声」と融合することによって、そのように見えてしまうのだろう。

つまるところ、差異化（分化）してこそ、かつて融合していたものと新たな関係が生まれる。カウフマンらが『レズビアンの関係における親密さのための距離』[20]と題する小論で提唱しているのも、差異化（分化）だ。認識論的区別という意識構造的「距離」によって、分離という社会的あるいは感情的な「距離」が生まれる必要はない。それどころか、より差異化（分化）した態度をとる能力のために、相手にもっと近づけるようになる。ヴァージニア・ウルフが、「家庭の天使」を殺さなければならなかったと述べたときに語っているのも、結局のところ差異化（分化）である。

私が論評を書いているときに私と紙のあいだにたびたびあらわれるのが、彼女だった。彼女こそが、私の邪魔をし、時間を無駄にさせ、あまりに私を悩ませるので、とうとう私は彼女を殺してしまった。私より若く幸せな世代のあなたがたは、彼女について聞いたことがないかもしれない――「家庭の天使」という言葉によって私の言わんとすることが、わからないかもしれない。手みじかに説明しよう。彼女は度がすぎるほど思いやりがあった。きわめて感じがよかった。自己本位なところが欠片《かけら》もなかった。家庭生活という難しいものを上手に扱うことができた。来る日も来る日も自分を犠牲にした。鶏肉があれば、自分は骨ばかりの部分を取り、すきま風の吹くところがあれば、自分がそこに座った――ひとことで言うなら、自分自身の希望や望みをもともと持たないというわけではなく、他者の希望や望みを常に思いやることを選んでしまっていた。（中略）私は彼女に飛びかかり、首に手をかけた。ありったけの力で、彼女を殺した。もし裁判にかけられたら、正当防衛だったと弁解したい。私が彼女を殺さなければ、彼女が私を殺したにちがいないのだ。[21]

これは「声」のことだけを述べているわけではないし、ウルフがここで述べている変化が「声」の変化であるわけでもない。みずからとイコールだった天使――自分自身の一部、あるいはそれまでずっと一体化していた理解の仕方――に飛びかかったとき、ウルフは未来の自己の命を救っている。天使を主体ではなく客体にするとき、ウルフは、ある理解の仕方によって所有されるのではなく、ある理解の仕方を（必要とあらば「首に手をかけてでも」）所有するという自己著述力を生み出している。「飛びかかる」ことは差異化（分化）することであり、差異化（分化）することは、男性の発達にとってそうであるのと同様、女性の発達にとって重要な要素なのである。

表6・2に示した声と意識構造の4つの組み合わせのどれもが十分ありうることは、仕事について先述した箇所で簡単に確認できる。第5章で考察した、職場で期待・要求される望ましい行動を考えてみると、いずれにおいても、やはり第3次元の意識と第4次元の意識の構造的区別が見てとれるのである。マネジメントに関する文献にしても、目標と目標達成までの道筋を提示し、やり遂げた仕事について価値を評価することを上司に期待する部下についての記述がたびたび見られる。その後、対照的な部下についての記述が続く。上司の考えに配慮し考慮もするが、自分自身も、目標を理解し、達成に向けたプランを練り、結果を評価するために貢献する部下である。言うまでもなくカリキュラム的によしとされるのは前者より後者だが、私が言いたいのは次のことだ――後者が示す個人的権威は、自己肯定感が強いとか自信に満ちているといった個人の特性によってもたらされるわけではないし、堂々と主張できるとかよりよい意思決定ができるといった習得したスキルによってもたらされるわけでもなく、むしろそれは心理的複雑さ、すなわち第4次元の意識という漸進的発達における進化を反映している、と。

上司というのは知らず知らず、心理的に「独り立ちしている」人を雇う。だが、文献にあるように、ふたりの部下に関して、一方には「依存している」、もう一方には「自律的な」と、あっさり「声に」重点を置いた表現がなされてしまうかもしれない。実のところは、もし2種類の部下の区別が、「声」の志向とは無関係に、意識構造の違いとして理解されるなら、部下はどちらの声であろうと構造についてのいずれかの記述に当てはまるはずである（**表6・3**を参照）。

2種類の部下のうち、いわゆる「依存している」部下は、問題意識や優先事項や仕事の質さえもを、その心理的環境から導き出すが、どちらの「声」を好ましいと思うかによって、やり方や目的が変わる可能性がある。問題意識や優先事項や仕事の質を導き出し、強く円満なつながりを創造・維持・実感・実践する手段としてそれらと一体化する場合もあれば、やり遂げようと思う個人的な課題を導き出すためにそうする場合もあるのだ。そして、後者がどれほど「自主的に（みずか

表6・3　2つの声における「依存している」部下と「自律的な」部下

（主体－客体理論の）構造的な違い	（関係性理論の）声の違い：つながり重視	（関係性理論の）声の違い：分離重視
第3次元の意識（「依存している」部下）	強く円満なつながりを創造・維持・実感・実践する手段として、上司の期待や目標や戦略を考慮する。仕事の質や価値を、最終的に上司に判断してもらおうとする。	直接的あるいは間接的に（たとえば同僚から）もたらされる目的や目標のために、みずから前進し、戦略を練り、議論し、競い、交渉し、自分の考えを推し進める。仕事の質や価値を、最終的に上司に判断してもらおうとする。
第4次元の意識（「自律的な」部下）	包摂のために、個人的権威を行使する。できるだけ大勢の参加と多くの意見を得るために胸襟をひらいてコミュニケーションを図り、つながりを守り、同僚の協力体制を脅かすものを明らかにする。そうした優先事項と比較して、上司の期待と自分自身のパフォーマンスを、自分で評価する。	自分自身の立場、地位、強み、計画、使命感、あるいは注目度を高めたり強めたりするために、個人的権威を行使する。関係から目標を得るより自分だけの目標を前進させるために、他者と関わりを持つ。そうした優先事項と比較して、上司の期待と自分自身のパフォーマンスを、自分で評価する。

ら／利己的に／戦略的に）」使命感に従って行動しても、その使命感を生み出したり調整したりする行動は、心の奥底からのものではなく、心理的環境から導き出される。

一方のいわゆる「自律的な」部下は、上司に関することについてさえ、みずからの個人的権威を職場で行使するが、やはり、どちらの「声」を好ましいと思うかによって、やり方や目的が変わる可能性がある。自分の課題を一方的に進めたり充実させたりするために――自分の目標を達成する手段として、他者との関係を重視したり深めたりするために――職場で個人的権威を行使する場合もあれば、人間関係を育み、守り、豊かにするために個人的権威を行使する場合もある。また、後者がどれほど関係やつながりを「重視」あるいはそれらと「一体化」していようと、それは「心理的環境」に埋め込まれることとは全く違う。自己著述的で「関係重視」の部下は、第3次元の意識の関係重視の部下がそうであるのと同様、つながりを通じて「自分を形成する」かもしれない。だが、この部下が形成している自己は、心理的環境に基づいて機能したり独自の価値観を創り出したりするシステムであり、ゆえに、みずからの基準に従い、つながりによって形成される。自己著述的で「関係重視」の部下は、自分自身の課題のため、すなわち価値があると思う関係やつながりを優先するために、自己著述的で「自律的な」部下と同じくらい強く、他者の矛盾する要求や期待に立ち向かうことができる。

仕事での成功に対する文化的期待（「つながり重視の」部下に対する期待でも「分離重視の」部下に対する期待でもなく、自己著述的な部下に対する期待）の意識的な側面と、部下のスタイル上の好みをこのように区別すれば、現在の職場においてはあまり好まれていないスタイルの人にとっても居心地がよくなるよう、職場を変えることが可能になるだろう。たとえば、もし上司が、心理的に独り立ちしている人（第4次元）に対する要求は「分離重視の」部下と同じくらい「つながり重視の」部下によっても簡単に応えられることを理解するなら、この上司は職場で幅広い対人スタイルを支援するようになるだろう。

「リーダーシップ・スタイル」を例にとって考えてみよう。[22] 女性管理職の増加とともに、よく耳にするようになった新しいリーダーシップ・スタイルがある。温かみがあり、より個人に寄り添い、包摂的で、あまり序列的でないスタイルである。このスタイルの価値について、従来の、より男性的・形式的な「トップダウン」のスタイルと比較して、次のような疑問を投げかける文献もある。「個人に寄り添おうとするスタイルは、あまりプロフェッショナルとは言えないのではないか」と。

だが「プロフェッショナリズム」、つまりマネジメント能力の問題が、スタイルそのものよりも、スタイルが自己著述的な意識の次元と結びついているかどうかのほうに関係があるとしたらどうだろう。**表6・4**にあるように、両方のスタイルを使う自己著述的リーダーになることは、十分に可能だ。また、「プロフェッショナリズム」によって意味されるものが第4次元の意識であるなら、個人に寄り添った温かみのあるスタイルが「プロフェッショナルではない」可能性があると同時に、従来の形式的で序列的なスタイルもプロフェッショナルではない可能性がある。

個人に寄り添う管理スタイルにとっての問題は、上司が悩みごとの相談に乗る人である場合、その上司が判断を誤っているとか「甘すぎる」とかいうことではない。そのような場合に、部下の悩みに真剣に耳を傾けることができるが、その悩みと一体化せずにいられるかどうかなのだ。たとえば、部下の悩みに対して責任を感じ始めた場合、上司はおそらく、隠されたカリキュラムによる「プロフェッショナリズム」についての定義とあまりマッチしていないが、ミスマッチの原因は上司のスタイルとは無関係である。この上司の行動は間違っている、あるいは「甘すぎる」とみなされるかもしれない。だが、形式的・序列的なスタイルの上司も往々にして同じ行動をする。批判を個人攻撃と受け取って身構えたり、職場での自分のネガティブな感情について部下に責任を負わせたりするのである。

以上の考察から、次のことがわかる。それは、関係性理論がする区別と主体‐客体理論がする区別は、完全に種類が異なっており、それぞれ別でありながら相補的であること、にもかかわらず私たちがいかに両者を混同してしまうかということである。関係性理論の「独立（independent）」あるいは「分離」（自己をまず関係というコンテクストのなかで捉えるのではなく、自己をまず分離している人間として捉え、その後「関係を持っている」と考える）は、主体‐客体理論の「自主的（independent）」あるいは「自律的」（「関係性重視」であれ「分離重視」であれ、個人的権威を持っている）と同じではない。関係性理論の「関係によって形成されている」（第4次元の自己著述的な意識を含め、発達のどの段階にいようと、人間関係を重視する人にとって当てはまること）も、主体‐客体理論の「心理的環境によって形成されている」（スタイルとしては「人間関係を重視する」かもしれないし「分離を重視している」かもしれないが、意識が第3次元である人に当てはまること）と同じではない。したがって、「つながり重視で、自立していない（dependent）」部下は、心理的環境と関係性の両方に「よって形成されて」いることになる。

両理論がそれぞれにつける区別は、経験を意味構築する方法に関わるものであるという意味で、構成主義である。どちらの区別も、（マイヤーズ・ブリッグスの区別について説明した際にも述べたとおり、おそらく構成主義がする区別もすべてそうであるように）「理解の仕方」に関わるものである。「理解の仕方」の種類、つまり知覚の「サイズ」は、部分――知覚の一要素であるものと知覚そのものであるもの、客体であるものと主体であるもの――の問題、つまり主体‐客体理論が取り組む問題である。どの要素であれ、それとの関わり方を選ぶことは、スタイルの問題、つまり関係性理論における「分離重視」と「つながり重視」、あるいはマイヤーズ・ブリッグスの「判断型」と「知覚型」、もしくはコルブの「収束型」と「発散型」のようなカテゴリによって取り組まれる問題である。

表6・4　自律的変数としての管理スタイルと意識の次元

	温かみのある個人的・包摂的な管理スタイル	形式的・序列的な従来の管理スタイル
第3次元の意識（心理的「環境」に組み込まれている）	他者からの指示が必要であるために、たとえば包摂的、協力的になるかもしれない。他者の希望がわかるまで、自分の立場に確信が持てない。ノーと言えないリーダー	トップダウン、支配的、縦割り、あるいは型どおりのリーダーシップ・スタイルだが、権限と指示はおそらく外部から（たとえば上司から、あるいは会社の規定や伝統から）生じる
	悩みごとの相談に乗るが、他者の悩みと一体化したり、悩みに対して責任を感じたりしてしまうかもしれない	形式的で社会的に境界のある人間関係をつくるが、にもかかわらず、批判を個人攻撃と受け取ったり、本当は他者のものである責任を引き受けたり、本当は自分のものである責任を他者に押しつけたりする可能性がある
第4次元の意識（自己著述的）	自律的な人間であるとして他者と協力したり他者を包摂したり、みずからもそういう人間として見られ、尊敬されている（自分でも自身をそういう人間だと思っている）。協力、包摂、あるいはヒエラルキーのないリーダーシップは個人的な信条や信念体系のあらわれであり、他者とともにする仕事にも反映される	上下関係を中心にして、一方的に統率するが、心の奥底から生まれ、絶えることのない、環境からの期待や指示とは無関係かつそれらに優先するビジョンがおそらく基になっている
	温かな気持ちで「悩みごとの相談に乗る」が、相手の悩みに共感し、それとの関係のなかに身を置くことができる（相手の悩みと一体化し、それに対して責任を感じるのではなく）	形式的で社会的に境界のある人間関係をつくるが、心理的に責任感のある自律的な人間として、他者に対しても自分自身に対しても敬意を払う。他者のものではない責任を他者に負わせないためにも、自分のものではない責任を引き受けないためにも、心理的・社会的境界を守る

「声」（関係性理論）における区別は「意識構造」（主体－客体理論）における区別と異なるが、先の考察には、それらが有益にまとめ合わせられることが示されている。私の見るところでは、それは女性心理の研究者や理論家のあいだですでに起きている。彼らは明確にあるいはそれとなく、女性の「関係重視の性質」についての研究に発達理論の観点を加えているのである。

特に優れているのは、「女性の認識の仕方」に関するベレンキー、クリンチー、ゴールドバーガー、タルールによる研究、そして、他者との関係のなかで自己を捉える女性の発達についてのサリーの研究だ。[23] どちらの研究も、スタイルに関する側面に明確に注意を払いつつ（ベレンキーらは「つながり重視」の理解と「分離重視」の理解を区別している。サリーは、他者との関係というコンテクストにおいて女性がどのように自己を意味構成するかに注目している）、両論がする発達理論的区別を主体－客体の理解の仕方によってそれとなく補強しているのである。たとえばベレンキーらは、心理的環境の影響を受ける理解の仕方（「受け取った［received］知識」）と、あることを知っていると言うための内なる手順を持つ理解の仕方（「手続き的［procedural］知識」）を区別している。サリーは、人間関係をもとにするというよりむしろ人間関係のなかで徐々に差異化（分化）される自己の発達について論じている（そのような漸進的な差異化［分化］によって、やがて自己主導が可能になり、「関係を大切に」しつつ、違いはあっても親しい関係でいられるという複雑な感覚を維持できるようになる）。

これらの研究は、自己とその発達についての意識構造的理解とスタイル的理解を融合させた理解へと続く道を、明示的にあるいは暗示的に教えてくれる。たとえば、人がいかにして関係を重視すると同時に自己著述的になれるかを踏み込んで示している。私が先述したこと――差異化（分化）や指向性（ついでに言えば発達的階層さえも）がそれ自体は発達の研究から見て必ずしも男性志向ではないということ――をさらに先へ進めてもいる。これらの研究は差異化（分化）のストーリーを語っており、ある理解の仕方、つまり関係性における自己についてのある意味構成が他より複雑である（「より成熟している」）として区別している（ゆえに、そこにはヒエラルキーが認められる）。そして、女性の経験が発達理論に組み込まれたストーリーも、さまざまに展開している。

つまり、ベレンキーらとサリーは、厳密には単なる構成主義者ではなく、構成主義的発達論者である。彼らの理論には主体‐客体理論の側面があるのだ。ただ、当然ながら彼らはそのことについて何も述べていないし、私には彼らの考えが私と同じなのかどうかわからない（個人的に話した限りでは、この件に関して、ベレンキー、クリンチー、ゴールドバーガー、タルールのあいだで意見が一致していないようである）。

構成主義にスポットが当てられ、構成主義的発達理論が軽んじられるのには、それなりに理由があると言えるだろう。スタイルの区別は、それ自体は判断的ではない。それは志向や好みの違いを示すだけであって、一方がもう一方と比べて「よりよい」ということでは決してない。一方、主体‐客体の区別は強いて言えば増していくこと、つまりより複雑になっていくことを物語る。ゆえに、より挑発的で、不快感を抱き、危険でさえあり、当然ながら訝る気持ちをかきたてる。

ある理論が規範的であるとき、そして別の理論より成熟し、深みがあり、発達していることを示唆するときは常に、その非凡さは独断的な根拠のもとに成り立っていないかどうかを、すなわち、意識的にせよ無意識的にせよ一部の人たち（その理論の考案者など）に不当に（その人たちの好むもののほうが優れているとされるなどして）恩恵をもたらしていないかどうかをチェックして確かめたほうがいい。「客観的」に見えるかもしれない理論が確かに、「支配的な」グループ（白人、男性、西洋人など）――恵まれた立場を守るためのその理論を使う人たち――の道具でもそのグループだけが使えるものでもないことを確認すべきなのである。

だが、主体‐客体理論のような明らかに規範的基準を持つ理論を、いわば招かれざる厄介もの、スタイル理論の人間味ある姿勢に異を唱えるものとして、私たちは捉えるべきなのか。関係性理論をはじめとする理論は、約束や使命をしっかり果たしている。すなわち、民族（あるいはジェンダー）中心の流れ（なじみのあるものかないものかを即座に判断・比較しようとする流れ）があっても、そうした判断が不適切な場合にはその流れ自体を阻止している。主体‐客体理論のような判断的理論は、そんな約束や使命と対立していないのだろうか。答えは「対立していない」であるが、もっと重要なのは、主体‐客体理論がつける区別こそが、民族（あるいはジェンダー）中心主義を覆す使命をスタイル理論が果たせるかどうかの核心だということである。なぜか。

ジェンダーと強く関連していると思われる声の違いについて、もう一度よく考えてみよう。実は、ジェンダー差におけるある側面は多くの人にとって中年の頃に逆転する傾向があるという証拠が、人生行路の研究者から寄せられている。得てして女性は自分のよりアグレッシブで競争的な側面をよいと思い、男性も自分のより親和的で愛情に満ちた側面をよいと思うようになるというのである。リック・マステンが書いた、忘れがたい短い詩のとおりだろう。

私は知った——。40歳くらいになると
男は仕事から戻り
うんざりした様子で、帽子をフックにかけて言う
「おまえの言うとおりだったよ、グレイス。外の世界はつまらん！」
女は、すっかり大きくなった子どもたちにフックから女のコートを
外させながら答える
「何言ってるの、つまらないわけないでしょ！」

男は入り、女は出ていき、玄関口でふたりはすれ違うのだ、と。[24]

私はよくこの詩を聴衆に向かって読むのだが、最後から2行目の「つまらないわけないでしょ！」のところで、必ずどっと笑いが起こる。どうやら、家庭のしがらみから解放されるグレイスに共感してのことのようだ。だが、最後の行に入ると笑いは止み、代わりに悲しみに包まれた沈黙が広がる。別々の世界に住む男女が、つかの間ともに時を過ごし、人生半ばで、これまでいた世界を離れ、相手がこれまでいた世界へ入る。そのイメージが暗くて気が滅入るのだ。スタイルの違いを探る際には、ともに時を過ごせるかもしれないという希望が必ずある。違いを回避しようとするのではなく違いを理解するがゆえの希望である。差異に対して理解を深めることは、もっぱら自分のルールや定義づけによってつくる印象という観点ではなく、価値観やルールや定義づけが（文化的な価値観やルールや定義づけがそうであるように）そもそも違うのだという観点に立って差異を考えるということだ。しかし、そのように理解を深めるためには何が必要なのか。

もし私が、自分なりの解決策を提案・主張する準備を整えると同時に、他の出席者のやはり入念に準備された解決策について提案・主張を聞こうと思って会議に臨んでいるのに、同僚のダイアンが、自分の解決策を主張するどころか、一緒に解決策を考えてほしいと皆に協力を依頼したら、私はダイアンに対してネガティブな反応をせずにいられないかもしれない。ダイアンの行動は、私がよいと思う行動ではないし、これぞ最高の同僚だと私が思う行動でもないと結論せざるを得ないかもしれない。だが、ダイアンを評価することによる私の不愉快な経験に対して反応することと、私自身を評価することによる私の経験に対して反応することは全く別である（ダイアンに対する評価とは、「ダイアンは準備が足りなかっただけでなく、会議の進行を遅らせ、事前に自分ですべきだった解決策の考案を今ここでともにしてほしいと皆に頼むことによって、自分の無能さの代償を私たちに払わせようとしている」と考えることであり、私自身に対する評価とは、「ダイアンに対する私のネガティブな反応は、私の大切なルールの1つをダイアンが破っていることを示唆するものだと思われる。ダイアンの行動は、私から見れば、無能さのあらわれと言わざるを得ない。私にとって、準備ができているというのは、主張すべき自身のプランを持っていることとイコールだからだ。ただ、準備を整えることについてダイアンが同じ定義をしているかどうか私にはわからない。もしかしたら、ダイアンは私の定義に反しているのではないかもしれない。ダイアンにはダイアンの全く別の定義があり、もし私がそれを理解したなら、少なくとも、ダイアンがしていないことでなく、していることから考えて、ダイアンがどのように行動しているかを理解できるのに」と考えることである)。

だが、そのように考えることができるのは、独立した1つのスキルではない。それはマインド——自分の意見、価値観、ルール、定義から十分に離れ、それらと完全に一体化することを回避できるマインド——が活動している証拠なのだ。そのようなマインドは、みずからの意見や価値観、ルール、あるいは定義に異議を唱えられた場合に、全体性を持つ（whole）自己が軽視されていると感じずにいることができる。それらの差異を許容範囲の逸脱と感じつつ、一方で、意見や価値観、あるいは定義を、主体としてではなく客体として所有することもできる。そして、許容範囲の逸脱を「最終的」ではなく「一時的」、許容範囲の逸脱に対する反応を「直接」ではなく「間接」にする。私たちは、自分の反応を「所有」して初めて、それに対処することができる。反応が私たちを所有しているあいだは、エスノセントリシティ（自民族中心主義的であること）を乗り越える手立ては何もないのだ。

主体－客体理論は、価値観、信念、心理的環境についての定義との「持続的カテゴリを超えた」一体化と、(自分及び他者の) 価値観と信念をじっくり検討する心理的権威との違いを明確にする。そして、スタイル理論の人間味ある姿勢に異を唱えないだけでなく、主体－客体理論は、何があれば、私たちがスタイル理論の英知を活用し、なじみのあるものを賛美する自分たちの傾向を打破できるようになるかを特定する。ただし、このうえなく広い心と、「醜いアメリカ人」ではなく「見識ある旅人」になろうとするこのうえなく強い意志を持っていても、第3次元の意識を超える力を持つマインドとつながっていなければ、そうした心や意志は行き場がないままになってしまうかもしれない。

かくて、主体‐客体理論的な「理解の仕方」とスタイル理論的「理解の仕方」の違いについての考察によって、私たちは職場における、いや社会生活全般における大人のマインドに対するもう1つの要求に行き着いた。「多様性を尊重せよ」という要求が、そうすべきものとして、社会生活のあらゆるところで耳にされるのだ――反発する声が、「伝統回帰」の叫びのなかで聞こえてくるときでさえ。多様性を尊重せよと要求し、法の力によって（差別、セクハラ、機会の不均等を法律で禁止することによって）強制する場合、私たちはその要求を1つの態度に変え、許容しがたいきわめて悪い行為を当然のように禁じたり減らしたりしようとするが、「多様性を尊重する」力の真の源には全く取り組んでいない。現場でのトレーニングによって多様性を尊重できるようにしようとする場合には、「多様性の尊重」を、求められるスキルの1つにすぎないものにしてしまうおそれもある。それと同時に、私たちは可能性を残している――私たちが学ぼうとしているのは、相手に対する自分の非好意的な評価や解釈を、社会で行動したり判断したりする際に含めずにおくことであって、自分の評価や解釈が本質的に「多様性を尊重」できないということではないという可能性を。このような種類の学びは、自分が感じる違いは実は評価の違い――自分の好みを正しいとして相手を判断し、その判断によって自分がつくり出す違い――だと理解できるようにしてくれる学びであり、それはグレゴリー・ベイトソンが「第2次学習」と呼んだもの、すなわち学びについて考える学びである。[25] このような種類の学びを実現するには、知識を与える訓練（知識の獲得）ではなく、知識を超越する教育（マインドの確立された習慣から「連れ出す」）を行うよりほかない。

この結論を、人はしばしば悪い知らせだと思う。なぜなら漸進的発達、つまり意識の進歩を支援するという目標はどう考えても、スキルの訓練に比べて時間のかかる野心的な取り組みだからである。だが、近視眼的になって落胆しないようにと、私は注意を促したい。もし、多様性を尊重するとか、自分の責任であるものとそうでないものを明確にするとか、自分自身の見方を指針とするとか、そういうことに的をしぼって職場の誰かを支援しようと思う場合、その誰かの望みがスキルに関することではなく、ある次元の心理的複雑さだと言われたら、がっかりするかもしれない。そのような支援者が単なる訓練者ではなく発達理論の教育者になるために必要なのは、もっと大きな投資だ。それに、本書でこれまで述べてきたような成人に対するあらゆる期待、要求、強い提言が一様に、大人のマインドに対する第4次元の要求を反映しているという事実を考えれば、費用対効果分析が少し違って見えてくる。もっといえば、一度の投資で何度も配当金を得られる可能性もある。

もし私たちが、労働者及び経営者教育に関する考えを、より多くの人がある意識の入り口——ジーン・ベーカー・ミラーがもっと十分な意識と呼んだもの——に到達するのを手助けするというただ1つの目標を軸にした考えに改めることができたら、あらゆる面ですぐさま大きな効果を促せるかもしれない。次の2章では、自己拡大——サイコセラピーと成人学習——における認識論的要求を探究する。これは、意識の発達が確実に後押しされるプロセスをより詳しく検討する機会となるだろう。

第7章　心の問題

サイコセラピーの議論されていない要求

アメリカにおいては、「自己拡大」を目的とする体系化された活動（サイコセラピー、支援グループ、教室での学習など）に参加している大人は、働く人と同じくらい大勢いる。この驚くべき事実は、現代世界の仕事が現実的にどういうものかを証明している。現代世界において、人はこれまでの世界と同様、労働する。ただ、現代における労働は、コミュニティや仲間といった全体の一員であることの証ではなく、主に自分自身（と近しい関係の人）のためのものなのだ。また、現代世界は大人1人ひとりに対し自律と自己権威の能力を期待するので、自己は労働者であるだけでなく、労働の舞台でもある（私たちは「自分自身と向き合う仕事をしている」）。自己そのものが1つのプロジェクトになっているのである。

したがって、社会的活動としての「仕事（work）」――とそれに伴う精神的負担――には、有給雇用のキャンバスより広いキャンバスが必要になる。「自己拡大」というのは、自分自身「と向き合う仕事」をするための体系化された種々の取り組みをあらわす私独自の言葉であり、たとえば、宗教的・精神的機関、ありとあらゆる種類の自己啓発グループ、EST（エアハード式セミナートレーニング）や依存症回復活動をはじめとする心理教育運動などがある。しかし本書では、最もポピュラーなものから、「セラピー」と「教室での学習」の2つをピックアップした。「セラピー」とは、個人として、夫婦や家族のひとりとして、あるいは支援の専門家（精神科医、精神分析医、ソーシャル・ワーカー、結婚・家庭問題カウンセラー、依存症カウンセラー、パストラルカウンセラーなど）とともにグループで、成人がする仕事のことだ。そして「教室での学習」とは、卒業単位に含まれるあるいは含まれない講座、学位取得を目的とするあるいはしないプログラム、コミュニティ・カレッジ、大学、大学院課程、成人教育センター、継続教育プログラム、専門的職業の免許状更新講座及びプログラム、企業内研修において、大人がする仕事のことである。本章では成人向けセラピーの、次章では大人の学びの、それぞれ隠されたカリキュラムについて考察する。

「自分自身と向き合う仕事」とみなされるセラピーを、大人の社会的活動に組み入れるのは奇妙に感じるかもしれない。なにしろたいていのセラピーでは、人々はこれ以上ないほど個人的なことについて話し、セラピストはセッションのプライバシーと内容の秘密性を全力で守るのだから。これから現代のサイコセラピーが課す精神的要求について探求していくが、その前にまず「私的（private）」と「社会的（public）」という言葉に対する私の区別の仕方について詳しく話すのは、それだけの価値があるだろう。

「私的」と「社会的」の違い

「私的」という言葉によって私が意味しているのは、主に血縁や愛情によって支配される、恋人や家族や友人との大人の人間関係だ。一方、「社会的」という言葉によって意味するのは、主に仕事やビジネスや雇用というコンテクストによって調整される大人の人間関係である。

社会的な関係はすべて「ビジネスの関係」だ——同僚との仕事上の関係（どちらも相手を雇用していない）や、公務員と有権者との公民としての関係（きわめて間接的な「雇用」）であれ、顧客との関係（きわめて直接的な「雇用」）

であれ。むろん、私的な関係においても、大半とは言わぬまでも多くの関係において、金銭が絡んでいるだろう（子どもは親に、失業している配偶者は就業している配偶者に、経済的に依存している）。だが、与え与えられる関係の支配原理あるいは媒体となるのは、血のつながりや恋愛感情や愛情である。逆に、社会的な関係においては、愛情や恋愛感情さえもが生まれることがあるかもしれないが、支配原理となるのは恋愛感情や愛情ではなく、むしろすでに設定されている「条件」（専門職倫理規程や雇用契約など）だ。どれくらい友好的な、あるいは愛情に満ちた関係になっていようと、サービスの見返りとしての金銭が、与え与えられる関係の主要な媒体になるのである。

社会的な関係のほうが優れているわけでも、私的な関係のほうが優れているわけでもなく、それぞれに独自の妥当性《インテグリティ》がある。ただし、両者のあいだにはきわめて明確な境界が存在する。そして、一方がもう一方に似ると、妥当性《インテグリティ》が損なわれてしまう。

私的な関係が損なわれるのは、経済的側面がデザインの単なる要素ではなく決定的要因になる場合だ。たとえば配偶者が、自発的にであれやむなくであれ、主として経済的恩恵のために結婚生活を続ける場合、その関係は私的な関係というより社会的な関係に近くなる。

同様に、社会的な関係が損なわれるおそれがあるのは、愛情や恋愛感情が、関係に付随して使われるのではなく、関係を支配するために使われる場合だ。サービス提供者が顧客の愛情を感じるだけでなく、関係の条件として愛情を期待したり必要としたりし始めたら、その関係は一線を越え、社会的な関係ではなく私的な関係に近くなる。逆に、サービスの受け手が、主としてサービスではなくサービス提供者の愛情や恋愛感情を受け取るためにその関係にとどまるなら、やはり関係は社会的というより私的になる。そしてサイコセラピーは――セッションがどれほど「私的」であれ、患者とセラピストの関係がどれほど個人的、親密、あるいは愛情に満ちたものであれ――、間違いなく社会的活動の一環である。

社会的活動と私的活動のこのような区別を生み出し、維持することは、モダニティ（現代性）の特徴としてしばしば認識されてきた。ただ、（「現代的なもの」について語られるときはたいていそうだが）文化的観点からは、それはすでに起きたことであるかのように、すなわち現代世界の他の「産物」と同様、消える可能性の低い既成の文化的状態であるかのように語られる。

だが、主体－客体の心理学の観点からすれば、モダニティの精神的《メンタル》状況は固定かつ既成の事実ではない。それは、実在の大人１人ひとりに対する現在進行形の要求や負担なのだ。ただ、モダニティのさまざまな精神的《メンタル》「産物」は、現代の黎明期に一挙に生み出されたわけではないと思われる。生み出されなかったりが、絶え間なく続いている――ちょうど、大人１人ひとりを見れば、そのような要求に対応しうる次元の精神的複雑さを整えられる場合もあれば整えられない場合もあるのと同様に。社会的なものと私的なものを区別することは、現代生活の特徴であるだけではない。それは、「社会的なこと」が私的な関係を害することも、「私的なこと」が社会的な関係を害することもないようにせよという、成人に対する現在進行形の期待あるいは要求なのである。

たとえばセラピストは、クライエントとの強固になりがちな関係において、そこでの経験が関係のあり方や目的を支配することのないようにする必要がある。経験、つまり切望と恐れ、惹かれる気持ちと嫌悪を、信念体系――社会的な目的に適うように関係を調整する信念体系――の管理下に置かなければならないのだ。愛情あるいは恋愛感情という人と人を結びつけるエネルギーがもしあれば、エンジンを動かすために燃料としてそれを使うことができる。だが、愛情それ自体のために燃料を燃やすなら、状況は議論を呼ぶものになってしまう。社会的なものと私的なものを区別できることは、セラピストにとって、「現代社会の既成の状態」ではない。それは、対人関係と、個人の内面の状態（愛情）を調整あるいは管理せよという、マインドに対する現在進行形の第4次元の要求なのである。

力関係が対等でないものを含めた多くの社会的な関係においては、ある社会的な関係が私的な関係にならないようにする責任を、全関係者が担っている。言うまでもなく、セラピーの場合は、この責任はセラピストだけにある。クライエントは、たとえ成人のクライエントであっても、精神的に傷つきやすい状態にあるかもしれないため、社会的な関係を私的な関係に変えようとするクライエントを阻止するのはセラピストの責任だと考えられる。そんなわけで、セラピストに対しては、社会的な関係と私的な関係の区別を維持せよと第4次元の要求がなされるが、クライエントに対しては、その要求が免除されると思われる。ただ、セラピーを受ける成人のクライエントが、この一点において第4次元の要求を免除されるのは確かだとしても、セラピーでは常にそうなるのだろうか。セラピストとセラピーが大人のクライエントに課す精神的要求とは、どのようなものなのか。

家族の問題に対するよくあるアドバイス

ジェイミーは、32歳の独身女性。両親は健在で、妹がいる。[1] 両親と妹とジェイミーは、クイーンズの、互いに数ブロックしか離れていないところで別々に暮らしている。

ジェイミーは父親の家具店——ピーターが勤めるベストレスト社のマットレスを扱うような店——で数年にわたりアシスタント・マネジャーを務めていた。だが2年ほど前に、父親は70歳でリタイアし、店を売却した。

それ以来ジェイミーは、本人の言葉で言えば「何をするでもなく、ぶらぶらしていている」。職に就かず、積極的に探そうともしないが、見つけたいと思わないことを一応「気にはしている」。だが、どうやらほかのことにもあまり興味を引かれないらしい。ごくたまに形ばかりの人付き合いはするものの、高校生のときから恋人をつくったことがない。ふだん何をしているかといえば、両親と電話で話したりじかに訪ねたり、ジムへ行ってトレーニングをしたり、テレビを見たり、買い物に出かけたり、妹と電話で話したり。本人も認めているように、日々特にやることがない。だが、目的なく生きていることも、それでは喜びを得られないことも、さほど気にしていないらしい。

彼女は、もの静かで控えめな自分を演出している。見た目も話し方も、感じはよいが明るさがない。比較的スリムな体つきで、自分の意見を持っており、聡明だ。彼女の現在の生き方を把握しようとしているファミリーセラピスト（家族療法家）に対しては、ほんの時折、目元にかすかな笑みを浮かべたり目を輝かせたり、声に皮肉をにじませたりしつつ、気の乗らない短い返事をする。礼儀正しく答えるけれども愛想はなく、それとなくこう言っているようだ――何のプランも関心も持たない健康な32歳の女性なんて別に珍しくない、と。あるいは、もし珍しいと言うなら、ほかの人をセラピーしたほうがいい。自分には関係ない、こうなるようになっていただけのことだから、と。

そばに座っているご両親と妹さんが心配していますよ、あなたのことを「ふさぎ込み」、「行き詰まっている」ように思うと仰《おっしゃ》っていますよとセラピストに言われたり、「何もせずにいて楽しいはずがない――頭のいい人がぶらぶら過ごして満足できるわけがない」と母親がこぼすのを聞いたりすると、ジェイミーは肩をすくめるか、あるいは口もとをゆるめてかすかに笑う。別にふさぎ込んでいるわけではない、とジェイミーは言う。

一方で、ジェイミーの両親は、自分たち自身の暮らしについて少し困った事態に陥っている。母親のアン曰く、ジェームズ（ジェイミーの父親）は「ニューヨークの冬が耐えがたくなった」ので、リタイア後の人生をフロリダで過ごしたいと言っているのだという。アンは住まいを移すことに不安があるため、ニューヨークのアパートはそのままにしつつ、1年の大半をフロリダで過ごせるように段取りをつけたいと思っている。ただ、計画を実行に移せるのは、「子どもたちが落ち着いてから」だと考えている。よくよく話を聞けば、それはつまり「ジェイミーが今していることに満足を覚えられるようになってから」だ、と。

ジェームズは、生真面目で、少しふさぎがちに見える。周囲がどう感じているかやなぜそう感じているかについて察しはあまりよくない。40年にわたって熱心に仕事をし、滞りなく家族を養ってきた。娘たちを愛し、できる限りのことをしてやりたいとも思っている。世知辛《せちがら》い世の中で成功するには何が必要かを多少わかっていると自負している。上の娘――「立派な経歴を持ち、才色兼備でもある」――が、「世の中に出て」「立ち向かい」「何かを、いや何でもやってみる」意欲を欠いているように見えることに対し、苛立ちと残念な気持ちを交互に感じている。セラピーのときにはほとんど話さず、話しても月並みな言葉がほとんどだが、彼の表情には、もしこの件に関する残念な気持ちと苛立ちの本当の深さをこの部屋にいる全員に知られてしまったら、自分は冷静さを失って取り乱してしまうだろうとの思いがあらわれていた。

最もよく話し、家族に対して社会的な感覚を持っていると思われるのはアンだ。彼女の存在は、この家族のなかで温かく、スパイスの効いた、安定していて、感情的に余裕のある存在だと思われる。彼女は、「家族全員が何をしたいと思い、どこで暮らしたいと思っているか」を知りたいと思っている。家族みんなのことを、とりわけジェイミーとジェームズのことを、ジェイミーがあらゆる関わりを断《た》っていること、夫の大腸炎のこと、夫が北部の冬を嫌っていること、夫がジェイミーについて気に病んでいることを心配している。

妹のアニタは、センスのよい身なりとメイクをした、忙しい生活を送るキャリアウーマンだ。やはり姉のことを心配しているとのことだが、皆もう少しおおらかな目で姉を見たほうがいいのではないかとも思っている。「私たちは深刻に考えすぎなんじゃないかしら。姉さんはどうしていいか少しわからなくなっているかもしれない。でもそのうちきっと調子を取り戻すわ」

セラピストが両親に、それぞれどのような家庭で育ったかを話してほしいと言う。アンは次のように話す。自分は末っ子で兄が3人いるが、3人とも子ども時代になんらかの問題を抱えていた、と。どうやら、アンは「母親のアシスタント」になり、不平を言うことなく兄たちの面倒を見る責任を負っていたらしい。ジェームズは、6人きょうだいで、「家族思いの素晴らしい父親」と「無責任で自己本位な」母親がいた。母親は「幼い子どもたちを捨てて、どこかのろくでなしと駆け落ちし、父親が男手一つで子どもたちを育てた」。

以上のように、大人4人の家族は支援を求めてセラピストに自己紹介をする。家族のうち少なくとも3人の人生は、2年以上前から前へ進めずにいる――ジェイミーは大人としての人生を確立することが、両親は人生におけるリタイア後の段階に移ることが、それぞれできなくなっている。

専門チームと相談後、セラピストはこの家族に対し、行き詰まっている原因について、次のような興味深い話をする。

よい父親であることとそれがどれほど大切かについて、お父様はあなた［ジェームズ］にとってまさに鑑《かがみ》だったのですね。同時に、自分の家庭に素晴らしい母親が存在していることを、あなたは人生で最も大切にしてきたのではないかとお見受けします。方法はわかりませんが、とにかくあなたはそれを実現した。というのも、あなた［アン］は実に素晴らしい母親でいらっしゃるからです。

そしてそのことには、あなた［ジェームズ］が大いに関係していたと思います。あなたは奥様と共同でそれを実現したのです。

ただ、結果として困った事態、問題、あるいはジレンマが生まれました。それは、［アンのほうを向いて］素晴らしい母親であるためには子どもが必要だということ。

そしてあなた［ジェイミー］にとってのジレンマとは、お父様が人生で最も大切にしていることを手伝おうと思うなら、あなたは子どものままでいなければならないこと。だから困ったことになります。

この状況が変わるには、あなた［アン］か旦那様が確信する必要があります——夫婦としての人生をふたりでどんどん進めても、子どもを見捨てることにはならないことを。あなたが子どもたちを見捨てようとしているわけではないことを旦那様に証明する必要はないことを。それができない限り、お手上げです。

そしてここが、［ジェイミーのほうを向いて］あなたが行き詰まっているところです。素晴らしい子どもであると同時に、大人にもならないといけないなんて。

このセラピストの話は複雑だ。「家族は皆、父親を精神的に弱いと思っているが、そのことをはっきり述べている人はいない」、「ジェイミーは家族4人を互いに交流させる役割を担っているらしい」、あるいは「ジェイミーが仕事をしていないことと両親がフロリダへ引っ越していないことのあいだには、この家族にとって保留になっていることがたくさんある」といった推論もしくは一般化をするにとどまらない。セラピストが提示しているのは、別個の推論の羅列などではなく、ただ1つの大局的、包括的な体系的思考《セオリー》あるいはシステム——複数の推論を統合するのみならず、さらに多くのまだ具体的に言いあらわされてさえいない推論を含む体系的思考《セオリー》あるいはシステム——なのである。

同様に、家族1人ひとりのさまざまな関係（ジェイミーと父親の関係、父親と母親の関係、姉妹の関係）に注目するにとどまらず、セラピストの話は関係同士の関係、すなわち、さまざまな関係が、家族を思う気持ちと家族への無私の愛という暗黙の1つの行動原理の支配下にどのように置かれているかに注目している。

別の言い方をすれば、セラピストの話は、この家族1人ひとりが心に感じている以上のことに注目している、いや心配、落胆、苛立ちといったつらい感情を抱えているだけではない、人としての家族1人ひとりに注意を向けていると言ってもいいだろう。それどころか、家族のメンバー1人ひとりを感情の積極的なつくり手として意味構成している。

この話は、家族の行き詰まりがもたらしているつらい影響に共感して話されているが、家族の行き詰まりの原因がメンバー1人ひとりにあることを示唆してもいるのである。

セラピストはこの家族について、できていないこと（ジェイミーは働くことができていない。両親は隠居できていない。妹と両親はジェイミーのために何もできていない）から、できるはずのこと、うまくいったことまでを、いくつもの方向から、慎重に言葉を選んで語っている。4人は皆、家族を思っての行動（忠誠の実践）ができていないのではなく、きちんとできているのである。父親は、一家の母が子どもを捨てるというみずからの経験が自分の家族では起きないよう心を砕いている。母親は、夫が人生で最も大切にしていることを実現できるよう、定められた役割をきちんと果たしている。ジェイミーは、母親がその役割を果たす機会を奪うようなことをせず、おかげでアニタは比較的自立した道を歩むことができている。一方でアニタは、もしジェイミーがサポートを必要とする子どもの役割を手放すなら、母親が母として子どもの世話をしたいというニーズを満たせるよう自分が介入すべく、状況を注視している。家族のメンバーは、程度の差はあれ、ジェイミーが人生につまずいていると思っているのに対し、セラピストはジェイミーについて、家族を安定させること、思いやりのあるよい娘であること、母親の細やかな気遣いを必要とする子どものままでいることができていると述べている。母親がフロリダへ移る気になり、それによってシステム全体が乱されるという危機に直面したら、ジェイミーは家族を守るべくすぐさま賢く適切な行動を起こすだろうと、セラピストは示唆する。「あなたはきっと、自分の立場を譲らず、不平を並べ、今以上にふさぎ込んで、フロリダへ移るべきではないもっともな理由を母親に言うでしょう」

セラピストの説明を聞いて、父親が言う。「いずれ何もかも解決するだろう」し、ジェイミーもまた元気になるだろう、と。まるで、今起きているのは時間が解決してくれる問題であるかのように。解決する必要のある問題だとの考えについて、セラピストが「私はそうは思いません」と異を唱える。セラピストにきっぱり否定されたことに驚いて、ジェームズが「なぜですか」と訊く。セラピストが自信たっぷりに答える。「なぜなら、この状況はこうなるべくしてなっているからです。何もせず、ジェイミーが全部引き受けて状況を変えてくれるのを待っていれば、何もかも解決すると思っていらっしゃるのかもしれませんが――それは夢物語と言わざるを得ません。そんなことは決して起きません」

つまり、セラピストの体系的な話は、次の3つにスポットが当てられており、第4次元の精神的複雑さで世界を捉えている。

①　複数の推論ではなく、複数の推論を意味構築したり生み出したりするシステム。
②　関係ではなく、関係同士の関係、すなわち関係の意味を決定するもの。
③　感情を胸の内にためる人々ではなく、感情を積極的に生み出す人々。

第3次元の意味構成（推論、関係、内面の状態）をもとに「メタ化」し、それらを脇に置いてより高次の複雑さを重視しているのだ。では最後にもう1つ、所見を言わせてもらおう。セラピストの話を同じ複雑さのレベルで理解している人が、この家族にはなんと、ひとりもいないのだ。

たとえジェイミーが元気になっても私はジェームズのことが心配だとセラピストが述べるとき、セラピストは「（ジェームズのことを）心配しなくてよくなる」、あるいは「ジェームズが心配しなくてよくなる」を言い間違えたのだと、ジェイミーもジェームズも勘違いする。父親は娘が行き詰まっていることで心を痛めているのに、娘が元気を取り戻しても父親は困難に陥ったままかもしれないという考えが、ふたりには理解しがたいのだ。

だが、セラピストがなぜ自分がきっと心配するかをもう一度説明したのちでさえ、家族はやはり誰ひとりとして、セラピストが言わんとするより広い意味を理解している旨の発言をしない。セラピストが言わんとする意味とは、つまりこういうことだ――あなたがた家族は、状況の犠牲者ではなく主体的な行為者すなわち創造者である。現状に対し、あなたがた全員に責任がある。非難に値するという意味ではなく、たとえ無意識だとしても意図的であるという意味で、状況をまさに今のようにしている責任がある、と。

アンは、夫を大切にする妻で、早くに母となり今に至るが、夫のきわめて大切な理想――自分の家族に、自身が育った家族の二の舞を演じさせないようにすること――に尽くそうとしているようには見受けられない。たとえば、「夫の課題」と「自分の課題」を区別しているようには見えないし、自分自身の権威に対する責任の表明として、夫の課題の役に立とうと決意しているようにも見えない。また、ジェームズとその名に因《ちな》んで名づけられた娘は律儀に、いやけなげにも、みずからの価値観をみずからつくる人になるのではなく、それぞれの親世代からの価値観によって形成されているように思われる。

ふむ、そんなわけなら、セラピストが第4次元の複雑さでもって語る説明を、この家族の誰も理解できないというのは確かかもしれない。だが、だからどうだというのか。セラピストの話がクライエントにとってキャパオーバーでお手上げだとして、どんな問題があるのか。家族システム論を用いるセラピストたちなら、問題などないと考えるのではないだろうか。

家族療法の指針となる理論の多くが、個人のマインドの発達はもとより、個人のマインドという概念そのものについて、懐疑的な見方を示している。それらの理論は、独自の一貫性《インテグリティ》を持つ個人のマインドという概念を、そのようなマインドを形成する社会システムやコンテクストを離れた、創作《フィクション》とみなしているのだ。有用な創作《フィクション》とみなされる場合もあるかもしれないが、創作《フィクション》にはちがいない（ちなみに、この見方に私は全く賛同しないわけではなく、パート4で、マインドに対するポストモダニズムの要求について述べる際に取り上げる）。そのため、それらの理論を指針とするファミリーセラピストは、1人ひとりの個人的心理における変化にはあまり関心を引かれず、「集団としてのマインド《グループマインド》」に真摯に関わったり「その行き詰まりを解いたり」するほうに興味を持っている。集団としての意識《グループマインド》の本質を変えない個人的変化はどれも、基本的に無意味だと思っているのだ。

なるほど。集団としての意識《グループマインド》の本質を変えない個人的変化には、意味がないかもしれない。だが私は、現実に対する個々人の意味構成の仕方が持つパワーを信じており、家族内の誰かのマインドの変容から生じていない家族の変化には意味がないのではないかとも思っている。

たとえば、もし母親のアンが、夫の言う「非の打ち所のない母親」としての務めを果たすのをやめ、セラピストが言っているとアンには思われる「なおいっそう非の打ち所のない母親」になるという責務を負うなら、アンはフロリダへ引っ越すこと（事実、そうなった）を承知し（「ジェイミーが幸せになるためなら、何でもします」）、ジェイミーは気分があまり落ち込まなくなって（これも事実、そうなった）、これからはのびのびとあれこれ活動していこうと思うかもしれない。だが、彼らの苦境、つまり家族を思う気持ち（家族への忠誠）にがんじがらめになっている状況が変わるとは限らない。なぜなら、アンの行動も娘の行動も、集団としての意識《グループマインド》との関係が変化することを必要としないからである。

結局、ジェイミーに必要なのは、家族から地理的にもっと離れて暮らすことではないし、経済的にもっと自立することでさえない。実際、どちらを達成するうえでも、家族の課題からの心理的分離も心理的独立も必要ではないだろう。家族の課題という言葉があらわすものが変わることによって、ジェイミーはあまり落ち込まなくなったり、家族から離れたところで仕事上の関係や恋愛関係を築いたりできるようになるかもしれない。それは素晴らしい成果ではあるが、一体何があれば、新たに生まれるそれらの関係が、これまでの関係と違い、他者への忠誠や課題や集団としての意識《グループマインド》にがんじがらめになっていることを特徴とせずにすむのか。家族からいくらか解き放たれた今、何があれば、ジェイミーは、いつかつくるかもしれない新しい家族において、母親が引き受けていたと思われるのと同じ役割を引き受けずにすむのか。新たな家族や権威、あるいは他者への忠誠への奉仕に流されることになっても、両親に対する心理的奉仕から解放されたら、それで十分なのだろうか。家族としての意識《ファミリーマインド》という言葉があらわすものは変わったかもしれないが、家族のなかの少なくともひとりのマインドの構造が変化していないなら、「家族としての意識《ファミリーマインド》」と誰かとの関係が変わることは疑わしいのではないだろうか。

そんなわけで私は、セラピストの説明を真に第4次元のレベルで理解できる人が、今のところこの家族にひとりもいないのは問題だと述べている。これが問題なのは、セラピストの説明を理解できなければ家族は第4次元のレベルで世界を意味構成することができず、第4次元のレベルで世界を意味構成することができなければ、集団としての意識《グループマインド》とのがんじがらめの関係を変えるなどとてもできないからである。

集団《グループマインド》としての意識の変化を促すというセラピストの目標は理解はできるが、そのような目標は実際、どんな結果を生むのだろう。もし、セラピストが関わらなくなったのちも変化が持続するなら、つまり変化の源が家族の内にあるなら、集団《グループマインド》としての意識の変化を促すという目標は、この家族の誰かのマインドに対し、第4次元で現実を意味構成するよう要求している。セラピストは、家族1人ひとりのマインドに構わずにおくわけにはいかない。家族1人ひとりのマインドが第4次元で意味構成された現実をすでに理解できていると決め込むこともできない（複雑な解釈を話しているときにうっかり決め込んだ可能性はあるが）。セラピストは家族の誰かが行動を起こすのを手助けしなければならないのだ。

だが、誰かとは誰だろう。このケースのように家族全員が成人である場合、その要求は家族の誰であれ引き受けることができる。引き受けるのが子、つまりジェイミーかアニタなら、それぞれが、両親の家を離れるだけでなく、両親のマインドを離れる、つまり認識論的に旅立つことによって成人期を確立することになるが、それでいてなお、両親を十分に愛し、親密な関係を維持していると感じるというきわめて難しい課題を与えられる。一方、引き受けるのが親、つまりジェームズかアンなら、「世に送り出す」という子育ての創造的な側面が、家族《ファミリーマインド》としての意識の内にとどまらず、そこから旅立つ支援にまで及ぶことになると思われる。

いずれにせよ、ファミリーセラピーで集団《グループマインド》としての意識に注目しても、意図せず家族内の成人1人ひとりのマインドに対して同時に第4次元の要求をすることになるだろう。社会的な関係を社会的なままにする第4次元的な責任（この責任を成人のクライエントがセラピーで負うことは先述した）を免除し続けてもらえないどころか、成人のクライエントに対する第4次元の要求がここでもやはり課されるのだ。

実際、セラピーのアプローチは多様でそれぞれ違うかもしれないが、大半のアプローチがいつのまにか共有している重要な点がある。ファミリーセラピーを含むあらゆるセラピーにおいて、どんなアプローチを使おうと、第3次元から第4次元への移行を促す点で成人の役に立つ可能性を持っているのに、多くのセラピーが、現代文化の他分野と同じく罪深いことに、必要な支援をすることなく、難しいカリキュラムをこなすようにとそれを突きつけている。セラピーは、モダニティ（現代性）に適う力を身につけるための、最も重要な支援の場の1つになりうる。ところが、多くのセラピーの場で、そのような力はすでに身についているという思い込みがなされてしまっているのである。

3つのセラピーアプローチの共通点

有名な映画『グロリアと3人のセラピスト』[2]には、成人のクライエントに対して第4次元の複雑さを期待することが、セラピストのあいだにいかに浸透しているかが、顕著に示されている。個人セラピーがさまざまなアプローチで行われる様子を示すために、エヴァレット・ショストロムが企画。セラピストであるカール・ロジャーズ、フリッツ・パールズ、アルバート・エリスがそれぞれ、「グロリア」という30代の女性に初回セッションを行い、グロリアは女優のように台本を読むのではなく、実生活における自分の悩みについて包み隠さず話した。3人のセラピストのアプローチ――クライエント中心療法、ゲシュタルト療法、論理療法――はいずれも、現代のセラピーに直接・間接を問わず大きな影響を及ぼすアプローチだ。そしてセッションでは、三者三様の全く違うやりとりが、グロリアとのあいだで展開される。だが、多くの点で異なっていた一方、3つのセッションでは共通して、第3次元から第4次元へ移行し始めたばかりのグロリアに対し、第4次元の要求がなされるのである。

カール・ロジャーズの「クライエント中心療法」あるいは「非指示的療法」は、3世代にわたりカウンセラーやセラピストのトレーニングにきわめて大きな影響をもたらしてきた。[3] クライエントがみずから意味を発見・主張するようになる漸進的プロセスに「参加」「受容」「歓迎」、あるいは「伴走」するロジャーズの情熱的な取り組みによって、実存心理学や実存哲学を臨床的に使うことが可能になったのである。だが、現代社会の隠されたカリキュラムを探究する私たちからすれば、次のことについて疑問を持ちたいところだ。ロジャーズは熱烈に「歓迎」したい特定の意味群を本当に持っていなかったのか、また、その点において彼のアプローチが自身が思っていたとおりに非指示的だったのかどうかを。

ロジャーズは、クライエントの質問に直接的に答えないことで知られている（あるいはそのために風刺的に描写される）。質問を受けると、ロジャーズはたいてい、単に答えておしまいではなく、そのような質問をするクライエントの経験に、自身も「参加」した。あるとき、涙を流しながらのセッションが終わり、クライエントの女性が気持ちを落ち着けて部屋をあとにしようとしながら、「私の目、真っ赤になっていませんか」と尋ねたことがあった。[4] これに対しロジャーズは、「この部屋の外であなたを待ち受ける世界に、あなたがどう見えるかを心配しているのですね」という意味の返事をしたという。このやりとりを録音したテープを、ロジャーズの生徒があるセミナーで聞き、怒りを抑えきれずに言った。「何なんですか！ そんな他愛もない質問に答えることの何がいけないんですか。知りたいことを教えてあげたらいいじゃないですか」。ロジャーズは「教えることはできる」と答えたという。「ただし、鏡にもできる」。それはつまり、ともにいるあいだずっと、ロジャーズはクライエントに、鏡からは得られないもの――別の人間が内面の感情レベルで寄り添っているという経験――を与えることに、全力を傾けているという意味である。

だが、そのような共感を、ロジャーズは何のために与えるのか。セラピーの目的を一般化するその独自の方法からは、主体‐客体の心理学が示すさまざまな意味群のなかで、ロジャーズには無意識に好んだものがあったことが見て取れる。ロジャーズはクライエントに対して、次のように願っていた。

「他者の意見や願望ではなく、自分自身の経験に基づく基準を持てるようになってほしい。(中略)自分を、『価値観が、知覚の対象に内在・付随する世界』に存在する者としてみなすのではなく、経験を評価する者と捉えられるようになってほしい。(中略)基準の基盤を自分のなかに持ち、どのような経験にしろ知覚対象にしろそれが『いい』か『悪い』かは、対象に内在するものではなく、自分自身がそれに置く価値次第であることを認識できるようになってほしい」[5]

ロジャーズの実際のセラピーを調べてみると、クライエントがつくり出すだろう数多の「意味」のなかで彼が特につくり出してほしいと願ったのが第4次元の意味であったことは明らかだ。「グロリア」と何度かセラピーをし、彼女が幾度となく質問に答えてもらおうとするのを注意深くはぐらかしたのちに、ロジャーズは彼女に自分自身(つまり第4次元の「自己」)に目を向けることによって気づいてほしいと思った。彼は「グロリア」から次のように言われる。

グロリア (少し間《ま》を置いて)ずっとこう言われている気がしてなりません――あなたはアドバイスをくださるのではなく、こうおっしゃっている気がするんです。「自分がどんな思考パターンを追いかけたいか、あなたはわかっています。追いかけたいものを、追い続けなさい」と。あなたに応援していただいているように感じます。

これに対し、ロジャーズは次のように答える。

ロジャーズ　ええ、まあ、そうですね。あなたはずっと、自分のしたいことがわかっているとおっしゃっていて、そう、私は、自分がしたいと思うことをする人を、ぜひ応援しようと思っているんです。あなたに見えているのとは、少し観点が違いますね。

それを聞いて、グロリアの顔がくもる。ロジャーズがいつもと違って彼女の感情に同意しないことに驚き、ひどく戸惑って、グロリアは途切れとぎれに、次の4つの言葉を発する。すると、端的に発言すべきだとグロリアが言おうとするのを、ロジャーズが――やはりいつもと違って――さえぎって言う。

グロリア　つまり……あなたが……私に……おっしゃりたいのは――

ロジャーズ　要するに、心からしたいと思って選択したわけではないことをするなんて、全く意味がないと思うのです。だから、私はあなたがご自分の内なる選択が何かを見つけるお手伝いをしようとしています。

ロジャーズは、自分のアプローチを「非指示的」と呼ぶかもしれないが、少なくとも次の点については、とても指示的になろうとしている。「私の権威の内側に入ったり私に忠誠を尽くして絆をつくったり、そんなことをしようとするあなたを、私が支持するなどと思ってはいけません。私がしようとしているのは、そういうことではありません。なので、あなたがそんなことをしようと思っても、全くの無駄です」。必要なアドバイスをロジャーズが与えてくれようとしているというグロリアの意味構成に同意せず、ロジャーズはその意味構成に調整を加える。ロジャーズは、彼女が自身の意味づけのなかで彼に与える立場、つまり彼女がそこに近づいたりそこから引き出したりできる目の前にある源泉という立場を引き受けるのではなく、彼女の背後にまわり込もうとするのだ。彼女の肩越しに、彼女とともに前を見ることのできる背後に。「(あなたが)したいと思うことに関して支援します」と言いながら。

だが、ここで気になるのは、彼女の意味づけを支援すると宣言しながら、同時に、彼女に割り振られる役割を拒否することによって実は彼女の意味づけを支援するのを拒んでいるかもしれないという点だ。ロジャーズは本当はこう言っているのかもしれない。「私がここにいるのは、あなたが第4次元の意味づけをするのを支援するためです」。彼は、人々の行為に対する彼の理解の仕方は、「あなたに見えているのとは、少し観点が違う」と述べている。だが、「少し」が実は「少し」ではないとしたらどうだろう。つまるところ意識の次元が質的に違うことだとしたら、どうだろう。

フリッツ・パールズの「ゲシュタルト療法」にも、構成主義の考え方――人間の知覚的意味づけシステムの全体論(ホーリズム)に重点を置く、1930年代のゲシュタルト心理学――が注意深く、かつ大きな影響を及ぼしているのが見て取れる。[6] パールズは、個人としても臨床診療においても、ロジャーズとこれ以上ないほどの対照をなしていた。ロジャーズは、穏やかで辛抱強く控えめなアングロサクソン系白人新教徒。一方、挑戦的・情熱的で豊かなひげをたくわえたドイツ系ユダヤ人のパールズは、自分をちょっとした演技指導者あるいは彫刻家と考え、学生(つまり芸術作品の素材)に新たな、より「潜在能力が発揮された」姿になるよう、熱く説得し、促し、駆り立てさえした。だが、伝える哲学も診療の仕方も違うものの、パールズが生み出そうとしている特別な種類の演劇や彫像を考えてみると、その無意識の認識論的目標はロジャーズのそれと驚くほど似ている。

パールズは次のように述べた。

「私は、周囲の環境を巧みに使って支援を得ようとすることではなく、もっと自分で自分を支援し、みずからの力を頼りに［できるようになる］ことに、患者にエネルギーを使えるようになってもらいたい。それができるようになるプロセスを成熟という。ひとたび感情的、精神的、経済的に自立できたら、患者にセラピーなど必要がなくなる[7]」

少し考えてみると、これは驚くべき発言だ。文化的環境と一体になって——第3次元の意識の基本パターン——「支援」を得ることが、ここでは「周囲の環境を巧みに使うこと」としてフレーミングされている。そして、自分自身を支援の源と意味構成することが、成長であるだけでなく「成熟」（いわば発達の最終状態）だというのだ——なにしろ、セラピーがもはや不要になるのだから。クライエントが第3次元とほとんど一体化している場合、どうすればそのようなセラピーで成果を出せるのか。それには、「巧みに使う」ことが解消される必要が、間違いなくある。

パールズとのセッションで、グロリアは我慢ならないほど何度も、巧妙だの「偽り」だのと言われて事実上非難され、とうとう反撃する。パールズに腹を立て、失礼ではないかと咎《とが》めるのだ。むろんグロリアのこの率直さをパールズは称賛するが、ここでも驚くべき成り行きを、私たちは目の当たりにすることになる。パールズは、「巧みに使う」ことを解消するために、自分が最もよいと思う行動へ、グロリアを誘導したのだろうか。失礼だというグロリアの非難に応えて、パールズはこのうえなく穏やかに言う。

パールズ　私はあなたを人間として心から尊敬しています。なので、あなたの偽りの部分を受け容れることを拒否し、本物の部分に話しかけます。まさに今、このほんの数分のあいだ、あなたは嘘偽りのない本物だった。もはや演じてはいなかった。あなたが心から怒りを覚えているのが、私はわかりました。

グロリア　誰かのことをいやだと思うときや、誰かの行動に賛成できないとき、私にはなんだか権利がないような気がします。私がその人を尊敬すべきなら、つまりその人が私より優れているなら、私がどれほど腹を立てているかをはっきり言う権利はないような気がするんです。

パールズ　（黙りなさいと言うかのように片手を彼女の顔の前に挙げ、もう結構と言うかのように手を振って）くだらないですね。ペチャクチャただしゃべっているだけ。安全地帯へ逆戻り。ペチャクチャ、くだらないたわごとばかり。

グロリア　でもそういう気がするんですもの。それが私にとっての安全地帯なんです。

パールズ　結構、ならばその安全地帯に戻りなさい。あと少しでお別れですから。あなたは安全地帯にいた。つかの間、そこから出てきた。私と真に向き合えるまであと一歩だった。ほんの少し、私に対して怒ることができた。さあどうぞ、安全地帯へ戻りなさい。

グロリア　（腹立たしげに）お話を伺っていると、あなたが私を人間として尊敬するのは、私が攻撃的で強硬な態度をとるときだけの気がします。私の弱い部分については、あなたは認めることさえできなかった気が――あなたの前で泣くのは死ぬほど怖いです。あなたはきっと、私を笑い、偽善者と呼ぶでしょう。私の弱い部分を、あなたは認めていないと思います。ただ私があなたに怒鳴り返したり叫んだりするときだけは……

ロジャーズ同様、パールズも、特定の意味づけ方を促そうとしている。だが、セラピーで彼が選択するものは結局、第4次元の能力をクライエントがすでに持っており、あと一押しすればいいだけだとの前提に立っていることがわかる。第3次元の理解の仕方は「偽り」、第4次元の理解の仕方は「本物」だというのは、この問題に対するパールズの見解であって、グロリアのそれではないだろう。

アルバート・エリスの「理性感情療法」（RET）も、現代のセラピストのトレーニングに大きな影響を及ぼしている。[8] 彼の研究が一因となって、認知的行動主義の分野が急速に発展した。そして、社会科学者が関心を向けることのできる「行動」のカテゴリが「人間の内側」にまで拡大され、外面の観察可能な行為や反応だけでなく内面の精神的《メンタル》行動も含むようになった。

エリスのセラピーはメッセージ――心をくじき、些細なことを一大事であるかのように大騒ぎし、矛盾をはらむ、筋の通らないメッセージ――を自分自身に送る内面の行動を重視する。クライエントがみずからとの対話のあり方を変えて、より健全に感じ行動できるようになるのを、エリスは手助けしたいと思っているのだ。

エリスの研究にも、構成主義の中心的考え方、すなわち、人々がプロセスに積極的に参加して、現在感じている苦しみの大半を生み出しているという考え方が反映されている。苦しみは、主として不幸な出来事が自分に起きるからでも幸運なことが起きないからでもなく、それらの出来事に対して絶望的な、あるいはみずからを敵対視するような意味づけをすることによって生じる。そのような絶望的・敵対的な意味づけは、その人の過去に端を発しているかもしれない。だが、より重要なのは、「若い時分に吸収し、みずからに教えたのと同じ人生についての考え方、同じ価値観を、今もみずからに教え込んでいるせいで」、そのような意味づけがまさに今この瞬間その人によってなされていることである。[9]

エリスは、心の温かな礼儀正しい「理解者」でも無作法な扇動者でもなく、冷静な、だが心配りのある理性的な科学者であり、クライエントが自身の問題を解決するのを支援したいと思っている。ロジャーズやパールズの知の遺産の特徴である全体論的基盤も発達理論的基盤も持たないエリスは、発達の新たな段階を促すより、むしろ機能不全の行動をなくす特定の種類の学習を促している。彼は、「クライエントに学んで」もらいたい、確かに自分の頭で考えるために、今後の人生において自分自身の基本的な価値体系や考え方を疑い、疑問を投げかけられるようになってもらいたいと思っているのだ。[10]

だが、その目標が示唆しているように、方法やアプローチはロジャーズやパールズと違うかもしれないが、エリスもやはり無意識に、クライエントのマインドを第4次元に形づくろうとしている。行動主義の伝統的な考え方では、自己が総体的に、あるいは統一性をもって行動を導くという考えを認めないため、第4次元の力量ならではの精神的《メンタル》行動と、その行動を生じさせるマインドの構造をエリスが混同したのは無理もない。エリスはクライエントに、後者を求めつつ、結局前者を教えることになってしまっている。だが、説得によって新たな次元の意識へ移行させるのは難しい。

しかし、エリスはやってみる。グロリアが、男性と向き合うと気後れしてしまう自分が好きになれないと話すと、エリスはもっと自分を受け容れるようにとグロリアを強く促す。

エリス　他律的だとなぜよくないかが、あなたを見ているとよくわかります。あなたを他人がどう思っているかに基づいて自己評価すると、あなたは自分のほうが優位に立っているときでさえ、こう思うことになります。「今日もみんなの気を引きつけられているかしら。明日はどうなの。私はこれからもずっとみんなを引きつけられるかしら」。あなたは「他人を喜ばせることができているかどうか」ばかりが気になり、決して自分自身であることができません。自分というものを持てないのです。一方、もし「人生で私がしたいことは何だろう。どこかにきっと、あるがままの私を好きになってくれる人がいるはず。この人がその人かどうか確かめよう」と言うなら、あなたはあなた自身になることができます。そしてそれが唯一の方法です。わかりますか。

ここでの皮肉は、エリスが実際に述べていることをグロリアが本当に「わかる」なら、つまり、エリスが言っているのは自己を「所有する」の意味だとグロリアが確かに理解できるなら、エリスが熱心にレクチャーする必要はたぶんないだろう。付き合ってほしいと相手の男性に伝えることについて、エリスは「ダメもとでやってみたらいいんです」とグロリアに言う。

「どんなに悪くても、その男性にノーと言われるだけです。でもあなたがあなたにノーと言う必要はありませんし、そうすればあなたはあなたのままでいられます。さしあたり欲しいものは手に入りませんが、それだけです」

こんなふうに「言われて」、一体誰が、「あなたがあなたにノーと言う必要はありませんし、そうすればあなたはあなたのままでいられます」という言葉の真の意味を理解できるだろう。それができる人は、昔自分に教えたことを「今また教え込む」のをやめる能力、自分の価値観や信念に目を向ける能力をすでに持っている人だとしたらどうだろう。第4次元で世界を意味構成している人――エリスの（そしてロジャーズやパールズの）カリキュラムが申し分なく適している人――ではまだない場合、このレクチャーがキャパオーバーでお手上げだとしたらどうだろう。

第4次元の要求が効果的でない理由

3つのアプローチがどれほど違っていようと、（第4次元の要求をしていること以外の）基本的な共通点として、いずれもクライエントの現在の生活に注目している。一方、こころの力学をより考慮するアプローチでは、クライエントの過去に重きを置き、クライエントの心理的経歴を解釈したり理解したりする。これらのアプローチも、クライエントに第4次元の要求をするのだろうか。

印象的な映画『月の輝く夜に』で、(女優のシェール扮する)主人公ロレッタは気乗りしないまま結婚の約束をし、婚約者の疎遠になっていた弟を訪ね、結婚式に招待する。私たち観客は(ロレッタとともに)この弟をパン屋で初めて見てすぐに、彼が情熱的で大きな苦しみを抱えている人であることと、片手を失っていることを知る。

弟は、初めこそロレッタと何も関わりを持つ気がなさそうだが、大嫌いな兄と結婚するつもりだと知ると、店の上の家具のあまりない部屋で料理をしてもらうことにする。ここでロレッタは、兄弟が疎遠になっていた理由を知る。弟が話す。以前はもっと幸せで、愛する女性と結婚しようと思っていた。だが運命のあの日、店に来た兄に気を散らされ、パンのスライサーで手を切断してしまった。自分は手と、愛する女性と、生きる意欲を失ってしまった——何もかも、兄のせいだ、と。

キッチンのテーブルを挟んだ向かい側に座るロレッタは、その状況をいわばセラピー用のオフィスに変え、苦悩する弟の身の上話をリフレーミングする。

「あなたの身に起きたことは、お兄さんとは何の関係もないわ」と彼女は言う。「その女性は運命の人ではなかったのね。あなたは罠にかかった——足を罠に捕らえられたオオカミのように。そして、なんとかして生き延びたいと思うオオカミのように、あなたは生きるために手を切り落とした。罠から抜け出すために、手を切り離したのよ」

これを聞いた弟は、初めは驚いて沈黙するが、椅子から立ち上がり、テーブルをひっくり返し、ロレッタを抱き寄せ、そのままベッドへ向かう。ロレッタの言葉で弟の情熱と生気がよみがえり、ふたりは激しい、人生を変えるような愛を交わす。映画鑑賞にはおあつらえ向きの展開だが、セラピストなら皆思わず、この疑問を発するかもしれない。

「なぜ私の『リフレーミング』には、これと同様の、人生を一変させるような効果がないのか」

実を言えば、真実はその逆である場合が少なくない。個人セラピーにおいて、過去あるいは現在の身の上話に対するクライエントの姿勢を、無力な犠牲者から創造的・主体的な行動主へ変えようとすると、多くの場合、クライエントを心理的に身動きできない状態から解放できないばかりか、不幸だという思いを助長してしまうのである。そのように意味構成をし直す際に伝えられる暗黙の（ときに少しはっきりとした）メッセージは、「あなたにはあなたの人生に対し責任がある」だ。

もし私がクライエントで、世界をすでに第4次元で意味構成しているなら、個人的権威を確認するものとして、つまり、他者が私に対してすることや私に起こることは自分でコントロールできないかもしれないが、それらを自分としてどう意味づけるかはコントロール可能であることを思い出させるものとして、あるいは、風向きは変えられないが帆の向きは変えられることを思い出せるものとして、そのメッセージを聞く可能性が高い。さらには、私自身の力を請け合うものとして、そのメッセージを聞くかもしれない。だが、現実に対する私の意味構成がもし第3次元の影響下にあるなら、同じメッセージが、自分に対する非難に聞こえる可能性が高くなる。すると、「あなたにはあなたの人生に対し責任がある」というメッセージに、自己著述を求める熱い思いが呼び覚まされるどころか、窮地に陥ったのは自業自得だと思い、情けなさや落胆を自覚することになってしまう。

同様に、マリア・ブロデリックは次のように述べている。「闘志」を示すがん患者のほうが長くよりよい人生を送るという研究結果を、行動医学における心理教育者が示すときに、無意識のうちに第4次元の要求がなされているかもしれない、と。[11] 成人患者対象の研究によれば、自分は病気に対して何もできないわけではないと思い、犠牲者になることを拒み、治療に積極的に関わり、医者に遠慮なくものを言う患者のほうが、病状がよくなるようだという。

だが、ブロデリックが指摘するように、だからといって「闘志」を示す行動を患者に教えようとしても、見当外れの感を否めない――「快方に向かう」要因としてより重要なのが、実はそのような行動を生み出す種類のマインドを持つことのほうかもしれない場合には。言い換えるなら、第4次元で意味を構成する患者は、「医者に遠慮なくものを言うための後押し」を、「健康なときはもとより病気のときも自分の人生に対する責任を引き受けられる患者であるとの承認」として感じるのだと思われる。一方、第3次元で意味を構成する患者は、全く同様の「後押し」を、「頼りにしたい現代医学の力を妨げてしまうのではないかという恐怖」として感じるかもしれない。

セラピストが根拠なく無意識に、クライエントは第4次元の能力を持っているものと期待するために生じる両者間の「共感の中断」は、見捨てるようなものであるのは無論だが、きわめてさりげなく生じる可能性があり、ときには実際そうなる。[12]

たとえば、家族の価値観をこれまでずっと無批判に吸収し、今なお抗うことを許されず苦しんでいるのに不平を言わないクライエントなら、やがて、セラピストをこんな思いに駆り立てることになる――そのように縛られて生きるのがどれほどつらいか、あるいはそのように縛ることがどれほどひどいもしくは非現実的かを深く考えるよう、そのクライエントに促さなければ、と。

私はセラピストとして、セッション中に自分のなかに湧き起こる感情に注意を払い、大切にするようトレーニングを受けてきた。そのような感情は、クライエントのなかで起きているかもしれないこと——役には立つがもし杓子定規《しゃくしじょうぎ》に解釈されたら危険だと主体‐客体の心理学者たる私が思う考え——を知る手がかりになるかもしれないのだ。

怒って当然と思われる経験を愚痴一つこぼさず語る人を目の前にして、欠けている要素を提供したい、「見当はずれの理解」を正してあげたいと思わない人はいないだろう。トレーニングを受けていない人なら、理由をきちんと認識せず、自分が怒りを覚えることによって見当はずれの理解を正してしまうかもしれない。だがセラピストなら、理想的には、まず怒りを自覚し、それを「今聞いたストーリーに属するもの。ただし自分に属しているとは限らないもの」と捉えるだろう。セラピストはふつう、怒りを、ストーリーを話しているクライエントのなかから生まれるように促す。

「こんなひどい状況はまっぴらだと、心のどこかでは思っていらっしゃる気がするのですが」

このように言うと、すでに示されているクライエントの姿勢は姿勢として尊重しつつ怒りを認めるよう背中を押すことになる。セラピストの言葉は暗にこう伝えているのだ。

「あなたは複雑な方ですね。おっしゃったとおりの気持ちを、あなたは確かに感じていらっしゃる。たぶん、心のほとんどの部分ではそう感じているのでしょう。ただ、逆の気持ちも、ほんのちょっぴりあるんじゃないかと思うのです」

ここでの問題はこれだ——セラピストは自分のなかに湧き起こる感情に突き動かされるのではなく、むしろそれについてよく考えるという第4次元の能力を示しているが、一方で、怒りの感情を生み出したのがつまるところ自分であること、もしクライエントも第4次元で経験を意味構成しないなら、セラピストが感じるのと同様にクライエントが感じるとは限らないことを忘れているかもしれないという点である。

セラピスト、たとえば私が、クライエントの感情を知る手がかりとして、みずからの心に湧き起こる感情に注意を払うことは素晴らしい。ただしそれは、クライエントの経験に対する私の理解の仕方——その経験からどのような感情が生まれるのであれ——が、クライエント自身のそれと当然同じだと私が思わない限りにおいて、である。

私だったら覚えるだろう感情をクライエントがあらわさないのは、必ずしも否認※ではない。「クライエントは、表に出されていない感情を、経験を意味構成するのと同じ次元の複雑さでセラピストに瞬時に送る——それによって、セラピーの際に私の心に湧き起こる感情の次元の複雑さに合わせてクライエントは自身の経験を意味構成するはずだと私が思うことに問題がなくなる」などと考えるのは、セラピー中の私自身の感情に少し「敬意」を払いすぎだと私には思えてならない。

感情を所有するようにとクライエントに提案しても——常に幸せでいるためのルールというのは難しすぎたり極端だったり非現実的だったりするかもしれないし、そんなルールを拠り所にして生きたいと本当はあまり思っていないのではないかと言っても——、クライエントの第3次元の観点からすれば、所有することになる感情は、「自己とそのルール（家族の価値観を批判すべきものとして捉えることを含むルール）がどのように関係しているか」ではなく、「そのルール（自分が一体化し、今なお支配されている忠誠心）を破った際に、あるいは破ることを考えた際にどれほどの後ろめたさや自己非難を感じるか」に関わるものにしかならないかもしれない。

個人セラピーやカップル・セラピーでは、大人の心理的歴史に注目する多くのアプローチが、現在の経験と過去の出来事のつながりへの理解を深めることを根幹にしている。第3次元の抽象化する能力があれば、過去の人生を顧みてテーマやパターンに気づき、過去と現在の経験を結びつけ、自分がなぜこのように行動

※ 否認：denial。心理学で、現実を現実として認知しない防衛機制のこと

し感じるのかを知ることができる。

だが、そのような気づき重視のセラピーはクライエントに対して実際には気づき以上のことを要求しており、その「気づき以上のこと」は第3次元の能力でどうにかできることではない。気づき重視のセラピーを行うセラピストは、自分が第4次元の精神的複雑さを求めていることに気づいていないかもしれないが、「気づく」だけのクライエントと気づいたことを「生産的に活用する」クライエントの違いはきわめてよく承知している。次に示すのは、セラピーを受けるためにやってきたふたりのクライエントの待合室でのやりとりだ。これについて、よく考えてみよう。

「セラピーを受けて、何か得るものがあるということですか」

「ええ、それはもうたくさん！　自分がこんなに混乱している理由が、毎週どんどんわかるようになっています」

セラピストが期待する種類の結果が出ていない場合、その原因を、セラピストが「厄介な」クライエントにあるとするか、それともセラピスト自身にあるとするかという点がポイントになるだろう。期待を裏切られたのは、テーマや原因に基づいて過去と現在をつなぐ能力以上のものを要求しているあらわれだとセラピストが考えないなら、こんなに熱心に教えているのに学生がちっともできるようにならないと言って嘆く教師さながら、自分を慰めるような態度をとる可能性が高い。一体、セラピストが本当に求めているものは何なのか。

第4章のウィリアムのケースを思い出してみよう。

ウィリアムは、妻の病気に自分がひどくイライラするのは、子どもの頃、入退院を繰り返す母親に対して感じていた強い不安や怒りに関係があることを、セラピーで知る。ウィリアムは第3次元の意識を持っているので、現在の経験を、一般化しうる動機や伝記的テーマに結びつけることができる。彼は気づきを得る。「自分がこんなに混乱している理由が、毎週どんどんわかるように」なる。だが、それらの気づきによって彼が変容するためには、すなわち彼のなかに湧き起こる不快な感情について妻に責任を負わせるのをやめるためには、それらの気づきとの関係が変わる必要があるだろう。経験を眺める観客となり、舞台上に見えるものにこんなにも強力に自分が反応する理由をより深く理解するための情報源として、それらの気づき（セラピーを受けるなかで生まれた気づき）と関係するだけでなく、むしろ、みずからの経験のつくり手として、台本をなぜそのように書くのかという理由をよりよく理解するために、それらの気づきを活用する必要があるのだ。第4次元の意識があればできると保証されるわけではないが、第4次元の意識がなければ、到底できないことである。

現代の成人向けサイコセラピーは、現代社会に翻弄される人々の苦しみを癒やし、心を強くする場になろうとしているかもしれない。そんなサイコセラピーがときに、モダニティ（現代性）の要求に応えるうえでの支えではなく、そうした要求の1つになっていると判断することになるなら、強烈な皮肉だろう。そのような判断を免れられるかどうかは、おそらく、理解の仕方を形づくったり変えたりする実際のプロセスを、どの程度クライエントとともに進められるかによって決まる。

どうすれば意識の変容に寄り添えるのか

リタは、職場の人々にうまく対応できず、セラピーを受けている。[13] 曰く、他者に認めてもらえているかどうかや、自分がどう思われているかによって、日々自分が自分をどう思うかが決まるという。意見を言おうと思っても、同僚らの気分を害するのではないかと不安で、さらには、同僚らの反応如何によって、自分を受け容れられるかどうかがまたおのずと決まってしまうのではないかと心配している。

リタは今、第3次元の意識で世界を意味構成しているようだが、もしそうなら、先ほど紹介した完璧に理に適うセラピーのアプローチはどれも、意図的ではないが第4次元の意識を要求しているので、リタにとってはキャパオーバーでお手上げ状態になるだろう。どのアプローチにも、自分が他者にどう思われているかについてみずから強烈な不安を生み出すことに対し、リタ自身が対処することが含まれている。自分の心理的な歴史がどのように自分の心を動かし、支配するかを理解するだけでなく、その制約から自分を解放することが期待されているのだ。

カール・ロジャーズの言葉で言えば、「他者の意見や願望ではなく、自分自身の経験に基づく基準を持てるようになること、自分を世界――価値観が、知覚の対象に内在・付随する世界――に存在する者としてみなすのではなく、経験を評価する者と捉えられるようになること」が期待されている。フリッツ・パールズの言葉で言えば、「周囲の環境を巧みに使って支援を得ようとすることではなく、もっと自分で自分を支援することに、エネルギーを使えるようになること」が期待されている。アルバート・エリスの言葉で言えば、「敵対的・絶望的なメッセージ――若い時分に吸収し、みずからに教えたのと同じ人生についての考え方、同じ価値観を、今もみずからに教え込むがために生じるメッセージ――を自分に送るのをやめること」がリタに期待されている。

これらの期待はどれも、リタにとってはキャパオーバーでお手上げだ。セラピーの場が、第4次元の意識への橋をともにつくる場に、事実上なっていないのである。ただ、私たちセラピストが、橋がすでに存在していると思うことによって考え違いをする可能性があるなら、橋をかけることを考えさえしないことによっても考え違いをするかもしれない。その場合には、個人の意識の次元は変化するものであることが無視されており、セラピーはクライエントが、意識の変容を求めない（nontransformative）気づきに対処したりそれを得たりするのを支援するものになってしまう。

たとえばリタは次のように述べている。潜在的にネガティブな他者の意見に自分が影響を受けすぎることをセラピーで知り、その手の不安から来る苦しみを和らげる戦略を3つ編み出した。

①「私のことをみんなが本当は素晴らしいと思ってくれているという自信」を徐々に強めていく。
②「誰かのことを悪く思っても、多くの人はじきに忘れてしまうので、苦しい時間はいつまでもは続かない」ことを学ぶ。
③その1にもその2にも該当しない人については、耳を傾けるべき意見を述べる人もいれば、そうでない人もいることを学ぶ。

言うまでもないが、これらの戦略はどれも、自分の究極的な価値を誰が決めるかについての元々の意味構成と同じ第3次元である（だからそうした戦略が必要になる）。たとえば、他者が本当は自分のことを素晴らしいと思ってくれているという確信を徐々に強くして自信を高めることと、他者が自分のことを素晴らしいと思ってくれているかどうかにかかわらず、承認に対する自分の定義の正当性をより強く確信したうえで承認を得て自信を高めることとは、別ものだとは気づくと思われる。しかしながら、「対処」とはつまるところ、世界に対する意味構成をし直すことではなく、すでに意味構成しているとおりの世界で生きやすくなることに、エネルギーを向けることである。

リタは、誰かに実際に腹を立てることや誰かを怒らせるかもしれないと考えることさえもが、なぜ自分にとって難しいのか、その理由もセラピーで知った。子どもの頃から大人になるまでずっと、リタと母親（家族はふたりきりだった）は親戚と一緒に暮らさなければならなかった。そんな暮らしをするあいだに、リタは強力なメッセージを受け取った――無作法な振る舞いをしてはいけない、騒いではいけない、家のなかの誰も怒らせてはいけない、なぜならリタと母親は「幸運にも住むところがあるけれども、そうでなかったら路頭に迷っていたにちがいないからだ」と。これがリタにとっての気づき、彼女が初めて築いた過去と現在のつながり、抗えない強力なつながりになる。だが、それについての彼女の説明の仕方は、少なくとも現在においては、「自分がなぜこうなったのか、やっと理由がわかった」というものだ。今なお、新たな未来を自分が書くのではなく、これまでの人生によって書かれている限り（どれほどそれを自覚できるようになっているとしても）、リタは台本の革新的な書き手ではなく、知識の増えた観客でしかないのである。

リタの発達過程において、社会的状況がどのように心理的状況に変わったかを考えてみよう。リタは、不安でやむにやまれず、自分の怒りを抑制するようになったのかもしれない（リタの母親がリタに対して怒りを抑制したのと同様に）。同年代のほかの子どもが、自立心・独立心が旺盛になり、子どもらしく思いきり自己表現するようになるときに、リタは、みずからの怒りを抑制し、他者を怒らせないようにする力を、路頭に迷わないようにするという実際的な自己保存の目的のために使っていたのかもしれない。さらに、そのような状況が、形を変えて10代のあいだ続いたことを考えてみよう。第3次元の「持続的カテゴリを超えた」能力によって、リタは、実際的な自己保存の目的のためだけでなく心理的に、母親を慕い、守るようになるかもしれない。たとえば、わが子を守れない絶望感から母親を守る、つまり、母親の外面的な活動だけでなく内面的な信念とも一体化するかもしれない。

リタのケースで具体的に何が起きているのであれ（セラピーにおいてセラピストとクライエントが一緒に見出すかもしれない詳細が何であれ）、重要なのは、具体的詳細を知る目的は「自分がなぜこうなったのか」を知るためだけではない、ということである。サイコセラピー・アプローチのなかには、セラピーという旅における「約束の地」――過去の出来事と現在の苦しみがつながる場所――となるものが、道中の重要な逗留地《とうりゅうち》としての意味合いのほうが強いものがある。ただ、リタには、対処戦略――現況に耐えられるようにはなるが、第3次元の認識論（そのような戦略が必要になったそもそもの原因である第3次元の認識論）を維持することになる戦略――を知る以外の可能性もあるかもしれず、そうなれば、現在の困難を引き起こした過去由来の原因について徐々に理解を深める以上のものをリタは得られるかもしれない。

しかしながら、キャパオーバーでお手上げになるほど高い目標を掲げる一方、意識の変容を求めない気づきかマシな対処法にしかならない低い目標を設定するアプローチのほかに、リタはセラピーでどんなものを得る可能性があるのか。

リタがもし、主体と客体に対する区別をがらりと変えられる人生の時期にまだなっていないなら、そして「自分がなぜこうなったのか」がわかるだけではないなら、第3次元の意味構成の特徴を、もっと寛容な、あるいはあまり制約的でないものへ変える機会を、セラピーは提供することが可能だ。そのような変化への取り組みは、リタが第3次元のやり方で意味整理するコンテクストにおいて続いていく必要があるが、共同構築される関係、共有の価値観・信念・理想に基づく関係に対する忠誠やその関係の一員であることから自身がつくり出している自分らしさを捨てることをリタに要求しない。

そのような変化を実現するためには、リタに考える機会を与えるといいかもしれない。リタの現在の心理にとってきわめて重要な社会的出来事が起こった当時、リタの人生の「特徴をつくっていた人々」（たとえば母親）がどのような体験をしていたか、について考える機会である。リタは、第3次元ならではの共感的一体化の能力を使って当時の母親について熟考し、こう考えるようになるかもしれない。リタが積極的に自立しようとしたり自己主張したり、必要なときには反対意見をはっきり述べたりするのを後押しする価値観に、母親は本当は賛同したかったのかもしれない、と。また、こう思うようになるかもしれない。そのような価値観を表現しても、必ずしも母親を見捨てることにも「信じて」疑わないという自分の主義に反することにもならない、と。この変化を実現できたら、リタは「そのような信条を保って」自分らしさを維持しつつ、同僚たちがもたらす現在の苦しみを変えられるようになるだろう。

第3次元の能力をその次元を離れることなく保つ方法をリタが改めやすくするアプローチとしては、セラピーそのものを新たな状況――共同構築される関係、共有の価値観・信念に基づく関係を大切にし、その関係の一員となるための新たな状況――として使うのも一手だ。その場合、セラピストは新たな声と新たな忠誠心を与えることになる。リタの心がその方向へ傾けば、リタは自分に対してもっと寛大さ・寛容さを持てるようになる。リタの「忠実さ」はいささかも減ることなく、ただその対象が変わるだろう。

しかしながら、よくあることだが、リタがもし理解の仕方という意識構造を今まさにがらりと変えようとしているなら、全く別の可能性が存在する。とりわけ、変容が成人期に最もよくある変容――第3次元から第4次元への移行――である場合には、そのような発達によって、クライエントは、セラピストのオフィスの外で突きつけられる現代生活の隠されたカリキュラムだけでなく、オフィス内の隠されたカリキュラムにも対処しやすくなる。実のところ、第4次元へ移行すれば、セラピストとクライエントを結びつける最も明らかで心に訴える状況――クライエントの心理的苦痛――がおのずと改善されるわけではない。だが、質的に全く新しい精神的ツール――クライエントの心理的苦痛を取り除く、あるいは軽減するというセラピーの使命に役立つツール――が、クライエントのなかに生み出されるのである。

自覚はあまりないかもしれないが、第3次元から第4次元へ移行する必要性のある状況は、さまざまな心理的脆弱性――最初は表にあらわれず、長期間続く心理的脆弱性――を引き起こす可能性がある。例として、ジェイミーとリタのケースを考えてみよう。ジェイミーのケースでは、家族は機能不全が長く続き、ジェイミーの支えとなる機能を果たさなくなっている。そしてジェイミーは、家族が各自の果たすべき役割を生きと果たすために、子どもらしく存在する役目を負っているが、その役割ゆえに、自立した生活を確立するという大人に対する要求に直面した今、次第に無気力になる状態が続いてしまっている。

そのようなあり方の家族は、そうなった当初はうまく機能しないものの、ジェイミーが10代の子どもであるあいだは必ずしも問題になるわけではない。だが、ジェイミーはまだまだ庇護を必要とする子どもだと家族が当然のように考えているところへ、成人に対する要求や期待が新たに加わった今、ジェイミーはどうしていいかわからなくなってしまっている。しかしながら、ジェイミーを行き詰まらせている原因は、家族の当たり前が交錯していることだけではない。そうした当たり前によって、ジェイミーが第3次元から動けなくなっていることが、行き詰まりの主な要因だ。第3次元は、それ自体は異常でも機能不全でもないが、機能不全を浮き彫りにするのである。

リタのケースにも、第3次元から離れられないために、長期にわたる心理的脆弱性が成人期に浮き彫りになりがちであることが示されている。リタのような、才覚があり、役目をしっかり果たし、立ち直りの早い人というのはしばしば、人生を支配する力を強め、つらい記憶がよみがえりそうな状況を追い払うことによって、子ども時代の最もつらかった経験に対処する。そして無意識のうちにそのようなプランを進めるなかで、「成功した」人生に対する定義がいつのまにか出来上がる――「充実した、ただし昔のつらい感情に二度と近づく必要のない人生」という定義である。

ここで問題になるのは、過去を顧みずに現在の人生を開拓しようとしたり昔の最も暗い側面を決して振り返るまいと誓ったりする間《ま》に、ふと気づけば、愛する人との暮らしや仕事で自分が目指している何かによって、二度と訪れるものかと誓ったまさにその場所に危険なほど近づいているかもしれないことである。その際、目を背《そむ》けることなく影の領域と向き合わないなら、人生を前進させられなくなってしまうだろう。繰り返すが、第3次元それ自体は問題ではないし、第4次元へ変容すれば必ず苦しみと向き合って癒やせるわけでもない。ただ、第3次元は前進を妨げる原因になる。なぜなら、自己がおのれのストーリーを離れ、ストーリーが客体になり、自己がもはや第3次元に支配されなくなるまで、その苦しみが向き合われる、つまり対処されることはないからである。

このような次第で、クライエントは第4次元を当然すでに持っているとセラピストが考えるのは不適切だが、第4次元への橋をともにつくる大切な場としてセラピストがセラピーを捉えるのは、きわめて適切と思われる。たとえセラピストが、セラピーの目的とは意識を広げることでも現代社会からの精神的要求に対処する力をクライエントにつけてもらうことでもなく、人生において長く抱えてきた心理的な苦しみからクライエントを解放することだと考えているとしても、それは適切な目標である。第4次元の能力を持たないことは、そのような苦しみの原因ではないが、苦しみが現在において厄介なあらわれ方をしていることには関連している場合が多い。第4次元の能力が発達していても、そのような苦しみを癒やすのに十分ではないが、発達していれば、癒やすうえで大きな味方になるのである。

比喩の力

意識構造の発達を促すためにセラピストがどのような手段を用いるにせよ、成果をあげようと思うなら、そのアプローチは「認知的」かつ「こころの力学を考慮したもの」でなければならないだろう。つまりアプローチは、クライエントの実質的な理解の仕方を考慮し、それにぴったり合ったものでなければならない。一方で、考えを変える際にクライエントがきっとする掟《おきて》破り――信頼や、他者に対する忠誠や、広く認められている考えや、大切な絆に背くこと――を尊重する必要もある。それには、特定の比喩の使い方が効果的であることを、私は私自身が行うセラピーや他のセラピストへの助言のなかで見出した。

どのようなアプローチを使うセラピストであれ、彼らがクライエントに示すイメージ、「フレーム」、描き換え可能な地図、あるいは比喩には、有益な特徴が数多くある。特に有益なのは、使い方が暫定的な場合だ。クライエント自身がイメージをどのように使うかに耳をすませ、セラピストが示した比喩をクライエントが話に取り入れないようなら、その比喩を喜んで捨てるのである。比喩的な言葉は、右脳と左脳を同時に活発にする、すなわち、単純なものと修飾的なもの、説明と参加、具体と抽象を結びつける効果をもたらす。比喩は解釈的だが、その解釈は、客観的な分析ではなく軟らかな粘土でつくられている。そしてクライエントにこう促す――解釈に両手を置き、もっと自分に合う形に変えなさい、と。特に、セラピストの比喩が、意味構造のつくり手になるという内面の環境に関わる場合、クライエントは、解釈に手を置いて形を変えつつ、自分が理解の仕方そのものを改めようとしていることに気づくと考えられる。

セラピー・セッションで実際にあったエピソードを紹介しよう。[14]

クライエントは、20歳の場合もあれば40歳の場合もある。男性の場合もあれば女性の場合もあるし、大学3年生あるいは会社の管理職の場合もある。抱えている「問題」は仕事や勉強ができないことだが、「困った事態が生じている」せいである場合はめったになく、「できない気がする」ことが理由だ。引き金となる出来事があったわけでも、特定の心配事を抱えているわけでもない。ただ途方に暮れている。集中できない、と訴えるクライエントもいる。要は怠け者なんです、と打ち明けるクライエントもいる。

クライエントとセラピストは、ともに時間を過ごし、しかと確認する——このような状況がどれほど高くつくか、方向転換しなければどんな大変なことになるか、本調子に戻れないのをどれほど無力に感じているかを。

やがて、セラピストが「あなたは自分自身に仕事（勉強）をさせられないということですか」という意味のことを尋ね、クライエントがそうですと頷く。「あなたの一部がストライキを起こしているような感じでしょうか」とセラピストがやんわり尋ねる。クライエントが、ややためらいがちに、そうですとふたたび頷く。それを聞いて、セラピストがつぶやく。「あなたのなかの『働く（勉強する）人』は、どんなことを求めているのでしょうか」。ここで初めて、クライエントの別の側面が話し始める。

発達段階が少し異なる別のクライエントは、みずからの多様な内なる考えと欲望を新たに感じ始めている。そのようなさまざまな可能性に心惹かれることに、彼女は戸惑いを覚える。というのも、その多くがそれぞれ矛盾しているように思われるからである。自分がどれをあまりよくないと思っているのか、彼女はよくわからない。つまり、以前には考えたことのなかった思考や感情の存在が自分の一部になり、そうした思考や感情のうちどれを大切にすべきなのかよくわからなくなっているらしい。

そんな経験について考える過程で、セラピストがふと、こんなことを言う。

「人は皆、言うなれば委員会で審議しながら、内面生活を生きるほかないのかもしれませんね」

数週間後、クライエントが自分からその比喩に触れ、セラピストに紹介する——さまざまな人物が「自分の内面のテーブル」を囲み、口々に、ちょっとした意見を述べたり強い主張を繰り広げたりしている、と。そして次のように言う。

「私たちは委員会で審議しながら内面生活を生きるほかないかもしれません。ただ、誰が委員長を務めるか、それが問題です」

発達段階がさらに少し進んでいるまた別のクライエントのケースでは、なにごとにも夢中になりすぎるという昔からの家族のルールにいつまでも束縛されるのがどんなに苦痛かが、いつもセッションのテーマになっている。やがて彼は、誰かに、あるいは何かに対して情熱や強い関心が芽生えたと気づくたび、自分が判で押したように、惹かれる気持ちをなかったことにしたり抑え込んだりしてしまう原因を知る。

「情熱は狂信者が持つものだと、家族に教えられました。僕の家で高く評価されるのは、人間不信と言ってもいいくらいの慎重さでした。情熱に結びつきそうなあらゆるものに批判的な目を向けて初めて、賢く判断力のある人間として、家族の一員として認められたのです」

クライエントは、自分の生活が思うよりはるかに活気がない理由を見抜いていた。にもかかわらず、心に火がつき人生に彩《いろど》りが生まれそうになると必ず、その色を褪《あ》せさせてしまっていた（そうしているのがほかならぬ自分自身であることに、彼は気づいていた）。

　ある日、彼はこのストーリーの最近の出来事について、セラピストと話をした。一緒に事業をやらないかという話が数週間前にあり、ずっと胸を躍《おど》らせていたが、今は、そんな事業などつまらないと、これといった根拠もなしに思うようになり、話をなかったことにしようとしていたのである。

「たぶん、それがあなたの犬（dog）ですね」とセラピストが言った。何を言おうとしているのか自分でも定かでないまま出た言葉だったが、以前クライエントが、家族の古いルールに「つきまとわれている（dogged）」と何気なく述べた言葉がもとになって、その考えは浮かんだものと思われる。

「あなたが犬を飼っているとしましょう」

　クライエントの訝しげな表情を受けて、セラピストが言った。

「おおらかで元気いっぱいですが、誰かが玄関に近づいてくると吠え始め、決して静かにしません。ある日、犬が低いうなり声をあげ始めます。いわば警報ですね。あなたは窓から外を見ますが、なじみの郵便配達人しかいません。さて、どうしますか。犬を撃ち殺したりしませんよね。困った犬ですが、あなたはそうは思わないでしょう。あなたの犬はあなたのことが大好きです。玄関に近づく人が誰であれ、あなたに注意を促します。あなたの身に何かあってほしくありません。この犬は、そういう犬です。問題は、誰彼かまわず吠えること。すべての人を危険だと思い、やってくるあらゆる人に対して吠えてしまいます。そういう犬なのです。あなたはそんな愛すべき犬を撃ち殺そうとは思わないでしょう。でも、犬が警告を発するたびに窓から銃を撃つのもイヤなはずです。あなたは自分の目で確かめようと思うでしょう。このケースでは、郵便配達人であることを確認することになります。あなたは腰をかがめ、犬をなでます。『大丈夫だよ。いつもの郵便屋さんだ。何も危険はないよ』。あなたはそう言いながら、おおらかで元気いっぱいの、誰彼かまわず吠える、用心深い番犬を優しく叩いたりなでたりするでしょう」

比喩は、マーサ・ロビンズの『中年女性と母親の死』でも役立っていると考えられる。[15] ロビンズは、意味づけの漸進的変化に対し、構成主義的発達理論でありつつこころの力学も考慮するアプローチを取って、第3次元から第4次元への意識の変容における一連の現象学的ステップを定義している。どのステップにもあるのは、内的葛藤との関係だ。この特異な研究における葛藤とは、成人女性と、成人女性が母親に対してする心理的意味構成との葛藤である。だが、ロビンズが言わんとしているのは、実はあらゆる人やものごととの葛藤や対立かもしれず、また、それらの葛藤や対立の根底にはすべて、第3次元の理解の仕方との関係の変化という内なる経験がある。

ロビンズの考える第1ステップでは、人は内的葛藤に対する明確な自覚はないが、何かが明らかにおかしいとは思っている。何がどうおかしいのか言えなくてなんとなく気持ちがふさいだり、疲れ果てた気分になったり、無気力になったり、当惑したり、心が乱れたり、ぼんやりしたりしてしまう場合もある。これは、まさにジェイミー——「動けない」家族の姉娘——のことだろう。ジェイミーの観点からすれば、そこに葛藤は全く存在しない。「もっと生活を充実させなさい」と父親に強く言われることにジェイミーは苛立っているかもしれないが、内的葛藤も外的対立も、彼女の言動にあらわれていないのだ。これは、先述したエピソードの1つめに登場するクライエントたちにも当てはまる。彼らは卑下してみずからを怠け者と呼ぶかもしれないが、内心で何かと戦ってはいない。「葛藤も対立も全くない」と彼らは言っているように思われる。そのような消極的な意味構成において、彼らは「仕事(勉強)ができない」。どういうわけか「動かなくなってしまっ

『中年女性と母親の死』
Midlife Women and the Death of Mother（未邦訳）

た」時計のように。

1つめのエピソードで使われているセラピストの比喩（キヨ・モリモトの比喩）は、「私は仕事（勉強）ができない」ことに対してもっと積極的な意味構成をする、つまり、私に起こったことではなく、私によって起こっていることとして考えるよう、クライエントを促している。だが、セラピストの言葉は、消極的な意味構成から積極的な意味構成へ一足飛びすることを、クライエントに促すものではない。つまり、映画『月の輝く夜に』でにわかセラピストとなった主人公ロレッタは、「足を失った犠牲者」から「罠から逃れるために足を切断し、雄々しくみずからの命を救ったオオカミ」へ、いきなり変わるよう求めるが、それとは違う。

セラピストは、漸進的変容がまさに始まろうとするところにいる。内的葛藤を始めさせようとしている。そして、「仕事（勉強）をしていない自分」という側面でしか話さない犠牲者気取りのクライエントの話に、場合によっては数週間耳を傾けたのちに、その側面を追い払おうとはつゆ思わず、さらに別の側面にオフィスで率直に話をしてもらおうとしている。

セラピストは、クライエントの準備が整っているようなら、心理的分裂——一枚岩のような自己を2つに分けること——を促す。「あなたは自分自身に仕事(勉強)をさせられないんですね？」。ざっくばらんな調子で、さりげなくセラピストが尋ね、ふたりの「あなた」をオフィスに迎え入れる。さらにこう言って分裂を促す。「あなたの一部がストライキを起こしているような感じですか」（「行動するのはあなたひとりではありませんね」）。ただし、このことに目を留めたい。支配的で犠牲者気取りの、「私に起こった」と考える側面に親身に寄り添い、活動停止の状況をみずからに起こしてしまったことに対するその側面の無力感と虚しさに共感し、そのうえで、分裂が促されていることに。ひょっとして、十分に理解してもらえていると確信できたら、「私に起こった」と考える側面は、比喩に促されるがまま、自己の反対側の側面、すなわち何か理由があって活動を停止している「ストライキ中」の側面を明らかにできるのかもしれない。スト破り監視員のさまざまな合図を読み取れるようになったら、第3次元の意識が主体から客体へ移り始めたということである。

ここから、ロビンズのいう次のステップへ進むことになる。以前の忠誠との一体化から離れるステップであり、生じた距離を守ろうとすると同時に、その距離に不安を覚えることになる。葛藤が今やはっきりと知覚され、新たに起きた差異化（分化）の維持に役立つ。

だが、生じたばかりの第4次元の意味構成に対しては、第3次元の意味構成に対するほどにはまだ一体化できていないので、第3次元の観点からも葛藤を感じることになる。使命感や神聖な誓いを捨てていくおのれの姿が目に浮かぶ。自分がいなければ身を守ることも生き続けることもできない人たちに、うしろめたさを覚えるかもしれない。安心感――自分がその人を裏切らないからこそ生まれた安心感――を失ったその人たちを、あるいは自分自身を心配する可能性もある。なにより、自己が「複数」になったこと、心配やうしろめたさを覚えつつもそのような複数の新たな可能性を面白がっていることに対して、根本的な違和感や当惑を覚えるかもしれない。

2番目のエピソードでウィリアム・ペリーが使う「心のなかの委員会」という比喩は、以前は存在しなかった自己の差異化（分化）を自己の忠誠心から守れるよう後押ししていると思われる。

「心のなかの委員会」というイメージによって、テーブルに着くすべての声を受け容れるゆとりが生まれ、内的経験が――絶望的で不快な声を発することなく――複雑化を認識する道筋がつけられる。声はそれぞれに、席と発言の機会を得る。声の持ち主を順に評価することも可能になる。声は複数だが、テーブルは1台かもしれない。

最終的に、この比喩は、新たな差異化（分化）を支援する以上の働きをする。そのドラマツルギー（作劇法・上演法）のおかげで、自己は第4次元の側面――いくつもの声を調節・調整し、それらを1つのチームにまとめる側面、すなわちテーブルに対して主導権を発揮する意識構造――といっそう強く一体化することを促される。そしてクライエントはこう考え始める。「誰が委員長を務めるか、それが問題だ」と。この比喩は、変容を進めるゆとりを増やすだけでなく、クライエントの手を引いて粘土のあるところへ連れていき、比喩の形を、内なる第3次元の声と自分自身との関係の形をつくり直すよう促すのである。

比喩それ自体に、変容を生む力があるわけではない。セラピストが魔法の言葉を口にしたとたん、すべてががらりと変わるわけではないのだ。比喩は、セラピーにおける特効薬ではない。先述のエピソードは、セラピーにおける曰く言いがたい瞬間――新たな種類の会話の領域がひらかれる瞬間――にスポットを当てている。そこで使われる比喩が役に立ったら、クライエントはおそらくそれまでとは違う方法で自分の経験について話せるようになる。「それにしても、誰が責任者なのか」という疑問を呈することができたら、自己探究の流れの方向が変わり、なんらかの行動を始めるだろう。とはいえ、それだけで、その行動が成し遂げられることはないと思われる。

ロビンズの研究では、意識の発達の次なるステップとは、自己が、新たに生じた第4次元の構造とのさらなる一体化を少しずつ進めていく段階だ。第3次元の理解の仕方で世界を見ることがもはやあまりなく、葛藤によって呼び覚まされるのは、うしろめたさや不安より、怒りのほうが多くなる。私たちは、かつての忠誠心と関係を断つ。忠誠心はいっそう、自分とイコールではなくなる。だが私たちは、忠誠心を非難するも、忠誠心のための新しい場所を見つけることはまだできない。忠誠心は、どれほど迷惑がられようと、相変わらず影響力を行使する。第4次元は、意識の新たなバランスをまだ確立していない。私たちは相変わらず、葛藤と不安定な状態を抜け出せない。

3番目のエピソードで、慎重さ重視の家族のルールを強く批判するクライエントは、そのルールによって自分の情熱が犠牲を強いられることに怒りを感じている。彼はそのルールをもはや自分の守るべきルールとせず、軽蔑しているが、それでもなおそのルールから離れることができない。2番目のエピソードのクライエントと違い、自分こそが委員長だと思ってはいるものの、内なるテーブルに着いている全員の意見をまとめるのは容易ではない。力を持つ人々は、簡単にはその力を手放さない。今や葛藤には、うしろめたさや不安ではなく、主導力をめぐる激しい争いが色濃くあらわれる。

このセラピストの比喩（私自身がセラピーで用いた比喩）は、クライエントの話――家族のルールから犠牲を強いられていることや、以前の忠誠に対する怒りの申し立てや、今なおその忠誠から逃れられない苛立ちについての話――が、注意深く親身に数週間にわたって耳を傾けられてようやく効果をあげることができる。それらすべての話が共有の空間で何度も取り上げられて初めて、クライエントはおそらくより多くのもの（何かほかのものではない）を目にできるようになる。

セラピーのたびに用いることになった吠える犬の比喩は、心の声――人生にあらわれる人、近寄ってくるあらゆるものを遠ざけよと強く警告する声――に邪魔され、悩まされる感覚を常に伴っている。一方で、忠実な犬と明敏な飼い主というドラマツルギーは、クライエントが認識論的に発達するなかでおそらく負う準備ができているさまざまな役割を再設定するよう促す。

この比喩には、癒やしの力を持つ数々の意見が組み込まれている。

「警告や批判という形であらわれる両親の『声』にあなたは反発していますが、その『声』はすべてが悪いわけではないかもしれません」

「どんなに不愉快に感じられても、その『声』こそがあなたの善良さを意味していると思われます」

「その『声』を心の奥底から完全に追い出すことは不可能でしょう。それどころか、あなたは本当は追い出したいと思っていないかもしれません」

「その『声』によって、あなたの家族は、家族にとってあなたがどんなに大切か、あなたがどれほど愛されているかを、あなたに伝えているのかもしれません。その『声』を完全に締め出してしまったら、表向きの不愉快な意見を消し去ることはできるでしょうが、裏に隠された大切な意味も失うことになってしまいます」

「ただ、あなたはおそらくこれらのことを全部よくわかっていて、だからこそいつまでも葛藤を終わらせられずにいます。『声』の命ずるところに従いたくないと思いながら、同時に、それを無視しようとも思わない。あなたはその『声』とともに生きることも、その『声』なしに生きることもできないのです」

比喩は、この葛藤から抜け出す道を示す。「声」に背を向けるのではなくそれに向き直る道、「声」に黙従せずそれと向き合う道を。比喩は、葛藤している人を悪者にしたりしない。批判的で要求の多い「声」は、その実、よかれと思って伝えられた愛情あふれる温かな意見だ。将来的に、「声」を制御・評価し、しばしば無視さえする人になるとしても、その人はやはり愛情あふれる明敏な飼い主だ。比喩は、意識構造的課題――第4次元の権威を明言すること――のそばを離れないが、あらわれたばかりの能力といわば「協議」する。そしてその能力に思い出させる――第3次元の愛着のための場所があることを。不安定でも空虚でもない未来を確信するために、みずからの過去を内包していることを。

意識の変容という航海

　昔の冒険者たちは、当時考えられていた世界の果てへ、まさに命懸けで航海した。航海の前後では、世界も、世界に対する理解の仕方も、まるで違うものになっただろう。同様に、意識の次元の変化においては、注目する「図」が変わるだけでなく、「図」を浮かび上がらせる「地」も変化する。世界の新たな部分を見つけるために始める途方もない航海が、最後には、世界とは何かに対する新たな理解の仕方への航海になる。セラピーにおいて、クライエントの旅《トラベル》のよき道連れになろうと思うなら、そしてその旅が意識の移行《トラベル》を伴うなら、セラピストには、命懸けになりかねない旅という内的経験を理解する手段が必要だ。

　危険な航海や旅というテーマからは、それが、意識の漸進的変化という内的経験の、広範囲に影響をもたらす比喩であることがうかがえる。とりわけ、旅がほかの土地へ移り住むことの比喩として用いられる場合には、家を離れるような、愛着あるものを残してゆくような、見捨てたり裏切ったりといった感じさえする。だが、私自身がセラピーにおいてよき相棒とするのに最も有用だと知り、また本章でそれとなく使ってきたのは、家庭内宗教という比喩である。[16]

　第3次元から第4次元への意識の変容は、家族の信条から離れるのに似ている。家族の信条から離れたら、ずっと持ち続けてきた忠誠心や大切な絆に亀裂が入りかねない。思うに、意識の変容はそれと同様なのである。そのように考えると、セラピストはクライエントの内的経験に注意を傾け続けられるだけでなく、もしクライエント自身がこの喩えを適切だと思うなら、新たな比喩を無限に生み出せるかもしれない。言うまでもなく、「信条」や「信仰心」という言葉によって私が伝えたいのは、多元的な現代世界の一般市民の暮らしにおいてはあまり見られなくなった、儀礼的・自制的な週に一度の礼拝のことではない。私が言っているのは、私的であると同時に社会的でもある因襲的・伝統的な信条であり、人生の目的とそれを達成する手段にとっていついかなるときも土台や指針となるもののことである。あなたはこう言うかもしれない――そんな因襲的な信条のもとで育つ人が、今どきどこにいるだろう。ペンシルベニアのアーミッシュやブルックリンのハシディズムのような、博物館に展示してもいいくらい特別な暮らし方をしている例外中の例外はさておき、と。私の答えは次のとおりだ。

「私たちは誰もが、そういう因襲的な信条のもとで大人になる。さらに言えば、人生において『そのような信条のもとで育てられる』時期からその信条の信奉者になる時期に持つのが、第3次元の意識だ」

モダン・マインドを持つ男女が結婚すれば、モダン・マインドを持つ赤ん坊が生まれるわけではない。モダニティ（現代的であること）が試練となるのは、誰にせよ――大人になってから――トラディショナル・マインドの喪失を味わうことになる点だ。トラディショナル・マインドは、「家庭内宗教」を信じて疑わないのである。

ここで言う宗教は、両親がなんらかの教派に入っており、子どもも礼拝所に通ったり、広く認められる制度化された信仰の儀式や慣習を一家で守ったりといった類《たぐい》の宗教のことではない。そのような宗教は、持っている家族もあれば、持っていない家族もある。私が言っているのは、すべての家庭が持つ宗教のことだ。あらゆる家庭においてなぜか強力な影響を及ぼし、その家庭で育ち生活に参加することによって子どもに伝えられ、その家ならではの決まりごとや習慣――人生とは実際どういうものかについてのその家独自の考えを実践し強固にしていく、決まりごとや習慣――のなかで強められていく宗教のことである。

子どもの誕生は、1世代の夫婦・結婚を2世代の家族へ、ペアをグループへ、人間関係における平面を3次元の空間へ変える。この変容は、人生の潜在的な力（人生の脅威と可能性）に対する両親の心のあり方によって促進される。この心のあり方が、3次元の世界――わが子の居場所となる世界、(とりわけ最初の子が)生み出す世界――を満たす。どの家庭も、おのずと、そしていつのまにか、信仰の場になる。なぜなら、家庭は例外なく、究極の現実に対する統一性のある心のあり方が毎日毎日、何年もあらわされ続ける場だからである。信念、決まりごと、価値観、理想、先入観、約束、裏切り、恐怖、鬼のような人、天使のような人について、家族が子どもの前で、子どもに向かって話し、それが最終的に、その家族に属する人たちの立場――この世界の驚くべき力に対する立場――を明言することになる。「生命の力」は、どれくらい寛容か、あるいは容赦がないか。神に忠実であるために、何をする必要があるか。生きていることは、どれほど危険か、それとも胸の躍ることであるかを。

家庭における幼い頃の「取り込み」や「台本」は、私たちの「自己肯定感」や「対象関係」に影響を及ぼして終わりではない。(社会科学で研究される)相互作用のパターンを刻んで終わりでもない。私たちの肉体や体の内奥からのみ生まれる欲望のあらわし方を形づくり、それでおしまいでもない。こうした潜在的な信条もしくは神聖な命令が及ぼす無数の影響によって、私たちは信仰のコミュニティに入れられる――私たちが結びつきを感じる集団や共同体に(信仰・宗教をあらわすreligionという語はもともと、そのような「結びつくこと、縛りつけること」を意味する)。私たちがどのように大切であるかを教える集団や共同体に。神々の声――私たちが向き合う最高の力の持ち主の声であり、私たちを大切な存在であるとして堕落から守ってくれる言葉――に、私たちが耳を傾けるようにするのがこのグループの主たる仕事だと主張する集団や共同体に。家庭内宗教とは断じて、立派な身なりのユダヤ教徒とキリスト教徒が週末に行う、きちんとした品のよい行事のことではない。それはむしろ、偶像もあれば供物《くもつ》もあり、不安もあれば希望もあり、犠牲もあれば救済もある民間信仰、整然としておらず、心が躍り、人生に決定的な影響をもたらす自然に生まれた民間信仰にずっと近い。

自分の心理的歴史や親から受け継いだあれこれを、家庭内宗教に入る行為でありプロセスであると捉えると、私たち——弱く何も知らず何も選択しない入信者たる私たち——が家庭から得るものの多くが、活力を与え、心を育むものであり、生きる意義を実感するのに必要であることが思い出される。ゆえに、家庭内宗教という考えには救済する力、すなわち、受け継いだもののあらゆる面を見下したり軽視したり非難したり病的なものと考えたりする傾向を取り払う力もある。この考えは、幼い頃の経験にどれほど多くの側面がほかにあったとしても、幼少期の教育方法におけるきわめて重要な意義深い要素を、敬意と感謝をもって調べるよう私たちに命じるのである。

ただ、家庭内宗教という考えは、非現実的・楽観的な考えではない。私たちは、心理的に受け継いだものごとの、不健全かもしれない側面についても考えることになるのだ。宗教には、私たちと人生との結びつきを深め、広げてくれる可能性がある。だが、知ってのとおり、宗教は、私たちと人生との結びつきを歪めたり狭《せば》めたりする場合もある（実のところ、宗教という言葉が持ついやな感じを今この瞬間に敬遠あるいは軽蔑している読者は、制度化された宗教との個人的経験が、自分自身とのつながりや他者とのつながりに害をなしていると、何かもっともな理由があって思っているために、宗教との基本的な関係あるいはもっぱらその関係だけがネガティブになっている人かもしれない）。一方で宗教は、罪の意識、恐れ、依存、神を知らない人々に対する嫌悪、信仰に反したときの自分自身に対する嫌悪を軽減することもできる。そのため、家庭内宗教という概念は、私たちの個人的歴史における、生きる力を与える側面と奪う側面の両方を受け容れることのできるコンテクストを私たちにもたらすことになる。

自分の個人的歴史を「家庭内宗教」に照らして考えると、心理的歴史の判で押したような階層的な性質や、その階層性が展開されるコンテクストの根源的な性質にも、否応なく注意を向けることになる。宗教の天辺には神と聖職者が、底辺には慎ましく願いごとをする信奉者がいる。私たちは、親から受け継ぐ心の脚本において、常に小さな子どもだ。そして親は、身体的により大きな存在であるだけでなく、精神的にもより大きな存在だ。活力は親からもたらされるが、親によって奪われるかもしれないからである。親に気にかけてもらえなくなるかもしれないと思うと、虚無感へ手招きされる気がして心が寒くなる。期待から程遠い親、苦痛をもたらす親、あるいは虐待的な親のもとに生まれた子どもは皆、この親を神とするか、神を持たないかのどちらかを選択することになり、どの子も同じ選択をする。かくして、子どもは親をどのように愛するべきかを学ぶ――それを知ることでどれほどの犠牲を払おうとも。なぜなら自分の人生は、命の源、本源的な存在、生死に関わる重要な人をどのように愛し、愛してもらうべきか――まさしく、庇護を請う原始的な存在である子と、親という神との関係――を学べるかどうかにかかっているからである。

　家庭内宗教という考えは、幼少期の家族というドラマの本質は愛情についてのストーリーであるとの重要な精神分析的認識を固持する一方、そのような愛情とはどういうものかについて熟考する新たなコンテクストを提供する。古典的及び現代的精神分析の言葉（「衝動の満足」「愛情をめぐる対抗意識」「関係の将来性」）とは対照的に、「献身的愛情」「身を委ねる」「償い」「宇宙の保護」という言葉が、より3次元的なコンテクスト、すなわち愛情のためのより精神的に本源的なコンテクストを生み出すのだ。

　子どもの愛情は、生物学的衝動や愛情をめぐる願望という言葉で片付けられるものではない。それは、完全でありたい、存在論的に安全でありたい、宇宙の力にどこまでも身をゆだねたい、人生の意義深い側面とつながりたいという魂の叫びかもしれない。生体エネルギー的フラストレーションや精神的孤独を防ぐだけでなく、精神的追放や魂の死も防ぐものかもしれない。そういう種類の愛情が生み出す結びつきは、本能的という言葉でも血縁という言葉でも十分に言いあらわすことができない。それはむしろ信仰による結びつきだ。神を失望させる存在論的罪悪感――神の加護なしにこの世界で孤立するという存在論的恐怖――と戦わない限り、離れることの難しい、いや不可能な結びつきである。

信仰心をあらわす言葉にはさまざまあるが、（アルバート・エリス流の）理性的分析という微力な手法で解決しても、比喩という粘土――これは心のなかの委員会の委員長を替えたり吠える犬を黙らせたりすることはいともたやすいことを示唆している――に照らして考えても、それでは十分ではないかもしれない。ジェイミーが（父親の家具店は別として）仕事ができないのにも、リタが他者に対して怒ることができないのにも、然るべき理由、すなわち尋常ならざる力につながる理由があると思われる。そのような行動は、違和感があるだけでなく、異端である感じ――命を危険にさらすような、世界を乱すような感じ――がすると思われるのである。

だが、そのような行動が見られたときにはすでに、それまでと違う何かが起きているかもしれない。もし、自分をけなしたり感情を抑えたりする長年の傾向は、自分の限界や無能さによって決まるのではなく、家庭内宗教という言葉であらわされるものに対する信仰と献身を驚くほど見事に実行することによって決まるのかもしれないと考え直すことができたら、私たちの自尊心はどうなるか。そのように意味構成をし直したら、自分の本来の力と再会する可能性と、十分な忠実さを向ける先をより価値の高い対象へ改める可能性が生まれるのだ。

また、もし自分のなかの必然的に生まれる家庭内宗教に背く部分、すなわち、その教会に属し続けること、ひそかに罪人《つみびと》のように感じながらその教会にしがみつくことを拒む部分を、新たな観点から見ることができたら、私たちはどうなるか。適切な支援を得られたら、私たちのなかのこの見捨てられた部分が視野に入れられ、ロビンズが言うように、罪深く価値がないことをみずから示す苦しい存在から、精神的回復を促す驚くべき力へ、さらには、忠誠と受容性という言葉であらわされるものを変容させるまさに媒体へ変わるかもしれない。

第3次元の意識を離れるのは、家庭内宗教を離れることに似ている――。この考えによって言いたいのは、モダニティへの移行には、家族や家庭内宗教を離れることが必須だということではない。必要なのは、家族との関係や家庭内宗教との関係についての意味構成を新しくすることだ。マインドのつくり直しを手助けするために用いられる比喩がすべてそうであるのと同様、この考えによって生み出される新たな空間は、必ずしも人と人とを隔てるものではなく、ひとりの人間のなかで生まれる区別であり、関係や信仰心のなかで生じる差異化（分化）なのである。家庭内宗教を離れることを考えると、そうした区別がいくつも生まれるはずだ。

「宗教を所有すること」と「宗教によって所有されること」の区別。

「両親の考えだったことをそのまま信じること」と「私が思うとおりに考えること」の区別。

「両親の考えだったことをそのまま信じる。なぜなら、それが両親の考え方だったからだ」と「両親の考えだったことの一部を信じる。なぜなら、それは私の考えでもあることがわかったからだ」の区別。

「家庭内宗教の名残を、自分なりのやり方を見つけて行うこと」と「家庭内宗教から完全に離れること」の区別。

「両親の考えだったもののいくつかを捨て去ること」と「両親とつながっているという自分の大切な感覚を過去のものとすること」の区別。

このような区別を生み出すことによって、第3次元の意識から第4次元の意識へ、ゆらゆらとゆれる橋がかけられるのである。

第8章 学び

「先生は私たちに、自己主導的になってほしいと思っている」

前著『進化する自己』で、こんなエピソードを紹介した。母親が、学校へ行く息子のために朝食をつくっている。息子が起きて着替えをしている気配がしないため、母親が部屋へ行くと、息子はまだベッドのなかにいた。「具合でも悪いの？」と母親が尋ねる。「悪くない」と息子は答えるが、続けて宣言する。「でも今日は学校に行かない！」。現代的な母親は、息子と話をすることにし、少し強い調子で言った。「なぜ行かないのか、きちんとした理由を3つ、言ってちょうだい」。「わかった」と息子が答える。「学校が嫌い。先生たちに嫌われている。子どもたちのことが怖い」。「オーケー」と母親が言う。「じゃあ、なぜ学校に行くのか、ちゃんとした理由を3つ、言うわね。1つめ。私はあなたの母親で、学校は大切だといつも言い聞かせてる。2つめ。あなたは45歳。3つめ。あなたは校長だから！」

何歳だろうと、出かけるのは億劫《おっくう》かもしれないが、実は、億劫であるにもかかわらず、学校に通う大人は学校で働く大人より、はるかに多い。学校や教室での学習と聞くと児童や思春期の子どもを思い浮かべがちだが、アメリカでは今や驚くほど大勢の大人が学校に通っているのである。カレッジボードの成人学習サービス事務所によれば、この国の教育分野に占める割合は、25歳以上の大人が最も多く、かつ最も急速に増えているという。目前に迫る世紀の変わり目までには、全求人の半分以上が大卒を条件とし、学士号を得るために勉強する人の過半数が25歳以上になるだろう。[1] この国のコミュニティ・カレッジ（アメリカにおける、民主主義を推進する最後の偉大な機関の1つ）に通う学生の大半が成人であり、大学院生の過半数が25歳以上だ。

大人は学校に通う――知性を広げるため、プライベートでの新たな必要性にいっそう適応するため、仕事やキャリアを向上させるため、子育てが終わったり離婚したりして転職・再就職するために。そして学校に通うとき、多くの大人が、先ほどの渋る校長と同じく、「家を出る」必要があることに気づく。彼らは、自分が整え、なじみ深いものにした精神的《メンタル》わが家から出ることを求められる。成人学生に対し、十分に認識しているかどうかはともかく、学校をデザインしたり教室で教えたりする人々が求めるのは、みずからのマインドから出ることなのである。

従来は、「青年後期」と言われる18～22歳が占めていた高等教育の教室で、少しずつ、大人が席を埋めるようになってきている。そのような教育機関の運営者たちは、減少傾向の顧客層（青年後期の学生）ではなく増加傾向の顧客層（成人）を呼び込むことにご執心のようだが、成人学生の生活環境は青年後期の学生のそれとは違うのに、その準備がどうもおざなりになってしまっている。

たとえば、青年後期の人が高等教育機関に入るのは、自分という人間を形成した家庭から少し距離を置くプロセスの一部である場合が多い。一方、成人は、自身がつくった家族から離れることなく高等教育機関に入るのがふつうだ。そこに通う理由や目的や動機といった根本的な土台が、全く違うのである。

教壇に立つ側としても、長らく教えてきた学生とも、高等教育機関でのキャリアを模索していた頃にやがて教えることになると思っていた学生像とも、さまざまな点で異なる学生と向き合うことになり、複雑な気持ちになる場合が少なくない。成人学生によって「より豊かな人生経験」がもたらされるのはクラスにとってプラスになると期待するのはどの教師も同様だが、成人学生にとってはすでに学習済みと感じられる内容になるので授業がやりにくくなると不満を述べる教師がきっといる。成人学生は学ぶ目的が実生活の関心事に直結しており、そのような「動機」をどの教師も評価するが、なかには、「成人学生は『実際的』すぎる。それに、哲学的な問題に深い関心を向け、じっくり取り組む姿勢に欠ける」と嘆く教師もいる。

しかし実を言えば、成人学生に対してまだ準備万端整っていないとしても、それは意外でも恥ずかしいことでもない。教育現場で成人学生が支配的になってきたと言っても、ごく最近のことなのだ。１９８０年代初め、私がハーバードの生涯教育マネジメント（全北米における成人教育指導者向けプログラム）研究所の教育主任になったとき、「ふたたび学生になった大人」を指導する人々は、キャンパスで重要な役割を果たしていなかった。いわば他人がひらいたパーティーで招待客を相手にしている感じだった。それからちょうど10年が経ち、成人学生たちは次第に、パーティーをひらく理由そのものになってきている。また、10年前には「従来と異なる学生のための学部長補佐」などの肩書で、各副学長に連絡事項を伝えては、学長たちに正しく伝わるようにとひたすら願っていた「成人教育者」は今や、彼ら自身が学部長や副学長に昇進し、学長とじかに話をする立場になっていると思われる。ただ、新規の参加者を開催中のパーティーに迎え入れることと（なじもうとして苦労するのは新規の参加者）、パーティーを変えることは（新規の参加者がなじめるようにと苦労するのは教育者や機関）別ものである。

成人教育の哲学的使命とは、実のところ何なのか。ひょっとすると、目標が、子どもの教育を軸足にしたもの――マインドの基本的発達、意識の変容を求める（transformational）学習、理解する中身だけでなく理解の仕方における質的な変化――になってしまっているのかもしれない。いったい、成人に対してそれらの目標を設定した場合、実はどんな意味を持つのか、私たちは理解できているのだろうか。それらの目標は意義あることなのか――大人、つまり「成人」にとって。学校に通うのは、実生活における具体的要求を満たしたり責任を果たしたりするためであって、「自分探し」をしたり「学ぶこと自体」を目的としたり、現実の心配事とは無縁の壮大で抽象的な問題を深く考えたりする余裕が、必ずしもあるわけではない成人にとって。
　実践分野としての成人教育は、不本意ながら役立たない場合がある。「大人の現実的なニーズに合うものが提供されない」と当の成人学生に感じさせてしまったら彼らの多くを失うかもしれないのに、それでもなお成人教育は、伝統的な崇高な使命――マインドの解放と学生の成長――を支援できるのか。あるいは、「私の職業的及びキャリア・アイデンティティが職業教育アイデンティティによってつくり変えられているではないか」と、成人教育における優秀な教師たちを愕然とさせることになったら、彼らのやる気をそいだり辞職されたりしてしまうかもしれないのに、それでもなお成人教育は、実践的な訓練、目的に適う証明書の発行、スキルの向上、知識の増進が欲しいという成人学生の要求に応じられるのか。
　高等教育機関の経営者は、現実的な考えを持つ成人にとって教育が妥当かどうか、魅力的かどうかを心配するかもしれないが、一方で、成人教育の知性に関する主要なミッションが、「自己主導型学習者」というイメージによって具体化され、その分野の文献において明確な形を取り始めている。学生に対する要求を知るために成人教育に関する文献を読む人は皆、カリキュラム上の目標が集中していることに、目を見はるだろう。[2]
　私の考えでは、それらの目標もまた、成人のマインドに対する興味深い要求に等しい。この点については、ジェラルド・グロウが次のようにうまくまとめている。

（自己主導型学習者は）自分自身・文化・環境を詳しく調べて、自分が感じているものと感じて然るべきもの、自分が大切にしているものと大切にして然るべきもの、自分が望んでいるものと望んで然るべきものを、どうすれば分けられるかを理解できる。彼らは、クリティカルシンキング、個人としての自主性、自分は自分を形成する文化の共同創造者だという自己意識を高めているのである。（中略）自己主導型学習者は、専門家の支援があろうとなかろうと、目標及び基準を設定する。そして専門家、制度・機関などの資源を使って、目標を追求する。（中略）［彼らは］学習・目的意識・生産性に対する責任を引き受けることができるし、積極的に引き受ける。彼らはタイムマネジメント、プロジェクトマネジメント、目標設定、自己評価、仲間同士での意見交換、情報収集、教育資源の活用において能力を発揮するのである。[3]

この論文では、目標達成に苦労する、あるいは達成できない多くの成人学生に対するかなりの不満、失望、驚き、ときには軽蔑さえもが考察されている。

現代社会における精神的負担をずらりとそろえて検討するという文脈で成人学習者に対するこれらの要求を考えると、成人教育の目標とこの教育が直面している苦境との興味深い関係が見えてくる。結局、「自己主導型学習」をせよという要求とは何なのか。それは訓練可能なスキルのなかに存在するものなのか、それとも、なんらかの質的な次元の精神的複雑さをやはり反映しているのか。

「自己主導型学習」という目標は、成人教育という単一の分野の学者たちが考えるよりはるかに多くの目標が1つに集中していることのあらわれかもしれない。文化全般にわたる集中、すなわち、文化の領域を問わず、大人がよく出入りするあらゆる領域で、カリキュラムが第4次元の精神的複雑さを要求していることをあらわしているのかもしれないのだ。もし「自己主導」という目標が、「自己主導を可能にする次元の意識の促進」という目標として捉え直されるなら、成人教育者は、仕事において、忍耐力が増し可能性の広がりを感じられるようになるかもしれない。さらには、実生活での必要性にもっとうまく対処したいと願う成人たちのために、「実際的な」カリキュラムか「知性を解放する」カリキュラムかという二者択一を回避する道を見つけることもできるかもしれない。事実、職場や家庭で私たちが直面する私的・社会的重荷に関する分析によれば、特定のスキルやテクニックを求めるニーズ、つまり新たな情報の習得という観点から見るだけでは、そうした重荷についてきちんと理解できないと示唆されている。仕事や家庭生活をよりよくするという実際的でもっともな必要性があって学びの場に来る成人には、まさにその向上のために、マインドの変容――寛容な教育者たる教師たちが熱心に勧める変容――が必要と思われる。もし成人教育者が、自己主導型学習を目指して訓練しようとするのではなく、自己主導型学習ができる次元の精神的複雑さへ導こうと努力をしたら、それは成人学習者の「実際的な」目的を叶えるうえで最高の効果を生む方法になるだろう。

「自己主導型学習」の推進がはらむ問題

学生に「自分が感じているものと感じて然るべきもの、自分が大切にしているものと大切にして然るべきもの、自分が望んでいるものと望んで然るべきものを、どうすれば分けられるかを理解してもらいたい」と成人教育の専門家が述べるとき、次の点があまり重視されていないかもしれない。第3次元が意味づけを支配している場合には、感じて然るべきものが実際に自分が感じているものとイコールに、大切にして然るべきものが実際に自分が大切にしているものとイコールに、望んで然るべきものが実際に自分が望んでいるものとイコールになっている点である。そのため、成人教育の専門家が掲げる目標は、すでに在る2つの要素について学生に区別を認識・尊重させるだけでなく、区別を実際に生み出すマインドの質的発達を促すものになっていると思われる。彼らの目標は「区別」――自身の文化的環境から自己を無理やり引き離す悲しみを無視した、無機質な言葉だ――という認知的活動を超えていると思われるのだ。この目標は、現代世界の文化全般にわたるより大きな「カリキュラム」を大人がこなすのを支援するにはぴったりだが、そのような目標がどれほど野心的であるか、また、そのような目標に向かって進むことが学生にどれほど大きな問題をもたらすかを、教育者たちはもっとよく理解する必要があるだろう。

成人学生に「自己主導」を促す教育者は単に、新たなスキルの獲得や、学習スタイルの修正、あるいは自信を高めることを求めているのではない。彼らが多くの学生に求めているのは「自分自身」、「世界」、「自分自身と世界との関係」に対する理解の仕方をがらりと変えることだ。人生のまさに土台をつくった忠誠心と献身的愛情を危険にさらすことを求めているのである。結局、個人的権威を得るには、社会的権威との関係を相対化する――つまり根本的に変える――しかない。それは長く、しばしば苦しい旅になる。道中ほぼずっと、新大陸発見を目指す胸の躍る（そして葛藤のあまりない）探検というより、反乱を起こしているかのように感じるだろう旅である。

「おのずと持つことになった宗教」が社会的にそれとわかる「集合」（社会階級、制度化された宗教、民族集団など）を有する場合、私たちは、異端としての成人教育の危険性を、「『彼ら』がぶつかっている問題」と表現したくなるらしい。私はボストンの成人教育者らにこう言われたことがある。過去最大の難題だと思うグループの役になど、どうすればもっと立てるというのか、と。サウスボストン在住の労働者階級のアイルランド人グループが、同じ地域に住む人々に忠誠を尽くしているか、それとも、専門職に就き中流階級の世界――「その地域で暮らし続けることを選んでなお」同じその地域の人々から疎んじられてしまう世界――で成功するかの二者択一を強いられていると感じているという。重要で深刻な問題ではあるが、果たしてこれは社会階級の問題なのだろうか。

同様の問題、懸念、不安に関しては、ソルトレークシティとアンカレッジの教育者からも聞いたことがある。ソルトレークシティではモルモン教徒の学生が、自分たちを育て支えてくれる教会にとって、アンカレッジではアラスカ先住民のネイティブが、やはり自分たちを育て支えてくれる一族にとって、自分たちがよそ者になってしまうのではないかと危惧しているという。地域によっては、社会階級が原因で、成人教育の取り組みの影響を強く受けるように思われる。また、信仰上の選択が原因と思われる地域もあれば、民族的帰属意識が原因と思われる地域もある。

だが、これらは1つのものごとが実は各地で起きていることを示す例だ。実際、そのような例は枚挙にいとまがなく、たとえば他人の機嫌をとって行動を合わせてしまうようになったミネソタ州ソークセンター在住の白人のシングルマザーによって、あるいは、アルコール依存症の家族に事なかれ主義で行けと教えられたモンタナ州グレートフォールズ在住の土木技師によって、無意識にではあるが詳細に語られる。このふたりは、それと認識されるマイノリティに属しておらず、きっとこう言うだろう。自分は、サウスボストンに3世代にわたって暮らし、今もそこに住む労働者階級のアイルランド人とも、あるいは未開拓地で暮らし、生きるために狩りをしたり、30代になっても、年長者が話すときは黙って耳を傾けて当然と思っているアラスカ先住民族とも、ほとんど共通点がない、と。私の叔母が昔こう言ったことがある。

「罪を意識するのに、ユダヤ教徒である必要はない。けれども、ユダヤ教徒であるほうが、意識しやすい」

成人教育が課す重荷に耐えるのに、宗教的根本主義のような「強力な社会的宗教」にも、少数民族の労働者階級にも、首長主導の民族《トライブ》にも属する必要はない。無論、属しているほうが、耐えやすい場合はあるだろう。ただ、結局のところ、そのような重荷は社会階級や信仰上の選択や民族的帰属意識が個別に持っているものではないし、そこに属しているからといってことさら重荷を背負うことになると決まっているわけでもない。重要なのは、誰もが通る道だと知ることだろう。私たちは皆、おのずと持つことになった宗教を有している。その宗教との関係を変えようというモダニティ（現代性）の要求を、誰もが感じている。おのずと持つことになった宗教の支配が強力であればあるほど、変えることは難しくなる。大切な家族との新たな関係を組み入れ直し、認識し直すことを、おのずと持つことになった宗教が受け容れようとしなかったり受け容れることができなかったりすればするほど、やはり変えることが難しくなる。

だが、階級や教会や民族だけが、マインドの成長を困難にする環境をつくるわけではない。先述したソークセンターの女性やグレートフォールズの男性は、階級や教会や民族という強力な社会的「宗教」との関連ではなく、むしろ独特で私的な家庭内宗教との関連において変えることに苦労していると思われる。その苦労は、当たり前のように人々を分かつあらゆる違いを超えて、誰もが経験する。原因は、社会的階級にも宗派にも民族にも見当たらない。それは、（よくも悪くも）現代世界に入るようにという、意識に対する要求のなかにあるのだ。

自己主導型学習への橋渡し

「自己主導型学習者」になれという精神的《メンタル》要求に応えるために、大人はどんな取り組みをする必要があるか。それを理解するには、学校での読み書きのような、基本にしか見えない行為を考えてみるといいかもしれない。そうすれば、自分が大切にしているものと大切にして然るべきものの違いを理解せよ、「目標及び基準を設定」せよ、自分は自分を形成する文化の共同創造者だという自己意識を持てという要求に応えるのに必要なのは、自己の再構成以外の何ものでもないことがすぐにわかる。

発達理論家で教育者でもあるウィリアム・ペリーが、ハーバード大学で講座をひらいた。学生（最初は成人学生）が高等教育カリキュラムの指定書を読むのを支援する講座である。[4] 学期初めのこの読書で後れを取ったら絶対追いつけなくなると知って焦り、もしついていけなかったら頭が悪いとレッテルを貼られるにちがいないと思った学生たちは、藁にもすがる思いでペリーの講座に集まってきた――（ペリー曰く）本を掲げて光に透かし、表のページと裏のページをいっぺんに読めるようになることを期待して。私はペリーの監督のもと同講座で教えることになった。その経験は、「自己主導型学習」をせよとの要求はもとより、学生がその要求に応えるのを支援する方法――それを可能にする複雑さのマインドを促すことによる支援――らしきものさえもが、どれほど基本的で空恐ろしく思えるかを物語っている。

毎日、授業が始まると明かりが落とされ、スクリーンが降りてくる。本の1ページがスクリーンに映し出されるが、ほとんどは陰になり、1行の一部分にだけ光が当てられる。光は、学生が読むと思われるスピードで瞬時に動き、眼を効果的に「導く」。その後、理解度のテストが行われる。授業が毎回このように始まることを、学生はあらかじめ知らされた。日を追うごとに、タキストスコープ（瞬間露出機）のスピードが速く、光の当てられる部分の幅が広くなっていき、学生は高速で理解する努力をした。

ペリーが承知していたとおり、そのような眼のトレーニングをしても読書のスピードは実際にはわずかしか上がらないが、授業冒頭のこの儀式にはよいところがある。読むのが遅いのは（教師の期待に応えることに対する努力不足でも関心の欠如でもなく）自分の能力不足のせいだと信じ込んでいる真面目な学生にとって、この儀式は有効だと思えるのだ。そういう学生は、実際に眼窩《がんか》のなかで高速で動くようになるくらい眼球を鍛えたいと願って儀式に参加する。そして、所定の本をもっと速く読めるようになれば、自分の最大の欠点――よく言われる「集中力の欠如」――にあまり悩まずにすむようになるのではないかと期待する（この「集中力の欠如」には、誰もがなじみがある。これのせいで、「読み終わるまで椅子から立ち上がらない」と強い決意で臨んだにもかかわらず、いつのまにか眠ってしまい、ページがよだれで濡れることになる）。

実を言えば、授業の初めに行うペリーの儀式は、150年ほど前にキルケゴールによる優れた教育的助言を直感的に実践したものである。キルケゴールは『日誌』に次のように書いている。

「真の成功は、相手になんらかの具体的な考え方をするようになってもらう努力があった結果、つかめるものだ――そうであるなら、何よりもまず、手間暇を惜しまず相手が今どういう考え方をしているのかを知り、そこから始める必要がある。これが他者を支援する極意だ。（中略）きちんと役立つように誰かを支援するためには、その人が理解していることを理解する必要がある。それが理解できていなければ、自分の知るもっと素晴らしいことが、相手の役に立つことはない。（中略）教育は、相手の立場に立ち、相手が理解していることを相手が理解しているように理解して初めて始まるのだ」[5]

キルケゴールは、優れた構成主義的発達論者と同様、学生が理解していることを理解するだけでは不十分だと注意を促している。「学生が理解しているように」理解することが必要なのだ（主体-客体の心理学は、特にキルケゴールの確信に対応するために生み出された）。学生の意味づけが第3次元の支配下にある場合、自己主導の必要性を説教することにも、学生たちをある意味さほど気にかけるに「ふさわしい存在ではない」とすることにも、ほとんどメリットはないだろう。ペリーは理解していた――発達理論に基づく教育が、すなわち「意識の橋」を協力してかけることであるなら、橋をかける人は橋の手前側と向こう側の両方を等しく尊重し、学生が越えることになる隔たりの両側に頑丈な基盤を築く必要がある、と。キルケゴールが述べたように、「学生の理解の仕方」を無視せず歓迎することによって橋の手前側に土台をしっかり築き、そのうえでペリーは、だんだん見えるようになるものが橋――逃げるという選択も可能な橋――だという意味構成を、自分

『日誌』
The Journals of Kierkegaard（未邦訳）

とともにするよう学生を促した。

次いでペリーは短いテキストを配り、学生に、わざわざ読まなくていいと言った。そして、代わりの指示をした。「読む」とはふつう、大半の学生にとって、最初の単語をまず読み、次に2番目の単語を読むことなので、その指示はいわゆる「読む」行為とはずいぶん違うものだった。というのも、ペリーは学生に、たとえば「バルボアはなぜ探検に出たか」と問い、その後、埋没図形検査（EFT）よろしく、配ったテキストのどこかに答えがあると述べ、できるだけ速く読んで答えを見つけるよう求めたのである。それは、自分と競争するようなものだっただろう、とペリーは述べている。ペリーはかかった時間を黒板に書きとめ、学生はもっと速くと思いながら日々新たなテキストに取り組む。そのようなエクササイズが「読書力」の向上とどう関係があるのかよくわからなくても、学生たちが厭うことはなかった。

その後、ペリーはまた短いテキストを配り、学生たちにやはり、そのテキストを「読まない」ようにと言った。今回の指示は、内容がある程度わかるまで素早く目を通すというものである。そのための最良の方法はテキストの最後をまず読むことだと、ペリーは考えていた。ポイントがまとめられている場合が多いからである。どのような内容かを素早く判断できたら、次いで、自分で問いを立て、ペリーが問うたときと同様にテキストに取り組んでもらった。つまり、テキストを「読んで」はならず、問いの答えを探しながら素早く目を通してもらった。

ここからのちの展開は想像がつくかもしれない。前章で紹介した構成主義的発達論者と同様、ペリーは、目の前の特定の問題――読書力の向上――にはさほど力を入れていない。彼が目を向けているのは、自分の読書が思うような成果につながっていない不満が、キルケゴールが述べたように、「理解の仕方」の変容――「読書力の向上」とはつまりどういう意味かを含めたあらゆることに対する理解の仕方に影響するだろう変容――をもたらしうるという点なのだ。学生の目を鍛えるエクササイズを最初に行ったのち、ペリーは、探究心を大切にし、目を向ける先を変えるよう学生に促すことによって、橋の向こう側にしっかりとした基盤を築いた。嘆かわしい「集中力の欠如」の正体も明らかにされている。それは、時間をどれだけかけようと、入れる場所がないまま内容をすんなり把握するのは無理だということである。大切な特定の目的があって読んでいる場合、集中力が欠けることはない。だが、目的がなく、自分が集中できていないことに気づいたときには、マインドをどこに呼び戻せばいいのだろう。

ペリーの橋は運命の日に完成する。「本来の」（つまりレベル別の）課程で指定されている本をひらき、習い覚えたばかりの積極的かつ探究心あふれる方法で「読み」始めるよう、学生を促す日に。彼らが協力して取り組んだ結果、橋が完成した。もはや言うまでもないと思うが、ペリーの講座は説明とは裏腹に、学生の読書力向上を目的としておらず、読むとは何かについて全く別の考えを提案している。ただ、橋がかけられたからといって、誰もが渡りたいと思うわけではない！　この段階で、「説明と違う。まるで詐欺だ」と言って怒り出す学生もいる。説明のとおりだと仕方なく認めたとしても――少なくとも、橋を渡り、同時間内に読める量が以前の4～5倍になったと思っている場合――、道徳的に不快感を覚える学生もいる。そんな学生はこう思う。

「この方法だと速く読めるかもしれない。けれど、実のところ小手先の技でしかなくて、インチキみたいだ。正々堂々としていないのは嫌だ。この方法を使う人ほどいい結果は出せないかもしれない。でも、私はきっと、後ろ暗いところなしに成績をつけてもらえる」

だが、多くの学生がこの時点で感じるのは不安、つまり、慣れ親しんだわが家を離れることに対する恐れである。

「読書の目的の方向性を変えることによって、自分の読み方（ずっと守ってきたもの。読んだものを活かしてできること）がすっかり変わってしまう。第一、自分の立てた問いが先生の立てる問いと同じになるかどうか、わからないじゃないか。自分の目的が先生の目的と同じかどうか、わからないじゃないか」

橋をかけたのだから、次のように問うのも無理もない。

「橋が壊れないって、どうしてわかるんだ。この深い谷底に落ちて命を落とさないとも限らないじゃないか」

自分自身の問いをもとに学習を進めるよう促された学生は、「読書力の向上」という挑戦が本当は何なのかを再考することによって、恐る恐る、橋へと一歩を踏み出すのだと、ペリーは言う。高い読書力を身につけることは自分たちの知性に対する挑戦だと、学生たちは思っていた。ところがペリーの講座では、「知性の向上」（その意味するところが何であれ）を支援するのではなく、挑戦そのものを変えることによって状況を変化させることになる。『読書力の向上』は、知性に対する挑戦ではなく、勇気に対する挑戦であることが、学生たちはわかるようになる」とペリーは述べている。

このように自分の問いを信じて進むのは不安なものだ（その点に疑いの余地はない）。それゆえ、学生がとにかく橋を渡ってみようという気持ちになったら、恐々《こわごわ》ながらも勇気を出した学生たちとともに、ペリーは歩き出す。それは、とりわけ初めは、苦しい道行きだ。だが、指示されるがままただ読む場合とまるで違う道を歩むことになる。それは他者の問いに支配されない歩み、すなわち、第3次元を、世界に対する理解の仕方としない歩みなのだ。

では、橋を渡ってみようという気持ちにまだなれずにいる学生はどうなのか。その場合の目標は、逃げずに橋の前でスタンバイできるようになることくらいかもしれない。すなわち、支援を得て、その場所を異端で神聖でないと感じることなく学習環境にとどまれるようになることかもしれない。そのような目標は、学生がそれまでの忠誠心に別れを告げることを要求されず、受け容れ、敬われていると感じられるようになって初めて達成される。ローレント・ダロズ（構成主義的発達論者・教育者で、成人学習者の指導について研究している）が、ある学生とその読書力に関する別の種類のエピソードを取り上げ、この優れた受容力を適切に伝えている。

来る予定だった学生が来られなくなり、私はオフィスで時間を持て余している。そこへ、ドアをノックする音がして、マーサが入ってくる。60歳くらいの押し出しのいい女性で、19世紀末のような出で立ちをしている。顔には、自分は何も間違ったことはしていないと言いたげな表情が浮かんでいる。聖書的キリスト教を固く信じている人だという噂はかねがね耳にしていたが、会うのは初めてで、私は興味を惹かれずにいられない。

マーサが、「もうじき準学士号を取得します、続いて教育学の学位を取りたいと思っています」と話す。地元の聖書学校で職を得るために資格が必要なのだという。

「その学校にはえこひいきする教師がいるのですが、それはよくないことだと思います。えこひいきをしないやり方を学びたいんです」

私は、私的な教育の場で教えるのに資格は必要ないことを説明したのち、逆にする必要のあることは何かを伝える。マーサが満足した様子を見せる。ところが、帰るのかと思っていると、マーサはハンドバッグに手を伸ばし、本を取り出す。「もう1つ、伺いたいことがあるんです」。そう言って、不意に険しい表情になる。手にした本は健康についての標準的な教科書だ。マーサが、栞《しおり》を挟んでいるページをひらき、机のうえをすべらせるようにして本を私に渡して、ある段落を指差す。

「読んでください。声に出さずに。何もおっしゃる必要はありません」

そこには、性的行動について、かなり露骨な内容が書かれている。私が黙っていると、マーサが別のページにある、手をつないだふたりの男性の絵を指差す。絵の下には、同性愛についての記述がある。

ショックを受けている、とマーサが言う。これはポルノ以外の何ものでもない。この本全部が恥ずかしい。何の役にも立たない。これを見たとき、今すぐ講座をやめたいと思ったと、マーサが激しい剣幕で言う。と思うと、いきなり泣き出す。よりによって、私のオフィスで！　初対面の人間の前で！

涙がおさまるのを待って、私はマーサに、教員かコミュニティ・カレッジのスタッフに今の話をしたかどうか尋ねる。マーサは、話しても理解してもらえない。何の役にも立たない、と答える。それから、斜め45度の位置から尋ねる。

「こちらの大学でも同じですか。こんなくだらないものを、やっぱり読まされるのでしょうか」

私は、読みたくなければ読まなくていい、あなたにとって気になって仕方のないことなのもよくわかる、と言ってマーサを安心させる。努めてマーサの気持ちに寄り添い、「くだらない」と思うものを無理に読むことはないと重ねて言う。

私たちはその件についてしばらく話し、マーサは心をかき乱されるようでたまらないのだと切々と訴える。ようやく、私は口を挟む。

「本学も同様なのかどうかというご質問に、もう少し詳しくお答えしましょう」

そしてこう続ける。

「本学はあなたのご希望に沿うと思いますよ、ミセス・フィンドレー。同時に私は、あなたがさらに教育を受けるにつれ、こういうことにあまりショックを受けなくなると信じています。もっとさらりと受け流せるようになるといいですね。そのとおりだと思う必要はありません。ただ、ここまで不安にならずにすむよう、こういうものごとからもう少し距離を置けるようになれたら、と思います」

マーサは黙って頷く。じっと耳を傾けているように見えるが、私はなんだか講義をしているような気がする。その日の朝、私はたまたま、論文を書いている学生に手を貸していた。フロストの「雇われ農夫」と「放蕩息子のたとえ話」を比較する論文である。そのため、私は幸運にも、聖書の詩篇を引用することができた。

「いいですか」と私はマーサに言う。

「イエス・キリストに関して注目すべきは、収税吏や偽善者の住まいまで行き、彼らと話ができたことです。イエスは恐れることなく、彼らのもとへ赴き、みずからの信仰を述べました。罪人《つみびと》や悪人や嫌われ者のところへ、話をしに行ったのです。そればかりか、どれほど道徳に反する人たちだろうと、彼らを愛することができました」

マーサは、今は確かに耳を傾けている。少し偽善的な感じはするが、本当の話だ。それがイエスの非凡さだった。私は先を続ける。

「そのことに、コミュニティの地位の高い人々はショックを受けました。でも、それがイエスでした。イエスは、道徳に反する人たちだろうと、その目を通して見ることができました。彼らの行いに不賛成かどうかは問題ではありません。イエスは彼らが見ているのと同様に見ることができ、それでいてなお彼らを愛することができました。おそらくそれがイエスが彼らを愛した理由でしょう。これこそが、イエスの驚嘆すべきところなのです、マーサ。同性愛を認めるかどうかにかかわらず、イエスはみずからのなかに彼らを愛し、許す気持ちを見出すことができたのです」

マーサはしばし、身じろぎひとつせずにいる。まだ耳をすませているのが見て取れる。突然、マーサが背筋を伸ばし、ティッシュペーパーをハンドバッグにしまって、驚くほど率直に言う。

「そうですね。私だって、申し分のない人間というわけではありませんわね」

マーサも私も声を立てて笑う。それから少しおしゃべりをしたのちに、私は、講座をやめるかどうかは健康学の教員に相談してからにしてはどうかと提案する。するとマーサは、確かにと同意し、品行方正な自分に戻って、オフィスをあとにする。私はひとり、今の出来事について、考えをめぐらす。[6]

構成主義的発達論者が、家庭内宗教との関係を変える準備がまだできていない人と協力する場合と同様、ダロズも、軽蔑もしなければ突き放しもしない。マーサに対し、校門で宗教を捨てるようにとは要求しないのである。むしろ、マーサの宗教を包含するために門を広げることによって、——マーサの導きではなくイエスの導きで——、マーサが大学にとどまれるように、つまり、いまだ一体化している捉え方から見てどうすれば大学が意義深いものになるかを理解できるようにする。イエスの権威と自分自身の権威を区別するかどうか、それはマーサだけが決めることができる。一方で、もしマーサが積極的に区別しようと思うなら、この手の「高等教育」は、自分が結びついていると思う権威という言葉があらわす意味について熟考する機会をもたらし続けていく。ただ、成人教育の専門家が何と言おうと、マーサが、専門家の期待に応えられる人たち同様、「自己主導型」学習者であるのは間違いない。新たな自己を、マーサは方向づけつつある。ただし、専門家が期待しているのは実は、「自己主導型学習」なら何でもいいわけではなく、第4次元で意味構築する自己によって方向づけられる学習である。

私たちは成人学生に対し、レポートを書くよう指示をする。そして公式見解、つまり教授の考えや教授の論文に書かれていることを連ねるだけでなく、自分の頭で考えたことを書いてほしいと伝える。私たちとしては、「自己主導的」になってもらいたいのである。だが、彼らが書くレポートを、私たちはあまりよいと思わず、評価をCにする（1990年代のC、つまりBプラスにする大学も多い）。学生が、不満げに私たちのもとへ来る。「納得がいきません。自分の頭で考えて書くようにとのことだったので、そのとおりにしました。レポートには、私が考えたままを書いています。私の正直さがBプラスとは、どういうことでしょうか」

何か不具合があると思われるが、果たして何なのか。考えてみれば、レポートに関して「コミュニケーションの歯車が噛み合っていない」と感じるのは、この学生に限ったことではない。どれほどそつがなくても、あるいは支援的であっても、私たち教師は、自分の批評が多くの学生にとって辛辣すぎるかのように感じ始めているのだ。聞き流されては困るが、一方で、私たちの意見は、意図をはるかに上回る重みや影響を持っているように思われる。あるいは、コミュニケーションというのはそもそも、レポートよりずっと大きな問題だということだろうか。ついでに言えば、レポートがよくできていると思うときには胸が躍り、褒め称えてしまうことに、私たちは少々気まずさも感じている。いやそれはともかく、律儀に書こうとする多くの学生——真っ白な15枚のレポート用紙を前に、どのように埋めていくか計画でも立てるつもりなのか、何枚書けばいいですかと尋ねる学生——についてはどうなのか。それに、と私たちは思う。麻痺したように身動きが取れなくなって、何も書けない学生もいる。彼らについてはどう考えるのか。

これらはどれも、ある意味「自己主導」ができていないのかもしれない。だが、キルケゴールの言う「相手の理解の仕方」からすれば、今はほかにどうしようもないのだとしたら、どうなのか。もし学生が第3次元の意識構造の支配下にあるなら、彼らは、私たちとの結びつきに対する忠誠や献身的愛情ゆえに、もっぱら私たちに向けて、レポートを書くことになる。

レポートが他者に読まれるのを意識している点を私たちがよいと考えていること、一方で、自己の一部に向けて書いてもらいたい、内なる会話をしてもらいたいと思っていることを、彼らは知っている。それがもっと「自己主導的になる」ことにつながると、彼らは承知している。しかしながらそれは、私たちの期待に対する彼らの理解を脇に置くこと、私たちとの結びつきに対する彼らの忠誠を離れることも要求していないだろうか。

彼らが、私たちとの結びつきに対する忠誠や献身的愛情ゆえに、もっぱら私たちに向けてレポートを書いているなら、私たちから低い評価がなされて強い失望を覚えるのも無理はないのではないだろうか。彼らは私たちの期待に応えるためにベストを尽くした。なのに、高評価をもらえないのは、期待に応えられなかっただけでなく、私たちとの結びつきが永続せず途絶えてしまうかもしれないことを意味しているのだから。

評価がレポートを完成させるわけではないし、評価自体はレポートを書くという創造的作業の一部でもないと私たちが考えるだろうことを、彼らは知っている。私たちがより望むのは、称賛を得るために供え物を捧げて庇護を請う学生の前に立ちはだかることではなく、彼らなりの創造物、彼らがみずからつくろうとしているもの──私たちの評価によって私たちが完成させる（あるいは破壊する）ものではない──について喜んで考えを述べる創造者仲間の肩に腕をまわすことだ。

私たちとしては学生に、自分のレポートが私たちの評価とは無関係に存在していると感じてもらいたいとも思う。それがいっそう「自己主導的になる」ことにつながると、彼らは知っている。私たちとしては、評価に耳を傾け、よく考えてもらいたいのは確かだが、それをもとに判断を下してもらいたくはない。ただ、それには、自己評価するための内なるシステム、みずから価値を生み出すシステムが求められる（第4次元の要望)。

学生が第3次元の支配下にある場合、私たちがレポートを褒めれば学生が自信を持ち、褒めなければ力不足だと感じるのを責めることはできない――学生が、私たちの目を通して自分のパフォーマンスを見なければならないと思って身動きが取れなくなり、私たちのマインド(きっとこうだろうと彼らが考える私たちのマインド)を通してあらゆる言葉を選ぼうとするのを責めることもできない(さらには、私たちの考えをもっと知ることができればと、彼らがアンテナを張りめぐらしていることに驚いてもいけない)。

学生に理解してもらいたいのは、自分の頭で考えるようにと私たちが言うとき、それは正直になりなさい、自分が考えたとおりを書きなさいという意味ではなく、自分にとっての意味を考えなさいということだ。「自分の頭で考えなさい」という言葉は、言うなれば、「講座で言わんとされている考えを制御し、その考えを、他者とは無関係に自分自身が選んだテーマにしなさい」という意味だと捉えてもらいたいのである。これによってまた、私たちが「自己主導型」と呼ぶものにいっそう近づくことになると、彼らは思うだろう。彼らからすれば、自分たちがしようとすること――ただし、私たちとしてはほかのやり方でしてほしいと思うこと――はどれも、きわめて自己主導型ということになる。ただ、彼らが方向づけている「自己」は、私たちが望む自己ではないのである。

社会的構成主義の限界

以上のとおり、成人は「自己主導型」学習者であるべきだという期待は、まさしく特定の種類の自己、特定の種類の方向性に対する要求、すなわち第4次元の要求だと思われる。もっとも、成人学生に突きつけられる要求は、これだけではない。実際、自己主導を求める第4次元の意識構造は、認知的複雑さを質的にもっと高めて教材に取り組んでもらいたいという、高等教育機関の学生に対する、よくある、また別の要求のなかにも見受けられるのだ。知的複雑さと知的自立（「自己主導」）は全くの別ものだが、高等教育が具体的に何を求めているかを調べてみると、望ましい自立が第4次元の性質を帯びているのがすでに明らかになったのと同様、望ましい複雑さも明らかに第4次元の性質を帯びている。ところが、高等教育に関する文献のなかで、学習において一定の自己権威を可能にするマインドの能力が、学習者に認知的複雑さをもたらし、なんらかの学問分野における知の創造及び知の検証のプロセスを支配できるようにする能力と同じだとの認識を示唆するものは皆無だ。

先述の学生について、もう一度考えてみよう。「自分の頭で考えなさい」という言葉を、「講座で言わんとされている考えや理論の管理・責任を引き受け、その考えや理論を、他者とは無関係に自分自身が選んだテーマにしなさい」ではなく、「正直になりなさい、自分自身の意見や考えを書きなさい」の意味に捉えてしまう学生についてである。その解釈は、『クリティカル・シンキング』や『個人としての自主性』、あるいは『自分は自分を形成する文化の共同創造者だという自己意識』を高め」られないことを意味するにとどまらない。なんらかの学問分野を、知識を生み出し、推論し、「意見」を評価するシステムとして捉えて、それとの関係のなかに身を置くことができていないことも反映していると思われるのだ。

第3次元はその素晴らしい能力として、一般化、仮説、価値観、理想といった抽象的な種類のものを意味構成することができる。具体的なデータを、推論という意味構築のもとに置くこともできる。だが、推論それ自体は作用を受けない。なぜなら、意識の次元の複雑さが推論のそれと同じくらいでしかないからである。シャロン・パークスは、「内省的意識」と「批判的意識」の違いを述べるときに、この第3次元・第4次元の区別をしている。[7] メアリー・ベレンキーらも、「主観的（subjective）知識」と「手続き的（procedural）知識」を見分ける際に、同じ区別をしている。[8] 第3次元は、世界について熟考しつつ、みずからの主観性を尊重することができる。だが、みずからの考えや主観性を評価したりそれらとの関係のなかに身を置いたりすることはできない。第3次元は、みずからの推論を体系的に評価したり批判したりするための内面的手続きを持っていないし、推論をより複雑な全体へ意味構築することも（公式化）、複雑な全体――みずから推論を生ずる複雑な全体――を生み出すこともできないのである。

学問分野や研究分野というのは、発見された事実の貯蔵庫ではないし、関係する意見の集まりでもない。それらの分野は、科学であれ社会科学であれ人文科学であれ、いずれも、考えや仮説や「表裏のない意見」を生み出し、評価するための体系化された手順だ。第3次元で意味構成されたものとの関係のなかに身を置くための、公に整備された手順である。高等教育が学生に求めるように、ある分野の管理・責任を引き受けることは、「自己主導」という「個人的な」複雑さ以上のものを学生に要求する。それは、複雑なシステムを意味構成する認知的複雑さ、すなわち第4次元の意識構造を要求するのである。

第4次元をまだ十分に構築できていない大人は全体の半分以上いるが、このグループに属している大人が、「ある学問分野に出合う」実際の経験は、高等教育の指導者が期待し、想像するだろう経験と、どれくらい異なるのか。『フラットランド』では、2次元世界の正方形が3次元世界の球に出合ったとき、正方形には球が球として見えず、見えるもの以上のものが存在することも理解できない。すなわち、2次元の円――球の一部で平面上にある円――が通り過ぎていくのだ。もし、学生が第3次元の意識のまま第4次元の学問分野に出合ったら、学生はそこで、その一部である第3次元の構築物――価値観、意見、仮説、推論、一般化――に目をとめるだろう。そして、「その学問分野に真摯に関わること」を通じて、そのような構築物を学び、

『フラットランド』
竹内薫訳、講談社、2017年

おそらくは自分自身の考えを活かして独創的になるよう促されて、自分自身の価値観、意見、推論を出会う人たちとの会話に持ち込むことになる。学生は――学問分野というものは仮説を検討し、価値観を評価し、知識を確認するための、説明の方法、手順、あるいはシステムであることが理解できないために――、自分が何かを見落としたとは思わないだろう。そう、私たちがCマイナスの評価をするまでは。

高等教育は、サイコセラピー同様、が現代世界が要求する次元の意識を大人が生み出すのを、強力に手助けすることができる。ここに、成人教育成人教育が永遠に果たすべきミッションがある。手助けしなければ、少々悲しいことに、成人教育をはじめとする自己拡大のための場も、ただ1つの精神的要求、ただし多くの成人にとってキャパオーバーでお手上げの精神的要求だと知る場所になってしまうだろう。高等教育の大半に内在する第4次元の要求は、現代の成人が公私にわたって直面する隠されたカリキュラムの要求と完璧に重なる。しかしながら、時間をかけ徐々にカリキュラムをこなせるようになるよう導くのではなく、当然こなせるものだと最初から考えることは、どの学校にとっても痛烈な皮肉になるだろう。もし、学校としての文化が、成人「学生」に寄り添った指導をするからではなくカリキュラムが厳しいために高い評価を得るなら、当然ながら、支援をあてにできる機関（学校など）がそのような文化の無関心さに同調、いや支持するモデルとなるのを期待することになってしまうのだ。

高等教育は、現代における多くの成人の学習ニーズを裏切ることになるだろう――もし、学校の内外にある隠されたカリキュラムが当然、修了されているものと思うなら。もし、スキルや行動（カリキュラム修了に関わるスキルや行動）を習得可能にする次元の意識へ大人を教育する（導き出す）のではなく、（そのようなスキルや行動にばかり目を向けることによって）カリキュラムを修了できるよう成人を訓練しようとするなら。もし、混乱なしに、第3次元のさまざまな能力を合わせることによって、低すぎる目標を掲げるなら。あるいは、第4次元を超える能力を無意識に求めることによって、高すぎる目標を掲げるなら。つまり、成人教育はその最も重要なミッションとして、モダニティ（現代性）に適う次元の意識を支援すべきだと、私は言いたいのである。

そのようなミッションを放棄する、今述べた2つの教育の形態《フォーム》（低すぎる目標を掲げる、高すぎる目標を掲げる）は皮肉にも、同様の知的ムーブメント、すなわち「社会的構成主義」から生まれる。この非発達的構成主義は、学部カリキュラム、ひいては成人教育に関する議論で用いられているが、その物議を醸す例として、ケネス・ブラフィーの考察をお話ししよう。[9]

ブラフィーは次のように述べている。大学で教えること・学ぶことの実態は、意見を同じくする仲間という特定の知的領域における真剣な議論《ディスコース》のルールを学生に伝えるプロセスだ、と。さらに次のように主張する。このように教育とは実は社会化のプロセスであり、次第に複雑になる精神的構造を促すような曖昧なものではない、と。本書における私の考えの基本的前提の一部と正反対の考えとして、ブラフィーは次のように述べている。

「体系だった思考のようなものは全くない。あるのは意見の一致だけ。博識の仲間のコミュニティによる、とりあえず行き着いた総意だけだ」[10]

そして次のように続ける。もし、歴史あるいは物理を学ぶ学生に、歴史学者や物理学者から高く評価される人物になってもらいたいなら、学生の「考え方を広げる」ための回りくどいだけで効果のない方法を捨て、歴史学者や物理学者から高く評価される話し方を学生に教えると誓わなければならない。教えることは、「学生の注意を引きつけ、彼らが入りたいと思っているコミュニティの言葉でいっそう会話できるようになること」につながらなければならないのだ、と。[11]

そこには、個人のマインドの創作性に関するファミリーセラピストの主張に通じる興味深い点がある。また、私が賛成はしないが重要だと思う要素が、やはりいくつかある。それについて、これからお話ししよう。ただ、どう考えても賛成できないことが1つある。個人のマインドが持つ、現実を構成する（あるいは制限する）力を無視している点だ。学生は、何をどのように私たちが教えるかについての意味構成を含め、現実を意味構成する自分なりの方法を確立して高等教育を受けに来る。そして社会的な場の現実を構成する力に事実上、挑む――などと、ことさら考える必要はない。学生の理解の仕方のほうが社会的な場に真摯に関わることもあれば、逆に社会的な場のほうが学生の理解の仕方に真摯に関わることもある。ただ、そのような真摯な関わり合いが長く続いてきたことを無視するのは大きな過ちだと私は思う。長い歴史があって、マインドの現在の傾向がつくられているのであり、それは今日の社会的影響をそうたやすくは受けないのである。

　私が第3次元の意識と呼ぶマインドの傾向によって、人は市民として確立される。自分自身及び周囲の人々のために監督される必要のある被保護者ではなく、仲間の一員として、コミュニティに参加できる市民になるのである。10代の最高点である第3次元によって、人は社会化できるようになると同時に、社会化しやすくもなる。この次元のマインドになってこそ、社会的に順応し、「真剣な議論《ディスコース》をするコミュニティ」に入ることが可能になるのである。こうして社会に適応した学生は、歴史学者や物理学者が大切にしている言葉をおそらく話せるようになるが、これがすなわち教育なのだろうか。第3次元のマインドは、社会化する力を持つと同時に、社会化に支配もされる。適応し、なじみつつあるものを、批判的に考えることができない。社会化に責任を負うのではなく、それに反応してしまう。

　ひょっとして、ブラフィーはこう考えたのだろうか。学生を社会化させるコミュニティに対して責任を負う。それが教師の務めだ、と。そうかもしれないが、教師が学生のために現在していることを学生が自分でできるよう準備させることによって、みずからは退くのも教師の務めだ。果たして、社会化し「真剣な議論《ディスコース》をするコミュニティ」になじむことで、教師が学生に対する責任から距離を置く日が早まるのだろうか。

社会的構成主義者は私たちに、社会参加やコミュニティの価値、パワー、素晴らしさを見事なまでに思い出させてくれる。彼らは、『心の習慣』の著者らと同様、[12] 心理的自己制御と自己著述という現代ならではの素晴らしいものを賛美することに反対し、当然のように注意を促す。私と同様、自己権威と心理的自立を成熟のピークとする見方を退け、その危険性——孤立と、自己制御のパワーの近視眼的な強化——に対し警告を発する。

だが、軽視され過小評価されていると彼らには思われる価値観のために、「コミュニティ」を理想化してしまい、何人《なんぴと》も無関心でいるわけにはいかない社会化プロセスに潜在的に付随する害や危険、不快感にさえも、不適切に注目してしまっていると思われる。社会的に順応させて「真剣な議論《ディスコース》をするコミュニティ」に入《い》れることを教育とするのは、学生の第3次元の能力には合っているかもしれないが、社会的構成主義者が想像するほど有益でない真剣な議論《ディスコース》をするコミュニティ——権威主義の「真剣な議論《ディスコース》をするコミュニティ」など——に将来入るのを拒否する力を伸ばせずじまいになってしまうかもしれないのだ。そのような教育は結局、まがいものの教育になってしまうだろう。なぜなら、適切な手段と適切な言葉選びは身につくが、そのコミュニティの学問分野を「インサイド・アウト」で究《きわ》めていくようにはならないからである。

いわば国家行政組織として、大半の成人がすでにこのように、体制に忠実な「真剣な議論《ディスコース》をするコミュニティ」の言葉に合うよう社会化されている。それが証拠に、たびたび研究で示されているのだ——半数以上の人が、権利章典にある言葉を支持しつつ、その現実的な意味の価値について問われると、自分と他の市民

『心の習慣』
Habits of the Heart（未邦訳）

の「保障された」権利のほとんどを認めない、と。もし、学生を別の一揃いの価値観のなかに放り込み、別の一揃いの忠誠心「によって形成」しようというなら、それは本質的に意識の発達における横滑りであり、ブラフィーの考えとは結局、新たな体制順応のための教育ということになる。

社会化させて真剣な議論《ディスコース》をするコミュニティに入れることは、訓練を教育と、学習の変化を理解の仕方の変化とすり替える手段として、今のところ最も巧妙かもしれない。社会的構成主義者は無意識に、あまりに低い目標を設定する教育方法、つまり、社会化のために第3次元の能力を使いながら、学生が持つ不断の創造的能力――キルケゴールの言う、「理解の仕方」をつくり直す能力――を軽視する教育方法を推奨していると思われるのだ。もし、ある認識論的な理解の仕方が、私の研究が示唆するようにいつまでも続く強固なものであるなら、そのような種類の理解の仕方を変えることが、外国語の話し方を教えることほど簡単であるはずがない。自分という人間から離れることも、きっと必要になる。それはむしろ、母国語――他への忠誠と他との一体化を強烈に感じさせるリズムと音色を持つ言葉――を話さないようにと、学生に教えることに近いのだ。

だが、社会的構成主義者が低すぎる目標を設定しているとしても、別の意味では、高すぎる目標を設定している。彼らは、自分たちが教える学生と自分たち自身が共通した意識に関する課題を持って学校に来るのだと考えられず、そのせいで、今の一連の課題がずれているかもしれないことを検討できないのだ。私は、私にはまるで双子のように思える2つの情熱――社会的構成主義者が高等教育について議論を始める動機となった情熱――をとても大切に考えている。2つのうち1つについては、「心理的自立を飛び抜けて価値あるものだとするのを徹底して疑うべきである」、また「コミュニティにおけるつながりの素晴らしさを再評価すべきだ」として、すでに述べた。

2つめは、学問分野の相対性の認識である。本章で「学問分野の管理・責任を引き受ける」とはどういう意味かについて論じた際に述べたように、学問分野は、真理を持たず生み出すこともないが、知識として何かを宣言するための、言うなれば内的に首尾一貫したシステムあるいは手順だという認識である。社会的構成主義者は、推論を扱ったり、考えたり、生み出したりする学問分野の力に関しては、また別の立場に立っている。彼らは、各分野の内的論理については管理していない。すなわち、システムの外側に立ち、システムを客体として捉え、あるがままにシステムを受けとめる。システムが独自に持つ論理的思考力は、外側から、つまり他の論理的観点に立って眺めると、欠陥があって不完全だということも、彼らは理解している。また、それぞれのシステム――それぞれの「理解の仕方」――が、文字どおりあるものを切り離し、別のあるものを含めるという意味で「決然とした」ものにならざるを得ないこと、理解する方法はどれも、理解しない方法でもあること、学問分野それ自体はいずれもイデオロギー的であり、説明の能力を与えるが、必然的に誰かにあるいは何かに利益をもたらす一方、誰かにあるいは何かに損害をもたらすことも、彼らは理解している。

だが、彼らの明快な批評それ自体が、意識に関する課題のあらわれだという点については、おそらく彼らはわかっていない。自己制御や自己著述が限られた孤立するおそれのある力だということ、学問分野にイデオロギー的な性質があることに気づいているのは賢明と言えるだろう。だが、その賢明さは、どの次元の意識から生じる賢明さなのか（表8・1）。

高等教育に関心を向ける多くの社会的構成主義者が、次のように主張する。教師は、自分が教える学問分野の不公平でイデオロギー的で「特別扱いする」性質を、学生にはっきり示している、と。真理を、自身が理解しているように話したくてたまらないと思う教師らしい衝動を、学生はどのように受け取ると、私たちは考えるべきなのか。ほんの一瞬、私たちは、そのような主張をする人たちが思い浮かべる主要な集団、すなわち減少しつつある「伝統的な」学部学生、18〜21歳の若者に、思いを致すかもしれない。その年代で第4次元の意識を構築する人はほぼ皆無だという研究結果を踏まえると、第4次元を超えることに伴うメッセージを、そのような学生たちがどのように理解すると私たちは期待すべきなのか。教育機関の社会的構成主義者は、イデオロギーと体系的手順の限界についてのメッセージをもたらすことになるだろう——メッセージを受け取る学生が、イデオロギーと体系的手順を理解する力をなんとかして身につけようと思い始める、まさにそのタイミングで！　学生が、ある学問分野の（あるいは自己の）力を初めて発揮して、周囲の価値観（あるいは期待）を、まだ半ばしかつくられていない内なる基準に照らしてみようとするまさにそのタイミングで、社会的構成主義者は、説明（特定の価値観を、統一性のある全体にまとめる説明）についてのシステムの不完全さを苦労の末に見出したことを共有したいと思うのである。

だが、高すぎる目標を設定して若い学部学生を顧みることなく一種のコミュニケーションが図られているのは明らかだが、一般の大人（半数以上が第4次元を十分に構築できていない）に対する場合に比べれば、幾分マシだろう。成人教育の最も重要なミッションは個人の心理的権威、すなわちモダニティが要求する次元の意識への移行だと述べるとき、私は、自己著述や自己制御の究極的な価値が、精神的成熟を証明したり最終段階としたりするところにあると主張したいわけではない。ただ、自己著述の限られた力や学問分野の観念的な性質に関して社会的構成主義者が伝える研究内容は、大半の学生が聞き取れない領域にもたらされていると思われるのだ。教師の伝えるメッセージが、学生のカリキュラムではなく教師自身のカリキュラムを反映しているとしたら、どうだろう。

大半の成人から見れば、キルケゴールの基本的な考えに留意する社会的構成主義者は、みずからが今まさにいそいそと別れを告げようとしている次元の意識へ成人が移行するのを支援するよう求められていると思われる。だが、第4次元から差異化（分化）してまだ日が浅いなら、これはことのほか魅力に欠ける仕事かもしれない。なぜなら、つい最近自分が卒業した次元の意識ほど、自分にとって魅力を感じない次元の意識はないからである。

ひょっとすると、この折に生じる次の2つの問いから、ジェネラティビティ（世代継承性）に対する教師の力を存分に活かせる仕事が生まれるかもしれない。2つの問いとは、「われわれは自分がすでに到達した次元へ学生が移行するのを進んで支援するか」と「われわれにとってはもはや新鮮味の失せた新たな発見への旅において、学生のよき道連れとなれるか」である。

表8・1　カリキュラムの複雑さの次元（歴史学を例に）

カリキュラムの形態《フォーム》	適切な受講者	認知的作業	マインドに対する要求
歴史についての物語 具体的な事実と物語の流れ（「西部に定住すること」や「世界はどのように戦争を始めたか」についての「物語」）	**就学児童** 1〜3年生（不可能） 4〜6年生（新たな能力に磨きをかける）	データ	第2次元の意識（持続的カテゴリ）
歴史文献の基礎的研究 歴史が書かれる方法、歴史学者の考えへの依存、すでに起きた出来事の「歴史」のなかで表現されたテーマや価値観	**十代の若者** 中学生（不可能） 高校生（新たな能力に磨きをかける）	推論	第3次元の意識（「持続的カテゴリを超えた」意識構造）
歴史的思考 歴史的知識を創造するための、すなわち、推論を生み出し、考え、評価し、関連づけるための学問分野のシステム	**成人** あらゆる高等教育の場（多くの人にとっては不可能）	公式化	第4次元の意識（複雑なシステム）
批判的思考 知的分野そのものに対する批判的内省。対立する別の考え方の観点はもちろん、イデオロギーの外側の観点にも基づいて、支配的な考えを分析する	**成人** あらゆる高等教育の場（大半の人にとっては不可能） 歴史学の大学院課程及び歴史学の専門職（多くの人にとっては不可能）	公式化についての内省	第5次元の意識（システム超越レベルの意識構造）

教育機関はどのように発達を支援できるか

教育機関に通う成人のなかで、人間として成長したい、成長しようと思っている人は一握りだ。大半の人は、それよりはるかに現実的だと彼らが（そして私たちが）思う目的――仕事面での向上など――を持っているのである。だが、チャールズ・シーショアが言うように、成人は、成人期における教育機関での経験によって、「重大な成長の危機にさらされ」る。[13] また、皮肉なことに、最も起こる可能性が高い種類の成長――第3次元の意識から第4次元の意識への成長――が、モダニズム文化においては最も実際的であるかもしれない。教育機関でふたたび学び始めたある成人が、次のように書いている。

「学校にまた通うことにしたからといって、何か大きな変化が生まれるようには思えなかった。学位を取ったほうが、今の仕事にプラスになると思っただけだ。ずっとあとになって気がついた。表面的には穏やかに見えて、その実、変わりたいという願望が胸の奥底で渦巻いていたことに。5年のうちに人生がすっかり変わるとは、夢にも思わなかった[14]」

ここで、第5章で紹介した長期研究をもう一度見てみよう。被験者は皆、大学院課程でふたたび学び始めた人々である。**表5・2**には、彼らの70パーセント以上（20代半ば～50代半ばの男女）が、課程の1年目において第4次元の意識の入り口に到達していなかったことが示されている――すなわち、その複雑さのスコアは4（3）未満だった。ところが4年目の、大半の人が課程を修了する頃になると、うち70パーセントがその段階にすでに達していた――つまり、最低でも4（3）のスコアを獲得していたのである。比較のためのサンプル（同じ4年間に、大学院へ行かなかったこと以外は似た状況の成人のサンプル）はない。だが、さまざまな年齢の同様の成人を対象とした1回限りの研究が豊富にあるなかで、第4次元以上の人の割合がこれほど高い研究は1つも見当たらないので、意識の発達のこの結果には、大学院に通ったことがなんらかの関係があると思われてならない。一体なぜ、このような発達が可能になったのか。

教育機関に通って意識が発達した成人の話を聞くと、大半の人が2つの主要な経験をしていると思われる。1つは、教育機関のなかではもとより外でも学生の役割を引き受ける、つまり関心を探究する・目標を立てる・学習する・成果を出すという行為を経験することだ。これにより、以前から存在し、今なお続いている人間関係の性質ががらりと変わる（特に変わるのは、最大の成人学生グループ、すなわち、通学していない期間を経てふたたび通学するようになった女性たちだ）。2つめは、教育機関において、支援と挑戦が組み合わさって、成長を促される経験である（支援とは、信頼の置ける自己統治できる大人として、真摯に受けとめられ、認められ、関心を向けられ、扱われること。挑戦とは、判断を下し、自分なりのプログラムを作成し、計画を立て、実行に移し、解決し、人間関係をうまく舵取りし、知的分野を究め、対立する価値観・考え方・助言に対処するよう求められることである）。

2つの経験のうち、見過ごされることの多い1つめは、おそらく2つめと同じくらい効果を発揮する。「教育機関」が成人に変容を起こす場となるのは、「橋渡し」の環境がつくり出されるからだが、その力は、教育機関という、意図的につくられた、一時的な、「金を払って入る」世界だけでなく、学生が関わりを持つ、既に存在する進行中の現実世界にも作用し、橋渡しの場にしようとするのである。

学生は教育機関に通うことによって驚くことになるけれども、家族や友人、さらには同僚さえもが、やはり驚くことになる。彼らは皆、やがて学生に対する見方を変えるよう求められ、その際、それと知って、いや多くは無意識に、橋渡しの環境の補佐役になる。実のところ、彼らは学生の成長の機会にとってとても重要な人たちなので、もし学生の「教育機関」の補佐役にならないなら、学生は成長はおろか、学び続けることもできなくなってしまうだろう。友人や家族が、学校に通う学生の内面的・外面的ニーズを認めてその学生との関係をすんなり修復できる人なら（稀ではあるが）、むろん学生の成長をサポートしてくれる。だが、友人や家族が、学生の通学によって生じる変化に初めは反対したとしても、その状況が、もし不変ではないなら、よい方向へ向かう可能性がある。というのも、彼らが学生に望むこと、すなわち自分自身についても自身の人間関係についても新たな視点を持ってほしい、それらを再定義・再構築してほしいという望みはどれもが、第3次元から第4次元への変容にとって豊かな実りをもたらす価値あるものだからである。このように、学生の現実世界の人間関係における反応は、支援の源か、さもなくば挑戦の源になって、成長を促す可能性を持っている。

教育機関にふたたび通い始めた成人に関するキャスリーン・テイラーの緻密な研究には[15]、変容を促す環境としての教育機関において、学生の学外の人間関係が果たす役割について、豊富な事例が集められている。そのいくつかには、ただちに支援する姿勢が窺える。

ビー　（夫は私がまた学校に通うことに）大賛成でした。（1回目の授業に）行ったとき――夫に話したのは当日だったと思います――彼はこう言いました。「しばしの『お別れ』だね（笑い）」。「きみのしなければならないことをしなさい」とも。プログラムの内容を知ると、彼は全力で応援してくれました。[16]

シンディ　私は才能豊かで優秀だと、（彼は）教えてくれました。（ときどき）彼が何かちょっとふざけたことを言って、私が速攻で言い返すと、「頭の悪い人だったら、こんなふうに言い返せないよ」と言っていました（笑い）。（中略）彼は、（私は）すごく優秀だよと、何度も何度も言ってくれました。（中略）そして、妨げになるものをできるだけ取り払い、最後まで通えるようにしてくれました。[17]

逆の事例もある。

モーラ　他人より自分を優先しようと思ったのは、人生で初めてでした。ええ、それはもう、反発が尋常じゃありませんでした。（中略）彼は、私にとって今はそのタイミングじゃないと言いました。学校に通ったりしたら、へとへとに疲れて体を壊してしまわないか心配だとも言いました。でもそれは、周りの人が私にしてもらいたいことより私自身がしたいことを優先してしまっているじゃないか、という意味でした。ふたりの関係の規律を変えようとするなんてと、彼が私に対して怒っているのを感じました。私にとって、もはや彼の望みやニーズが最優先ではなくなろうとしていました。彼の目指すものや彼がどう成長していくかといったことが、重要ではなくなったのです。[18]

ペニー　あるとき母に言われました。「自分はみんなより賢いって思ってるのね（笑い）」。（中略）そういう意味のことを言われたと、私は思いました。一言一句、正確には覚えていませんけど。「偉そうに」とも（笑い）。（中略）私はフルタイムで仕事をしようとしているのに、相変わらずPTA役員を務め、子どもたちを車で学校まで送り、決まった時間に迎えに行き、犬にエサをやり、5時には夕食の用意を整えようともしていたんです。（中略）そういえば、子どもたちは私をファーストネームで呼んでいました。全くおかしな話でしょ。（中略）ママなんて知らないと言われましたし。（中略）子守をしてもらわなきゃならなくなることに対しても、ずいぶん文句を言われました。私はお金を稼いで子守を雇うのではなく、彼に子守をさせようとしていたので。（中略）でも私がノイローゼになりそうになって、「どうして応援してくれないのよ！」と大声をあげると、（彼はこう答えました。）「応援してるじゃないか、今だって愛してるし」とか「応援するよ」とか「ごめん」とか。（中略）確かに、彼が求め、必要とする配慮を、私は突如としてしなくなっていました。[19]

だが、初めは支援してくれなくても、やがて関係が再構築された事例もある。その変化は明らかに、学生が人間関係をうまく再定義したことで可能になっている。

ベティは3カ月の休みをとり、そして気がついた。ベティが学生としての生活を送らなくなると、「家族みんながいつのまにか、また私に頼り切るようになるんです。（中略）『きっとママがやってくれる』『たぶんベティがやってくれるだろう』。（中略）そうなるのは、ほとんど自動的というか、そんな感じでした。私はそれと気づいてこう訴えました。『ねえ（笑い）、何でもかんでも頼られるのは私、困るの』。するとみんなが言いました、『あ、うん……』」。（「それでご家族はどうなさったのですか」と問われ）「私の言うことを理解してくれました。その学期のあいだ、私が学校に行かないことにみんな心底ほっとしていたのですが、私としては――確かに、そういう日常も可能ではあります。でも二度とそうはならないことを、家族は理解してくれました」。（「二度と？」）「ええ。そういう日常には、二度となりません」[20]

テイラーの研究は、明らかにある次元の意識の観点から成人学習という経験を捉えており、学校の教育活動が、支援と挑戦の両方によって、第3次元から第4次元への発達を促しうる例が示されている。数々の構成主義的発達理論を用いたローレント・ダロズの著書『効果的な指導や助言』でも、成人学習が変容を促す可能性を考えるうえで、支援と挑戦ということのテーマに重点が置かれている。マーサの事例で示されているように、ダロズは、「学生の価値観をまずは肯定することと、今の自分の立場のままでいいし、その気にな

『効果的な指導や助言』
Effective Teaching and Mentoring（未邦訳）

れば前進が可能になると学生が理解できるよう手助けすること」を重視している。[21] テイラーの研究に関する情報提供者が、そのような支援の重要性を語っている。

ジャッキー　私たちは皆、これでいいかどうかの確認を求めています。求めていないと口では言いますが、実際は誰もが求めているんです。子どもの頃は、それはいつも両親が与えてくれます。でも、こう思います。「親だし家族だから、そういうことを言うんだ」と。外の世界からそういう確認を得るというのは、「あなたがそれをしたのは結構です。あなたの行動に問題はありません」と言ってもらえることです――それ（このプログラムでそういう確認を得ること）は、私にとって本当に重要でした。[22]

シンディ　（あなたは）私の尋常ならざるダンス熱については理解してくれましたが、バッファローダンスを見に行かせてくれようとはしませんでした（笑い）。それは、私がドアへ向かっているのに、サンディとあなたがドアをぴしゃりと閉め、腕組みをして通せんぼし、「行かないわよね」（「行くなんて話、聞いてないわよ?」）と言っているようなものでした（笑い）。でも、気持ちのうえでは、（こういうメッセージを）受け取っていました。「あなたはこうしようと決意し、実際にしようとしている。あなたなら、きっとできる。怖いと思うのも、しようと思うことを何なりとするのも構わない。一方で、このことを忘れないで。あなたがこうすると決めたなら、私は確実に提供します――あなたが必要だと思う支援を。そして、決めたことをやり遂げるための支援だと、あなたにとってはっきりわかるものを」[23]

教育機関で成長する学生は、こうした支援とあわせて、第3次元から第4次元への橋を渡るのに打ってつけの挑戦もしている。テイラーは、成人学習に関する論文において、「自己主導」の要求がそこかしこでなされていることを示すなかで、「挑戦」がそのような橋渡しになることを突き止めている。また、アルバーノ・カレッジ――他に先駆けて、明確に構成主義的発達理論を使って学習環境を整えているカレッジ――についても言及している。このカレッジでは、プログラムを、次の一連の内容を提供するものとして捉えている。

「本学の多様な学習者が目指す先には、自己主導がある。（中略）その過程において、学習者は以下の基本的で重要な3つのポイントと向き合うことになる。（1）学習とは自己の変化であること。（2）新たに身につけた（あるいは、新たに認識した）能力がさまざまな状況に適応できること。（中略）（3）自身の自己と自身の世界における変化を統合し、ある程度方向づけて、学習プロセスを管理できること」[24]

シャーロット　私が学ぶことになったのは、コンピュータ・サイエンスの内容なんかじゃありません。それよりはるかに意味のあるものです。（中略）それは、なんとしてもやり遂げたいことについて、主導権を握り、自分で状況を方向づける練習をすることなのです。[25]

バーデット　私は（学位プランを）立てるにあたり、自分にこう言い続けなければなりませんでした。「この言葉、この声、心の奥底にいるこの人たちの言うことを聞いちゃだめ。この人たちは、あなたの望みを知らない。あなたに何ができて何ができないかを言い続けるだけだから」。ほどなく、私はなりたいと思うものについてじっくり考え始めました。（中略）そして、したいと思うことについて考えられるようになると、はっきりしてきたんです、自分が望むものが何であるかが。[26]

モーラ　（こんな変化は）ほかの教育機関に行っていたら絶対起こらなかったでしょう。というのも（ここでは）絶えず自分自身と向き合うことになるからです。（中略）自分が何者であるかを知らずに、（中略）どうして（学習計画確認書を）書けるでしょう。（中略）それを書くときにはきっと、こう自問することになります。「この科目によって、私は何を学びたいのか。どうするのが適切か。したい仕事をするために、私が知りたくてたまらないものは何か」と。[27]

ジャネット　このカレッジのおかげで、私はこう言えるようになりました。「そうよ、私には私の人生に対して責任があるのよ」と。言うなれば、私たちは皆キルト作家で、人生に必要なピースをすべて与えられるのではないでしょうか。受け取る用意のできたものを受け取り、与えられたものを手に入れるのです。ただ、どのようにつなぎ合わせるかで、違いが生まれます。重要なのは、何を手に入れるかではなく、私がどのようにつなぎ合わせるかということ。（中略）そこからどれだけの意味を導き出すかに、私は責任を負っています。その責任を引き受けるか引き受けないかで、雲泥の差が生まれるのです。[28]

教育機関が、自己主導を要求すると同時に、その要求を満たすのに必要な意識の変容を起こせるよう、支援も機関の内外で行っていることが、私たちやテイラーをはじめとする研究において、第4次元への著しい発達という結果が報告される1つの大きな理由かもしれない。ただ、私が専門職大学院で教えてきた経験から言えば、成長の源泉としてもう1つ考えられるものがある。同様の支援を、全く別の、はるかに認識されにくいかもしれない要求を満たすために行うのである。その要求とは、本書での親密さについての考察が思い起こされる要求、すなわち、愛しい人との理想化された、あるいは美化された関係を超えようという要求だ。ただし、今ここで述べている愛情の対象は、私たちの専門分野（大学院教育プログラム）と、専門家としてのみずからに対する考え方、あるいはそのどちらか一方である。

例として、臨床心理医になるためのトレーニングを受けている成人の場合で考えてみよう。受講中及び研修中に、彼らは必ず気づくことになる――他者の苦しみを和らげたり必要な変化を促したりする自身の能力不足に。既存の専門知識の不完全さと矛盾に。教授陣やトレーニング・プログラムに欠点があり、不備も多々あることに。

こうした種々の失望やショックが小さなタイムカプセルよろしく、プログラムの開始から終了までのさまざまな時点で作用し、学生がその恩恵を確実に得られるようにする。まるで、評判の風邪薬が学内で効果を発揮するかのように。最初の実習や研修期間中といったトレーニング初期には、他者を癒やす自身の能力に幻滅すること――ベアード・ブライトマンの言う「トレーニングにおける自己愛的傷つき」[29]――が活発に作用する可能性が高い。みずからの不安やもどかしさとこの教育機関を選んでよかったと思いたい気持ちとが生み出した当初の強烈な光が弱まり、プログラムや教授陣を明るい光のなかでしっかり見られるようになるのは、トレーニングが終了する頃になってようやくのことかもしれない。

時期がいつであれ、このような経験をすると、信頼に値する外的権威を求める第3次元の気持ちがぐらつくかもしれない。だが、喪失感を覚える一方で、自分の心理、自分のプログラム、臨床心理医としての自分のあり方さえもを統合するプロセスが促進され、なんらかの理想的な規範に従う必要性から解放される（なにしろ「理想的な規範」でさえ規範に従っていないとみなされるのだから）。

15年ほど前から、私が受け持つマサチューセッツ心理専門職大学院（現ウィリアム・ジェームズ・カレッジ）の4年生のクラスでは、「修了を間近に控えて」というテーマで講義してほしいと依頼されるようになっている。彼らとの会話を何年も経って思い返すに、私が話したことのうちただ1つ重要と思われるのは、修了する予定を考え直し、ずっと学生のままでいるべき理由の数々だ。増える一方のそれらの理由から、いくつかを次に紹介する。

プログラムが続く限りは、修了まではまだ時間がある、いろいろなことを学べると思って気が楽になり、準備不足だという焦りを和らげることができるでしょう。焦りを紛らわすそういう考えの背後には、大学院教育は恐ろしく長く続く取り組みだというメッセージが隠れていますが、もし真面目に取り組みしっかり訓練を積んだなら、少なくとも修了時には、知識豊かな熟練の臨床心理医になれるでしょう。さて、みなさんは確かに、なかなか熱心に取り組み訓練を積んで、長期間の研修と訓練をいよいよ終えようとしています。ただ、臨床心理医としてスキルも知識も完璧かと言えば、それは違うかもしれないことを、私同様、みなさんも知っています。知識にしろ方法にしろ、詳しくは知らないことがまだまだあるのを知っています。すべて完璧に身につけたと思っていたのに。ではどうすればいいかを教えてあげましょう。修了してはいけません！

もしこのままプログラムを終えて修了してしまったら、一種の試用期間、見習い、立派な目的地への旅の肩慣らしといった安全地帯を永遠に手放すことになります。旅をやめ、目的地に到着しなければならないのです。医師になるトレーニングを積むだけでなく、実際に医師にならなければなりません。前途有望であるだけでなく、期待に沿う結果を出す必要もあります。大人にならないもっとも至極なあらゆる理由が、以前にも増してはっきりあらわれます。大学院教育を受けていれば、大人にならない巧い言い訳になるのです。重い責任なんて、誰も負いたくありません。それに、親を――両親とも知的職業人ではなかったかもしれません――捨てられますか。社会階級はどうです？　きょうだいや配偶者は？　これらすべてを解決する名案があります。そんなことをするなんてとんでもない！　プログラムに残りなさい！

修了するためには、論文が完成したと言う必要があります。論文が完成したと言うことは、否応なしに生じる差に直面することを意味します。書くつもりだった論文と実際に書いた論文の差に。論文を書こうと考えたときに書きたいと思い、実際書こうと思っていた論文と、現実に書いた論文との差に。ここに至るまでに気づいてはいたものの、書き上げる前にきっと解消あるいは解決できると自分に言い聞かせていたすべての不具合に、今まさに対処することになります——解決も解消もされないままの不具合に。ただそれは書き上げたらの話です。修了しないなら、論文を完成させる必要は全くありません。

このままプログラムを修了するなら、次の事実に対処することになります。修復する必要のある状態になってしまったのは、大学院でふたたび学び始めたせいだと思ってきたあらゆるもの——結婚、子どもとの関係、性生活、なぜだかうまくいかないものごと——が、修了したのちも少しも元に戻らないかもしれないという事実に。

おかしな、あるいは敵意のある話し方に思えるかもしれないが、話の最中に聞こえてくる（私自身の声以外の）さまざまな音から察するに、どういうわけか、長期にわたる過程の最後に聞くにふさわしい、いや楽しくさえある内容だと思ってもらえているようだ。ほとんどは笑い声——よくわかりますと得心してこぼれる笑い声だ。そのなかに時折、ほっとした気配がかすかに混じる（突然、大きな安堵が聞こえることもある。マッサージを受けているときに、痛くて唸り声を漏らしつつ感謝するような感じと表現すればいいだろうか）。言うまでもないが、プログラムを修了しようとしている学生が最も聞きたくないのは、もう一度学んではどうかと提案される、いや勧められることだろう。それは臨月を迎えた妊婦に、さらに9カ月身ごもってはどうかと提案するに等しい。

修了を間近に控えた学生は、「もうたくさんだ」と思っている。大学院が好きだろうと嫌いだろうと、彼らは出たいと思うのだ。ただし、「出る」ことはすなわち、私が先ほど述べた事態に直面することなので、とりうる行動はこれしかない。つまり、「出る」というのは、私が並べた事態に拍車をかける第3次元の理想像を捨て去る（あるいはそれらへの忠誠を弱める）ことでもあると受け容れることによって、私の提案の馬鹿馬鹿しさに反撃し、修了への熱意を守るほかない。

私の提案は、理想像を支持し、その正当性を認めるふりをしているが、一方で、自己認識についての学生たちの反応を見るに、そのような理想像（あるいはそのうちのいくつか）が実は自分の意味づけの仕方の一部だったことを認めていると思われる。ただ、彼らの反応には、次の認識あるいは承認も含まれていると考えられる——自分はもはやそのような意味づけの仕方と一体化していない。全く同じ問題を、十分に脱・理想化して（すなわち自己著述的に）意味構成し、この新たな重荷をまずまずのものに、いや歓迎すべきものに、ある程度はしている、という認識あるいは承認である。そのような学生の心のなかでは、クラスで笑いが起きている最中に、何かがこう言うかもしれない。

「背負った期待のすべてに応えることは、たぶんないだろう。それでも、私がしたことは私自身の基準ではまずまずなのではないだろうか」

確かに、成人期における意識の変容にとって、教育機関はうってつけの場になりうるだろう。ただし、私たちの研究が示し、テイラーとダロズが述べ、ブライトマン、アルバーノ・カレッジ、ノールズら（本章で紹介した、自己主導の擁護者）が示唆するとおり、私たちが論じている主要な変容は、第3次元から第4次元への移行である。[30]

テイラーの研究に登場するジャッキーは、学校教育のおかげで、他者の理想に従って生きる必要はないと感じられるようになったと述べている。

> 今は自分という人間をしっかり持っているので（中略）［他人の理想に合わせるために］自分が変わる必要はありません。以前はこんな調子でした――「もし私がもっと痩せていたら、見た目がこんな感じだったら、髪があんな感じだったら、そうすればもしかしたら――」。でも今は、これが私なんだと思えます。（中略）自分を卑下する必要なんてないと思えます。でも［過去には］何度もありました――私って頭いいじゃないとか哲学者みたいとか、そういう気持ちを抑え込んでしまっていました。ほかの人をいい気持ちにさせるために、私は自分をけなしていたんです。[31]

この変容は自己著述――自己受容性の決定者になること――の1つである。また、テイラーが研究対象の女性たちについて指摘しているように、第4次元へ移行したからといって、つながり志向から離れなければならないわけではない。

「境界を確立するという新たな能力を手に入れたにもかかわらず、彼女たちは、『女性の基本的なつながり志向』とギリガンが述べるものを失わなかったように思われる。変わったのは、彼女たちとそういう志向との関係だ。バーデットは、今でも家族に対する責任を重視しているが、もはやその役割に埋没してはいない。ジャッキーは、男性と上手に付き合いたいと思っているが、本来の自分とは違う自分を演じなければならない関係なら話は別だと考えている。ベティは、ほかの何よりやはり娘たちの成長を気にかけつつ、以前のような日常には決して戻るまいと思っている」[32]

私は、第4次元を超える要求――社会的構成主義者がするような要求――を見事満たせる人などひとりもいないと言っているわけではない。いないどころか、大勢いる。第4次元で十分に意味構築できると思われる人に対し、社会的構成主義者は、応えることの可能な要求、すなわち、形態《フォーム》、システム、イデオロギーとの一体化を、そして自己主導と自己制御との一体化を緩めるようにという要求をするのだ。これこそが、成人教育の第2のミッションだ。すなわち、第4次元の先へ移行する準備のできている人たちを支援することである。

第4次元に到達せよという隠されたカリキュラムの要求（表8・2にまとめた）について、（第3章〜第9章にわたり）詳細に解説した今、第4次元の先へ移行することをめぐってこの質問が出るのはやむを得ないだろう。

「その移行は本当に必要なのか。第4次元に到達するだけでは十分ではないのか」

今という時代の文化の本質が現代的な心的態度《メンタリティー》のみに存在するなら、答えは「十分だ」だろう。だが実は、現代文化には際立った特徴があり、脱工業化したいわゆる「先進国」社会においてさえ、大人たちのあいだに、人類史上初めて、3つの心的態度《メンタリティー》が混在している。すなわち、トラディショナル、モダン、ポストモダンの各心的態度《メンタリティー》である。

パート4で考察するとおり、社会的構成主義者の要求は、ポストモダニティの要求の1つにすぎない。私たちの家庭生活にも社会生活にも及ぶ要求、第4次元の意識を構築している人たちをも苦しめる要求、ほぼすべての人にとって「キャパオーバーでお手上げの」要求の、ほんの一例にすぎないのである。

サイコセラピーで

- 基準は、自分の経験に基づいて持つものと考える（他人の欲望に基づいて持つものと考えない）
- 経験の価値を判断するのは自分だと考える（自分が存在する世界では、価値は知覚の対象に内在している・付随していると考えない）
- 基準の基盤を、みずからの内に置く。そして、どのような経験も知覚の対象も、その善し悪しは対象に内在するものではなく、自分自身がそれにどのような価値を置くかによって決まると自覚する
- エネルギーを向ける先を、支援を求めて環境を操作することから、いっそう自立を図ることへ変える
- 感情的、精神的、経済的に自立する
- 若い時分に吸収し、みずからに言い聞かせた人生についての不健全な考え方、すなわち価値観を、無批判に自分に教え込むのをやめる
- 確実に自分の頭で考えるために、自分の基本的価値観、自分の考えを疑う
- 自分の人生に責任を持つ
- 自分の言動を支配する心理的神話や脚本を知り、さらにそれらを書き改める（reauthor）（気づきを活用して、脚本がなぜ今のように書かれたのかという理由をよりよく理解するだけではなく）

教育機関で

- クリティカル・シンキングを実践する
- 自分自身、自分の文化、（社会的・文化的）環境を詳しく調べて、自分が感じているものと感じて然るべきものを、自分が大切にしているものと大切にして然るべきものを、自分が望んでいるものと望んで然るべきものを、どうすれば区別できるかを理解する
- 自己主導型学習者になる（率先して行動する。目標及び基準を設定する。専門家、制度・機関などの資源を使って、それらの目標を追求する。学習における自分の方向性と生産性に対して責任を引き受ける）
- 自分を、文化の共同創造者だと考える（文化によって形成されるだけではなく）
- 自分なりの目的を念頭に置き、能動的に読書する（受動的な姿勢に徹して読まない）
- 自分自身に向けて書き、内省に教師を招き入れる（もっぱら教師に向けて、教師のために書かない）
- 講座や学科のコンセプトと理論の管理・責任を引き受ける。そして、自分が他者とは無関係に選択したテーマのために、講座や学科の内部手順—知識を系統立てて述べ、確認するための手順—を整理する

表8・2 現代社会からの精神《メンタル》的要求：第4次元の意識に対する主張

親として

- リーダーとして家族を引っぱる。ルールと役割を設定する
- ビジョンを描き、そのビジョンに家族を引き込む
- 家庭の内でも外でも、子どもが成長できるようサポートする
- 世代間の境界をマネジメントする
- 子どもと、自分自身と、家族以外の人たちに制限を設ける

親密なパートナーとして

- パートナーから心理的に独立する
- 十分に分化した、明確な自己意識を持つ
- 愛と親密さについて、理想化あるいは美化されたあり方を超える
- 子ども、自分自身、家族以外の人たちに制限を設けて、夫婦としての領域を守る
- パートナーの成長を支援する
- 率直かつ責任を持って感情を伝え合う
- みずからの心理的な歴史によって方向性に影響が及ぼされることを認識する

仕事で

- 自分の仕事を自分で生み出す、または所有する（仕事を、雇用主が生み出し、所有するものと考えない）。仕事（work）と職務（job）を区別する。
- みずから行動を起こし、みずから修正し、みずから評価する姿勢を持つ（問題点の指摘にせよ、軌道修正にせよ、まずまずの状況になってきているかどうかの判断にせよ、誰かがやってくれるだろうと当てにしない）
- 自分自身のビジョンを指針として仕事をする（ビジョンを持たずに仕事をしたり、権威あるものの言いなりになったりしない）
- 職場で起きたことについて、内的・外的に責任を持つ（自分の現在の内的環境及び将来起こるかもしれない外的な出来事を、ほかの誰かのせいにしない）
- 自分独自の仕事上の役割、職務、専門分野において、熟達した支配者《マスター》になる（仕事との関係を、見習ったり真似したりする関係にしない）
- 組織を「外から」、すなわち全体として考える。自分と全体との関係を見る。部分と全体との関係を理解する（組織の人々や組織の各部を、自分の役割の観点から、すなわち「内から」のみ考えるのをやめる）

多様な社会の市民として

- 馴染み深いというだけで「正しい」「真実だ」とし、馴染みがないというだけで「間違っている」「偽りだ」とする傾向を克服する（エスノセントリズム［自民族中心主義］、ジェンダー中心主義に反対する）
- 心理的・文化的に受け継いだものに対する価値観や信念にとらわれ、がんじがらめになるのではなく、そうした価値観や信念をじっくり見て評価することができる
- 自分のスタイル（どのように、刺激やエネルギーを受け取りたいか、データを集めたいか、決定したいか。人生を自然に、あるいは計画的に方向づけたいか。分離あるいはつながりに対する志向）を、（よりよいものとして理解するのではなく）好みとして認識できる

Part 4

ポストモダン社会からの精神的《メンタル》要求

The Mental Demand of Postmodern Life

第9章　対立、リーダーシップ、知識の創造

トルストイはかつて、「幸せな家族はいずれも似たり寄ったりだ」と書いた。だが、私にはどうもそうは思えない。2組の幸せな夫婦、エイブル夫妻とベイカー夫妻を例に考えてみよう。どちらの夫婦も結婚して25年。4人とも50歳前後だ。この2組の夫婦が、差異と対立をどのように経験し、意味構成するかを検討しよう。

エイブル夫妻がもしふたりで1つの声を持っていたら、次のように話すだろう。

25年？　まさか、と思うことがあります。そんなに経ったなんて信じられなくて。本当のところ、いろんな人と関わって楽しくやってきましたが、ふたりとも、この関係にも互いに対しても感謝しきれないくらい感謝しているんです。もしお尋ねでしたら、素晴らしい結婚生活を送っていますとお答えします。もちろん、いつもというわけではありません。でも、今のところは高い点数をつけますし、そうするにふさわしいと思います。なぜなら私たちはその努力をしていますから。

ご質問の対立と違いについては、いくらでもお話しできますよ。それこそ、私たちが努力してきたことなんです。たかが喧嘩の仕方を知るのに長い年月がかかりました。おかしなもんですよね。ああ、ソウルメイトを見つけた、考え方も感じ方も自分とそっくりだと思ったから、結婚したわけでしょう。ところがいざ一緒になってみると、気づくんです。何もかもが違うことに！　暮らしたい場所も、子どもの育て方や、休暇

の過ごし方や、マグロにかけるマヨネーズの量も。実際、私たちは何から何まで違います。1日の終わりに元気を回復したいとき、ひとりは体を動かしたいと思い、もうひとりは仮眠を取りたいと思います。世界のあり方やそれをどう変えたいかについて、ひとりは政治的に見ますが、もうひとりはもっと美的な観点から考えます。ひとりは考えるのが好きで、もうひとりはもっと活動的。ひとりは子どもに厳しくお金にルーズ、もうひとりは子どもに関して放任主義で、なにごとも予算を立てなければ駄目だと言います。なんとおかしなふたりでしょう。私たちは多くの点で、天と地ほども違うのです。

お話しできるのはこんなところですかね。今となっては笑い話でもありますが。結婚して間もない頃は、違いについてあまり話し合えず、触れてはいけない感じで、見て見ぬふりをしていました。重大な違いを際立たせかねない状況や話題を、ふたりとも強く意識していたのだと思います。そういう状況や話題を、ほとんど無意識に、避けていたんです。今なら、違いはこの結婚のとびきり素晴らしいところの1つだと言いますけどね。相手にイライラすることは、今も互いにないわけではありません。でもほとんどは、相手の世界に対する考え方や世界との関わり方を、互いにとても大切にするようになりました。いや実を言えば、自分自身の世界に対する考え方や世界との関わり方も、ふたりともとても大切にするようになったと思います。私たちにとっては、より明確になっています――50年かけてつくり出した生き方をふたりがそれぞれ持っていること、それが私たちという人間で、その生き方を心地よく思っていることが。私たちは、一緒にいて互いにいっそう心地よく感じています。なぜなら自分自身に対してはるかに心地よさを感じるようになっているからです。

とにかく、私たちはいいチームになりました。違いによって、足りない部分が補われる場合がよくあるとわかっていますしね。どちらかが見逃したものを、もうひとりが気づいたり。もちろん、意見が合わないことは今でもあります。相手の話にいつも耳を傾けているわけではありませんし、自分の見方以外にも筋の通った別の見方があると常に考えているわけではないので。実際、相手の考えに合理性を見出すのは楽じゃありません。意固地になって、自分の考えに固執してしまうこともあります。ただ、多くの場合、意見が食い違うことによって、よりよい結果を得ることができます。ふたりのうちどちらかが、あるいは両方が相手の観点から考えられるようになり、相手が自分とは違う考えを持つにはもっともな理由があるのだと理解できるようになるのです。

私たちは素晴らしい問題解決チームです。何が何でも自分のやり方でやらなければ、とはどちらも思いません。歩み寄ります。順番を守ります。ときには、両方の考えをたくさん取り入れた解決法を見つけることもあります。相手に考えを変えさせようとすることは、とうの昔にやめました。これが私たちです。今となっては、相手に考えを変えてほしいなんて、思うことさえないかもしれません。違っていることはプラスになる場合がほとんどだからです。

あらゆる問題を解決できるわけではありませんし、ときには問題を抱えたままやっていくほかないこともあります。強い意志と自分なりの考えを持つ人間がふたりいれば、きっとそうなります。ただ、何度か、おかしな経験をしました。意見を戦わせたものの解決策が全く見つからなかった問題では、言い争いを一切しなくなる場合があるんです。仲直りしたような、何もかもがまた順調になったような気持ちになります。もっとも、現実にはその問題に関して何も決まっていませんし変わってもいません。なのにどういうわけか、大した問題などもはやないような気がするんです。ふたりとも、妙だと思っています。筋も通っていません。でも確かにときどきそういうことが起こるんです。

では次に、ベイカー夫妻の話を聞いてみよう。

25年？　まさか、と思うことがあります。そんなに経ったなんて信じられなくて。本当のところ、いろんな人と関わって楽しくやってきましたが、ふたりとも、この関係にも互いに対しても感謝しきれないくらい感謝しているんです。もしお尋ねでしたら、素晴らしい結婚生活を送っていますとお答えします。もちろん、いつもというわけではありません。でも、今のところは高い点数をつけますし、そうするにふさわしいと思います。なぜなら私たちはその努力をしていますから。

ご質問の対立と違いについては、いくらでもお話しできますよ。それこそ、私たちが努力してきたことなんです。まず必要だったのは、言い争いの仕方を知ることでした。それから、相手の考えだけでなく自分の本当の考えを理解する必要もありましたし、言い争っているときに自分のことも相手のこともパニックにさせないようにする必要もありました。ただそれはずいぶん前の話です。幸か不幸か、今は私たちのどちらにも、互いの考え方がネックになるような問題があまりありません。実際、近頃は、自分の意見を主張しすぎることが少なくなっています。これまでずっと、意見がぶつかったときは自分の主張を通すことが、難しい反面、価値のあることだったのですが。

もしあなたが私たちの子どもや友人に尋ねたら、いや私たちに尋ねても、私たちふたりがどれほど違うかについて実にわかりやすい答えが返ってくるでしょう。一方が体を動かすのが好きなのに対し、もう一方は座って静かに過ごすのが好き。一方が、世界を政治家のように眺め、権力という観点からものごとを見る傾向があるのに対し、もう一方は世界を視覚芸術家のように眺め、バランスと形式の観点からものごとを見る傾向がある。一方が子どもに厳しくお金にルーズであるのに対し、もう一方はその逆。これが長年みんなの知る私たちであり、私たち自身が知る私たちです。

ただ、とてもうまくいっているときには――間違いなくそれはほんのここ数年の話ですが――、違いや正反対のところは相手のなかにだけある、つまり、言い争う原因は相手にあると主張するのをやめることができます。両極に分けたり二分化したりすることは、自分の主張を通すうえではどちらにとっても役立ちますが、主張を通すことに私たちはもうあまり関心がありません。それは絶対的な真実ではないと思うのです。

最高の状態にあるとき、私たちは相手に対して認めることができます――体を動かすのが好きな人にも静かに考える部分があるし、いつも子どもに厳しい人にも、正反対にのびのび育てたいと思っている部分もある、と。そんなふうに認めるのは簡単ではありませんし、いつもできるわけでもありません。

ただ、同じ言い争うなら、私たちが意見のぶつかり合いを解決しようとするのではなく、いわば、意見のぶつかり合いに「私たちの問題を解決して」もらいたいと思います。つまりこういうことです――しばらく経っても意見が対立したままなら、おそらく、私たちの一方あるいは両方が元の状態に逆戻りして、自分にとって心地よい考え方と必要以上に一体になってしまっているのです。実際には、「溺れる者は藁をも摑む」の体《てい》で。自分のなじみ深い側面からの支配を逃れることができたら、言い争いをしても、一方がもう一方に何かをあきらめさせようとしているとは感じられなくなります。言い争うことが、自分自身の複雑性を取り戻す方法、いわば相手を自分と正反対の人と考えるのをやめ、自分自身のなかにある正反対の側面に対処する方法になるのです。

意見の対立をこのように解決することによって、それまで知っていたのとは違う種類の親密さが生まれます。いつもふたりで笑うのですが、考えがぶつかってわめき散らすことは、今でもしょっちゅうなんですよ。ただ、対立することは、ふたりの関係によって次のことができるかどうかの問題になっています――「私たちは『昼と夜』ほどに違う」、つまり「一方ははるか『こっちのほう』にいて、もう一方ははるか『あっちのほう』にいる」という創作《フィクション》から自分たちを引きずり出せるかどうかの問題に。今では以前にも増して、相手の正反対の側面を自分の行動にあらわすこと、つまり、相手が相手自身のなかに持つ正反対の側面の「代役」になることに、ノーと言います。するとふたりがそれぞれに、自分のなかのより静かな、ただしあまり心地よくない側面と結びつくことができます。それと同時に、ふたりの互いとの結びつき方も変わります。私たちはよくこう言います。私たちの関係はとても親密だ。けれども明らかに、過去に感じていたのとは別の種類の親密さだ、と。

モダニズムの認識論的土台が確かに第4次元の意識であるなら、意見の対立と差異の経験の仕方についてエイブル夫妻が述べている内容が、まさしく現代的《モダン》な結婚と言えるだろう。彼らが語るのは、結婚当初――共通のアイデンティティに基づいて結びついていた頃――の夢想的《ロマンチック》な真実という幻想から覚めてなお関係を持続させたストーリーである。だが、そのような真実を失っても、ふたりは2体の孤独な彫像のようにはならない――すなわち、ポストロマン主義の「モダニズム」に見られる風刺画か何かにあるような、そばにいるが、つながることに関心もなければその可能性もなく、冷めた様子で立つだけのふたりには。夢想的《ロマンチック》な真実を断ち切ることは、親密さへの希望をあきらめることではない。それは、新たな種類の親密さを見つけ出すことだ。エイブル夫妻はそれまでとは別の、だが深いつながりをつくり出している。そのつながりはおそらく、互いの理解――個別性と全体性（distinct and whole）を持つ人間として関係に参加する相手の能力に対する理解――に根差している。ふたりはどちらもが、相手と自分自身の両方を複雑な人間――重要で全く違う、けれどもしばしば補完し合うものを、ふたりの関係にもたらす人間——として認識し、尊敬していると思われるのだ。

大切な関係の維持という責任を共有する穏やかで冷静な人間として、ふたりは、差異が生じても驚かず、差異によってつながりが中断するとは考えず、さらには、どちらかが相手の好みに合わせて自分を形成しさえすれば差異が解消されるなどと期待もしないだろう。差異を目の当たりにしても関係が持続するだけでなく、協力してうまく差異に対処することで関係がこのうえなく豊かになると、おそらくふたりは気づいているのだ。夫婦としての親密さも、意思決定の質に対する評価も、差異によって損なわれるどころか高められている。簡単ではないだろうが、異なる好みや意見や行動計画が生じる別の世界観の統合《インテグリティ》されたあり方を真摯に受けとめることを、相手によって、あるいは関係に対する責任によって強いられる経験を、最終的に尊重するようになったのである。

ふたりは、礼儀正しい聡明な人類学者のように、相手の「マインドの文化」をしばしば訪ね、その文化に深い敬意を表する。最もよいときには、ふだんと違って、相手の「文化」を自分自身の視点から評価するのをやめ、意味形成や価値創造の際に相手が使う表現を見つけようとする。ふたりとも、相手の「文化」をたびたび「訪問する」ことによってよい効果を得るだけでなく、「訪問を受ける」際も、現実に対するこちらの意味構成の仕方を理解すべく相手が謙虚な姿勢で入ってくるという経験を高く評価していると思われる。

言うまでもないが、自己著述や自己権威といった第4次元の能力があっても、寛容さも、個人的快適さも、自己陶酔からの解放も、親密さへの関心も持たず、豊かなつながりをつくろうとしない夫婦が大勢いるのは想像に難くない。ただしそれは、第4次元で世界を意味構成する誰もがそのような結びつきを維持するわけではないということではなく、第4次元やモダニズムによって、満ち足り、互いを育む、深い種類の親密さが必然的に妨げられるわけではないということである。

一方、第4次元に到達し、やはり親密であっても、ベイカー夫妻の話には、対立と差異の意味構成の仕方が質的に異なっていることがはっきりあらわれている。彼らが語るのも、幻想から覚めてなお関係を持続させたストーリーだ。ただ、彼らが幻想として捉えていた真実は、夢想《ロマンス》についての真実ではなく、モダニズムについての真実である。彼らは、「自分たちが親密なのはアイデンティティが同じだからだ」という真実をずいぶん前に捨て去ったと述べている。そして今も捨て去る過程にある。それはつまり、彼らの親密さが生まれるのは、心理的に全体性・個別性のある自己と自己が敬意を払って協力し合っているからだということにほかならない。

エイブル夫妻と違い、ベイカー夫妻は、自分自身の全体性と個別性及び互いの全体性と個別性に対する理解を、大切にするよりもむしろ疑いの目を向けるそのやり方を誇らしく思っている。少なくとも、全体性や個別性に関して、「自己」イコール「自己についての自己が好む意味構成の仕方」としてしまうあらゆる理解を疑っている。どのような側面であれ、自分はその面のこちら側と、相手は正反対の側とそれぞれ完全に一体化していると捉える自身の傾向を、彼らは疑っているのである。

この疑う気持ちが、関係における対立や差異という経験に持ち込まれると、エイブル夫妻が描く絵とは全く異なる絵があらわれる。エイブル夫妻は、最もよいときの自分たちを次のように考えている。差異を目の当たりにしたときには、相手を見下すのではなく、相手の観点が、一貫性と統合《インテグリティ》されたあり方を備えた「マインドの文化」からどのように生じるかを見つけ出そうとする、と。ただし、異論を挟む余地がないこととして、この礼儀正しい人類学者は見知らぬ文化を訪れている。

一方、ベイカー夫妻は、最もよいときの自分たちを次のように考えている。差異を目の当たりにしたら、間違いを犯していないかどうか立ち止まって確かめる、と。自分の視座（ある種のイデオロギーや正統性として今まさにあらわれている視座）を生じさせる「マインドの文化」と自分を完全に同一だと思い、相手の視座（正反対のイデオロギーや正統性として今まさにあらわれている視座）を生じさせる見知らぬ「マインドの文化」と相手を完全に同一だと考えるという間違いを。エイブル夫妻の場合、夫は妻の世界を知ろうと思ってやってくるが、礼儀正しく訪問しているあいだ、そこが自分の世界ではないという前提を夫は全く疑わない。一方、ベイカー夫妻の場合は、夫が妻と同一だと思っていた視点を試そうと思って妻の世界にやってくるとき、夫は自分自身のなかにある別の世界を発見する可能性が高い。

エイブル夫妻は、おのおのの自己がきちんと機能していることを確認し、相手の自己がどのように機能しているかを互いにしっかり認識する場として、意見の対立を大切に考えている。これはベイカー夫妻も同様である。

違うのは、エイブル夫妻が第4次元の自己を意味構成している点だ。そのため、エイブル夫妻にとって、自己がきちんと機能していることと相手がそれを認識することは、ふたりそれぞれが「全体性と個別性を持つ人間」として関係に参加するという共有の前提から始まる。その関係は、全体性と個別性を持つ、冷静で、自己著述的なふたりの自己による共有と相互作用のための場だ。ふたりの別個の自己は、必然的にいずれ対立する。それは、彼らの相互作用の不可欠な部分であり、彼らが全体性と個別性を持つからこそ起きる。もしふたりが、全体性と個別性を持つ存在ではなく、共通のアイデンティティを持っているという夢想《ロマンス》のなかにいるなら、第3次元の自己を意味構成していたときにおそらくそうだったように、あまり対立しないだろう。

これに対し、ベイカー夫妻は第5次元の自己を意味構成している（より正確には、第4次元から第5次元への過渡期にある）。**図9・1**に示されているとおり、第5次元は、形態《フォーム》あるいはシステムを主体から客体にし、

図9・1　意識の5つの次元

	主体	客体	基本構造
1	◆ **知覚－空想的** ■ **社会的知覚** ● **衝動**	動き 感覚	**時の一点／今その瞬間／** **他と関連のない小さなものごと**
2	◆ **具体的－実際の現実** データ、因果関係 ■ **ものの見方** 役割概念 単純なやりとり（仕返し） ● **持続する性質** ニーズ、好み 自己概念	知覚 社会的知覚 衝動	**持続的カテゴリ** 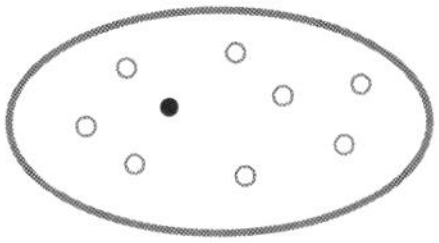
3	◆ **抽象的思考－理想性** 推論、一般化 仮説、提案 理想像、価値観 ■ **相互関係／対人関係** 役割意識 相互のやりとり ● **心の奥底の状態** 主観的、自意識	具体的なもの ものの見方 持続する性質 ニーズ、好み	**持続的カテゴリを超えた** **持続的カテゴリを超越した** 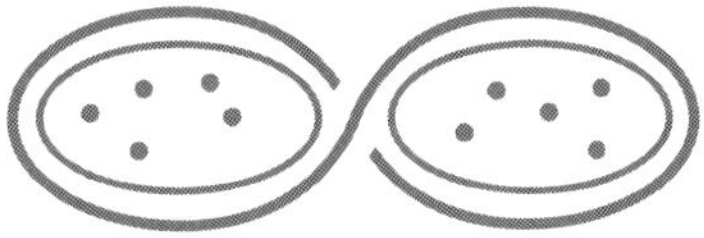
4	◆ **抽象的なシステム** イデオロギー 公式化、権威づけ 抽象概念と抽象概念の関係 ■ **組織** 関係調整の形態《フォーム》 多様な役割意識 ● **自己著述** 自己調整、自己形成 アイデンティティ、自律性、個体化	抽象概念 相互性 対人関係 心の状態 主観性、自意識	**システム／複合体** 
5	◆ **弁証法的思考** イデオロギーを超越した／ ポスト・イデオロギーの 公式化したことの検証、逆説 矛盾、正反対の側面 ■ **組織間の** 形態《フォーム》同士の関係 自己と他者の相互浸透 ● **自己変容** 自己同士の相互浸透 相互個体化	抽象的な システム 組織 関係調整の形態《フォーム》 自己著述 自己調整 自己形成	**システムを超越した** **複合体を超越した** 

一連の発達における主要要素として、「◆＝認知的」「■＝個人間の」「●＝個人内の」発達を表している

「システムを超越した」（「形態《フォーム》を超えた」）新たな方法での現実の意味構築を実現する。ベイカー夫妻にとって、自己がきちんと機能していることと相手がそれを認識することは、自分または相手を、単一のシステム（形態《フォーム》）と考えるのを拒否することが出発点になる。その関係は、共有と相互作用のための場であり、両者が自身の「多様さ」を経験する場、自身の自己とイコールである多数のシステム（形態《フォーム》）の出現が促される場だ。エイブル夫妻が自分たち自身の完全性（completeness）という前提をスタートラインとし、意見の対立を、心理的に全体性のある2つの自己の相互作用によって必然的に生じる副産物と捉えるのに対し、ベイカー夫妻は（実際には不完全でありながら）完全性を自認する自身の傾向という前提をスタートラインとし、意見の対立を、完全性の自認によって必然的に生じる、ただし議論の余地のある副産物と捉えるのである。

エイブル夫妻もベイカー夫妻も、自己をシステムあるいは形態《フォーム》として意味構成せよというモダニズムのカリキュラムの要求を満たしている。意見の対立を意味構成するうえでの2組の夫婦の重要な違いは、自己にまつわる次の2つの問いだ。

①私たちはシステムたる自己を、完全で（complete）全体性を持つ（whole）と捉えているか、それとも、不完全なもの、自己とイコールであるあらゆるものについての意味構成の一部にすぎないと考えているか。

②私たちは自分を、形態《フォーム》たる自己と同一と考えているか（自己はその後、他者の形態《フォーム》たる自己と相互作用する）、それとも自分を、形態《フォーム》の創造プロセス（さまざまな形態《フォーム》を生じさせ、それらの関係を基底に含むプロセス）と同一と考えているか。次のように表現してもいい。私たちは、関係の要素を重要だと考え、その後関係を結ぶのか、それとも、要素をつくり出す関係そのものを重要と考えるのか。

関係がその要素より優先されうるという考えは奇妙に聞こえるかもしれないが、考えてみれば、要素がまず存在し、それから関係を結ぶという考えもやはり奇妙だ。[1] 私がよく使う喩えで考えてみよう。両端の空いたガラスの円筒が、横向きに置いてある。円筒のなかにはビー玉が1つ入っている。さて、円筒を押して転がしたら、ビー玉はどちらの端から出てくるだろう？　そう考えるとき、私たちは当然のように、円筒の2つの端（空洞部）を区別している（皆で同じ側に立ったら、2つをそれぞれ「右端」「左端」と呼ぶだろう）。2つの端（空洞部）に注目するようになれば（2つは完全に同じではなく、どちらかがビー玉がより出やすい形状になっているかもしれない）、円筒が本当は何であるか、つまり2つの端（空洞部）がガラスの筒でつながったものだとわかるかもしれない。ガラスの円筒を、2つの端（空洞部）をつなぐ、つまり関係させるものと理解するかもしれないのだ。関係を具体化するイメージとして静的ではあるが、円筒はある意味、要素と要素、2つの端（空洞部）をつなぐもの、関連させるものになっている。要素と要素は互いに「関係があり」、円筒がそれをはっきり示しているのである。だが、次の主張も、とても理に適っている。

「ちょっと待て。円筒が2つの端（空洞部）をつないでいるわけじゃない。円筒がなければ、そもそも端（空洞部）は存在しない。円筒が端（空洞部）をつくり出しているのだ。本当に存在するのはただ1つ、円筒だけだ。円筒が2つの端（空洞部）を持っているのであって、逆ではない。関係が要素を持っている。そして要素は関係を持っていない」

この種の問い――形態《フォーム》たる自己の完全性あるいは優先性についての問い――が、成人の経験に関する現代のあらゆる種類の分析に隠れている。多くの理論家――対立を扱う結婚カウンセラーや労使関係調停者であれ、自己のような概念のまさしく有用性を考える教育理論家やファミリーセラピストであれ、知的分野の観念的性質について考える批評理論の関係者であれ、リーダーシップとフォロワーシップを考える政治学者であれ――が2つの理解の仕方のあいだでする区別の根底には、そうした問いがある。
この種の問い――形態《フォーム》たる自己の完全性あるいは優先性についての問い――は、第4次元の意識と第5次元の意識の違いについての認識論的な問いと言ってもいい。「形態《フォーム》たる自己を重要だと考えるか、それとも、形態《フォーム》の創造プロセスを重要と考えるか」という問いはたやすく、「形態《フォーム》たる自己を主体と考えるか（第4次元）、それとも、客体と考えるか（第5次元）」に替えることができる。

同種の問いはさらに、モダニズムとポストモダニズムとの違いにも直結する。実のところ、「ポストモダニズム」がどのようなものであるかは、今はまだ全く決まらないし、私たちがそれを「ポストモダニズム」と呼ばなくなり、それがどんなものではないかではなくどんなものであるかを定義できるようになるまで、決まることはないのだ。

本章及び次章では、私がポストモダニズムをどのようなものと考えているかを述べたいと思っている。情報交換がなされない多様な分野の最前線――公私を問わず成功するためにすべきことが、明確にあるいはそれとなく語られる場――には実のところ、個人的権威を求める精神的要求とは異なる一連の精神的要求がある。それらの要求も、モダニズムの要求と同じく、認識論的複雑さの観点から分析することが可能だ。ポストモダニズムのカリキュラムを、典型的な3分野――対立と差異の意味、優れたリーダーシップ、知識の創造――において考察することによって、そのカリキュラムの要求すべてに共通するものを示していこう。すなわち、体系的理解（第4次元）を脇に置いたり相対化したりできる次元の意識を持てと要求していること、体系的理解を主体から客体へ変えよと要求していることを。言い換えるなら、このカリキュラムの要求はいずれも、第4次元を「超える」ことを求めているのである。

このカリキュラムの要求はモダニズムの要求と違い、第4次元から第5次元の意識への変容の早期にあらわれるものもあれば、もっとのちにあらわれるものもある。言い換えるなら、私たちがポストモダニズムと呼ぶものは、別の考え方であるだけではない。意識の漸進的変化のなかで認識されるということであり、ポストモダニズムのさまざまな「構成要素」あるいは「側面」を意識の漸進的変化のどこで自覚するかは人によって少しずつ異なるということであり、ポストモダニズムの「ポスト（～以後、～のあと）」の意味は第4次元の意識に対してだということである。

このように分析すると、あれこれ複雑な影響を考え、問わずにいられない――ポストモダニズムの暗黙の要求を理解するために特定の意識の入り口に到達する必要があるなら、私たちは今「ポストモダニズムの時代」を生きていると言われるのに、その意識の入り口に到達している人はほんの一握りであり、しかも到達できるのは中年以降でしかないということが、最も信頼できる経験的証拠によって示されているのはどういうことなのか。このカリキュラムに取り組む「学生」について言えば、彼らがトラディショナリズムやモダニズムの意識によってポストモダニズムの要求を理解する場合、それはどのような経験になるのか。このカリキュラムを教える「教師」について言えば、大半の成人にとっての成長の最先端部が、ポストモダニズムへの移行ではなくモダニズムへの移行になっているなら、教師は、ポストモダニズムのカリキュラムをこなせる人を増やすことを長期目標としつつも、モダニズムを習得するプロセスに、今よりはるかに共感し、敬意を払う必要があるのではないだろうか。

第5次元の要求とは何か

この新たなカリキュラムの認識されていない要求とは何か。意見の対立をふたたびテーマとして、しばし話を進めよう。ただし、親密な関係という私的な領域の対立ではなく、世論を二分する論争や未決着の問題といった社会的領域の対立を取り上げる。敵対的な立場の人々のあいだで対立が解消されていく流れには、エイブル夫妻の結婚生活とベイカー夫妻の結婚生活との違いが映し出されているのである。

１９６０年代以降、社会科学者たちは、生産的なコンテクスト――対立が膠着状態に陥ったり深刻化したりするパターンを、当事者が打破できるコンテクスト――を生み出すための理論を発展させ、実践しようと取り組んできた。[2] その多様なアクションリサーチ・プロジェクトには少しずつ違いがあるが、いずれにおいても、エイブル夫妻と同様、対立に対して互いに敬意を払う賢明で現代主義的なアプローチがとられている。多くが国際外交や労使交渉ではなく社会心理学の分野で活動しているこの革新的な先駆者たちは、次のように述べている。当事者同士が、互いのニーズと考えと不安を認識し、さらに、相手を安心させると同時に自分の最も重要な関心事に敬意が払われる解決策を考えることができたら、脅威と抑止と力という昔ながらのダイナミクスに代わる、対立関係を解きほぐすための新たなダイナミクスがはたらくかもしれない、と。昔ながらのダイナミクスというのは、強みと弱点についての一方的な戦略的分析から生じる。また、長引く対立において変化が生じるのは、態度ではなく行動が変化した場合だけだと、事実上、決め込んでいる。

これに対して社会心理学者たちは、エイブル夫妻同様、自分たちの好みに合うように相手に自己形成させる方法を探すのではなく、両陣営が実際に持っている考えや感情を変える方法を模索する。もう１つ注目すべきは、社会心理学者たちが、やはりエイブル夫妻と同様、対立する両陣営の全体性と個別性を前提にしている点だ。つまり、社会心理学者が促す学びは、相手の視座を理解し敬意を払う両陣営の意欲及び能力を重視する学びなのである。社会心理学者は論文などで、関係を「変容させる」ことが目標だと述べているが、実際に変えようとしているのは、視座それ自体ではなく、相手の視座に敬意を払う能力に対して双方がとる態度である。そのような思考及び感情の変化が生じれば、相手の視座と自分自身の視座をより深く理解することになる。相手のみずからの視座を理解する能力及び意欲に対する考え方を変えることにもなり、さらに、互いの視座の最も大切な側面を守る解決策を見つける可能性について新たな考え方を持つことにもなる。そのような変化が生まれれば、対立が延々と続いている状況、とりわけ世界規模で事が起きている場合、歴史的に重要な、命を救う結果につながるかもしれない。

だが、これらの変化も、ベイカー夫妻が対立の際に目指す変化や、社会的論争についての近年の文献執筆者が模索している変化とは違う。世界に対する相手の見方のすでに構築された制約や特徴を互いに礼儀正しく確かめに行ったり、両陣営それぞれの統合されたあり方《インテグリティ》を守る解決策の可能性について双方が考え方を改めたりするのは、解決へのプロセスを追い求める1つの方法だ（いわゆる「ウィン・ウィン」の解決策）。だがそれと、対立を使って変容のプロセス——自身の「陣営」との同一化、その必然性や頑固なまでの一貫性《インテグリティ》に対する意識、相手陣営も勝つのだとしても自分の陣営を「勝利」させようとするニーズ、これらを変えるプロセス——を追求するのとは別だ。また、「相手の視座の統合されたあり方《インテグリティ》に敬意を払うことを互いに保証すること」と、「（自身と相手の）統合されたあり方《インテグリティ》と言って通用するものは、イデオロギーでもあり、不完全にならざるを得ず、したがって価値のない戦利品であり、やがて大切なもの全体を危険にさらすことになるのではないかと互いに疑うこと」も、別ものである。

対立と解決に対する後者のポストモダン・アプローチは、対立している両陣営の全体性も個別性も優先性も前提にしない。「昔々、視座Xが幸せに暮らしていました。ところがある日、視座非Xとばったり出会い、対立が起きてしまいました」とはストーリーを始めないのだ。対立に対するアプローチでは、どれほど賢明で非戦略的で力に基づかないアプローチであっても、暗黙のうちにそのようにストーリーが始められ、その実践構想において、両陣営の認識――自陣営の存在が当然優先されることに対する認識――を強固にしてしまう。対立におけるウィン・ルーズ（一方のみの勝利）の解決プロセスとウィン・ウィンの解決プロセスの違いは大きく、また確かに重要な違いではある。ただ、ポストモダニズムの考え方では、両者の視座が（ウィン・ウィンであれウィン・ルーズであれ）それぞれのそもそもの個別性に対し確かな信頼を共有していることが示唆される。

つまるところ、対立解決プロセスのあり方として、一方がもう一方より優位に立とうとしていようと、積極的に一致点を見出そうとしていようと、いやウィン・ウィンの結果を出すことに互いに力を尽くそうとしていてさえ、プロセスの結果はどれも視界から確実に隠されており、したがって変容されず、前提が真実と受け取られる。すなわち、どちらの陣営もその存在のために相手を必要としておらず、両者の関係は、結果的に生じた、対処が必要な面倒なものと受け取られる。そのような視点では、たとえきわめて賢明な視点であったとしても、解決への道を模索する際には、次のような感情がごく自然に湧き起こる。

「もし相手陣営が消えていなくなったら、私の人生も、いや仲間の人生も、はるかに素晴らしいものになるだろう。だが、対立が長引いていることを思えば、消えてくれることはなさそうだから、最良の解決策を探さざるを得ない」

ポストモダニズムの観点に立つと、次のような、全く違う考えが示される。

「いつまでも対立が続くところから察するに、相手が消えていなくなることはないだろう。ただそれは、消えるべきではないということでもあるかもしれない。対立は、一方あるいは両方が、自身の不完全な視座を、重要で、真実であり、個別性及び全体性を持つものだと考えてしまうために起きるのかもしれない。私たちは、本当は不完全なのに完全だとつい思い込んでしまう。そんな私たちの傾向を思い出させてくれるもの、それが対立なのではないか。こんなふうにぶつかるのは、より真実に近い複雑さを回復させる必要があるからなのだ」

ポストモダニズムの観点からすれば、パレスチナ人とイスラエル人、中絶合法化賛成派と反対派、環境保護主義者と住宅開発者、裕福な者と貧しい者、黒人と白人、男性と女性、いずれにおいても両陣営の関係は断じて、結果として生じた面倒な問題ではない。すなわち、世界に対して自身の理解の仕方がある一方で、困ったことに正反対の理解の仕方があってそれと出合ってしまったために、両者がたまたま対立する結果になったわけではないのだ。円筒の「左端の空洞部」は、右端の空洞部と「たまたま」関係ができているわけではない。「左端の空洞部」は「関係」、つまり円筒があるために、そしてあればこそ存在している。ポストモダニズムの観点からすれば、対立的関係が両陣営をつくるのであって、両陣営が関係をつくるのではないのだ。

これに対し、モダニストは次のように言う。

「ちょっと待て。対立的関係が要素に優先して存在するなら、なぜ多くの相争う人々が、対立したとたん相手からの自立・独立を感じるだけでなく、長きにわたって幸せに暮らしたのちに相手と対立的関係になったと気づいたり感じたりするようになるのか。貧しい者／黒人／女性との私の対立的関係が、なぜ、裕福な者／白人／男性としての私の存在より優先されるのか。私は、そうした正反対の人と対立的関係になることなく、裕福な者／白人／男性としてずっと生きてきたのに」

これに対し、ポストモダニストは次のように答える。

「今まで対立的関係になったことがないからといって、そうした関係がこれまで存在しなかったということには決してならない。もし相手より自分のほうが力が上なら、その関係の存在を意識するようなつらい経験を何一つしなかったかもしれない。逆に、自分のほうが力が弱いなら、自分がそういう立場にいることを感じさせる人あるいはものごととの関係において、つらい経験をしたくないというニーズがあったかもしれない」

突きつめて言えば、ポストモダニズムの見解では、対立する両者に次のことをするように強く求めている。

①対立がいつまでも続くのは、おそらく自分と相手が対立関係の両極と一体化してしまったサインだと考える。

②自分が巻き込まれている関係は、正反対の見解が存在するために生じた面倒ではなく、不完全な自分を完全だと考えていることのあらわれと捉える。

③不愉快に感じられる関係かもしれないが、自分自身の多面性を実現する機会と考える。

④対立解決に取り組む自分及び相手に集中するのではなく、対立的関係に自分と相手を変えてもらう方法に意識を向ける。

ポストモダニズムは、パレスチナ人がみずからのイスラエル人らしさを、裕福な者がみずからの貧困を、女性が自身の内にある男性らしさを見出す類《たぐい》の「対立の解決策」を提案するのである。[3]

公然と説明されることはないが、対立解決に対するこうしたアプローチは、家族療法理論[4]やクリス・アージリスらの組織論[5]から移ってきた人々の研究に潜在的に含まれている。だが、ビル・トルバートを別にすれば（彼は構成主義的発達理論の観点を明確に盛り込んでいる）、対立解消に対する心理学的アプローチはいずれも——先駆的な社会心理学者の方法も、ファミリーセラピストや組織発達理論家の近年の研究も——、個人の意識の発達に注意を払っていない。結果として、彼ら理論実践家の誰も、個々のカリキュラムが精神《メンタル》的能力に課す要求について考えることも、そのようなカリキュラムを積極的にこなそうとする人間の覚悟を詳しく検討することもできていない。

もっとも、アージリスは以前から率直に、次のように報告している。社会的・経済的にきわめて優位にあり、大学院教育を受け、組織で高い地位に就いている成人でさえ、彼が教えようとすることをこなすのがきわめて難しい、あるいは全くこなせない、と。[6] だがそれは当たり前だ。なぜなら、アージリスらポストモダニズムの対立解決理論の提唱者が人々に求めるのは、第4次元の意識を超えるレベルの複雑さでの経験の意味構築であり、大半の人ができないことだからである。[7]

- 自分や相手を単一のシステムあるいは形態《フォーム》と捉えるのをやめる。
- 自分の完全性をつい前提にしたくなるがそれは真実ではないと考える。
- 相互作用のプロセスを形態《フォーム》あるいはシステムの存在に優先するものとして意味構成する。
- 対立がいつまでも解決しないときは全体性、個別性、完全性、あるいは優先性に対する誤った前提と一体化しているサインかもしれないと考える。

現実に対してこのような意味構成の仕方をするには、システム、形態《フォーム》、あるいは体系的思考《セオリー》の認識論的意味構築を相対化する——つまり、理解の主体から理解の客体に移行する——ことが必要だ。[8] 現実に対するそのような意味構成の仕方には「システムを超越した」、「多様な形態《フォーム》の」、あるいは「体系的思考《セオリー》を超えた」認識論的意味構築が欠かせない。言い換えるなら、それらの意味構成の仕方にはすべて、第5次元の意識が求められるのである。

リーダーシップ研究が示唆するもの

ロナルド・ハイフェッツとライリー・シンダーの大変参考になる論文では、幅広い研究から集められた、リーダーシップについての多様な概念と成功するリーダーシップの基準が概説されている。[9] ふたりが注目しているのは、同テーマの文献執筆者たちが政治、イデオロギー、学問上の違いに関係なく、驚くほど同様の期待をしている点だ。執筆者らによれば、成功しているリーダーは2つの能力を兼ね備えているという。1つは、統一のとれたビジョン、ミッション、あるいはパーパスを生み出し、伝える力。もう1つは、そのビジョン、ミッション、あるいはパーパスに共鳴する（オーナーシップ［主体性、当事者意識］を持つ、もしくは一体化できる）人を採用する力である。1つめの能力には構想力とコミュニケーション力が求められ、2つめは対人能力と度量を試される。言うまでもなく、一方の能力がずば抜けていてももう一方が欠けていたら、リーダーとして成功しないだろう。

これらの期待は個人の能力のさまざまな側面に向けられていると思われるが、どれもが、意識に対してはただ1つの要求を行っている。こう言い換えてもいい。これらの期待も第4次元の期待だ――家族を導くための、価値創造のビジョンあるいは体系的思考《セオリー》を掲げること、そのビジョンにフォロワー、つまり子どもたちを引き込むことを、家族のリーダーたる親に期待するのと同じ第4次元の期待だ、と。ハイフェッツとシンダーの論文では、さらに別の領域――パブリック・リーダーシップ――においても、第4次元の意識を求めるモダニズムの要求が広まっていることが確認されている。

もっとも、この論文におけるハイフェッツとシンダーの目的は、申し合わせて取り決めたかのようなビジョンの代わりになるものを提案することだ。論文では、全く違うようで実はどれもが、認識されていない精神的《メンタル》要求である期待が挙げられ、成功するリーダー像を捉え直すためのポストモダニズム的「優等《オナーズ》カリキュラム」が説明されていく。

既存の成功するリーダーのビジョンは、たとえどれほど有益だろうと、立派だろうと、あるいは「インクルーシブ（包摂的）」だろうと、それはやはり一方的に意味構成されたビジョンであり、そのビジョンと、フォロワーになるかもしれない人々との関わりに優先して存在する。このあらかじめ意味構成されたビジョンは、既定の英知の観点——モダニストの観点——からすれば、リーダーの「才能」であり、「約束」でもあり、それを果たすことで、リーダーとして一目置いてもらうために不可欠な資質を備えていることを示せると考えられる。

これに対し、ハイフェッツとシンダーは、あるコンテクストを提供するために、リーダーシップを発揮することを要求する。そのコンテクストとは、リーダーを含めた関係者全員がビジョン、ミッション、あるいはパーパスをともにつくり出し、心を1つにして支持できるコンテクストである。そしてふたりは、レイヒーと私が述べてきたことに気づいている[10]——そのような種類のリーダーシップを発揮すると、リーダーの姿勢や行動がどうあるべきかについて異なる意味構成をするフォロワーたちの戸惑いと、きっと戦う結果になる、と。「それでもリーダーか！」と思うフォロワーもきっといるだろう。

「よりよい方向へ導くとあなたは言ったのに、私たちが『どこへでもついていきます。道を示してください、プランを教えてください』と求めたら、『それについては一緒に考える必要がある』などと答えるなんて。それはつまりプランなんかないってことじゃないですか！　然るべき大義もなしに、どうやって私たちを導くんですか。できないことをできるなどと、偉そうに言わないでください！」

これに応えて、ハイフェッツとシンダーは次のような種類のリーダーを提案する。胸に秘めておくか、異を唱える人々に向かって実際に発言するかはともかく、おそらく以下のように考えるリーダーである。

「行きたい場所に行き着く方法について、私が何のプランも持っていないというのは、全くそのとおりだ。むろん、いろいろ考えてはいる。きみたちと同じように。それに、然るべき大義のない人間にリーダーを務める資格はないというのも同感だ。しかしだからこそ、私は自分をリーダーであると思う。自分の考えやプランを——それら自体が内的にどれほど首尾一貫した包括的な考えやプランだとしても——全体性と完全性を持つものとして扱うことを拒否しているまさに今、確かにリーダーになっているのだと思う。私は今まさに、大義のために立ち上がっている。骨が折れるにちがいないプロセス——行きたい場所に行き着くためのプランを、協力して生み出し、まとめるプロセス——を、なんとか乗り切るという大切なことのために。そして実際にプランができた暁には、いいかい、プランが不完全である（incompleteness）可能性と、プランをより充実させる矛盾点を探し続けたいというニーズ、これらを支持し続けることによって、私はきみたちを導いていく」

論文のなかでハイフェッツとシンダーが描くリーダーは、内的に首尾一貫したシステム、形態《フォーム》、あるいは体系的思考《セオリー》との一体化を超えているだけではない。本書で対立について考察した際に見出し確認したこと、つまり形態《フォーム》は関係に優先しないし完全でもないという事実も超えているのだ。自分自身と第4次元の意識構造（形態《フォーム》あるいはシステム）の乖離《かいり》を生み出し、それを自身の認識論における「主体」の場所から追い出して、このリーダーは内的に首尾一貫した体系的思考《セオリー》あるいは形態《フォーム》の主張を見下したり解体したりすることを超えた場所、すなわち客観的真実に行き着いている。首尾一貫した体系的思考《セオリー》はすべて、「イデオロギー的」

にならざるを得ない――1つの説明体系であるというマンハイム的な意味か、あるいは、必然的に不完全で権力を誇示するものである（それとなく、ある利益を特別扱いし、ある利益を不利な立場に追いやる）というフーコー的な意味かのどちらかにおいて――と判断する以上のことをしているのだ。[11]

言い換えるなら、「優れたリーダーについての既存の考え方はリーダーのビジョンの完全性と優先性を誤って確実視している」という事実を認識する一方で、戸惑うフォロワーの主張に対して全く別の種類の返答をすることが可能だということである。その返答とは、おそらく次のようなものだろう。

「精一杯のことをしているとはいえ、私にプランがないのは確かだ。私が大したリーダーでないというのも、たぶんそのとおりだろう。ひょっとすると、私のせいでリーダーというものが廃止になってしまうかもしれない。私が提案するどんなプランも、きみたちがリーダーになってほしいと思う人が提案するどんなプランも、きみたちのなかの誰かが考えつくどんなプランも、ついでに言えば、私たちが協力して考え出すどんなプランも、プランであることに変わりはない。プランは、判断をする。あるものにイエスと言い、他のものにノーと言う。『受け容れる』ものと『受け容れない』ものを明確にする。差異と、基準と、ヒエラルキーをつくり出す。何が真実で、何が重要で、何に今価値があるか、何が重要ではなく価値がないかを述べる。このように、プランはどれもが、必然的にイデオロギーであふれており、同一化するにふさわしくない。基本的に、どのようなプランであれそれと自分を同一化すれば、すでに退けたはずの個別性、優先性、完全性を具体的なものとして扱い、それらとふたたび結びつく視座に、連れ戻されてしまうのだ」

これらのリーダーはどちらも、「ポストモダニズム的」だ。そしてどちらも、一方的なリーダーというモダニズム的理解の背後にある、気づかれずにいる認識論的前提を疑っている。だが、前者が最終的に、立つべき場所、そこから導くべき場所を持つのに対し、後者がそうなるかどうかは疑問が残る。たとえ、プランを考え出すためのどのようなプランあるいはシステムからも用心深く離れていることが重要だという視座に立って、今まさにリーダーとして行動していることが窺えたとしても、次のように問われるかもしれない。

「だが、それとて1つの視座ではないか。だとすれば、話し手独自の論理によって、なぜその視座が、権威があると思われたり正当性を与えられたりするのか」

これに対し、今度は後者が前者に次のように問う。

「あなたは立つべき場所を確かに持ち、プランを考え出すためのプランあるいはシステムという希望を確かに約束し、それによって一体感を主張するわけだが、なぜそれが具体化へ逆戻りすることに――あなたも私も誤りだと知っていることをふたたび是認あるいは正当化することにならないのか」

この2種類のポストモダン・リーダーの区別には、考え――知識創造を概説する文献、わけても近年のポストモダニズムに関する文献に広く見受けられる考え――の区分が明確にあらわれている。この区分を、私は脱構築主義的ポストモダニズムと再構築主義的ポストモダニズムの区別と呼んでいるが、これに気づいたのは私が最初ではない。ニコラス・バービュルズとスザンヌ・ライスが、教育の目的と実践に対するポストモダニズムの意味について述べたきわめて明快な論文のなかで、本質的に同様の区別をしているのだ。その区別とは、彼らが「アンチモダン」な種類のポストモダニズムと呼ぶもの（私が「脱構築主義的」と呼ぶもの）と、あまり絶対主義的でない観点から言えば、モダニズムの範疇《はんちゅう》に入るもの（理性、自由、公正、権利、自己決定など）を新たな場所に適合するよう修正しようとする種類のポストモダニズム（私が再構築主義的ポストモダニズムと呼ぶもの）の区別である。[12]

バービュルズとライスはまず、ポストモダニズムに関する文献すべてに共通する3つの特徴を特定する（その過程で、ポストモダン理論家の話し方についても伝えている）。

1つめの特徴は、絶対的なものを拒否することだ。ポストモダニストはたいてい、唯一の合理性や、唯一の倫理性や、唯一の支配的な理論的枠組みでもって、社会的・政治的出来事を分析することはできないと主張する。もともとはジャン＝フランソワ・リオタールが用いていた言葉を使い、判で押したようにこう言われるのだ。「メタ物語」はすべて、特定の観点の部分的な表現だ、と。ジグムント・バウマン[13]は次のように述べている。

「哲学者が究極のシステム、完全な秩序、未知の御しがたいあらゆるものの根絶を探求するのは、硬い地盤と安全な家を持つ夢が原因であり、人間のまさしく無限の可能性に終止符を打つことにつながる。世界をそのように探求すれば、人間の可能性の容赦ない抑制へと、いやでも退行することになる」

2つめの特徴は、あらゆる社会や政治に関する真剣な議論《ディスコース》が権力あるいは支配力であふれていると認識されることだ。どのようなメタ物語も、社会的・政治的秩序のヘゲモニー（支配権、主導権）と同義と受け取られるのである。［ラザーは次のように述べている。］

「行動を理解するだけでなく行動を構造化するものを理解すること、イデオロギー的、制度的な力が私たち自身の行動においてどのように作用するかを分析すること、私たち自身の取り組みの不完全さと制約のなさを認識すること、こうしたことはどれもが、私たちが巻き込まれる真剣な議論《ディスコース》を検討することだ。『当たり前の』ヒエラルキーを解体することによって規範を壊し、権力か知識あるいはその両方におけるつながりを前面に出すことは、明快で疑う余地がないように見えるものが実はそうではないことを示している。それは徹底した不安に、すなわち教授法とカリキュラムに深遠な影響をもたらすやり方でポストモダニズムに足を踏み入れることだ。（中略）このような混乱したコンテクストにおいては、教育的探求とは、権力か知識あるいはその両方におけるつながりの外では、人間らしい冒険心以外の何ものでもないと次第にみなされるようになる」[14]

ポストモダニズムに関する文献に見られる3つめの特徴は、「差異」を称賛していることだ。ある社会的状況における所定の要素の説明的あるいは政治的重要性を評価しようとも優先順位を決めようともせず、ポストモダニズムでは次のように述べる傾向がある。意味をあらわすものはすべてつくられたものにすぎないので、特別な重要性を与える明確な理由も、他より重視する明確な理由もない、と。［バウマンは次のように述べている。］

「本質的に多義で物議をかもす概念であるポストモダニティにおいては、（中略）何よりもまず消えることのない世界の多元性――完璧さを目指す（いずれ取り残されることになる）途中のかりそめの状態ではなく、存在の構造的本質――を受け容れることがしばしば述べられる。同じ理由で、ポストモダニティとは、モダニズムの衝動――差異を克服し、同一性を促す衝動――からの断固たる解放でもある。（中略）ポストモダニティという多様で多元的な世界では、あらゆる種類の人生が許されることになっている。いやむしろ、なんらかの種類の人生を許さないとするルールには合意されないのである」[15]

3つの特徴（考え方）にはすべて、第4次元の「システム」を、認識論的主体としての究極性から切り離すことが示されている。いずれの考え方も、全体性、個別性、優先性という特質を相対化しているのである。だが、形態《フォーム》あるいはシステムのありようをこのように相対化した――つまり、その主観性に気づいた――となれば、理解の性質はどのようなものになるのか。

理解の構造の漸進的変化においては、幼年期の精神的《メンタル》発達を見ても、あるいはポストモダニズムの根底にあるきわめて複雑な次元の意識を見ても、決まったパターンが絶えず繰り返されている。例外なく、先に差異化があり、次いで統合がある、と表現できるパターンである。そうならないはずがない。もともと融合していたものとふたたびつながったり、内在化したり、あるいは統合したりするにあたっては、まず、融合していたものと自分を区別する必要があるのだ。2歳児の「ノー」は文字どおりその子の最初の異議であり、その子がかつて一体化していた人やものを客体にするという宣言である。両親にとっては自分たちに向けられた異議に感じられるかもしれないものが、実は自己についてのその子の古い意味構築にも同様に向けられている。それはようやく手に入れた、だがまだ弱々しい差異化を持続しようとするニーズのあらわれだ。分離が確かになったら、そして両親との結びつきのせいで古い意味構築にふたたび吸収されてしまうおそれがなくなったら、反発が弱まり、子どもは新たな関係性のもと両親とふたたび結びつくことが可能になる。差異化ののちに統合があるというのはつまり、やがてそうなるということであって、私はどのような哲学的優先性も示唆するつもりはない。

同様のパターンは、主体‐客体の心理学研究のあらゆる質的な漸進的変化において見ることができる。成人発達――大半の被験者が第3次元から第4次元へ徐々に変化する――についての私たちの長年にわたる研究では、次のことが絶えず確認されているのだ。文化的・心理社会的環境に対する忠誠心及びその環境の価値観との一体化をまず批判し、そののちに、第4次元のシステム――そんな価値観を基にして行動したり、逆に退けたり、より包括的な意味構築のなかの新たな場所に適合するよう修正したりするシステム――が構築される、と。差異化ののちに統合がある。対立ののちに新たな解決がある。これは、シェイクスピアの『マクベス』に「より心温まる社交の場にするために、／晩餐までおのおの独りきりになろう」とあるように、実際に社会的あるいは個人的距離を置いたのちに初めて、ふたたび関係が結ばれるということではない。差異化が必ず統合に先行するというのは、認識論上の話だ。現実的に人や社会的な場から離れることになるかどうかは、それらの人や場が発達のプロセスに対してどんな支援を行うかによるだろう。
バービュルズとライスが特定するポストモダン思考の3つの「共通する」特徴にはさらに、ある人の理解の仕方がどうあれ、その人がみずからと第4次元のシステムを区別したという事実も示されている。だが、次の問いについてはどうだろう。ポストモダン思考もまた新たな種類の統合なのか、という問いである。バービュルズとライスが「アンチモダニズム」と呼ぶ類のポストモダン思考にとって、答えはノーだ。

アンチモダニズムの姿勢の特徴は、モダニズムの言葉と課題と価値観に対する強い反感である。(中略)モダニズムに関する懸念から生じ、それを乗り越えようとする視座ではなく、モダニズムに反対という視座に立っているのだ。そのような次第で、アンチモダニズムの視座は、理性や平等といったモダニズムの価値観を捉え直したり再構築したりすることではなく、それらを解体することに関係がある。当然ながら、こういう視座が特に説得力を持つのは、前向きな選択肢を再構築するより、モダニズムの限界や矛盾を指摘する場合のほうである。[16]

アンチモダニズムは明確に、統合の前にまず差異化があるという視座——価値ある分離を維持することに必然的にエネルギーを注ぎ、そうするもっともな理由を明確にできる視座——に立っている。そして、ぜひとも差異化したい対象とふたたび結びつこうとしていることは、以前の疑問視される意味構築に再吸収されるのを拒んで、この視座に立って初めてわかる。この視座の問題は、立つべきでない場所はきわめて明確になるけれども、立つことのできる場所がない、というより差異化に含まれる価値を促進するために立てる場所がないことだ。ポストモダン思考は多様な差異の「説明的重要性を評価しようとも優先順位を決めようともしない」とバービュルズとライスは述べているが、私に言わせれば、論文の最も意義深い部分によって、彼らは偶然にも、アンチモダニズムという種類のポストモダニズムと別のもっと統合的な種類のポストモダニズムとの差異を評価し、優先順位をつけている。

私たちは、支配の関係や、対立と敵意の歴史や、差異を取り巻く無理解や誤解の溝が、従来の教育目的・実践の足をすくうことについて、いささかも疑問を持ってはいない。実際、そうしたものを特定・批判することは、教育問題に対して新たな考え方を持つ第一歩として不可欠である。だが、もし自由を消極的にしか考えないなら（そうした障害を単に避けたり取り除いたりするだけなら）、教育的・政治的実践にとって、批判ののちにどんなことが起こるか定かではない。アンチモダニズムには、「積極的自由」――もっと好きなように考えたり行動したりできる社会的状況を特定する自由――についての明確な概念がない。そのため、アンチモダニズムは明確で正当な教育理論をはっきり述べることができなかった。（中略）私たちがアンチモダニズムと呼ぶ考えでは、批判事項を積極的に強調してきた。このアンチモダニズムの観点から生まれる教育実践は、それを促進する人々の好みに大きく左右されるように思われる。これは、必ずしもそのような実践を軽視しているわけではなく、アンチモダニズムというものは一般化の可能な価値観に照らしてそれらの実践を正当だと理由づけできないことを、あらためて強調しているにすぎない。結果として、価値に対する思い込み――そうした実践の根底に確かに存在する思い込み――が、内にひそみ、吟味されないままになってしまうことが少なくない。（中略）一方、ポストモダニズムは、強力な理由を説明する。多様性を重視する理由、均質性が存在しないときにそれを想定しない理由、支配的な考え方・話し方・行動の仕方に加わらない被験者に対するはっきりとしたあるいはさりげない排除を避ける理由を。この視座は、さらに押し進められ、次のような主張をするかもしれない。対立と誤解の状況を考えたら、私たちは他者の「アイデンティティ」（その人が何を自己のアイデンティティとして選択しているか）及び世界観の尊重を基本方針とするべきである。これは、自分が何者で、何が真実で、何が自分にとってよいかを常に教えられてきたグループメンバーにとって、特に必要なことだ、と。

しかしながら、文献では時折、この視座がはるかに問題のある主張に変わる。すなわち、差異の称賛が、共約不可能性※の前提や、相互理解の否定や、大げさな批判——差異を超えた理性的で合意に基づく会話を始めようとするどんな試みも必ず、支配的なグループの価値観や信念や話し方を他のグループに押しつけることになるという批判——に変わるのである。そのような主張は、ダイアローグや、合理性や、代替的見解に対する公正な扱いといった目標を否定している点でアンチモダニズム的だ。モダニズムのそうした昔ながらの目標を、達成が難しいとか場合によっては不可能——事実、不可能ではある——とみなすだけでなく、率直に言って望ましくない目標とみなすのである。

私たちの考えでは、このアンチモダニズム的視座は、理屈のうえでも実際においても支持できない。それは、差異の本質に対する深刻な誤解から生じており、教育学に反教育的影響をもたらす。この見方に傾倒する文献の多くが矛盾をはらみ、そのような厳しい批評は一貫して支持するのが難しいことを示唆する。そして、厳しいアンチモダニズム的批評をする多くの執筆者が、前向きな意見を述べるときが来るなり方向転換するのである。[17]

「アンチモダニズム」と対照的に、また、差異について評価したり優先順位をつけたりといったポストモ

※ 共約不可能性：複数の異なるものを共通の基準にもとづいて比較することは不可能であるということ。この場合には、「異なるアイデンティティをもつ複数の人間のあいだにも何らかの共通のものが存在しており、それにもとづいてそれらの人間を比較して理解することそのものが不可能であるという発想」という意味で用いられている

ダンの禁止事項に反すると認識していないが、バービュルズとライスは明らかに、私が「再構築主義的ポストモダニズム」と呼ぶもののほうをよいと考えている。すなわち、モダニズムの形態《フォーム》との差異化だけでなく、形態《フォーム》の絶対性を捨てる——形態《フォーム》を完全で、個別性のある、優先的なものと捉えない——新たな理解の仕方への再統合を探求するもののほうをよいと考えている。

　差異を超えたダイアローグは「必然的に」、差異を取り除くか、さもなくば、あるグループの意見を他のグループに押しつけることになる——。そのように考える必要はない。理解と協力と調節につながるダイアローグは、寛容になり敬意を払うという、より幅広い合意のもとで差異を持続できるのだ。したがって、必要なのは、一体感《コミュニティ》をアンチモダニズム的に否定することではなく、ポストモダニズム的に、もっと適応性があり均質性は薄いとの想定を一体感《コミュニティ》の基盤にすることである。（後略）

　ただ、ナンシー・ハートソックが指摘しているように、伝統的に劣位にあるグループが自分たちの声を見出しかけているまさにそのときに、信頼及び敬意を受ける権利を相対的に考えることの正当性を示す認識論的見解が広く認められたというのは、きわめて皮肉である。[18]

　脱構築主義的ポストモダニズムと再構築主義的ポストモダニズムの区別によって、あらゆる「体系的思考《セオリー》」（「立場」、あるいは「方法」）が必ずしも絶対主義的もしくはイデオロギー的であるわけではない可能性が明らかになる。あらゆる「差異化」（「規準化」あるいは「階層化」）が、特別な利益をこっそり独断的に与えることにつながるわけではない。あらゆる種類の評価あるいは優先順位づけが、許容範囲を超えたモダニズム的優位性につながるわけでもない。

先述した2種類のポストモダン・リーダーがかわす架空のダイアローグに話を戻すと、再構築主義的ポストモダニズムの可能性によって、実のところ「体系的思考《セオリー》」（「立場」あるいは「方法」）との一体化が擁護されるかもしれないことと、そのような擁護によって必ずしもなんらかのモダニズム的権威の具体化に逆戻りすることにはならないことが示唆される。一例は、つまるところ体系的思考《セオリー》構築に関する体系的思考《セオリー》だった体系的思考《セオリー》だ。どのような知的システムにもある、みずからを具体化する傾向、すなわち、内的な首尾一貫性を正当性と同一視する傾向、第4次元の主体性を「客観性」と呼ぶ傾向に留意していた体系的思考《セオリー》である。そのような体系的思考《セオリー》の「完成度」をあらわすのは、あらゆる異議から身を守る――つまり、ある体系的思考《セオリー》のために集められたすべてのデータがどうすればその体系的思考《セオリー》のなかで適所を見つけられるかを示す――モダニズム的能力ではなく、不完全であることを当然とし、矛盾点を見つけ出し、それによって進行中の体系的思考《セオリー》再構成プロセスを促すモダニズム的能力だろう。[19]

体系的思考《セオリー》に対する脱構築主義的関係と再構築主義的関係のこの区別は、学問分野に対する著しく異なる2つのポストモダニズム的関係を示唆している。先述したふたりのポストモダン・リーダー同様、一方はある分野（理論、あるいは学究的アプローチ）の限界を使って、認識されていないイデオロギー的不完全さと、ゆえに容認できないことを示す。これが、脱構築主義的な大学教授のスタンスだ。どのような分野（理論、あるいは学究的アプローチ）も、究極的には傾倒するに値しないと教え、値する知的活動は脱構築主義だけだとそれとなく伝えるのである。この定義によって、教授は、ありとあらゆる学問分野を解体する根拠を分野それぞれに見出すことになる。

これに対して、再構築主義的アプローチは、学問分野とその理論の限界をやはり学びの中心に据えているが、目的は、学問分野とその理論の再構成プロセスそのものの促進である。この再構成――いっそう優れた理論をつくり出すこと――が目指すのは最終的に「完全なる理論」に行き着くことだが、真に再構築主義的な考え方というのは、実のところそのような「勝利」を死と関連づける傾向がある。命が続く限り、そのプロセスもきっと続く必要がある。また、再構成は「完全なる理論」に行き着くという目的達成の手段としてではなく、目的それ自体として促進される――。このように教えると、学問分野やその理論が知識を確立・確認するための手順以上のもの、手順の再構成に関する手順になる。学問分野が、創造的になる。より生き生きとする。[20]

体系的思考《セオリー》構築に関する体系的思考《セオリー》でもある体系的思考《セオリー》と、態度表明の仕方にも重点を置く態度表明は、必然的に、手順と体系的思考《セオリー》と態度――絶対主義へ向かう傾向を意に介さない手順と体系的思考《セオリー》と態度――について、評価はするが、優先順位づけをしなくなる。このように、体系的思考《セオリー》と態度表明は評価や階層化に関わりはあるが、いずれもそれ自体は必ずしも絶対主義的ではない。したがって、ある体系的思考《セオリー》（あるいはシステム）が何かを「特別扱い」したり何かの「価値を決め」たりする（いずれもポストモダニズムお気に入りの言葉だ）という事実は、その体系的思考《セオリー》（あるいはシステム）がモダンである（絶対主義的である、不完全である、もしくはイデオロギー的である）ことの十分な証拠にはならない。

同様に、一般性（generalization）・普遍性（universality）と、許容範囲を超えたモダニズム的絶対主義を同一視することも再考する必要がある。あらゆる一般性あるいは提示されたグループの普遍的特性（universal）が、除外・疎外された人々を、支配的グループにのみ適合する項目やカテゴリに分類するわけではない。普遍的特性や一般性――たとえば、意味づけプロセス（統合の前にまず差異化があること。複雑性や意味構築が進みエネルギーがより凝縮されるという負のエントロピーのプロセスが、あらゆる生命体を特徴づけること）についての普遍的特性・一般性や、意味構築の形態《フォーム》（何を見ることができるか、つまり客体として捉えることができるか、何に埋め込まれているか、つまり主体として捉えているかという問いに関して分析できること）についての普遍的特性・一般性――は事実上、必ずしも絶対主義的とは限らないのである（これに対し、～というものであるとか、～というものにちがいないという前提は、間違いなく絶対主義的だ）。

かくして、再構築主義的ポストモダニズムによって可能性がふたたび生み出されることになる――ある種の規準の確立・階層化・特権の付与・一般化・普遍化が、世界に対するポストイデオロギー的な考えと矛盾しないだけでなく、その考えを維持するために必要であるという可能性である。この可能性がふたたび生み出されたら、本書で概説してきたような体系的思考《セオリー》は――判断したり一般化したり普遍性に対して主張したりするにもかかわらず、また「複雑性」を平然と特別扱いするにもかかわらず――実のところポストモダニズムの敵ではなく味方なのではないかという風変わりで正統でない考えをポストモダニストが検討することが、質的飛躍ではなく単なる量的飛躍になる。

有り体に言えば、主体‐客体理論はそれ以上のものかもしれない。実のところ、それはガイドとして親身に寄り添い、世界に対するポストモダンな見方を徐々につくり出すという長く困難な道を案内してゆく。というのも、ポストモダニストがよく言うように、自己は1つではなくいくつもの側面を持つが、ただちにというわけではないからである。いくつもの側面を持つポストモダニストの男女が結婚すれば、いくつもの側面を持つポストモダニストの赤ん坊が生まれるわけではない。そのような側面を見出すには、少なくとも人生の半分はかかる。ゆえに、道中のどの段階においても、よき道づれが必要になる。

それどころか、モダニズムの世界をあとにしたのちでさえ、よき道づれ――親身に寄り添う支援者――は不可欠だ。バービュルズとライスもアンチモダニストに対して強く怒りを覚えていることが、時折窺える。アンチモダニストの視座を、ふたりは「支持できない」、「深刻な誤解から生じている」、「反教育的」、「大げさ」、

「いたずらに悪影響を与える」、「非生産的」、「単純化しすぎている」などと評しているのだ。ふたりはどのようにして、片意地なアンチモダニストにその考えは間違いだと認めさせるのだろう。もっぱら代替案を示すことで、考えを改めさせようというのか。脱構築主義的モダニストがふたりの論文を読んだら、額《ひたい》をぴしゃりと叩いて大声でこう言うと期待しているのだろうか。「そうだったのか！　なぜずっと気づかなかったんだろう。私の脱構築主義的思考には欠陥がある。再構築主義に考えを改めよう！」と。まさか。だがもしふたりが、この可能性を真剣に考えるとしたらどうだろう。アンチモダニストの視座はなんらかの「深刻な誤解」から「生じる」のではなく、むしろ、「第4次元から第5次元の意識への漸進的変化における初期の複雑さのあらわれとしてそのような誤解がある」ために「生じる」可能性を。

　バービュルズとライスが再考するとすれば、まず、アンチモダニストの視座は「支持できない」という主張からになるだろう。この主張をする人は皆、私たちが長年にわたって実施してきた主体‐客体インタビューの記録を読んだほうがいい（大統領予備選挙の時期に、ユージーン・マッカーシーは次のような質問を受けた。「戦争に関するハンフリー上院議員の視座は支持できない。そう思いますか」。元イエズス会士でラテン語を解するマッカーシーはこう答えた。「支持できないとは、私たちには言えないだろう。なぜなら、彼はもうずいぶん長いあいだその見方を持ち続けてきたからだ」）。アンチモダンな視座を支持することは、第5次元の論理の基準からすればできないと考えられるが、アンチモダン独自の視座（第4次元の限界を批評するくらいにはその次元を超えているが、新たな次元を生み出すことはまだできない視座）からすれば100パーセントできる——そして世界をこのようにつくって自己が持続される。だが、アンチモダニストは自己を混乱させずして、脱構築主義的視座から再構築主義的視座へシフトできるようにはならない。

　バービュルズとライスが次にすることになるのは、アンチモダニストの視座を「単純化しすぎている」と評するのをやめることだろう。この言葉は、アンチモダニストがより単純な次元の精神的《メンタル》複雑さを示していると示唆するだけでなく、アンチモダニストはそのような複雑さを、あたかも代償を払わずに「修正」できる「過ち」であるかのように変えるつもりだとも示唆している。もしバービュルズとライスが2つの視座の区別について発達理論的定式化を試していたら、「単純化しすぎている」「非生産的」などと特徴づけるのは、自分たちの勝手な解釈だと気づいただろう。つまり、ふたりは状況を、アンチモダニストの観点ではなく、自分たちの観点からのみ見ている。だが、アンチモダニストの視座は、アンチモダニストにとっては決して単純ではないし、また、目下マインドが意味構成されているようなそのマインドの統合《インテグリティ》されたあり方を確かに「生み出して」いるのである。

最後に、もしバービュルズとライスが「差異を超えたダイアローグ」（彼らの論文のタイトルだ）を構成主義的発達理論に則って実践できたら、相手の家でしばし暮らし、相手の視座の統一性とそれを捨てることに伴う代償にもっと共感できるようになるだろう。このような種類の差異を超えたダイアローグができたら、もっと敬意を払って、深い谷のこちら側と向こう側に、頑丈な基盤を整えて橋をかけられるかもしれない――そのような橋はとっくに存在しているのになぜ相手はさっさと渡らないのか、などと思うのではなく。

私はバービュルズとライスの論文を高く評価しており、こんなことを述べるのは、ふたりを非難するためではない。それに、アンチモダニズムに対するふたりの苛立ちを、実は私も感じている。というのも、私が20年かけて発展させてきた理論が、アンチモダニストの手で埃《ほこり》まみれにされてしまっているからである。ただ、発達理論の可能性に真剣に取り組むなかで、私は苛立ちではなく結びつきを感じるようになっている。ふたりは再構築主義的モダニズムのほうをよしとし、それは私も同様だ。私としては、主体‐客体の心理学のような評価・優先順位づけ・一般化・普遍化をする理論を私たちがどのように理解すれば、ポストモダン・

プロジェクトのためになるかを示し、それによって、彼らの論文の認識されていない矛盾を解きたいと思う次第である。

本章を締めくくるにあたり、主体‐客体理論が実のところ具体的にどのように役立つ可能性があるかをまとめておこう。

その1。意識の複雑さを特別扱いする（主体‐客体の心理学はきっとする）からといって必ずしも絶対主義を伴う必要はないことを、主体‐客体理論は証明する。それどころか、絶対主義を回避するための救済ツールになるかもしれない。また、絶対的なものを拒否することと、あらゆる非絶対的な立場の可能性を拒否することの区別を維持しやすくする。

その2。（バービュルズとライスが意味構成するような）差異との評価・階層化の関係が、実際にポストモダニズムと両立するための条件を、主体‐客体理論は明確にする。たとえば、ポストモダニズムの視座はモダニズムの視座よりも、再構築主義的ポストモダニズムの視座はアンチモダニストの視座よりも高く評価されるが、それは、優位とされる視座のほうがなんらかの支配的・イデオロギー的絶対性に近いからではない。むしろ、支配的・イデオロギー的絶対性から私たちを守る視座に近いために、優位とされる。また、第4次元の意識の複雑さを超える意味構成は、第4次元に埋め込まれている意味構成よりも、第5次元の意味構成は、第4次元をわずかに超えた意味構成よりも高く評価されるが、それは複雑であること自体が素晴らしいからではない。それらの視座が優位とされるのは、現実についてのその新たな意味構成の仕方のほうが、他の現実についての意味構成の魅力と支配からはるかに強力に守ってくれるからなのである。

最後に、その3。一方の視座のほうがもう一方の視座より本当に複雑なのか、それとも単なる思い込みなのかどうかの判断基準を、主体‐客体理論は使えるようにする。差異との評価・階層化の関係と言えど、関係は関係だ。そのような関係は、劣位にあるものを軽視する必要はなく、むしろ、つながりを生み出す。もし一方の視座がもう一方の視座より本当に複雑なら、相手の立場で相手の視座を理解し、視座を変えるにあたって払うことになる代償に共感を示し、それまでの視座を否定するのではなく支援の手を差しのべることができるはずなのだ。もっとも、両者の視座が同程度に複雑である場合は、互いに相手の視座を理解できるかもしれないが、意識の次元と次元――優位についての誤った主張によって示唆される意識の次元――のあいだに橋をかけることは両者ともできない。また、もし一方の視座がもう一方の視座ほど複雑でない場合は、本質を適切に理解されているという実感を与えられるほどに相手の視座を理解するなど、まず不可能だろう。

第10章　誤った旅のよき道づれとなることについて

前章で対立と差異、リーダーシップ、知識創造について考察した際に述べたように、多くの学問分野や学術的議論《ディスコース》の最先端を見ると、現代を生きる成人のマインドに対するさらなる期待と要求が窺える。そのさまざまな主張には共通点がある。いずれも、第4次元の意識を超えるレベルの複雑さを求めているのである。ただ、すべての人がモダニズムの要求――現代文化のカリキュラムにおける必須「科目」――に圧倒されながら成人期の一定期間を過ごすことになるのを心配する必要はない。過去・現在を問わず、そのカリキュラムの目指すものをよく呑み込めない人がおそらく2分の1から3分の2くらいいることも、気にしなくていい。なにしろ、「大人なのに、キャパオーバーでお手上げだ」と思うのは、今や、第4次元未満の複雑さで現実を意味構成しているあいだだけではない。たとえ第4次元で意味構成していても、追加の課題がずらりと待ち受けている。現代文化のカリキュラムにおける「優等コース《オナーズ》」――ポストモダニズムが課す精神的《メンタル》重荷――に関しては、ほぼ全員がお手上げ状態なのである。

成人の生活の公私を問わずいっそう多くの領域で新たな期待があらわれると、どうも、現代文化の「教員たち」――その道の権威、専門家、文献執筆者――の一部が、「2科目専攻」を必須にすることや、通常の教科課程を丸ごと優等コースに替えることを、要求し始めるらしい。モダニズムを「追い払い」、ポストモダニズムを「容れよ」というわけだ。

ただ、新たな「カリキュラム」を主張する人はたいてい、通常の教科課程でさえ大多数の人にとってどれほど難しいかをほとんど理解せず、モダニズムの認識論的前提を軽蔑の目で見ている。そういう人はさながら厄介な教師――昔は、才能はあるが社交性が乏しく、知ったかぶりをしたり面倒なことをごまかしたりするような学生で、教える側になった今は、担当教科の新しい側面に関心を持つようになり、そのために注意を学生の苦労ではなくみずからの情熱に向け、教員としての支援的な役割を放棄してしまうかもしれない教師――のようだ。

これは、ポストモダニズムへの情熱など要らないとか、新たなカリキュラムに価値がないとか、そういうことではない。そのカリキュラムは本当は誰のカリキュラムなのか、つまり学生のカリキュラムなのか、それとも教員のカリキュラムなのかという疑問を投げかけている。そして、優秀に見える教員と確かに優秀な教員のあいだには重大な違いがあることを示唆している。

そもそも、第3次元から第4次元へ徐々に移行するのがやっとだという人が大半なのに、モダニズムの限界に対する批判を正しく理解することを期待されたところでどうなるのか。ポストモダニズム好きの専門家が何と言おうと、このカリキュラムに実際に取り組む人は、そういう専門家が主張する人数よりはるかに少ないのだ。

人々が抱える精神的《メンタル》課題の性質を取り違えたら、私たちが支援したいと思うまさにその人たちを受容することが難しくなってしまう。人々が追い求めることになる本当の精神的《メンタル》変容の性質を誤解したら、私たちは誤った旅のよき道づれになってしまう。これから論じるとおり、ポストモダン世界の到来に対し、大半の人がまだ準備を整えられていない。セラピストの指導者として著名なエルヴィン・セムラドの言葉を参考にして言うなら、ポストモダニズムに対する熱意のほとんどは、「誤った果樹園に生《な》っている真っ赤なりんご」なのである。

ポストモダニズムの真剣な議論《ディスコース》における意識の複雑さが私たちの理解を超えている場合、どのような影響が私たちに及ぼされるのか。

なんら影響を受けることなく情報を読んだり聞いたりできる人もいる。いまだ切り離せない忠誠心が無視されたり、ようやく強固にし始めた自己権威や内なるイデオロギーの形態《フォーム》が軽視されたりすることに腹を立てる人もいる。

しかしながら、ポストモダニズムの真剣な議論《ディスコース》がらみで最も興味深く、かつ誤解されやすいのはこの点だ。第3次元から第4次元の意識へ苦労しながら移行しようとしている人の一部——とりわけ、白人でもなければ、男性、異性愛者、キリスト教徒、中流階級、健常者でもない人々、社会の周縁に追いやられながらもその状況を軸に自己権威を意味構築することがごく当たり前にできてしまうと思われる人々——は、ポストモダニズムの情報と勢い、及びポストモダニズムに対する批判を、第4次元の意識を超えるためではなくそれを意味構成するために使う可能性が高いという点である。

文化的に優勢なイデオロギーにとっての課題は、あらゆるイデオロギーの絶対性に対するポストモダニズムの批判によってもたらされるか、競合する別のイデオロギーによってもたらされるかによって、大きな差異がある。

結局のところ、知識創造についてのポストモダンな分析は、支配的な国家主権主義や資本主義の絶対性に対する苛立ちだけでなく、マルクス主義思想の絶対性に対する苛立ちに端を発している。正真正銘ポストモダンな第5次元の分析は、右派の現状維持イデオロギーを混乱させるだけでなく、左寄りのフェミニズムやアフリカ中心主義などあらゆる解放運動イデオロギーもきっと混乱させる。

だがこの言葉、つまり「ポストモダニズム」が現状という海岸への足がかりをつくるために使われると、困惑することが起きる。伝統的理論や社会的制度が、イデオロギーとの一体化それ自体を示すためではなく、妥当性を否定された特定のイデオロギーの虜《とりこ》になっていることを示すために、「特別扱いする」「価値を与える」「階層化する」「優遇する」「正当化する」あるいは「一般化する」と評されるようになる。もとは絶対主義の権威の衰えを明らかにするために生み出された言葉が、競合する種類の絶対主義を促進するために使われるようになるのである。

例として、心理学における特に大胆な「見直し」、つまり、性差別をしない人間発達理論構築の見直しについて考えてみよう。たとえばナンシー・チョドロウの『母親業の再生産』[1]を読むと、性差に関するフロイト理論の説明について鋭く見事な意味の再構成が行われている。初めての恋愛関係の意味が男児と女児では異なるというフロイトの説明が、チョドロウの手にかかればどんな具合になるかを見てみよう。

フロイトによれば、男児は母親とのつながりが密接なので、必然的に母親を独占したいと思うようになるが、父親に報復されるとの考えによって、この恋は断念されるという。フロイトは、幼児が男女の生殖器の差異に関心を持つことに気づき、研究によって、男児は怒った父親にペニスを切り落とされるのではないかと妄想するようになるとの結論を導き出した。

フロイト曰く、この「決定的な」恐怖によって、男児は母親についての計画を文字どおり再考することになる。現実の母親を追い求めるのをやめ、「攻撃者と一体化し」、父親の重要な側面をみずからの内に取り込む。父親のようになり、そうして母親のような誰かを得ることが可能になる。報復のおそれのある父親を内在化し、それによって男児は「自制心」、つまり衝動をコントロールするものも育み、やがて目標のために満足

『母親業の再生産』
大塚光子、大内菅子訳、新曜社、1981年

を先延ばしして規律正しく行動できるようになるのである。このように、フロイトは母親への強烈な憧れを男児が抑圧するのを、重要な心理的成果――自己を鍛え、結果として仕事と権限に対する責任を子どもが持てるようにする心理的成果――と表現している。

一方、女児の場合は話が別になる。早い段階で母親と強い結びつきを築くが、生殖器の男女差に気づくことで不当な扱いを受けている気持ちになり、その状況は、フロイトによれば、母親のせいだと考える傾向があるという。生殖器の男女差に気づくことによって、男児はエディプスコンプレックスに基づく恋愛感情をきっぱりと終えることになるのに対し、女児は対象を母親から父親に移して、事実上その感情を持ち始めることになる。

では、女児は何によってその関係を終わらせると、フロイトは考えるのか。答えは、「答えはない」である。女児にはその関係を終わらせる強力な動機がないので、関係はいつまでも続いていく。その結果、やがて大人になった女性は男性に比べて自我境界が弱く、自制や自己鍛錬に欠ける、つまり仕事の世界や自己権威への適性に難がある、とフロイトは言う。曰く、抑圧の経験及びそれによって生じる利益が、女性には悲しいほどに欠けている、と。

チョドロウの「ポスト・フロイト」的説明では、フロイトの世界から離れるのではなく、その世界へふたたび入り、同じ素材で別の男児・女児のストーリーが述べられる。「去勢コンプレックス」及びその役割――去勢コンプレックスによって、男児にとってはエディプス期の恋愛が終わり、女児にとっては始まる――に関する重要な前提を、チョドロウは認めている。

ただしチョドロウは、女児が行わないことの代価ではなく、むしろ男児が行うことの代価に注目する。男児は、幼少期に始まってからずっと続いてきた母親とのつながりを抑圧あるいは葬らなければならない。

これに対し女児は、愛する相手を頼り、慕い、つながる幼少期の関係を抑圧する必要が全くない。父親とのつながりを加えるだけである。だが男児は、個体化の代償として一切を否定しなければならない。幼少期を抜け出し「強くなった」自己を手に入れるのは、男児ではなく女児なのである。

女児は男児と違い、この時期を抜け出し、自己に関する自分の基本的定義に組み込まれた「共感」の基盤をつくる。他者のニーズや感情を自分のものとして感じる基盤を、より強くするのである。(中略)女児は、差異化された存在と思うより、むしろ外部の対象世界とつながり、関連していると感じ、それと同時に、内的な対象世界とも強くつながっていると感じるようになる。自己についての女児の経験には、男児よりも柔軟な、あるいは浸透性のある自己境界が組み込まれている。男児は自分を、他と全く違う(distinct)分離した存在として定義し、確固たる自己境界を持っている、差異化されていると、より強く感じるようになる。自己について、女性は基本的に世界とつながっていると感じ、男性は基本的に分離した存在だと感じるのである。[2]

一体、何が起きているのか。フロイト理論の現状に対する異議であるのは確かだ。だが、どのような種類の異議なのか。

国防総省の中性子爆弾(建物を全く破壊せずに敵を殺すことができる)よろしく、チョドロウはフロイトの前提に対しうやうやしいと形容してもいいくらいの態度を取る一方、その前提の意味をがらりと変えている。フロイトの思想体系(とオイディプス[エディプス]たち)になんら変わりはない。だがチョドロウはそこに、女性たちが胸を張って歩きまわれる場所をつくった。ストーリーはもはや、女性の能力不足ではなく女性の勝利を語るストーリーになったのである。

チョドロウの理論は、人類のうち過小評価されてきた巨大なサブグループのために場所を空け、尊厳や自尊心を犠牲にすることなく入ってこられるようにする方法を、フロイトの前提に同意するあらゆる知的コミュニティ（大学の課程や学部、心理学の専門家、メンタルクリニック）に提供する。これにより、現状に異議が唱えられる。だが、どのような種類の異議なのか。現状の絶対性を超えるための、現状に対する異議申し立てなのか。それとも、より多様な人間をそこに含めるための異議申し立てなのか。

チョドロウの理論は広く利用されるようになっており、男性を高く評価されるにふさわしくないとする一方で、女性をふさわしいとしがちかもしれない。

ただ、チョドロウの理論の使われ方は――おそらく意味構成のされ方さえも――、イデオロギーそれ自体に対する異議をあらわすものではない。チョドロウの理論はフロイトのそれと同様、似た普遍的特性（universals）・一般性（generalities）と異なる普遍的特性・一般性の両方のために、一般化・普遍化しようとするものだ。そして、独断的に一方を基準化して特別扱いしている点で、ポストモダンの基本思想にきわめて反している。

2つの理論は、何を階層の最上部に置くかという点においてのみ異なっている。フロイトのイデオロギーは、抑圧に価値を置いており、男性の勝利と女性の能力不足についてのストーリーだ。一方、チョドロウの理論、少なくともその使われ方は、愛情とつながりに価値を置いており、女性の勝利と男性の能力不足についてのストーリーになっている。両方とも、モダニズムの絶対主義的な理論である。

だが、フロイトの前提の枠内で、全く異なる第3のストーリーを語ることも可能だ。

もし、「つながり」か「分離」のどちらかに優位性を与えるには独断的にならざるを得ないと考えるだけでなく、「男女間の」違いと言われるまさにその差異が絶対的であるわけではないとも考えるとしたら、どうなるか。つまり、男女のどちらもが、豊かなつながりを感じたい（そばにいたい、受け容れられたい、一部でありたい）という強い願望を持つと同時に、十分に差異化されたい（個別性［distinct］・全体性［whole］を持つ存在でありたい、自分の意志で選択していると実感したい）という強い願望を持つと考えるとしたら、どうなるだろう。男女の差異は、それらの願望のどれかと本質的に一体化することにはあまりなく、むしろその1つひとつを十分に実感した幼い頃の経験にあると考えるとしたら、どうなるか。このような第5次元の前提が増えれば、別のストーリーを語ることになるかもしれない。

フロイトとチョドロウに倣《なら》い、幼少期の経験によって、男性が「つながり」に、女性が「自立」に、重きを置いたり心が傾いたりするようになると仮定しよう。別の言い方をするなら、それらは男女が共通に持つ2つの面のうち、弱く実現しにくいほうの側面と考えられる。

男性の最大の不安は、見捨てられるあるいは取り残される不安になるだろう。男性はそのような経験を幼い頃に二度、耐え忍ぶ。まず、分離と個体化のプロセスのごく初期に一度、母親を失う（母親というのは、娘と違い息子は母親から離れなければならないあるいは離れるべきだとなぜか思っており、娘に対するより強い態度で息子を放っておくものらしい）。その後、エディプス的関係を解決するにあたってふたたび母親を失う。つながりの経験やつながりに対する希望が、男性を危険にさらす、つまり脆弱にしてしまい、つらい目にまたあうのではないかと強烈に思うために、依存したり親密になったりするのを拒否する――そのように考えることはできないだろうか。

同様に、女性の最も落ち着かない心理状態は、その幼少期の説明についてやはりフロイトとチョドロウの説明を参考にするなら、個体化と自律へ向けて努力するも、ふたたび一体化してしまいがちであるがための落ち着かない心理状態であり、それが最大の不安になる、と考えられないだろうか。幼少期の個体化の試みもエディプス状況から抜け出す試みも完全にはうまくいっておらず、女性は傷つきやすさの極みと言うべき領域——挫折させられた、自律への取り組みのやり直し——に挑むのを何より拒むかもしれない。

とどのつまり、男性は、うまくつながりを持てないこと（つながりを維持できないこと、見捨てられるかもしれないこと）をひどく恐れており、やがて、二面のうち獲得できていない側面を残念に思う気持ちもあって、自分の自立を過度に大切にするようになってしまうだろう。女性は、分離した状態になれないこと（分離を維持できないこと、挫折させられたり過大評価されたりするかもしれないこと）をひどく恐れており、やがて、同じく二面のうち獲得できていない側面を残念に思う気持ちもあって、親密さや包摂性を過度に大切にするようになってしまうかもしれない。

この説明によれば、男性は何の葛藤もなく進んで「分離した」状態になるわけではないし、女性も何の葛藤もなく進んで「つながり」を築くわけではない。両者とも、やむなく、人間が持つ2つの側面のうちどちらか一方に秀《ひい》でるようになるのだ。

ただ、二面の両方を統合できているわけではないため、男性も女性も、投影を特徴とする関係を築き、第4次元の意識ならではの率直な対立（二面のうち得意なほうの側面と一体化しすぎていることに気づこうとするニーズを示唆する対立）をする準備は整っている。二面の両方ともを統合できているわけではないことによって、男女どちらの在り方もいくぶん抑鬱的になる。「独立している」男性と「つながりを築いている」女性はどちらも仮面をかぶり、その下に、機能不全の自尊心もしくは意識に上らない激しい怒りの問題を隠していると言えるだろう。

さて、以上3つの説明、すなわちフロイト、チョドロウ、それに3つめのポストモダニズムの説明のうち、権利を奪われていると感じている女性の心に最も強く共感を呼び起こすのはどれだろう（ヒント＝フロイトの説明でも、第3の説明でもない）。人類のなかで社会的に置き去りにされてきた、あるいは軽んじられてきた人から見れば、いや、独断的に弱い立場へ追いやられるという不利益を被ってきた人なら誰にとっても、ポストモダニズムのカリキュラムは当然ながら、モダニズム習得のために支援を受けてきた人々の不適切な特権か遊び道具に思えるだろう。まさしく、「優等《オナーズ》」カリキュラムだ。排除されてきた人々からすれば、ポストモダニズムは、放課後働く必要のない人々のためのサークル活動のように見えるのである。

ダイバーシティ・ムーブメントがもたらすもの

「ダイバーシティ・ムーブメント（多様性の尊重を目指す運動）」がポストモダニズムの始まりを告げるとは限らない、と述べても、それは批判ではない。「ダイバーシティ・ムーブメント」は、権利を奪われた人々がカリキュラム――権利を奪われていない人々がこなそうとしている（そのためにさまざまな支援を得ている）のと同じカリキュラム――をこなせるよう、なんとかして支援しようとする取り組みだ。現状に対する異議申し立てだが、焦点は、モダニズムの限界でなく、モダニズムをマスターするための支援が恥ずかしげもなく不平等かつ計画的に配分されていることに定められている。それは、より多くの人々、もっと多様な、主流ではないコミュニティの人々に、本物の自己権威を育てる機会をもたらすことに主眼を置いているのである。

ポスト性差別主義的知識にしろ、ポスト人種差別的知識にしろ、あるいはポストホモフォビア的知識にしろ、その発達はポストモダニズムではないかもしれない。だが、第3次元から第4次元へ移行しつつあるより多くの人々に適切な支援を届けたいというニーズを、おそらく満たしやすくしてくれる。「ダイバーシティ・ムーブメント」は、社会人学生を含めたすべての学生がジェンダーや人種や性的指向にかかわらず目標に向かって前進できる「学校」をつくるべく、文化に挑んでいる。それは、あらゆる人が成長できる場をつくることへの挑戦なのだ。

どのような「イデオロギーのコミュニティ」も——文化の一部となっているために目立ちにくい（その文化が認める人々を職に就かせるなど）コミュニティも、非支配的なイデオロギーであるために必然的に目立つ（フェミニズムやアフリカ中心主義へ誘導するなど）コミュニティも——、第4次元の意識を育てるのを手助けし、「包み込む環境」として機能する可能性がある。最もよい場合、そのようなコミュニティはメンバーに対し、自己の外部でつくられ、同一化していた価値観や忠誠心以上のものを与える。実のところ、コミュニティはメンバーに、「自分自身の苦しみについての体系的思考《セオリー》」と「自身のあらゆる価値観と忠誠心を再分析するための内在化されたシステム（あるいは手順）」を構築するよう要請するのである。このようにしてイデオロギー——わけても、社会の周辺で黙って生きてきた人々に声を与える解放思想《フェミニスト》——のコミュニティは、現代の成人に、さらにもう1つの第4次元の要求を課す。女性というだけでなく男女同権論者になるために、黒人というだけでなくアフリカ中心主義者になるために、機能不全家族の犠牲者というだけでなくアルコール依存症者に育てられたアダルトチャイルドになるために、人々は、文化的環境との一体化から分離し、そうした人格的要素を、自己アイデンティティ（自己権威）——現実をみずからつくるための再解釈的イデオロギー——における重要な要素に変えなければならないのである。

一方、非支配的な「イデオロギーのコミュニティ」に属していない、しかし成人発達——自分及び他者の発達——をぜひ支援したいと思う人々にとっては、どうすれば、ダイバーシティ・ムーブメントが役に立つのか。実は教師、マネジャー、リーダー、あるいは政策立案者がみずからドアをあけるのであれ、いつのまにかダイバーシティ・ムーブメントによってドアが蹴破られるのであれ、あるいはそのいずれとも言いがたい場合であれ、この運動はあらゆる人の成長を後押しする手段になりうる。ただし、困難に挑む人々がそれを、自分が成長する機会として捉えることが必要だ。

いったいなぜ、この運動が、困難に挑む人々の成長の手段になるのか。

「この学習課程（学習論、学習プログラム）には私の経験が反映されていない！」

「このオフィス（首脳部、顧問団）には私の仲間があまりいないじゃないか！」

教師にしろ、マネジャー、リーダー、政策立案者にしろ、なんらかの排他性やバイアスや政治的不公正さに対してときにそのような不平を漏らさずにいられる人はほとんどいないだろう。不満を覚えるそのような出来事に、「包括的に」、「ムキになることなく」、少なくとも礼儀をわきまえて対応せよとのいっそう強まる要求は実のところ、責任ある地位に就き、支配的な文化と同一化しているかもしれないあらゆる人のマインドに対する現代の要求だ（さらに言えば、これは責任を負う立場にあるほぼすべての人に当てはまる。なぜなら、ある面で周辺に追いやられている人――黒人、レズビアンなど――であっても、別の面では支配的なクラスに属している――黒人だが異性愛者、レズビアンだが白人など――ことが考えられるからだ）。このような要求に応えるには、第4次元は必要な、だが十分ではない条件である。

エイブル夫妻は、第4次元の意識を使って、差異を感じることによる苦しみを防ぐ、つまり差異によって夫婦の関係にひびが入ったと感じるのを防ぐことができる。相手のことも自分自身のことも全体性のある人間として理解し、相手と自分が同じ「マインドの文化」を持っているはずだなどと思わず、相手と自分がふたりの関係に対して違う貢献をするのを大切に考えようと努めている。だが、いざ差異を目の当たりにすると、そう簡単にいくとは限らない。ふたりは、あがく。どんな瞬間も「ムキにならずに」――真摯に差異と向き合い、対処しようとする際の、過大評価された現象――いられることは、おそらくない。だがエイブル夫妻は、ムキになりかけたそのときに、罵り合うというありがちな対応に走ることはない。なぜなら、そのように対応すれば、差異を埋めようと本気で取り組み、ふたりがそれぞれに持つ「マインドの文化」の全体性、統合性《インテグリティ》、個別性、尊厳をはるかに凌ぐ結果を得られると、今では確信しているからである。

世界を第4次元で意味構成すれば夫妻と同様に行動すると保証されるわけではないが、その能力があることは保証される。成人全体の3分の1以上の人々はその能力を持っており、この人々が「ダイバーシティ・ムーブメント」というチャレンジを使って、夫妻と同様に行動しない理由はない。それはつまり、責任ある立場にあり、間違いなく第4次元で世界を意味構成している人々にとって、次の点を理解することが重要だということだ――「ダイバーシティ・ムーブメント」が自分に要求していることは、一部を除き、キャパオーバーのお手上げ状態のものではない、と。それは、自分の視座の全体性・統合性《インテグリティ》に対する自身の判断を手放せという第5次元の要求ではなく、他者の、自身の視座に対する意味構築の仕方の全体性・個別性を認識せよという要求にすぎない。これなら第4次元で可能だ。

どのようにすればいいか。「私の経験が反映されていない」「私の仲間があまりいないじゃないか」といった非難や、「政治的不公正さ」についての不満に対し、「ずいぶんと観念的な不平不満だな！」とまずは（おそらく内心で）反応したとしても、不思議はないだろう。だが、第4次元で世界を意味構成しているなら、公正な反応はこれしかない――「いや、私の理解の仕方も観念的だ。ただ、私の理解の仕方のほうが、その度合いがましというわけではなく、広く受け容れられている／正当である／なじみがあるというところに差異がある」。

これらの差異を、相手の「マインドの文化」――自分にとってどれほど奇妙であろうと、尊重すべき文化

――から生じるものとして考えたら、どんなことが起きるだろう。「相手の文化に溶け込み」、理解しているふりをする必要はない。一方で、誰もが同じ文化の出身で、理解の仕方が全く同じであると考えるわけにもいかない。さらには、相手はちょっと「訪ねて」きただけですぐ「自分の文化」に帰るはずだなどと思うこともできない。相手は常に自分の文化にいるのだ。もしこの教室（オフィス／政府／国）が相手にとっても「自分の文化」であるなら、私たちは方法を見つける必要があるだろう――互いの文化の個別性、統合性《インテグリティ》、全体性、尊厳をはるかに超える、必修科目《カリキュラム》を学ぶ方法（仕事を成し遂げる方法／都市問題を解決する方法／ともに生きる方法）を。

　発達理論的に言えば、つまり、私たち成人が意識の発達のどのあたりにいるかを考えれば、「ダイバーシティ・ムーブメント」の挑戦と可能性に対する捉え方として、このほうが、立派だが現段階では難しすぎるポストモダンのカリキュラムと関連づけるより、はるかに現実的だろう。「ダイバーシティ・ムーブメント」に対するこの考え方は、対立するあらゆる陣営に対し、ベイカー夫妻ではなくエイブル夫妻のように理解し行動することを期待する。両陣営に対し、相手への互いの疑念を、自分自身の不完全さ（incompleteness）への疑いにまで広げることを期待しない。両陣営に対し、意見のぶつかり合いを、一方もしくは両方が１つのシステムやイデオロギーと同一化しすぎてしまっているサインとして捉えることを期待しない。両陣営に対し、問題に「彼らという人間を解き明かして」もらうことではなく、彼らが「問題を解決する」ことを期待する。両陣営に対し、あらゆる文化が礼儀正しく含まれる関係を築くことを期待する。すべての人が、関係に優先して、自分たちの個別性（distinctness）の創作的な、つくられた性質に気づくとは期待しない。もし気づくことができるなら、それはそれで結構だ。ただ、当然気づくものと思ってはいけない。

　この考え方は、挑戦者を現状に閉じ込めるものではない。古い現状を新しい現状に替えるものだ。白人のように行動しさえすれば、黒人が責任ある地位に就けるようになるということではない。代名詞を変えたり

「マイケル」の例を「メアリー」の例に替えたりするだけで、女性の経験がカリキュラムに含まれるということでもない。それは、かつて社会の片隅に追いやられていた人々が、やがて責任ある地位に就くということ、その人たちならではの考え方を持ち、課題を設定し、目標を達成するだろうということである。そういう道が認められ、受け容れられ、大切にされるということである――ただし、対立するあらゆる「文化」がそれぞれの全体性（wholeness）・個別性（distinctness）を持ったまま存在できる、なんらかの共通の基盤があることが条件だ。この共通の基盤が事実上、新たな現状と新たなイデオロギーになるが、その健全さは以前とは比ぶべくもない。

１９９２年の選挙後、ビル・クリントン次期大統領が「アメリカ的な」閣僚人事をする約束を果たすよう圧力を受けていたとき、アメリカに存在する多様なイデオロギーと哲学をあらわす人事を、と迫る人は皆無だった。多様性の頑強な支持者でさえ、多大な期待を寄せるのは、国を導く方法と方向について共通の基盤を持ちうる人が選ばれることだったのである。多様性の支持者が望んでいたのは、そのような共通の基盤を持ち、かつアメリカの多様なジェンダー、人種、民族を象徴する人選が行われることだった。彼らは、そうした多様な人々が持つ、多様な統合《インテグリティ》されたあり方とものの見方を、クリントンに当たり前のものと捉え、受け容れ、歓迎してほしいと思っていたのである。

だが、クリントンが特定の人と共通の基盤を築けなかった場合、それでもその人は指名されて然るべきなのか。圧力をかける人々が主張していた多様性の種類が、主流のイデオロギーを絶えず妨害する種類であったとは、私は思わない。多様性ならではの差異を、全体性や完全性を当然とするのが誤りであることを立証する機会と捉える種類の多様性だったとも、私は思わない。ひょっとするとクリントンの閣僚は今まさにそういう種類のものになっているかもしれないが、私にはわからない。

私が言いたいのは、「ダイバーシティ・ムーブメント」が企業や政府において主張しているのは、そういう種類の、差異に対するポストモダニズム的アプローチではないということである。それは雇用主に対し、共通の基盤を見出せない人を雇用せよと要求しているわけではない。ただ、雇われる人のなかに、白人ではない人、男性ではない人、異性愛者ではない人、健常者ではない人が増えることを求めているだけである。これは、モダニズムの第4次元の要求同様、挑戦的ではあるとしても文句なく現実的な要求だ。それはポストモダニズムの要求ではないし、ポストモダニズムの要求というのは今のところ現実的ではないだろう。

同様に、大学内の第4次元で現実を意味構成する人たちが、究極的に多様性の問題に脅かされることはない。なぜなら、ポストモダニズム信奉者によって生み出される状況や主張というのは、実のところ第5次元のポストモダンな要求を示してはいないからである。「第2次世界大戦から現代までのアメリカ史」を学ぶ歴史講座（あるいは「21世紀のアメリカの小説」を学ぶ文学講座であれ「思春期の発達」を学ぶ心理学講座であれ）は、とどのつまり、白人男性のアメリカ人（白人男性の著者、白人男性の若者）の歴史（文学、心理学）でしかなく、間違いなく排他的だ。それにしても、不愉快な思いをさせられる学生は、この暴挙をどのように理解するのか。また、それはどのようにして正されるのか。

多くの学生の場合、講座で本を読んだり講義を聞いたりディスカッションをしたりする際に、排除されたアイデンティティを十分にあらわす機会が与えられることによって、これは正される。そのような学生にとって批判の対象になるのは、歴史や文学や心理学が「認知」される方法——私たちが歴史や批評文学を学んだり心理的発達のストーリーを話したりする仕方——ではない。排除されていた経験や人格的要素に、白人男性に払って然るべきとされるのと同じ注意が払われれば、講座はなんとか包摂的になるのだ。

だが、暴挙を正すのに、これで十分と思わない学生もいる。彼らは手法と前提、つまり「歴史を扱ったり」

「人間発達のストーリーを書いたり」する方法自体を、排他的である、主流の階級が独占しているとみなすのだ。ただ、ここでも言えることとして、不愉快な思いをさせられている学生が求めているのは、統合性《インテグリティ》や全体性に対するなんらかの説明体系による主張を覆す場として、歴史や心理学の講座が機能することではない。彼らが望むのはむしろ、より多くの個別性のある説明体系（男女同権論《フェミニズム》の体系、アフリカ中心主義の体系）が包摂され、同様の敬意が払われることなのだ。

　立派な紛《まが》うかたなきモダニストである「エイブル夫妻」の、意見の対立に対するアプローチを思い出してみよう。そのアプローチでなされるのは、異なる説明体系に対し「文化を超えて」敬意を払うようにという、難しいが実現可能な第4次元の要求だ。この要求によって、教員は、ある分野を「扱う」多様な方法を受け容れられるかどうかについて検討することを求められるだろう。それと同時に、対立するあらゆる陣営に対し、もう一度、講座における共通の基盤、すなわち多様なイデオロギーが存在できる場をつくることを求められるだろう（この場づくりも、それらのイデオロギーにはそれぞれの個別性、統合性《インテグリティ》、優先性があるというモダニズム的信念に基づいて、協力して行われる）。

　たとえば私が子どもの発達に関する心理学講座をひらくなら、この講座を選ぶことによって、心理学分野が子どもの発達に関する知識とみなす概念・考え・重要な前提を学べることを、学生たちに請け合うだろう。もしその知識に、別講座で受けた、子どもへの早期の愛着に関する、フロイトとチョドロウも採用する前提が含まれるなら、学生がその前提を理解しているものと私が思っても何も不思議はない。学生はその前提に賛同しなくてもいいが、理解はする必要があるのだ。逆に、私の講座の前提を一応理解した学生が、フロイトとチョドロウの前提に対するのと同様さまざまに私の講座の前提を説明しても何の不思議もない。そして私は、どれか1つの説明が他の説明ほど説得力がないことに気づく必要はないが、前提に対する第4次元の説明システムからなされる十分な理解が、同じ前提に対する他の次元の説明システムからなされる十分な理解と同様に受け容れ可能だと気づく必要は絶対にある。前提に対する十分な理解と、その前提を、公式化あるいは説明の要素として使う——特定の公式化あるいは説明のために使うのではなく——能力こそが、私たちの共通の基盤なのである。

言うまでもないが、カリキュラムの排他性に異議を唱える学生の大半——彼らの意識の複雑さは他の学生と変わらない——は、まだ現実を第4次元で意味構築していない。多くは、第3次元から第4次元へ、これから徐々に変容していくだろう。このような状況では、教員は多様性の問題を使い、授業内容を豊かにして、第4次元への発達を支援するためのより創造的な場を生み出すことができる。ただ、関わろうとしている変容はモダニズムから出るものではなくモダニズムに入るものだと理解したら、教員はきっと取り組みを進めやすくなる。

たとえば教員（あるいは親）はいつのまにか、学生（あるいは若い成人の子ども）によって利用され、学生（あるいは子ども）が退けつつある文化的環境の代役にされているかもしれない。この内面的な認識論的分離は、私たちが役を与えられ、学生（あるいは子ども）の外面的な演技に引き込まれてしまうと、つらく感じられるかもしれない。

だがこれは、教えること（あるいはペアレンティング）の領域に、常になんらかの形で含まれるものだ。学生の理想化に関わるほうが、反理想化に加わるより楽しいかもしれないが、私たちは（傷心を癒やしつつ）こう考えるだろう。そんなふうに私たちを利用することが学生にとって好都合だとしても、私たちが彼らに追従的な一体化をされるいわれはない。ちょうど、学生に悪《あ》し様《ざま》に言われるいわれはないのと同様に、と。

一方で教員は、講座にとっての多様性の問題を大切にし、それに対応しようとする際に、学生の発達を手助けることもできる。自分の外部で生み出された価値観や、「政治的に正しい」やり方、あるいは派手なキャッチフレーズを掲げた考え方との一体化を超え、本物の、自分ならではのイデオロギー――みずからの価値ある信念と挑戦の基礎となり、それらを生み出すことのできるイデオロギー――を自分で構築するよう促すのだ。学生の異議に対し、教員は、自分がその異議を第4次元のやり方で意味構成できるからといって、当たり前のように学生もそうできるはずだと思ってはいけないのである。

アメリカでは、ダイバーシティ・ムーブメントは完全に誤解されており、ポストモダン時代の到来を告げる格好の証拠になっている。ただ、ポストモダニズム信奉者は、提示すべき素晴らしい国際色豊かな証拠も摑んでいる。世界の至るところで、現状の歴史的変革が新たな世界秩序の始まりを告げているように思われるのだ。古い地政学的・国家的仕組みが再構築され始めている。古い体制も覆され始めている。さらには、ダイバーシティ・ムーブメントの場合同様、何か本質的・変革的なこと、人間の発達にとってきわめて重要で価値のあることが起き始めている。だが、それは何なのか（サンディエゴの不動産業者の宣伝文句が、この局面をうまく捉えている。「今こそ、新たな10年、いや全く新しい世界の始まりだ。世界はすっかり様変わりしてきている。自由への要求が、さまざまな国で実現されつつある。グローバル経済は日に日につながりを強めている。超大国間には冷戦の代わりに平和が生まれつつある。このような変化の波のなかで、ただひとつ変わらないもの。それが、『サザン・カリフォルニア・リアル・エステート』[3]」）。

ごく少数のきわめて特権的な人々、世論形成を過度に操作可能な人々にとって、こうした国際色豊かな桁違いの変化は、第4次元の意識を超越しているように思われる。それは特定のイデオロギー、統治機構、絶対性の衰退であるだけでなく、イデオロギー、国家統制主義の統治機構、絶対主義そのものの終焉であるように思われるのだ。たとえば、劇作家にして知識人であり、スイス開催の世界経済フォーラムで演説したこともある旧チェコスロヴァキアのヴァーツラフ・ハヴェル元大統領は、その職にあったときに、次のように述べた。

掘り下げて言うなら、共産主義の終焉によってピリオドを打たれたのは、19世紀及び20世紀だけでなく、近代という時代そのものである。近代においては、表現はさまざまながら、最高点に至っているという考えが主流を占めてきた。世界——及び人間というもの——は100パーセント知ることのできるシステムであり、人間が理解し、みずからの利益のために管理しうる有限個の普遍的法則によって制御されている、という考えである。(中略)ここから、尊大な考えが生じた。存在するあらゆるものの頂点に立つ人間は、存在するあらゆるものを客観的に描写、説明、支配できるという考えが。(中略)それは、没個性的な客観性を狂信する時代であり、(中略)現実に対するイデオロギー、信条、解釈の時代であった。(中略)共産主義の衰退は、近代思想——世界は客観的に理解できるし、そのように手に入れた知識は無条件に一般化できるという前提に基づく思想——が重大局面を迎えたことを示すサインと言えるのだ。[4]

共産主義の衰退をこのように捉えることは可能であり、そこにヴァーツラフ・ハヴェルが心を動かされたことは間違いない。だが、これこそが権利を奪われた何百万もの人々にとっての意味だとは、どうも私には思えない。彼らにとっては、全体主義的イデオロギーの衰退のほうが、彼ら独自の声と自己権威の発達、及び、新たな「現実に対するイデオロギー、信条、解釈」の公式化を後押しできるかもしれないのだ。

旧ソ連、ヨーロッパ、アフリカでは、それまでの統治機構が衰退すると必ず、古くからある民族的、人種的、国家主義的な憎しみが頭をもたげ、新たな国家主義が同地域それぞれにおいて台頭してきた。これは厄介な、だが驚くにはあたらない成り行きである。ハヴェルには終わったと思えるモダニズムが、人々にとってはまだ始まってもいないことが示される場合もあるだろう（人々の憎しみは、一体化し続けてきた民族的サブコミュニティへのゆるぎない忠誠の裏返しだ）。あるいは、ずっと持ち続けてきた第3次元の忠誠心を否定し、そこから分離する兆し、すなわち、モダニズムの自己権威へ移行しつつある人が増え、主流派に対抗する「イデオロギーのコミュニティ」が形成され、一連の動きを後押しする兆しが示される場合もある。これらはもろく危険な、だが成功する可能性を秘めた、人間の進化への流れである。ただ、この流れがモダニズムを超える動きだと考えるには無理がある。ボスニア人あるいはアゼルバイジャン人が、民族自決に対する彼ら独自の絶対主義的主張の限界について当然熟考できるものとは、私は思わない。

少数特権階級を除くすべての人にとって、共産主義やさまざまな全体主義の衰退は、モダニズムの終わりを告げるものではない。むしろ、モダニズムの実現の拡大を示していると言ったほうがいいだろう。それはおそらく、マインドに対するトラディショナリズムの支配から解放される大人が増えることを示している。個人及び集団として自立するモダニズムの世界に積極的に参加しよう、すなわち、みずからと仲間の声に威厳を与え、運命の操縦桿《かん》をみずから握ろうと主張する人が増えることを示すと思われるのだ。

すべての支援者に向けて

だが、20世紀の幕開けがモダニズムの時代の始まりであったように、21世紀の幕開けもポストモダニズムの時代の始まりを示すことになるかもしれない。おそらく、今日における第5次元の意識が、１８９０年代における第4次元の意識より、見た目にわかりにくいということはないだろう。成人の3分の1以上の人が、第4次元で現実を意味構築している。そのような人々にとって、ポストモダンのカリキュラムは適度に挑戦的であり、私たちの文化は将来を見すえた「学校」として、学生がその挑戦に立ち向かっていけるよう支援することにもっと関心を払う必要がある。だが、「ポストモダニズムの時代」であろうとなかろうと、「20世紀末」であろうとなかろうと、現代の大半の成人にとってのカリキュラムの中心が第4次元の意識、すなわち現代社会の精神的責務の完全な理解・習得であることに変わりはない。

本書では、現代の成人の意識に対し、ある共通の次元の精神的複雑さを持つようにという、認識されていない文化的要求があると述べてきた。専門家は成人の生活を多岐にわたって研究しているが、互いに他の学問分野について言及することがほとんどないため、成人期のカリキュラム全体を単一のものとは考えさえしない。しかし、その部分部分を認識論的に分析すると、私たちの文化が要求するマインドの複雑さには驚くほど共通性があるのがわかる。現代文化という「学校」は、いわば非常に細分化された学校、すなわち、各学部がそれぞれの仕事に熱心に取り組むものの、互いに行き来することの全くない大学であるかのようなのだ。この比喩に従えば、私は本書において、この文化における学長のような役を演じており、どうしていいか困っている学生に学部が実際にしていること（学部は、仕事に取り組むうえでは互いに交流がないが、学生に対する要求についてだけは見事に一致している）を皆で分析せよと促していると言えるかもしれない。

もしかしたら、私は文書を送るべきかもしれない。学長というものが実は直接的影響力をほとんど持たないことをわきまえ、疑問文を連ねるのがいいだろう。

親愛なるスクール・オブ・コンテンポラリー・アダルトフッド（現代成人学校）各学部の教員の皆様へ

言うまでもありませんが、皆さんが学生に理解してもらいたいと思うことは、重要で多様です。だから、学部があります。ですが、学生にどのように理解してもらいたいかという点については驚くほど似ているとしたら、どうでしょう。また、学生のほとんどが、皆さんが彼らを迎え入れたとき（彼らが大人になってすぐ。仕事で、あるいはパートナー、親、市民として継続的な責任を引き受けてすぐの頃）には、皆さんが理解してもらいたいと思うやり方では理解しないとしたら、どうでしょう。その場合、皆さんの務めは、何を理解してもらいたいかを教えるだけでなく、どのように理解してもらいたいかも教える必要があるということではないでしょうか。

だとすれば、まず間違いなく、皆さんの全員が共通の務めを負っているのではありませんか。それに、共通の務めを果たすべく一致協力してただ1つのより手厚い環境を整えたら、ひとりで整える場合より、皆さんが個々に負っている務めを果たすうえでもいっそうよい成果をあげられるのではないでしょうか。第一、大半の学生がこんな基本的な方法で理解する準備さえまだできていないのに、より複雑な理解の仕方を教える段取りをして、一体あなたがたは誰の役に立とうというのでしょう。そのより複雑な理解の仕方は、彼らの成長の最先端部にあるのでしょうか、それともあなたがたの成長の最先端部にあるのでしょうか。

第5次元の素晴らしさがどうあれ、人々の準備が整うまでは、ポストモダン・カリキュラムを課すべきではない。人々が理解できていないのに理解しているものと思ったり、取り組む態勢が整っていないのに整っているものと思ったりしたら、人々の役には立てないのだ。

ポストモダン・カリキュラムの長所を明確に支持する人や、モダニズムの限界をものともしない人は、こう考えるかもしれない。人々は、自己の全体性、完全性、優先性という前提を疑うことができるようになる前に、まず、全体性、完全性、優先性を持つ自己を構築する必要がある、と。モダニズムの精神的《メンタル》要求により多くの人が見事応えられるようになったら、ポストモダン・カリキュラムの挑戦に無理なく応じられる人も増えるだろう。

第5次元の意識にもっと近づきたい――複数の自己を認識したい、意見の対立を単一のシステムと同一化しすぎているサインと捉えられるようになりたい、関係やつながりは個々の自己に優先すると同時にそれを成立させていることを理解したい、自己の変容のプロセスの成果ではなく、自己の存在が変容するプロセスそのものと同一化したい――と切望する人たちは、勇気を持ってほしい。なぜか指摘されることはほとんどないが、第5次元の意識に近づきたいという強烈な願望には、桁違いの成果が確実な、素晴らしい価値があるのだ。

１００年前のアメリカ人の平均寿命は、今日では「中年」と呼ばれる40代半ばだった。それが今では、人生は20年以上、そっくりひと世代分も延びている。ひと世代分の時間を余分に得て、人は何を生み出すことが可能になったのか。私の意見では、それは質的に新しい次元の意識だ。つまり、１００年前と比べて20年以上も長く生きるようになったので、かつてとは質的に異なる次元の意識に基づいて行動する大人が次第に増えるだろうと思うのだ。

私たちの縦断研究では、第4次元を超える人はめったに見かけないし、超えるとしても、40歳代――前世紀の変わり目においては大半の人が人生の終わりを迎えた年齢――より前であることは決してない。また、高度に発達した人同士が夫婦になっても、高度に発達した子どもは生まれない。人間の意識の発達には長い準備期間が必要だ。

もしかしたら、昔より長く生きられるようになった私たちは、第5次元のカリキュラムに臨む用意を少しずつ整えていくのかもしれない。それにしても、私たちはなぜ、昔より長く生きられるようになってきているのだろう。まさしく第5次元に発達するために、種として寿命が延びてきているのだろうか。さあ、どうだろう。

エピローグ

最後にもう一度、ピーターとリンに登場してもらおう。「子どもが夢中になってすることのなかには、なるほどと思えるものもあるけど」と、リンが独りごちる。「全く腑に落ちないものもあるわね」。8歳になる娘のロージーは、学校から帰ると決まって、ドライブウェイ（車庫への私道）へ直行し、ひとりで、あるいは友だちと一緒に、飽きもせず何時間も、車庫のドアにテニスボールをぶつけ続けるのだ。

もしかしたら、クリス・エバート（元テニス選手）やロジャー・クレメンス（元プロ野球選手）も、最初はこんなふうだったのかもしれない。そう考えて、ピーターとリンは気持ちを慰めるのだろうか。ひょっとしてロージーは、スポーツ選手が目を見はるような活躍をする空想に浸っているのかもしれない。今はこんなふうにひとりで過ごしていても、やがて団体スポーツチームに入って、ボール投げが大好きな子どもの扱い方を心得たコーチ陣のもとで能力を伸ばせるかもしれない。

だが、もしロージーがスポーツに興味がないなら、あるいは、興味の対象が何であれそれはボールを車庫のドアに何時間もぶつけ続けるのが好きな理由とほとんど関係がないとしたらどうだろう。もしかしたら、ロージーはなぜそれが好きなのか自分でもわかっていないかもしれない。刻まれるリズムが心地よくてたまらないのかもしれないし、勝手に跳ねるように見えるボールとの確かな結びつきを感じるのが好きなのかもしれない。あるいは、投げるときにどんな回転をかけるかによって跳ねたあとにさまざまに変わる方向やスピードや弧の描き方が面白くて仕方がないのかもしれない。

言うまでもなく、興味をそそられていることをあらわすこれらの様子は、よかれと思って行動する親やコーチの目にとまり、さまざまなスポーツのなかで活かされるだろう。そうなれば、ボールをぶつける音が車庫から家のなかへ響いてくるのを毎日何時間も聞かされたけれども、ついに素晴らしい結果につながったとピーターとリンが思ったとしても無理はない。子どもの興味がやがて、やりがいのある鍛錬、社交的に満足できる遊び、あるいは得るものの多い趣味へと発展するのを見るのは、とてもうれしいものだ。何かを好きでたまらない、芽が出たばかりのこうした気持ちが、育つための豊かな土壌を見つけると、必ず何かを得られるのだ。

だが、失うものもある――もし、どのように成長すべきかが、あらかじめ決められているならば。「弾むボールから何かが生まれるのは、何も生まれないよりいい。ただ、子どもの行動には一理あってほしい、あるいはなんらかの結果につながってほしい」と求めるうちに、その行動に関する最も大切でクリエイティブなもの、つまり、その行動が情熱ゆえのものだという事実から目を背けてしまうかもしれないのである。情熱は、それ自体が目的だ。情熱は、合理性や生産性を少し軽蔑している。そして情熱は、神からの最も尊く儚《はかな》い賜りものの1つである。無様なほどのきまり悪さや短気の前では儚く消える。一方で、尊いというのは、新たな人生の可能性を予言するからである。

もし、ボールを弾ませるのが大好きだというロージーの気持ちが、指導を受けたいと思うスポーツへ導かれたら、やがてロージーは大きな満足感を得るだろう。そして、徐々に複雑になる一連のスキル、何十万人もの先達によって獲得されたスキルを身につけるにつれ、いっそう大きな満足感を覚えるだろう。こうして、ロージーとロージーの興味が生まれるよりずっと前に考えられた基本構想によって、ロージーの興味が開花することになる。もしかしたら、ロージーはきわめて優れた選手になるかもしれない。そして、他者が考えたこの構想を、多くの選手より早く巧みに実現するかもしれない。

だがこうしたことは、ロージーの情熱や創造性や新たな人生とは、全く関係がない。いや実際、スポーツ選手のなかでも際立って優れた人、各世代に一握りずつしかあらわれない人というのは、たぶん、他者の構想のただなかにあっても自分の情熱を維持する方法を見つけ出すのだ。

彼らは、そのスポーツをするのが好きで好きでたまらない人たちである。そして、周囲の皆が選手の成績や稼いだ金や優勝回数などについてデータ分析をするのを尻目に、彼らは別のことに関心を向ける。別のこと、すなわち、ファンが語るようなある試合のシーズン中の意義でも、専門家が解説するような試合中のプロならではの巧みな技のあれこれでもなく、ボールを車庫のドアにぶつけてバウンドさせることに。

おそらく、カービー・パケット（元プロ野球選手）のような人やモニカ・セレシュ（元テニス選手）のような人にとっての真の勝利は、決勝戦で勝つことなどではなく、情熱が、情熱自身の連れてこられたさながらプレハブ住宅のような整然とした世界に打ち克つことにあるのだろう。であれば、情熱に無理な注文をしているのではないだろうか――熱い思いの真底を理解したいという自分の気持ちにふたをして、とりあえずフルタイムの仕事に就けば、その思いが開花し、独自の形で表現できるようになるなどと思うのは。

弾むボール（あるいは夕陽でも、声の抑揚でもいい）に対する情熱をきっかけとして、子どもがどんな未来を実現しうるか、そのあらゆる可能性に私たちが思いをめぐらすことができたとしても、この世界では新しいものごとなど何も起きるはずがないと言うことになるのかもしれない。私たちはおそらくこう言うだろう。人生で起きることはすべて、すでに起きたこと。子どもたちを案ずることも、郵便配達人が定められたルートで配達するようなものかもしれない、と。

ユダヤ神話では、人類が創造されたのは神の物語好きが原因だとされている。ずいぶんと慎ましい態度を、全能の、愛にあふれる神に与えたものである。この神話によれば、神でさえ、私たち人間がどうなるかわからないというのだから、私たち人間が、もっと大きな支配力を望んだり必要としたりしたところでどうなるだろう。おそらく、私たちは次のような種類の神を手本にするほうがいい――「神の法や秩序への服従」ではなく、「私たち人間がどのように生きるかに対する純粋な興味」から、人間に対する喜びを見出す神を。

このような神にとって、私たち人間は情熱的な関与の対象であり、神自身もまだ知らないかもしれない目的のためにいつまでも解き放たれてはまた元の位置に戻される。私たちは、いつまでも解き放たれてはまた元の位置に戻され、そのあいだずっと、車庫のドアに、「家」じゅうに、ボールの音を響かせ続ける。

謝辞

かれこれ30年近くにわたり、私はいくつものグループの人々と、いつ果てるともなく話をし、変わらぬ支援を得て、エネルギーとインスピレーションを与えてもらってきた。臨床発達研究所（Clinical-Developmental Institute）の同僚、ハーバード教育大学院とマサチューセッツ心理専門職大学院（現ウィリアム・ジェームズ・カレッジ）の研究者仲間、とりわけ両校の学生諸君の温かな支援にお礼を申し上げる。皆さんが、話に耳を傾け、適切に対応してくれたから、私は考えをまとめて本書を書くことができた。

論理展開の仕方については、ローラ・ロジャーズが協力してくれたおかげで、独創的なアイデアを得られた。また、今ではもうずいぶん前になるが、リサ・レイヒーとエミリー・スーベイン、ロバート・グッドマン、サリー・フェリックス、そして私はチームを組み、「主体‐客体インタビュー」を開発した。これにより、心理学的な観点が「理論的概念の集まり」から「意味構築者としての個人を研究するための、実証に基づく運用可能なアプローチ」へ変わった。この観点を、多くの研究者や理論家が幅広く多様に使ってくれるおかげで、私は本書のような壮大な仕事に取り組み続けることができた。

仕事仲間と友人の皆さんにも、感謝を申し上げる。本書の草稿を部分的に、あるいは最初から最後まで読むことを快く、いや進んで引き受けてくれた。ウォルター・エイブラムス、マイケル・バセシーズ、マリア・

ブロデリック、アン・フレック＝ヘンダーソン、ロバート・グッドマン、ジョセフ・グイード、ロレイン・ハイルブラン、アン・ヒギンズ、ジーナ・ヒギンズ、リサ・レイヒー、キャロライン・リジー、シャロン・パークス、ローラ・ロジャーズ、リチャード・シューリック、エリザベス・スパイカー、ウィリアム・トルバート、バーバラ・ウルフ――彼らの1人ひとりが、本書をよりよいものにしてくれた。

私が教壇に立つハーバード教育大学院とマサチューセッツ心理専門職大学院はどちらも、組織として支えてくれた。わけても、マサチューセッツ心理専門職大学院が執筆をサポートしてくれたこと、特に、本書の完成を支援してくれたことに、心から感謝する。

原稿の管理に関して、メアリー・ジョー・ホワイトほど、知的で適切、かつ確かな支援のできる人はいないだろう。本書に取り組んでいるあいだずっと、彼女は私の原稿を整理し続けてくれた。

ハーバード大学出版局では、アンジェラ・フォン・デア・リッペの信念と辛抱強さに、そしてリンダ・ハウのすべての文のリズムと意味に対するきめ細かな配慮に、大いに助けられた。

師であり友人でもあるローレンス（ラリー）・コールバーグの思いやりと責任感には、彼が他界してずいぶんになる今も、心をゆさぶられる。

この14年間、リサ・レイヒーと仕事をし、友人として付き合うのは、楽しく刺激的で、いつも新鮮な気持ちになることができた。本書を完成できたのも、彼女の類い稀な注意力と励ましに依るところが大きい。

愛するパートナー、バーバラと子どもたちはずっと、いつ終わるとも知れない執筆の力になり、いろいろな無理を聞いてくれた。挙げればきりがないが、それさえも、彼らが私にしてくれたことのごく一部にすぎない。私に示してくれるそれぞれの愛情への感謝を込めて、本書を彼らに捧げる。

解説

本書は、現代を代表する発達心理学者のひとりであるロバート・キーガン（以下、キーガン。１９４６〜）の代表作『*In Over Our Heads: The Mental Demands of Modern Life*（溺れそうな状態——現代生活における精神的な要求）』（Harvard University Press、１９９４年）の翻訳版である。これは、『*The Evolving Self: Problem and Process in Human Development*（進化する自己——人間の発達における課題とプロセス）』（Harvard University Press、１９８２年）の続編にあたる。前作が、心理学の教科書として執筆されたのに対して、本書は、まさにその副題に示されているように、現代社会に生きる者が——特に成人期において——直面することになる諸々の心理的な課題について、発達心理学の視点から深く掘り下げた「実用書」といえるものである。

私（鈴木）が本書とはじめて出逢ったのは、１９９０年代後半のことである。当時在籍していたサン・フランシスコにある心理学系の大学院の授業で、課題図書のひとつに本書が指定されていた。その後、同じ大学院に所属していた研究生が中心となって成人発達理論に関する自主的な研究会が発足した。数年にわたってこの領域の文献を読み合わせ、深夜まで議論をしたことを、30年近くが経過しようとしている今でも鮮明に記憶している。その研究会ではキーガンが共同研究者と開発した「主体‐客体インタビュー」のマニュアルを取り寄せて練習したが、実際に生きた人間の発達段階を見立てることがいかに難しいかを実感したのも非常に価値のある経験だった。

その後、私は2004年に日本に帰国し、今日に至るまで国内外の関係者と協働しながら、実務領域における成人発達理論の啓発と実践に取り組んでいる。その間、スザンヌ・クック＝グロイター（Susanne Cook-Greuter）やセオ・ドーソン（Theo Dawson）をはじめとするキーガンと同時代の発達心理学者の指導を受けながら、組織開発や対人支援の実務者と協働して現場での実践に日々従事しているところである。その内容は多岐にわたるが、中心的な活動は、企業組織の経営人材の選定と育成に関わる諸々の施策である。いうまでもなくそこには包括的な視点が求められるが、成人発達理論が提供してくれる本質的かつ統合的な視座は、大きな価値をもたらしてくれている。

今日、人材育成の領域においては、新しい理論や概念が次々と紹介されては忘れ去られていくが、人材育成や組織開発の関係者に求められるのは、人間というものを流行りのコンセプトにもとづいてとらえるのではなく、人間存在の本質に対する深い洞察を備えた信頼性のある理論に立脚して発想することである。そして、人間の成長や発達の表層的な変化や変動に目を奪われるのではなく、その深層に息づくダイナミクスを深く理解し、クライアントがみずからの成長・発達という旅を舵取りしていくのを、効果的かつ倫理的に支援するための能力が求められるのである。

こうした対人支援者としての責任を果たしていくうえで、発達理論は、非常に大きな理論的・実践的な価値を提供してくれる。そのことは、これまでに約20年にわたってこの理論の現場における応用に取り組んできた者として、自信をもって断言できるところである。

本書は、わたしが発達理論を巡る長い探求の道を歩みだそうとしていたときに大きな支えとなった作品であるが、ここに示される本質《エッセンス》は、今日においてもその価値を失わずに、人間の成長や発達に関わる研究者や実践者に貴重な示唆と洞察を与えつづけている。奇しくも原書の出版から30周年というタイミングで今回の邦訳版が出版されることになるが、この優れた書籍の制作に微力ながら関わることができたのは大きな喜びである。

ここ10年ほどのあいだに、対人支援を取り巻く状況は大きく変化している。筆者が帰国したときには、成人発達理論は国内では存在自体がまったく認知されておらず、その価値や魅力を必死に訴えても、ほとんど誰も興味を示してくれなかった。しかし、関連書籍が続々と出版されるようになると認知が少しずつ広がり、今日においては、たくさんの勉強会や研究会が開催されるようになっている。こうした状況の変化は、個人的には、驚きと共にとても嬉しく受け留めている。まさに隔世の感を禁じ得ない。

本書の翻訳出版が、そうした流れをいっそう推し進めるものとなることを祈念して止まない。

ところで、キーガンの前著と比べても、本書がきわめて専門的な内容であることに驚く読者もいるかもしれない。

これまでの著作は共同研究者リサ・ラスコウ・レイヒーとの共著で、また一般の読者を対象としているため、発達理論そのものについての解説は最低限に抑えられている。そこでの主眼は、むしろ、われわれが日々の生活や仕事の中で直面することになる心理的な葛藤に光を当て、その性質を理解して、自己探求に取り組んでいくための具体的な方法を紹介することにある。その意味では、これらの書籍は、成人発達理論に関するものではなく、あくまでも読者の自己内省と対話と相互理解を支援する実践書といえる。

本書は、そうした実践を理論的に裏づける発達理論そのものについて詳細に解説したものであるがゆえに、人間の微妙な心理的なダイナミクスに関してキーガン独特の抽象的で息の長い文章で論述されている（本書のプロローグで自嘲気味に触れているように――「それで、英語にはいつ翻訳されるんだ？」――、キーガン自身もみずからの文章の独特さを自覚しているようである）。

こうした事情を考慮して、これから本書を理解するために押さえておくべき社会的文脈や重要概念について簡単な解説をくわえておきたいと思う。

「生涯学習」時代に求められる視点

今日われわれは、社会的にも文化的にも常に烈《はげ》しい変化にさらされており、継続的に学ぶことを求められている。「生涯学習」という言葉は、まさにそうした時代的な要請を象徴するものであろう。

キーガンは、こうした状況を眺めて、人々に求められているものが、単なる知識やスキルや態度を習得することではなく、むしろ、より根本的・本質的なものであることを洞察する。すなわち、「人間が世界を意味づけ理解するときの方法そのものを構造的に変容させること」が求められている、と説くのである。

世界を意味づけ理解するときの方法を、キーガンは「意味構築構造」（meaning-making structure）と形容している。これは、知識やスキルや態度をはじめとする「内容物《コンテンツ》」とは質的に異なり、それらを収納し、運用する「構造《ストラクチャー》」として位置づけられている。そして、知識やスキルや態度を獲得することよりも、この構造を変容させることが圧倒的に重要であり、また、難しいことなのである。

たとえば、それなりに難しい概念でも数冊の書籍を読めば、それについてある程度理解することはできるだろう（また、それについて他者に説明をすることもできるようになるかもしれない）。このように、知識やスキルや態度（内容物《コンテンツ》）は、短期間のうちに獲得できるものである。

しかし、そのようにして得た知識をどのように活用するかは、それとは異なる要因によって決定される。たとえば、マネジメントのトレーニングでコミュニケーション・スキルを学んだ人は、自分の都合に合わせて相手を誘導・操作するために用いるかもしれないし、あるいは、相手の意図や欲求を確認して、双方の真のニーズを満たすための方策を検討するために用いるかもしれない。その違いは、コミュニケーションに関してどれだけ多くのスキルを所有しているかではなく、それらを活用している心理的な構造に大きく影響されることになる。

キーガンは、特に現代社会においては、こうした構造に注意を向けることが非常に重要になると主張する。というのも、今日の教育課程においては、知識をひたすら記憶して、それらを試験用紙に吐き出すことを重視するカリキュラムが幅を利かせているために（近年においては、「探求学習」のように質的に異なる授業が幅広く導入されはじめているが、カリキュラム全体に占める割合は小さなものである）、基本的に内容物《コンテンツ》を豊富に収集することに重点が置かれてしまい、それをいかに自己の中に血肉化して活用するのかという構造的な発想が蔑《ないがし》ろにされがちになるからである。

周知のように、こうした問題意識は、特に先進国においてはひろく共有されるようになっている。とりわけ、企業等で実施されるトレーニングにおいては、これまでの知識の取得やスキル開発を主たる目的としたプログラムの効果が限定的なことが認識されるようになり、あらたな発想にもとづいた人間観や成長観を求める機運が高まっている。

こうした状況の中で、キーガンの著作が広範な読者を獲得したのは至極当然のことだろう。実際、欧米圏で本書は、営利・非営利を問わず、成人の育成や支援に取り組む関係者の間では必読文献のひとつとして認知されている。

成人発達理論の世界における本書の位置づけ

個別の概念の解説に入るまえに、発達心理学および成人発達理論の歴史において本書がどのように位置づけられているのかを確認しておきたい。

日本語版序文でも語られているように、一般的に「発達心理学」は、誕生時から成人するまでの時期を主な研究対象とする学問として認知されていた。

もちろん、たとえばエリック・エリクソン(Erik Erikson)の発達理論のように、壮年期や老年期等、人生の全ての季節《フェイズ》をその視野《スコープ》に含めた理論も存在する。しかし、多くは基本的には「成人期を迎えるまでに確立された心理的な構造を実質的に完成されたもの」としてとらえ、その前提のもとに成人以降の季節《フェイズ》について論じる傾向にある。つまり、壮年期や老年期に生じる独自の課題は、基本的には成人期までに完成された心理的な構造を用いて対処されることになると想定しており、その前提にもとづいて、それらの課題に対処する中で経験される葛藤や危機や苦悩、そして、充実や飛躍や成熟がいかなるものであるのかについて研究しているのである。

しかし、キーガンも述べているように、こうした状況は急速に変化しつつある。すなわち、「人間の発達は、成人期を迎えた時点で完成するのではなく、本質的・構造的な意味において変容を続ける」という前提に立脚した理論が続々と生まれているのである。有名なところでは、ローレンス・コールバーグ(Lawrence

Kohlberg)、ロビー・ケース (Robbie Case)、シェリル・アーモン (Cheryl Armon)、カート・フィッシャー (Kurt Fischer)、マイケル・コモンズ (Michael Commons)、セオ・ドーソン (Theo Dawson)、マイケル・バセチェス (Michael Basseches)、マイケル・マスコロ (Michael Mascolo)、ポール・ヴァン・ギアート (Paul Van Geert)、サスキア・クネン (Suskia Kunnen) 等の研究者があげられる。

そうした研究者の中でも特にキーガンが1980~1990年代に発表した2冊の著作 (『進化する自己』と本書) は、そうした時代的な潮流をひろく知らしめる重要な役割を果たした作品であるといえるだろう。それまでの学術的な研究の中で得られた成果を「一般書」として簡潔にまとめ、対人支援に関わる関係者に発達心理学の可能性を広く伝えることに成功したのである。

その意味では、本書は、今日、世界中の研究者・実践者の注目を集めている成人発達理論の社会的な地位を確立するために最も大きな貢献を果たした画期的な書籍のひとつといえるのである。

実際、欧米の対人支援や組織開発のコミュニティの関係者と会話をするときには——特に発達理論に関心を寄せ、その知見を現場で活用している実践者同士の会話においては——この書籍を熟読していることは半ば当然の条件となっている。「本書で紹介されている情報をどのように実践に活用しているのか」「そうした実践を通してどのような洞察を獲得しているのか」「それらの洞察を踏まえてキーガンの理論そのものに対してどのような批判的な考察をしているのか」といったことに関する対話がなされるのである。

当然ながら、そこでは「発達」という現象に関して本質的な理解をしていることが求められることになる。本書でキーガンが繰り返し説明しているように、発達理論というものが単純な段階理論ではなく、むしろ、発達が環境との相互関係の中でダイナミックな揺らぎを伴い展開する複雑なプロセスであることを理解していることが、そうした対話に参加するための必須の条件となるのである。

いわゆる発達段階図の中に示されているそれぞれの段階の特徴を記憶することよりも（そもそも発達段階図は研究者が専門外の関係者と対話をするために用意した便宜的な道具《ヒューリスティック》であり、それを過度に現実《リアル》なものとみなすことには大きな危険が伴う）、むしろ、そうした発達段階を現出させている心理的なダイナミクスを理解することのほうが重要になるのである。また、そうした理解があればこそ、発達段階間の移行という対人支援の文脈においてとりわけ重要になるプロセスに対する感覚と感性を養うことができるようになるのである。

そうした意味では、これまでに邦訳されたキーガンの著書にインスパイアされ、本格的に成人発達理論の世界を探求しようと思われている読者にとっては、この書籍は避けては通れない最重要文献のひとつであると断言できるだろう。

大作ではあるが、本書には繰り返して熟読するに価する深い洞察がちりばめられており、成人発達理論を学ぶときに押さえておくべきポイントが著者の深い人間愛と共に示されている。日本語版序文の中でキーガンが強調しているように、「現代を生きる大人としてこんなにも難しいカリキュラムをこなせるようにならなければならないという苦境に対し、成人発達理論について知識を深めることが、（自分自身と周囲の人々に対する）いたわりと思いやりを広げる機会になるはず」なのである。すなわち、この理論は本質的に、同時代を生きる同胞に対して、発達上の過酷な試練を同じように背負わされた者として連帯の輪をひろげていくための精神《スピリット》に支えられている必要があるのだ。

そして、そうした条件を欠くとき、成人発達理論は他者を「評価」や「操作」する暴力的な道具に堕してしまうのである。

読者諸賢には、本書の中で展開される理論的な論述の隅々に息づくキーガンのこうした精神《スピリット》を汲み取っていただきたいと思う。

主体－客体理論

主体－客体理論は、人間の経験に対する「構成主義的発達理論の」アプローチだ。（第6章）

キーガンはみずからの理論を「主体－客体理論」（subject-object theory）と呼んでいる。本書を読み解くうえで最も重要な概念となるため、まずはこの意味について確認をしておきたい。

主体－客体理論とは、端的に言えば、「認識をしている主体（例：人間）と認識されている客体（例：世界）が同時に生起している」と発想する理論である。

つまり、「まずはひとつの客観的な世界が存在していて、それをひとりひとりの個人が独自の視点を通して認識している」ととらえるのではなく、「世界はひとりひとりがそれを認識する行為を通して、認識する主体の中にその瞬間ごとにあらたに開示される」ととらえるのである。

換言すれば、われわれが認識という行為を通して世界を己の意識の中に構成しているということだ。そして、そのようにして個人の中に構成された世界は、現実世界をありのままにとらえたものではなく、それぞれの個人が認識という行為に持ち込む認知の枠組みにもとづいて独自の形態《かたち》をもつものに形造られるのである。

たとえば、美術館で同じ芸術作品を観賞していても評価が割れたり、企業で同じプロジェクトに関わっていても部門間で認識に乖離《かいり》が生まれ軋轢《あつれき》や対立が生じたりするのは日常的にあることだ。

主体－客体理論においては、これらの対象物（芸術作品・プロジェクト）の意味や価値は完全に客観的なものとして存在しているのではなく、それぞれの認識主体により認識されることをとおしてその認識主体の中に創造されるものとして理解されることになる。そして、まさにそれゆえに、ひとつの事象を巡って関係者間の意見や評価が割れて、衝突や対立が生じることになるのである。これは、われわれが認識を通して世界を意識の中に構成する生き物であることに起因する宿命といえる。

その意味では、部門間の軋轢や対立は、それぞれの部門の関係者が異なる文脈の中に置かれ、異なる専門性や責任や優先順位を持っている以上は当然のことだといえる。われわれは、「他部門の関係者は現実を自身に都合のいいように歪めて解釈している」と確信しているが、実際には全ての関係者がみずからの認知の枠組みを通して世界を認識しているのである。主体‐客体理論にもとづけば、人間とはそのようにしか世界を認識できない生き物なのである。

また、これは、対象（客体）について語るときには常にそれを認識している主体について語る必要があるということでもある。主体と客体は常に一組の対《つい》として存在しているのである。

キーガンは、こうした発想を発達理論的な枠組の中に位置づけて人間を理解しようとする。すなわち、認識主体と認識対象の関係が、発達のプロセスの中で質的に変容すると主張するのである。つまり、われわれは、人格的（心理的）な発達を遂げる中で、それまではできなかった質的にあたらしい世界の認識（構成）ができるようになるのである。

喩えるなら、今の住居にもうひとつ高い階《フロア》が存在することに気づき、そこに昇って、これまでは経験できなかったあたらしい眺めにアクセスできるようになるようなものである。いうまでもなく、それまでの眺めが誤っていたわけでも、歪んでいたわけでもない。しかし、あたらしい眺めにアクセスするとき、われわれは、それが、過去の眺めとくらべて、より広く、より深く世界を見渡すことを可能としてくれるものであると実感するようになる。そしてその瞬間、われわれは、それまで地平線の彼方に隠れていた世界の領域を視野の中にとらえられるようになっていることに気づくのである。

主体‐客体理論が謂《い》わんとするのは、3階にいるときには3階からの眺めが、4階にいるときには4階からの眺めが、われわれの意識に飛び込んでくるということである。そして、人間は常にどこかの階にいて、世界を完全に客観的に認識することはできない存在である、ということだ。

もうひとつ重要なのは、人間として生まれてきたとき、われわれはだれもが「地上階」に生まれてくるということだ。そして、それぞれの個人がみずからにあたえられた環境との相互関係の中で、独自のペースで発達のプロセスを歩んでいくことになるのである。そして、その結果、この世界には、さまざまな発達段階に意識の重心を置いて生きる人々が共存することになるのである。主体‐客体理論は、そうした発達理論的な多様性を認識したうえで、それぞれの「階」にいる人々の尊厳が社会の中で尊重されるようになるための俯瞰的《メタ》な視座を提供するのである。

5つの発達段階

本書では、われわれが人生において経験することになる5つの代表的な発達段階を紹介している。先ほどの喩えを用いるなら、現代人には、その一生を通しておよそ5つの「階」の眺めを経験する可能性があたえられているということである。※

そのうち基礎的な第1～2段階は、われわれが幼少期に経験する非常に重要な発達段階である。そこでは、自己の身体を操作・制御したり、言語を習得したり、排泄などの行為を制御したりするための能力が獲得

※ ただし実際には、5つの発達段階の間には、いわゆる「移行段階」（transitional stages）といわれる小さな発達段階が無数に存在する。実世界において、われわれが階段でひとつ上の階に上がろうとするときに、小さな無数の段《ステップ》を昇っていくように、発達においてもそうした小さな「段《ステップ》」が存在している。

され、徐々にひとりのアイデンティティをそなえた人格存在として自己が確立されてくる。

人間の発達は大きく複雑な建物を建てるプロセスに見立てることができるが、まさにこれらの基礎的な発達段階において重要な「基礎工事」を実施しておくことは、それ以降の発達プロセスを健全に舵取りしていくために必須の条件となる。高次の発達段階で生じる深い葛藤や苦悩がもたらすストレスに圧《お》し潰されることなく、発達上の試練と向き合って乗り越えていくためには、幼少期の発達を急ぐことなく、その発達段階ならではの経験を十全に満喫して堅牢な人格的基盤を構築することが必要となるのである。※

そして、そうした基盤を前提として創発するのが、本書の主要な対象である成人期の発達段階——第3〜5段階である（本書では、それぞれ「第3〜第5次元」と表現されるが、意識の次元に関しては後述の解説を参照）。キーガンによれば、現代社会において、大人は大きく2つの発達上の試練を突きつけられている。ひとつは第3段階→第4段階という発達、もうひとつは第4段階→第5段階という発達を成し遂げることである。

キーガンによれば、アメリカ合衆国の成人の約70%は一生を通じて完全に第4段階に到達することはないということなので、社会的には、前者の試練を克服するための効果的な支援をいかに用意・提供できるかがとりわけ大きな意味をもつことになる。

他方、後者は、そもそも第4段階に到達する人が少ないために、現実には非常に少数の人が向き合うことになる特殊な試練となるだろう。高次の発達段階に向けた変容とは、現在の発達段階では対応・対処できない真に困難な課題や問題と直面したときにやむにやまれず起こるものである。同時代に生きる大多数の人々が第4段階に到達することに大きな困難を経験しているときに、第4段階の限界に直面し、

※ 今日、成人発達理論が世界的に注目されるようになる中で、高次の発達段階を美化する盲目的ともいえる態度に陥る人もいることが指摘されている。そうした態度は「『成長は善』志向」（"Growth to Goodness" orientation）と形容されるが、端的に言えば、「成長・発達とは善なる状態に向けて前進することである」という発想を純朴に信奉する態度である。こうした状況の中で、発達を急がずに、基礎的な発達段階の価値を認識して、それらの段階を十全に満喫することの重要性が、セオ・ドーソンやザッカリー・スタインなどの発達心理学者によって力説されている。

それを超克するために全存在を懸けた実存的な格闘を挑む人の数は、自然と限られることになる。

実際、キーガンも本書で繰り返し述べているように、今日においてわれわれ人類が直面している課題とは、前者の第3段階↓第4段階という構造的な変容のプロセスを歩むための社会的・文化的な基盤を整えることである。これはキーガンだけでなく、長年にわたり人間の発達の研究にとりくんできた研究者たちが口をそろえて主張するところでもある。

端的に言えば、第3段階↓第4段階という変容とは、個としての自律性をそなえた人格を確立して、人生を生きていくためのみずからの構想《ヴィジョン》や思想や哲学を構築できるようになるということである。それは、同時代の社会の中に漂う流行や風潮や空気に支配されることなく、自律的な思考と探求と選択ができる高度の自律性を発揮できるようになるということでもある。

洋の東西を問わず、政治権力や報道機関《マスコミ》により醸成された空気に踊らされてしまうのは人間の性《さが》であるが、第4段階を確立するとは、そうした恣意的に醸成された空気に内面を支配されることなく、むしろ、そうしたものと対峙し、批判的な眼差しを向け、精神の自由を維持するために闘いつづけることができる心理的な構造を確立することを意味するのである。現代社会を診ても、こうした発達上の課題を克服することがいかに困難であり、また、重要なことであるかは、論を俟《ま》たないだろう。

これらのことを考慮すると、近年「成人発達理論」が世界的に注目されるようになる中で高次の発達段階が注目され、そこに向けて発達することばかりを強調する発想が、いかに現実遊離した的外れなものであるかが理解できるだろう（これは日本国内に留まらず、欧米においても広く観察されていることである）。

発達理論と性格理論の違い

話を先に進めるまえに、ここで簡単に性格理論と発達理論の関係を整理しておこう。今日、日本では、欧米と同じように、「Big Five」・「MBTI」・「エニアグラム」をはじめとして数々の成果論がひろく認知され、活用されているが、発達理論はこれらの性格論とはどのように異なるのだろうか？

性格理論（類型論・特性論）は、ひとりひとりの個人は独自の人格的な傾向や志向性をもち、それにもとづいて世界を独自の形態《かたち》で構成すると考える。しかし発達理論では、そうしたものとは別のものとして、われわれが心理的な発達を遂げる中で経験することになる普遍的な構造（発達段階）が存在していると仮定する。

つまりこういうことだ。5つの発達段階は、基本的には（発達のプロセスが途中で止まることがなければ）、全ての人にそれを経験する可能性があたえられている。しかし、それぞれの発達段階をどのように経験するかは、ひとりひとりの人格的な傾向や特性に大きく影響されることになる。

たとえば、内向的な性格のAさんと外向的なBさんを比較した場合、2人は同じ発達段階を非常に異なるかたちで経験することになると考えられる。両者とも第4段階に人格の重心を置いていたとしても、その発達段階に特有の課題とどのように向き合い、乗り越えていくかは、それぞれの性格に大きく影響されることになるのである。また、発達のプロセスをどのように経験するかは、こうした性格的な要素だけでなく、それぞれの価値観や世界観、あるいは、それぞれがこうした状況で頼ることができる仲間や共同体や制度の充実度にも影響されることになる。

このように、2人とも第4段階に立脚してはいるが、それぞれの思考や行動は、それだけに縛られるのではなく、他のさまざまな要因に影響されることになるのである（なお、これらのポイントについては、第6章の中で「スタイル」と「構造」の関係として詳しく説明されているので、参照していただきたい）。

意識の次元（orders of consciousness）

本書は発達理論を正面からとりあげた書籍であるが、少々不思議なことに「発達段階」（developmental stages）という言葉はほとんど登場せず、替わりに「意識の次元」（orders of consciousness）という表現が用いられている。ここには、キーガンが「発達」という現象をどのようにとらえているかを垣間見させる重要なヒントが隠されているように思う。

主体－客体理論に言及したときにも述べたが、キーガンにとって人間の認識・認知（cognition）とは、みずからが立脚する発達段階の意味構築構造を用いて、対象を自己の内に構成することである。換言すれば、「混沌《カオス》に秩序をあたえて、それを意味あるものとしてまとめあげること」であるといえる。

キーガンはこれについて、しばしば次の絵を用いて説明する。

有名な絵なのでご存じの方も多いだろうが、見方によっては、若い女の顔にも、老いた女の顔にも見えるというものである。

キーガンは、人間の認識もこの絵の見え方と同じように、

出典　W. E. Hill, Public domain, via Wikimedia Commons

本質的には認識主体の主体的な関わりに大きく依存するものであると述べる。すなわち、世界そのものには全ての者が同意できる客観的な意味は付与されていない。それは認識主体により認識され、意味付けされることを通して、認識者の意識に意味をもつものとして立ち上がるのである（この絵の場合であれば、認識者によって「若い女」や「老いた女」として認識され意味づけられることにより、そのようなものとして認識者の中に立ちあらわれるということだ）。

換言すれば、われわれは対象を認識するとき、そこに「意味」という秩序《オーダー》をあたえてみずからの意識の中に対象を構成しているのである。

人間の発達とは、このような意味をあたえる――それは世界に秩序をあたえることである――能力を質的に高めていくプロセスといえる。発達段階がひとつ上の段階に向けて変容するとき、われわれはそれまでの自己の意味構築活動を規定していた論理の限界を超克して、より多くの視点を考慮・包含した意味構築の論理にもとづいて世界を構成することができるようになるのである。

その意味では、意識の発達とは、既存の意味構築の方法を解体して、質的に異なるあたらしい方法を獲得するプロセスであるといえるだろう。キーガンによれば、成人期においては、段階的な発達がはじまり完了するまでには少なくとも5年の時間が必要とされるが、そうした長期にわたる非常にゆるやかなプロセスの中で既存の自己（世界を秩序化する方法であり、同時にそのように構築された世界の中に自己を位置づける方法そのものであるといえる）が解体され、あたらしい自己（あたらしい方法で世界に秩序をあたえる自己）が創発するのである。これはまさしく実存的なプロセスといえるだろう。

発達段階を並べた図は簡略的な説明の道具《ヒューリスティック》であると述べたが、実際の人間の発達とは、そうした図が示唆するような上へ上へと上昇していくプロセスではなく、むしろ、いったん既存の自己が溶解して、混乱と混沌が存在を満たした状態の中にあらたな形態《かたち》で自己と世界を関係づける高次の秩序が創発されるプロセスなのである。そして、本書において著者がこうした発達のプロセスについて解説する際に、「発達段階」ではなく「意識の次元」という表現を用いている背景には、このような発達の性質を伝えたいという想いがあるように、わたしには思われるのである。

全体論（holism）

キーガンの理論の特徴のひとつは、人格そのものに発達段階が存在するという「全体論」（holism）の立場を採用していることである。すなわち、「個人は、日々の暮らしの中で、仕事や夫婦関係、育児、趣味などさまざまな場面や状況を経験するが、そうした異なる文脈における行動は全てその人が重心を置いている発達段階の論理にもとづいて営まれる」と発想するのである。換言すれば、人間の人格は、それを全体的に支配する心理的な論理にもとづいて制御されているということだ。いかなる状況においていかなる課題や問題に対処していても、その人の行動に一貫性（consistency）をもたらすような、発達段階にもとづく法則が存在するというのである。

実はこうした立場は、現在では、多くの発達理論の研究者によって批判されているが、少なくともキーガンの理論においては、それが明確にうちだされていることは確認しておくべきだろう（現在は文脈に応じてそこで発揮される行動上の法則が大きく変動するという主張が主流だ）。

この点の妥当性についていては、読者の方々に本書を読みながら思いを巡らせていただきたいと思う。

一貫性（consistency）と整合性（coherency）

本書では、われわれが成人期に経験することになる3つの意識の次元（「第3次元」「第4次元」「第5次元」）について特に詳しく解説されているが、それらの中でも第4次元に関しては、その重要性を鑑みて、とりわけ言葉を尽くして論述されている。そこで頻繁に登場するのが次の2つの言葉である。

- 一貫性（consistency）
- 整合性（coherency）

これらは英語空間では日常語として用いられ、またさまざまな意味が含まれるために、本書でも文脈に応じて異なる日本語があてられている。ここではこれらの言葉に籠《こ》められている発達理論的な意味について確認をしておきたい。

第3次元から第4次元に向けた発達を実現していく中で核となる葛藤のひとつが、「文脈を超えて維持される個としての行動上の原理・原則を確立すること」である。

そうした内的な「軸」が確立される前の段階においては、われわれはみずからが参加する文脈（例：空間・共同体・人間関係）の中で共有される規範や規則や空気を半ば自動的に内面化して、それにもとづいて行動することになる。簡潔に言えば、われわれはその場と一体化して、そこで共有されていることを自身の「真実」として受容して行動することになるのである。

また、この発達段階では、こうして内面化された規範や規則、及び、価値観や世界観を論理的に正当化する能力を発揮するようにもなる。すなわち、表面的には自律的な知性を発揮しているように視《み》えたとしても、実際には外部からあたえられた概念を——それが真に信頼するに価するものであるかどうかに関して批判的に吟味することなく——純粋に正当化するために論理的思考を用いることができるようになるのである。

しかし、人間とは一般的には同時に複数の共同体や人間関係に参加して生きている存在である。そうした共同体や人間関係は往々にして異なる規範や規則や価値観により維持されており、そこに参加する者にそれらを受容するように求めてくることになる。

こうした状態に置かれていると、われわれはときとしてそれらの規範や規則の体系が互いに相容れないものであることに気づくことになる。そして、複数の共同体に対する忠誠心（loyalty）の間に引き裂かれるような経験をすることになるのである。

企業組織に勤務したことがある読者であれば、複数の異なる関係性に対する忠誠心の間で心が揺れる経験をしたことがあるのではないだろうか……。

たとえば、あなたが経営企画部門に所属する社員であれば、次のような悩みを経験することになるかもしれない。経営陣との対話においては、経済合理性の精神にもとづいて徹底的な経営の効率化を図るためのアイデアを積極的に呈示する自分が存在する。しかし、一方では、そうした経営の効率化の影響を受けて職を失うことになる同僚たちとの懇親の場においては、組織のあまりに非情な発想に憤りを共に抱いて熱い会話をする自分が存在する。

これらふたつの自分は、どちらもまごうことなき自分である。しかし、それぞれの場において期待されることに忠実であろうとすればするほど、それらの間に存在が引き裂かれるような想いを経験することになるのである。

第4次元の意識とは、こうした葛藤を解消・解決するために、独自の思想や価値観や哲学を確立しようとする意識である。そこでは必然的にこれまでに自身が無批判に受け容れてきたものを批判的に検証し、それらを部分的に肯定したり否定したりしながら――また、それとは異なる立場や流派の概念を参照しながら――わたしならではのアイデアの体系を創出しようとするのである。

ここで重要になるのが、先ほどあげた2つの言葉である。

「一貫性」とは、その思考や行動が一貫しているということである。これは、「ある場面ではAという主張をするし、また、別の場面では（Aとは相容れないはずの）Bという主張をする」のではなく、どのような場面においても、個人としてみずからが構築した信念体系にもとづいて一貫した思考・行動をするということである。そして、周囲の関係者が神聖なものとして共有している価値観や信念に対しても、もしそれが真に信頼・信奉するに価するものではないと判断された場合には、批判的な姿勢を貫くことができるのである。

このように書くと、第4次元の意識が非常に頑固なものであるような印象を抱くかもしれない。しかし、実際には必ずしもそうではない。というのも、第4次元の意識とは、複数の概念を統合してひとつの「整合性」のある概念体系を構築する意識でもあるからだ。

たとえば、「優れたリーダーとはどのような能力をそなえているのか？」と問われれば、この発達段階の人は次のように答えることだろう。

「優れた戦略的思考能力をそなえているだけでなく、さまざまな資源――人・物・金――を効果的に活用して、みずからが造りあげた戦略や計画を実現する能力をそなえている。どれほど優れた計画を立てたとしても、それを実現するための実働部隊が脆弱であれば、それは計画倒れに終わってしまう。そうした可能性を排除するためには、計画の実現のために必要とされる資源や条件を冷徹に検討して、実際に活動をはじめるまえにそれらを準備する必要がある。そこでは、社内の利害関係者と交渉をして、必要な人材を確保する必要もあるだろう。また、社内で検討されているプロジェクトを精査して、延期することができそうなプロジェクトがあれば、経営陣に訴えて、その予算をみずからの計画の実現のために借りてくる必要もあるだろう。もちろん、そのような行動をすれば、一部の関係者からは顰蹙《ひんしゅく》を買うことになるだろう。しかし、組織の戦略を実現するためには、そのような憎まれ役になる必要がある場合もあるのだ。優れたリーダーとはこうした発想と実行ができる人のことである」

つまり、「優れたリーダー」という概念を構築する際に、単に「戦略的に思考できる」「利害関係者を調整できる」「業務の進捗状況を管理できる」などの要素について言及するのではなく、設定した目的を達成するためにとりわけ重要と思われる要素を複数あげて、それらを（単に並べるのではなく）互いに絡み合うものとして構造化し、全体としてひとつの整合性のある主張を展開することができるのである。

また、それが単なる他者の意見の受け売りではなく、真に自身の頭で考えた意見であることを確かめたければ、「それでは、○○という条件の下では、優れたリーダーはどのように行動するのでしょうか？」とか、「□□という想定外の状況が発生して、業務が暗礁《あんしょう》に乗り上げてしまったときには、優れたリーダーはどのように対処するでしょうか？」と問うてみるといいだろう。第4次元の思考力をそなえた人であれば、そうした想定外のシナリオを示されても、あらためて熟考して独自の答えを呈示してくれることだろう。そして、それらの回答は、それ自体が整合性をそなえているだけでなく、「優れたリーダー」に関して述べた先ほどの回答とも齟齬のないものとして組み立てられるはずなのである。

その意味では、この発達段階の人は、刻々と変化する状況を考慮しながら、それを受けて計画や戦略を調整していける柔軟性をそなえているのである。そこにもし頑固さがあるとすれば、ひとつの概念体系としての自身の思想や哲学の正統性を守ること――そして、そうした高度に自律的な思考力を発揮できる存在であること――に執着をするということであろう。そうした態度が、ときとして己の正しさに執着する頑固さとして他者に受け留められてしまうのである。

このように検討していくと、第4次元の意識がいかに高度な思考力を発揮する発達段階であるかが理解できるだろう。そしてまた、キーガンが実際には現代人の大多数が――たとえば大学のような高等教育機関に通う生徒も含めて――この発達段階を修得《マスター》することに苦労していると診断する理由も理解されるだろう。

統合性（integrity）

最後に、本書にくりかえし登場する重要な言葉である「統合性」（integrity）の意味するところについて確認しておこう。これも多様な意味をもつため、本書では文脈によって異なる意味があたえられている。

この言葉は、今日、企業文脈においてはプロフェッショナルに期待される要件として用いられている。一般的には「高潔であること」「真摯であること」「誠実であること」等の意味の言葉として解されているが、心理学の文脈では少し異なる意味で用いられることに留意していただきたい。

発達心理学だけでなく、心理学一般においては、人間の人格はシステムとしてとらえられる。肉体と同じように、絶え間なく外部の世界との交感と交流を繰り返すことで揺らぎつづけながらも、ひとつのシステムとして同一性を維持しているのである。

たとえば、われわれは日常生活でさまざまな体験をする中で、感情的に揺れ動くことになる。ときには心から歓び、ときには心から怒り、また、ときには深い感動や絶望を抱く。そうした烈《はげ》しい心理状態の上下動を経験しながらも、そこにはひとつの人格が維持されることになる。烈しい感動や絶望を経験した結果として、次の瞬間に全く異なる人格に変化してしまうようなことは、圧倒的なトラウマ体験に見舞われたりしない限りは、普通は起こらないものである。

心理学における統合性とは、このように人格が——たとえどれほど大きなストレスに曝《さら》されても——崩壊することなく、ひとつのシステムとしての一貫性や健全性を維持できていることを意味する。建築の領域には「構造健全性」（structural integrity）という言葉があるが、それと同じように、ここでは人格というシステムがひとつの構造物として一貫性・健全性・堅牢性を有しているかどうかに着目しているのである。

長い人生を生きていく中で、病気・解雇・引越・離婚・離別など、われわれはときに圧倒されるような危機や困難と直面して心身のバランスを大きく崩すことがある。読者の中にも、そうしたときに将来に対する希望を失って、鬱状態や無気力状態に陥るような経験をした方もいるのではないだろうか……。

このとき、それまではあたりまえのように経験していた心の平安や安定が失われて、突如として意識が混乱や混沌の只中に突き落とされたような感覚に襲われる。

こうした状態とは、まさに人格がその統合性を失いつつある状態と形容できるだろう。すなわち、システムとしての人格が崩壊の危機にさらされているのである。「わたしがわたしでいることができない状態」と形容してもいいだろう。

喩えて言えば、これは巨大地震に見舞われて倒壊の淵に立たされた建物のようなものである。設計時には想定していなかった烈《はげ》しい揺れに襲われて、所々で壁や柱に亀裂が入り、また、窓が割れているという状態である。

発達理論においては、それぞれの発達段階は独自の意味構築の論理にもとづいてみずからの統合性を維持していると発想する。第3次元には第3次元ならではの、第4次元には第4次元ならではの、そして第5次元には第5次元ならではの論理があるのだ。

たとえば第4次元においては、自律性をもつ主体として——外部に侵略・支配されることなく——思考力と行動力を発揮してみずからの人間としての尊厳を守ることを善として、日常の精神活動を営もうとする。こうした基本的な態度・欲求にもとづいて日常生活が統御できている限り心理的な均衡状態（equilibrium）は保たれ、深刻な機能不全状態に陥ることなく前向きに生きていける。

その意味では、それぞれの発達段階は独自の方法でみずからの統合性を守ろうとしているのである。

このことは、見方を変えれば、そうした人格的な統合性を揺さぶるものは、大きな脅威となりえるということである。社会では異なる発達段階に重心を置いて生きる人々が共存しているわけだが（これは「発達論的多様性」と呼ぶことができるだろう）、往々にして、異なる発達段階の論理に立脚した意見に対して生理的ともいえる違和感や抵抗感を覚えるのは、こうしたことにもよるのである（本書では、第5次元に到達した専門家が、第4次元や第3次元に重心を置く人々を見下して批判することの危険性が指摘されている）。

またこれは、発達段階間の移行状態にあるときには、一時的にこの統合性の崩壊が起きることを意味する。高次の発達段階に向けて意識が変容しようとするとき、そこでは現在の発達段階で維持されていた心理的均衡が否定され、そうした根本的な自己否定を通してのみ得られるものを希求するようになる。つまり、現在の発達段階の意味構築の論理で構築される思考が本質的に妥当性を失い、それを超えたものを求めようとしはじめるのである（ただし、発達のプロセスがはじまったばかりのときには、自身がどのような方向に向けて変化をしょうとしているのかは皆目《かいもく》判らないというのが一般的である）。

先述のように、キーガンによれば、成人期における発達段階間の移行は少なくても5年はかかるとされているが、特に高次の発達段階に向けたものはとりわけ困難なものになる可能性が高い。というのも、キーガンが強調するように、個人の発達とは常にそれを支える社会的・文化的な支援を必要とするものであるからだ（これはジャン・ピアジェ以降の全ての発達心理学者が同意するところだろう）。

今日、先進国においては、第4次元に向けた発達を支援する社会的・文化的な機構や制度がある程度は整えられているが、それでもその「橋」を実際に踏破できる人の数は少数に留まっている。そうした状況の中で、さらに次の発達段階に向けた人格的な変容のプロセスが非常に困難なものになるのは当然のことだろう。

しかし、少数であるとはいえ、第5次元に向けた発達の道を歩みはじめている人が存在していることは――そして、そうした人が増えつつあることは――まぎれもない事実である。また、本書で明確に示されているように、今日、人類が第5次元の意識を必要とする非常に複雑な課題や問題に直面していることもまた間違いなく事実である。

こうした時代的状況の中で、第5次元を視野に収めた、成人期における発達を支える社会的・文化的な叡智と制度を育み整えていくことが喫緊の課題であることは言うまでもない。そうした「支援体制」が無い中で第5次元に向けた発達の道に漕ぎだしていくことは、自己の統合性を懸けて、存在の再構築を行うような真の大事業となりえるからである。それは、われわれを深い精神的な混乱の中に突き落とし、その混沌の中であらたな秩序を見出していくことを要求する精神的に過酷なプロセスとなるかもしれない。そうした意識の先駆者《パイオニア》の叡智がますます必要とされる今日の時代においては、このプロセスに挑む人を支える体制を築くことは、結局は、社会的に貴重な無形資産《アセット》を生むことにも繋がるのである。

そうしたことを鑑みても、本書のような書籍の存在は非常に貴重なものといえるのである。

＊＊＊

簡単ではあるが、以上が本書の解説となる。

冒頭にも述べたように、キーガンの『なぜ人と組織は変われないのか』が２０１３年に邦訳出版されてベストセラーとなってから、約10年が経過する。その間に「成人発達理論」は広範な範囲の人々の関心を集めるところとなり、キーガンと同時代の研究者の優れた業績が少しずつ日本にも紹介されるようになっている。そうした中で欧米における「成人発達理論」ブームの火つけ役となった本書が優れた翻訳により日本の読者に届けられることは非常によろこばしいことである。

この作品は、心理学領域の関係者として調査・研究にとりくむ人だけでなく、営利・非営利を問わず実務領域で対人支援に携わる人にも数多くの貴重な洞察をもたらしてくれることだろう。

特に本書は、「現代社会に生きること」そのものがわれわれひとりひとりに過酷な心理的な試練を突きつけているという現実を示すことを通して――また、それが全ての人に同質なものとして経験されるのではなく、それぞれの現在の立ち位置により異なる質のものとして経験されることを示すことを通して――今日われわれが集合的な規模で直面する「成長」や「発達」を巡る課題に対して、より複眼的な視座と寛容さをもってアプローチすることの必要性を訓《おし》えてくれる。

同時に、本書は、この世界に生まれた人間が経験することになる発達というプロセスの中に息づく普遍的なダイナミクスを明らかにすることを通して、同胞たちに慈愛と共感に支えられたまなざしを向けるための知識と知恵を授けてくれる。この人類に共通する発達というプロセスを、みずからが置かれた文脈の中でみずからの個性にもとづいて懸命に生きる同胞たちの内面に目を向けるように、われわれの視野を広げてくれるのである。

新自由主義のイデオロギーが人類社会を惑星規模で席巻する中で、われわれは絶え間なく「成長」や「発達」をするようにと追い立てられているが、キーガンの言葉に触れると、人間の成長や発達というものが、そのような経済合理主義の論理にもとづいて、その機能性（「市場価値」）を高めるために都合よく獲得できるようなものではないことに気づかされるだろう。

むしろ、人間の成長や発達とは、社会の文化がそうした内的な成熟を促す「学校」として効果的に機能するときにはじめて健全に展開するのであり、そのためには、個人をとりまく環境が、発達という人間の真実に開かれたものに円熟していく必要がある。それぞれの発達段階に息づく尊厳を認め、それぞれの発達段階がそれそのものとして尊重されると共に、より高次の発達段階に向けて個人を飛躍させる強靭な「発射台」となる公共的なインフラストラクチャーとして、社会が機能する必要があるのである。

こうしたことを無視して、発達というものを、個人がひとりで責任を負うべきものに矮小化してしまうことは、大きな間違いでしかない。端的に言えば、成人発達理論を学ぶとは、単に個人の発達のダイナミクスについて探求するだけでなく、そうした個人の発達を可能とする社会的・文化的なインフラストラクチャーを共同体として整えていくための方法について探求することでもあるのである。

本書には、このように個人と社会を結びつける統合的なキーガンの思想が明確に刻印されている。そして、われわれは成人発達理論を学ぶ者として、彼がここで訴える倫理性を継承していく必要があるのである。

一般社団法人 Integral Vision & Practice 代表理事
鈴木規夫

Study and Research in Education, Massachusetts Institute of Technology, 1981); Schon, *Educating the Reflective Practitioner: Toward a New Design for Teaching and Learning in the Professions* (San Francisco: Jossey-Bass, 1987); W. R. Torbert, *The Power of Balance: Transforming Self, Society and Scientific Inquiry* (Newbury, Calif.: Sage Publications, 1991); Torbert, *Managing the Corporate Dream: Restructuring for Long Term Success* (Homewood, Ill.: Dow-Jones Irwin, 1987); Torbert, *Learning from Experience: Toward Consciousness* (New York: Columbia University Press, 1972); Torbert, *Creating a Community of Inquiry: Conflict, Collaboration, Transformation* (New York: Wiley, 1976).

6 個人的な対話。

7 アージリスの「行動科学」に内在する精神《メンタル》的要求についての明快な考察及び探究については、以下を参照。E. Souvaine, "Creating Contexts for Effective Action and the Development of Meaning-Making" (unpublished qualifying paper, Harvard Graduate School of Education, 1985).

8 以下を参照。Lahey et al., *A Guide to the Subject-Object Interview; Souvaine et al., "Life after Formal Operations"; and Basseches, Dialectical Thinking and Adult Development.*

9 R. A. Heifetz and R. M. Sinder, "Political Leadership: Managing the Public's Problem Solving," in R. Reich, ed., *The Power of Public Ideas* (Cambridge: Balinger, 1988).

10 R. Kegan and L. Lahey, "Adult Leadership and Adult Development," in B. Kellerman, ed., *Leadership: Multidisciplinary Perspectives* (New York: Prentice-Hall, 1983).

11 K. Mannheim, *Essays on the Sociology of Culture* (London: Routledge and Paul, 1956); M. Foucault, *Power/Knowledge* (New York: Pantheon Books, 1980).

12 N. C. Burbules and S. Rice, "Dialogue across Differences: Continuing the Conversation," *Harvard Educational Review*, 61 (1991): 393–416.

13 Z. Bauman, "Strangers: The Social Construction of Universality and Particularity," Telos, 28, no. 23 (1988–1989) (quoted in Burbules and Rice, "Dialogue across Differences").

14 P. Lather, "Post-Modernism and the Politics of Enlightenment," *Educational Foundations*, 3, no. 3 (1989) (quoted in Burbules and Rice, "Dialogue across Differences").

15 Z. Bauman, "Strangers"; Burbules and Rice, "Dialogue across Differences."

16 同上。p.398

17 同上。pp.398-401

18 同上。pp.402-407

19 アーリンは、十分な形式的かつ操作的な「問題解決」を超えた認知的発達の段階――思考する人が矛盾を探求し、矛盾によって育まれる段階――を明らかにし、「問題発見」と名づけている。アーリンの「問題解決」と「問題発見」の段階はそれぞれ、第4次元と第5次元のあらわれなのだろうか。以下を参照。P. K. Arlin, "Cognitive Development in Adulthood: A Fifth Stage?" *Developmental Psychology*, 11 (1975): 602-606; Arlin, "Piagetian Operations in Problem Finding," *Developmental Psychology*, 13 (1977): 247-298; Arlin, "Adolescent and Adult Thought: A Structural Interpretation," in M. L. Commons, F. A. Richards, and C. Armon, eds., *Beyond Formal Operations: Late Adolescent and Adult Cognitive Development* (New York: Praeger, 1984); Arlin, "Wisdom: The Art of Problem Finding," in R. J. Sternberg, ed., *Wisdom: Its Nature, Origins and Development* (New York: Cambridge University Press, 1990).

20 ベレンキーらは、「手続き的 (procedural) 知識」超えた「理解の仕方」を明らかにしている。彼らが「構成的 (constructed) 知識」と呼ぶ理解であり、その理解においては、手続きの構成的性質に対する意識と責任感が増す。「手続き的知識」と「構成的知識」はそれぞれ、第4次元と第5次元のあらわれなのだろうか。以下を参照。M. F. Belenky, B. M. Clinchy, N. R. Goldberger, and J. M. Tarule, *Women's Ways of Knowing* (New York: Basic Books, 1986).

第10章　誤った旅のよき道づれとなることについて

1 N. Chodorow, *The Reproduction of Mothering* (Berkeley: University of California Press, 1978).［ナンシー・チョドロウ『母親業の再生産――性差別の心理・社会的基盤』大塚光子、大内菅子訳、新曜社、1981年］

2 同上。pp.167-169

3 *New Yorker*, August 20, 1990, p. 58.

4 *New York Times*, March 1, 1992.

Its Administration and Interpretation (Cambridge: The Subject-Object Workshop, 1988); E. Souvaine, L. Lahey, and R. Kegan, "Life after Formal Operations: Implications for a Psychology of the Self," in C. N. Alexander and E. J. Langer, eds., *Higher Stages of Human Development: Perspectives on Adult Growth* (New York: Oxford University Press, 1990); and M. Basseches, *Dialectical Thinking and Adult Development* (Norwood, N.J.: Ablex, 1984).

2 この分野について知識をくれたアリエラ・ベアリーに感謝する。以下を参照。J. W. Burton, *Conflict and Communication: The Use of Controlled Communication in International Relations* (London: MacMillan, 1969); Burton, *Resolving Deep-Rooted Conflict: A Handbook* (Lanham, Md.: University Press of America, 1987); J. W. Burton and F. Dukes, *Conflict: Practices in Management, Settlement and Resolution* (New York: St. Martin's Press, 1990); L. W. Doob, ed., *Resolving Conflict in Africa: The Fermeda Workshop* (New Haven: Yale University Press, 1970); Doob, "Adieu to Private Intervention in Political Conflicts?" *International Journal of Group Tensions*, 17 (1987): 15-27; L. W. Doob and W. J. Foltz, "The Belfast Workshop: An Application of Group Techniques to a Destructive Conflict," *Journal of Conflict Resolution*, 18 (1973): 237–256; R. J. Fisher, "A Third-Party Consultation Workshop on the India-Pakistan Conflict," *Journal of Social Psychology*, 112 (1980): 191–206; Fisher, "Third Party Consultation as a Method of Conflict Resolution: A Review of Studies," *Journal of Conflict Resolution*, 27 (1983): 301-334; Fisher, *The Social Psychology of Intergroup and International Conflict Resolution* (New York: Springer-Verlag, 1990); Fisher, *Conflict Analysis Workshop on Cyprus: Final Workshop Report* (Ottawa: Canadian Institute for International Peace and Security, 1991); H. C. Kelman, "The Problem-Solving Workshop in Conflict Resolution," in R. L. Merritt, ed., *Communication in International Politics* (Urbana: University of Illinois Press, 1972), pp. 168-204; Kelman, "An Interactional Approach to Conflict Resolution and Its Application to Israeli-Palestinian Relations," *International Interactions*, 6, no. 2 (1979): 99–122; Kelman, "Interactive Problem Solving: A Social-Psychological Approach to Conflict Resolution," in W. Klassen, ed., *Dialogue toward Inter-Faith Understanding* (Jerusalem: Ecumenical Institute for Theological Research, 1986), pp. 293-314; H. C. Kelman and S. P. Cohen, "The Problem-Solving Workshop: A Social-Psychological Contribution to the Resolution of International Conflict," *Journal of Peace Research*, 13 (1976): 79–90; Kelman and Cohen, "Resolution of International Conflict: An Interactional Approach," in S. Worchel and W. G. Austin, eds., *Psychology of Intergroup Relations*, 2nd ed. (Chicago: Nelson-Hall, 1986), pp. 323–342.

3 この「相反する事象の融和」を、ユングは「エナンティオドロミア」(みずからの尾を食べる蛇、すなわち単一の世界をつくる極と極の結合によって描写される)と呼んだ。興味深いことに、ユングは相反する事象の融和を中年と関連づけた。

4 L. Chasin, R. Chasin, M. Herzig, S. Roth, and C. Becker, "The Citizen Clinician: The Family Therapist in the Public Forum," *American Family Therapy Association Newsletter* (Winter 1991): 36–42; R. Chasin and M. Herzig, "Creating Systemic Interventions for the Sociopolitical Arena," in B. Berger-Gould and D. H. DeMuth, eds., *The Global Family Therapist: Integrating the Personal, Professional and Political* (Needham, Mass.: Allyn and Bacon, 1993); S. Roth, L. Chasin, R. Chasin, C. Becker, and M. Herzig, "From Debate to Dialogue: A Facilitating Role for Family Therapists in the Public Forum," *Dulwich Centre Newsletter*, no. 2 (1993): 41– 48; C. Becker, L. Chasin, R. Chasin, M. Herzig, and S. Roth, "From Stuck Debate to New Conversation on Controversial Issues: A Report from the Public Conversations Project," *Journal of Feminist Family Therapy*, in press.

5 C. Argyris, *On Organizational Learning* (Cambridge: Blackwell Business, 1993); C. Argyris, *Overcoming Organizational Defenses: Facilitating Organizational Learning* (Boston: Allyn and Bacon, 1990); C. Argyris, R. Putnam, and D. M. Smith, *Action Science* (San Francisco: Jossey-Bass, 1985); C. Argyris, *The Applicability of Organizational Sociology* (Cambridge, England: Cambridge University Press, 1972); S. Srivastva and Associates, *The Executive Mind* (San Francisco: Jossey-Bass, 1983); C. Argyris, *Increasing Leadership Effectiveness* (New York: Wiley, 1976); Argyris, *Inner Contradictions of Rigorous Research* (New York: Academic Press, 1980); D. A. Schon, *The Reflective Practitioner* (London: Temple Smith, 1983); D. A. Schon, ed., *The Reflective Turn: Case Studies in and on Educational Practice* (New York: Teachers College Press, 1991); C. Argyris and D. A. Schon, *Theory in Practice: Increasing Professional Effectiveness* (San Francisco: Jossey-Bass, 1974); Argyris and Schon, *Organizational Learning: A Theory of Action Perspective* (Reading, Mass.: Addison-Wesley, 1978); D. A. Schon, *Intuitive Thinking?: A Metaphor Underlying Some Ideas of Educational Reform* (Cambridge: Division for

(Spring 1991): 125–149; S. Brookfield, ed., *Self-Directed Learning: From Theory to Practice*, New Directions for Continuing Education, no. 25 (San Francisco: Jossey-Bass, 1985); S. Brookfield, *Developing Critical Thinkers* (San Francisco: Jossey-Bass, 1987); P. C. Candy, "Reframing Research into Self-Direction in Adult Education: A Constructivist Perspective" (doctoral diss., University of British Columbia, 1987; Ottawa: National Library of Canada, Canadian Theses Microfiche, no. 0-315-40011-0); L. S. Gerstner, *On the Theme and Variations of Self-Directed Learning* (doctoral diss., Columbia University Teachers College, 1987); J. Mezirow, "A Critical Theory of Adult Learning and Education," *Adult Education Quarterly*, 32 (1981): 24; M. S. Knowles, *Self-Directed Learning: A Guide for Learners and Teachers* (New York: Cambridge Book Co., 1975).

3 Grow, "Teaching Learners to Be Self-Directed," pp. 133–134.

4 W. G. Perry, Jr., and C. P. Whitlock, *Harvard University Reading Course* (Cambridge: Harvard University Press, 1967); W. G. Perry, Jr., and C. P. Whitlock, "A Clinical Rationale for a Reading Film," *Harvard Educational Review* (Winter 1954).

5 S. Kierkegaard, *The Journals of Kierkegaard*, trans. A. Dru (New York: Harper, 1959).

6 L. Daloz, "Martha Meets Her Mentor," *Change Magazine*, July-August 1987.

7 S. D. Parks, *The Critical Years: The Young Adult Search for a Faith to Live By* (New York: Harper and Row, 1986).

8 M. F. Belenky, B. M. Clinchy, N. R. Goldberger, and J. M. Tarule, *Women's Ways of Knowing* (New York: Basic Books, 1986).

9 K. Bruffee, *Collaborative Learning: Higher Education, Interdependence and the Authority of Knowledge* (Baltimore: Johns Hopkins University Press, 1993).

10 同上。

11 同上。

12 R. Bellah et al., *Habits of the Heart: Individualism and Commitment in American Life* (Berkeley: University of California Press, 1985).

13 Charles Seashore, "In Grave Danger of Growing: Observations on the Process of Professional Development" (unpublished paper, Washington School of Psychiatry Group Psychotherapy Training Program, 1975).

14 Kathleen Taylor, "Transforming Learning: Experiences of Adult Development and Transformation of Re-Entry Learners in an Adult Degree Program" (doctoral diss., Union Graduate School, 1991), p. 71.

15 同上。

16 同上。

17 同上。

18 同上。

19 同上。

20 同上。

21 Laurent Daloz, *Effective Teaching and Mentoring: Realizing the Transformational Power of Adult Learning Experiences* (San Francisco: Jossey-Bass, 1987), p. 215.

22 Taylor, "Transforming Learning," p. 90.

23 同上。p.92

24 同上。p.58

25 同上。p.59

26 同上。p.67

27 同上。p.97

28 同上。pp.60-61, 95

29 Baird Brightman, "Narcissistic Transformation in the Training Year," *International Journal of Psychoanalytic Psychotherapy*, 10 (1984): 293–317.

30 この点に関しては、トーマス・ホジソンの研究が興味深い。とりわけ、ホジソンは成人の学部生の「事前学習ポートフォリオ」（単位取得のために書かれた仕事経験に関する自伝）に関して主体－客体評価をした。さらには、その主体－客体評価を、教授が自伝的プロジェクトに与えた実際の単位（12～35セメスター単位）と関連づけた。彼は、取得単位数の増加と主体－客体的意識構造の複雑さの増大とのあいだに、統計的に有意な関係を見出した。そして、取得単位数が最少だったグループの主体－客体評価の平均が第4次元の基準値に達していなかった一方、最多の単位を取得したグループの主体－客体評価の平均が第4次元の基準値に達していることを発見した。以下を参照。T. O. Hodgson, "Constructive-Developmental Analysis of Autobiographical Writing" (doctoral diss., University of Massachusetts, 1990)

31 Taylor, "Transforming Learning," p. 103.

32 同上。pp.105-106

第9章 対立、リーダーシップ、知識の創造

1 まさしく「弁証法的」な論点について考察を深めるためには、次に示す文献にある第4次元から第5次元への変容についての議論を参照のこと. L. Lahey, E. Souvaine, R. Kegan, R. Goodman, and S. Felix, *A Guide to the Subject-Object Interview:*

Development," in S. Modgil and C. Modgil, eds., *Lawrence Kohlberg: Consensus and Controversy* (Sussex, Eng.: Falmer Press, 1986); Kegan, "The Child behind the Mask," in W. H. Reid, J. W. Bonner III, D. Dorr, and J. I. Walker, eds., *Unmasking the Psychopath* (New York: Norton, 1986); R. Goodman, "A Developmental and Systems Analysis of Marital and Family Communication in Clinic and Non-Clinic Families" (doctoral diss., Harvard Graduate School of Education; University Microfilms International, 1983); A. F. Henderson, "College Age Lesbianism as a Developmental Phenomenon," *Journal of the American College Health Association* (1979); Henderson, "Homosexuality in the College Years: Developmental Differences between Men and Women," *Journal of the American College Health Association* (1984); A. F. Henderson and R. Kegan, "Learning, Knowing and the Self," in Field, Cohler, and Wool, eds., *Motive and Meaning*; S. Powers, S. Hauser, J. Schwartz, G. Noam, and A. Jacobson, "Adolescent Ego Development and Family Interaction," in H. D. Grotevant and C. R. Cooper, eds., *Adolescent Development in the Family* (San Francisco: Jossey-Bass, 1983); R. Selman, *The Growth of Interpersonal Understanding: Developmental and Clinical Analyses* (New York: Academic Press, 1980); R. Selman and L. H. Schultz, *Making a Friend in Youth: Developmental Theory and Pair Therapy* (Chicago: University of Chicago Press, 1990); A. P. Demorest and R. Selman, "Observing Troubled Children's Interpersonal Negotiation Strategies: Implications of and for a Developmental Model," *Child Development*, 55 (1984): 283-304; M. Basseches, "Toward a Constructive-Developmental Understanding of the Dialectics of Individuality and Irrationality," in D. A. Kramer and M. J. Bopp, eds., *Transformation in Clinical and Developmental Psychology* (New York: Springer-Verlag, 1989); A. Hewer, "From Conflict to Suicide and Revival: Disequilibrium and Reequilibration in Experience of Psychological Breakdown and Recovery" (unpublished qualifying paper, Harvard Graduate School of Education, 1983); A. Hewer, "Equilibrative Processes in Social and Moral Cognition Observed in Relation to Changes in Psychopathology" (doctoral diss., Harvard Graduate School of Education, 1986); V. Kelley, "Ego Development in Men and Women and Psychotherapeutic Self-understanding," (doctoral diss., 1983; abstract in *Dissertation Abstracts International*, 44/11B:3530; Ann Arbor: University Microfilms International, no. 84-05002); M. B. Carlsen, *Meaning-Making: Therapeutic Processes in Developmental Psychotherapy* (New York: Norton, 1988); B. L. T. Aardema, "The Therapeutic Use of Hope" (doctoral diss., Western Michigan University, 1984; Ann Arbor: University Microfilms International, no. 85-05196); R. O'C. Higgins, "Psychological Resilience and the Capacity for Intimacy" (doctoral diss., Harvard Graduate School of Education, 1983).

13 リタの事例は、以下にあるエイミーの事例を混ぜ合わせている。L. Rogers and R. Kegan, "Mental Growth and Mental Health," and the case of Beth in L. L. Lahey, "Males' and Females' Construction of Conflict in Work and Love," doctoral disscertation, Harvard Graduate School of Education, 1986.

14 1番目と2番目のエピソードはそれぞれ、キヨ・モリモトとウィリアム・ペリー（ふたりとも、ハーバード大学学習支援局［Bureau of Study Counsel］のトップを務めた）の研究（個人的な対話）から引用している。3番目のエピソードは私自身の臨床業務における経験に基づいている。

15 M. Robbins, *Midlife Women and the Death of Mother* (New York: Peter Lang, 1990).

16 宗教、信条、宗教的体験に対する構成主義的発達理論の考え方については、以下を参照。J. W. Fowler, *Stages of Faith: The Psychology of Human Development and the Quest for Meaning* (San Francisco: Harper and Row, 1981); S. D. Parks, *The Critical Years: The Young Adult Search for a Faith to Live By* (New York: Harper and Row, 1986); W. Conn, *Christian Conversion: A Developmental Interpretation of Autonomy and Surrender* (New York: Paulist Press, 1986); M. B. Moehl, "Religious 'Knowledge': A Psychological Analysis of Atheism and Theism" (doctoral diss., Harvard Graduate School of Education, 1988); R. Kegan, "There the Dance Is: Religious Dimensions of a Developmental Framework," in J. Fowler and A. Vergote, eds., *Toward Moral and Religious Maturity* (Morristown, N. J.: Silver Burdett Company, 1980); R. Marstin, *Beyond Our Tribal Gods: The Maturing of Faith* (Maryknoll, N.Y.: Orbis Books, 1979); S. S. Ivy, "The Structural-Developmental Theories of James Fowler and Robert Kegan as Resources for Pastoral Assessment" (doctoral diss., The Southern Baptist Theological Seminary, 1985).

第8章 学び

1 この統計については、教育機関カレッジボードの成人学習サービス事務所長キャロル・アスラニアンに感謝する。

2 以下を参照。Gerald Grow, "Teaching Learners to Be Self-Directed," *Adult Education Quarterly*, 41

25 以下を参照。G. Bateson, *Steps to an Ecology of Mind* (New York: Ballantine Books, 1972); *A Sacred Unity: Further Steps to an Ecology of Mind* (New York: Harper Collins, 1991).

第7章 心の問題

1 この事例は、映画『Who's Depressed?』でも取り上げられた、ファミリーセラピストのオルガ・シルバースタインの研究から引用している（New York : Ackerman Institute for Family Therapy, 1985）。

2 E. Shostrom (producer and director), *Three Approaches to Psychotherapy* (film and video series) (Corona del Mar, Calif.: Psychological and Educational Films, 1965).

3 以下を参照。C. R. Rogers and R. F. Dymond, eds., *Psychotherapy and Personality Change: Coordinated Research Studies in the Client-Centered Approach* (Chicago: University of Chicago Press, 1954); Rogers, *On Becoming a Person: A Therapist's View of Psychotherapy* (Boston: Houghton Mifflin, 1961); Rogers, *Client-Centered Therapy* (Boston: Houghton Mifflin, 1951); W. U. Snyder, *Casebook of Non-Directive Counseling* (Boston: Houghton Mifflin, 1947); Rogers, *Carl Rogers on Personal Power* (New York: Delacorte Press, 1977); Rogers, *Carl Rogers on Encounter Groups* (New York: Harper and Row, 1970); Rogers, *Becoming Partners: Marriage and Its Alternatives* (New York: Delacorte Press, 1972).

4 個人的な対話。1977年。

5 Rogers, *Client-Centered Therapy*, pp. 138–139.

6 以下を参照。F. S. Perls, *Gestalt Therapy Verbatim* (Lafayette, Calif.: Real People Press, 1969); *Gestalt Therapy: Excitement and Growth in the Human Personality* (New York: Delta Books, 1951); *The Gestalt Approach and Eyewitness to History* (New York: Bantam Books, 1976); *Ego, Hunger, and Aggression: The Beginning of Gestalt Therapy* (New York: Random House, 1969).

7 Shostrom, *Three Approaches to Psychotherapy.*

8 以下を参照。A. Ellis and R. M. Grieger, *Handbook of Rational-Emotive Therapy* (New York: Springer, 1977); Ellis, *How to Stubbornly Refuse to Make Yourself Miserable About Anything—Yes, Anything!* (Secaucus, N.J.: L. Stuart, 1988); M. E. Bernard and R. DiGiuseppe, eds., *Inside Rational-Emotive Therapy: A Critical Appraisal of the Theory and Therapy of Albert Ellis* (San Diego: Academic Press, 1988); Ellis, *Overcoming Resistance: Rational-Emotive Therapy with Difficult Clients* (New York: Springer, 1985); Ellis, *The Essential Albert Ellis: Seminal Writings on Psychotherapy*, ed. W. Dryden (New York: Springer, 1990).

9 Shostrom, *Three Approaches to Psychotherapy*.

10 同上。

11 M. Broderick, "Self, Cancer and Transformation: A Developmental Critique of the Cancer-Prone Personality Literatures," unpublished qualifying paper, Harvard Graduate School of Education, 1990.

12 本章のこの部分（376～388ページ2行目まで）は、L. Rogers and R. Kegan, "Mental Growth and Mental Health as Distinct Concepts in the Study of Developmental Psychopathology," in D. Keating and H. Rosen, eds., *Constructivist Approaches to Psychopathology* (Hillsdale, N.J.: Laurence Erlbaum Associates, 1990)を主たる土台にしている。臨床業務に対する構成主義的発達理論のアプローチをさらに知りたい場合は、以下を参照。L. Rogers, "Developmental Psychopathology: Studies in Adolescent and Adult Experiences of Psychological Dysfunction" (doctoral diss., Harvard Graduate School of Education, 1987); G. Noam, "Self, Morality and Biography: Studies in Clinical-Developmental Psychology" (doctoral diss., 1984); Noam, "Borderline Personality Disorders and the Theory of Biography and Transformation," *McLean Hospital Journal*, 11 (1986): 19–43; Noam, "The Constructivist Theory of Developmental Psychopathology and Clinical-Developmental Psychology," in E. Nannis and P. Cowan, eds., *Developmental Psychopathology and Its Treatment* (San Francisco: Jossey-Bass, 1988); G. Noam and R. Kegan, "On Boundaries and Externalization: Toward a Clinical-Developmental Interpretation," in W. Edelstein and M. Keller, *Soziale Kognition* (Frankfurt: Suhrkamp, 1982); G. Noam, "Marking Time in the Midst of the Hardest Moment: Adolescent Borderline Disorders in Lifespan Perspective," in K. Field, B. Cohler, and G. Wool, eds., *Motive and Meaning: Psychoanalytic Perspectives on Learning and Education* (New York: International Universities Press, 1984); R. Kegan, L. Rogers, and D. Quinlan, "Constructive-Developmental Organizations of Depression" (paper presented to American Psychological Association Symposium, "New Approaches to Depression," Los Angeles, 1981); R. Kegan, "Ego and Truth: Personality and the Piaget Paradigm" (doctoral diss., Harvard Graduate School of Education, 1977); Kegan, *The Evolving Self* (Cambridge: Harvard University Press, 1982); Kegan, "A Neo-Piagetian Approach to Object Relations," in B. Lee and G. Noam, eds., *Developmental Approaches to the Self* (New York: Plenum Press, 1985); Kegan, "Kohlberg and the Psychology of Ego

第6章　性格・文化・男女の違い

1　O. Kraeger and J. M. Thuesen, *Type Talk at Work* (New York: Delacorte Press, 1992), p. 94。以下も参照。B. Myers and P. B. Myers, *Gifts Differing* (Palo Alto: Consulting Psychologists Press, 1980)。

2　Kraeger and Thuesen, *Type Talk at Work*.

3　同上。pp.144-147

4　同上。p.136

5　P. Lewis and T. O. Jacobs, "Individual Differences in Strategic Leadership Capacity: A Constructive-Developmental View," in J. G. Hunt and R. L. Phillips, eds., *Strategic Leadership: A Multi-Organizational Perspective* (New York: Quorum Books, 1993), pp. 4-12.

6　Kraeger and Thuesen, *Type Talk at Work*, pp. 21–22.

7　D. A. Kolb, *The Adaptive Style Inventory* (Cleveland: David Kolb, 1980).

8　J. B. Miller, *Toward a New Psychology of Women* (Boston: Beacon Press, 1976); C. Gilligan, *In a Different Voice* (Cambridge: Harvard University Press, 1982). [キャロル・ギリガン『もうひとつの声で――心理学の理論とケアの倫理』川本隆史、山辺恵理子、米典子訳、風光社、2022年]

9　以下を参照。E. T. Hall, *An Anthropology of Everyday Life* (New York: Doubleday, 1992); *The Hidden Dimension* (Garden City, N.Y.: Doubleday, 1966); *The Silent Language* (Garden City, N.Y.: Doubleday, 1959).

10　*The Link* (Boston University) 3 (April 1987): 1.

11　E. Aries, "Interaction Patterns and Themes of Male, Female, and Mixed Groups," *Small Group Behavior*, 7 (1976); 7–18; E. Aries, "Gender and Communication," in P. Shaver and C. Hendrick, eds., *Sex and Gender* (Newbury Park, Calif.: Sage, 1987); B. W. Eakins and R. G. Eakins, *Sex Differences in Communication* (Boston: Houghton Mifflin, 1978); M. Sadker and D. Sadker, "Sexism in the Schoolroom of the '80s," *Psychology Today*, March 1985, pp. 54–57; Sadker and Sadker, "Sexism in the Classroom: From Grade School to Graduate School," *Phi Delta Kappan*, 67, no. 7 (1986); K. Krupnick, "Women and Men in the Classroom: Inequality and Its Remedies," *On Teaching and Learning: Journal of the Harvard-Danforth Center*, May 1985; Krupnick, "On Learning Gender Roles," in K. Winston and M. J. Bane, eds., *Gender and Public Policy* (Boulder: Westview Press, 1992).

12　以下を参照。C. Gilligan's *In a Different Voice* [キャロル・ギリガン『もうひとつの声で』]; L. Brown and C. Gilligan, *Meeting at the Crossroads*, M. F. Belenky, B. M. Clinchy, N. R. Goldberger, and J. M. Tarule, *Women's Ways of Knowing* (New York: Basic Books, 1986); N. Lyons, "Two Perspectives on Self, Relationships and Morality," *Harvard Educational Review*, 53 (1983).

13　Kegan, *The Evolving Self*, p. 107.

14　以下を参照。L. L. Lahey, "Differences: Must They Challenge Similarities in Males' and Females' Moral Development?" (unpublished qualifying paper, Harvard Graduate School of Education, 1984); S. Beukema, "Women's Best Friendships: Their Meaning and Meaningfulness" (doctoral diss., Harvard Graduate School of Education, 1990); M. Alvarez, "The Construing of Friendship in Adulthood: A Constructive-Developmental Approach" (doctoral diss., Massachusetts School of Professional Psychology, 1985); N. Popp, "The Concept and Phenomenon of Psychological Boundaries from a Dialectical Perspective: An Empirical Exploration" (doctoral diss., Harvard Graduate School of Education, 1993).

15　Belenky et al., *Women's Ways of Knowing*.

16　この考えには、第1次元と第3次元の意識構造が「外へ向かう」性質を、第2次元と第4次元の意識構造が「自己完結的」性質を共有するその方法に関して、きわめて抽象的な意味で長所があるかもしれないと私は今でも思っている。ただし、どちらの「性質」も、「分離重視」と「つながり重視」のいずれでも表現することが可能である。

17　Gilligan, *In a Different Voice*. [キャロル・ギリガン『もうひとつの声で』]

18　S. D. Parks, "Home and Pilgrimage: Companion Metaphors for Personal and Social Transformation," *Soundings*, 72 (1989).

19　R. A. LeVine, "Infant Environments in Psychoanalysis: A Cross-Cultural View," in J. W. Stigler, R. A. Schweder, and G. Herdt, eds., *Essays on Comparative Human Development* (New York: Cambridge University Press, 1990).

20　P. A. Kaufman, E. Harrison, M. L. Hyde, "Distancing for Intimacy in Lesbian Relationships," *American Journal of Psychiatry*, 14 (1984): 529– 533.

21　V. Woolf, "Professions for Women," in *The Death of the Moth and Other Essays* (New York: Harcourt, Brace and Jovanovich, 1942), pp. 236-238.

22　Judy B. Rosener, "Ways Women Lead," *Harvard Business Review*, Nov.-Dec. 1990, pp. 119–125.

23　Belenky et al., *Women's Ways*; J. Surrey, "The Theory of the Self-in-Relation," *Stone Center Work in Progress Papers*, no. 13 (Wellesley: Wellesley College, 1985).

24　R. Masten, *Speaking Poems* (Boston: Beacon Press, 1977).

繰り返すが、自己の意味構築の全体を見る、すなわち、引き離された部分ではなくシステム全体を見るなら、さまざまな意味構築の原理によってさまざまな領域を意味構築する（非一貫性のあらわれ）自己だけでなく、みずからの意味構築のいくつかの側面がより複雑な意味構築原理の影響を受けるのを自己が「遮断」あるいは「阻止」するのも見える。一体誰が、あるいは何が、この「遮断」あるいは「阻止」を行っているのか。このように防衛して、自己内部における統合の欠如が持続される場合、どのような意味構築の原理があらわされているのか。論理だけに基づいて考えるなら、そのような関係を持続させる防衛が意味構築の最も複雑な方法ほど複雑ではないかもしれないと結論づけるのは不思議な気がするだろう。だが私はこう思う――分離を持続させる防衛的意識構造は自己の最も複雑な意味構築の仕方のあらわれである（つまり一致している）ことを臨床的に示す自己も見える、と。実のところこれによっても、増大する心理的複雑さの二面性が証明されている。発達はより深い内観のための潜在資源を生み出すが、増大する複雑さも、自己の意味づけの統合されていない部分をいっそう巧妙に阻止する方法を生み出すことが可能なのだ。

要するに、人は最も複雑な認識論的原理でしかどんなときもどのような領域においても経験を意味構築しないと述べるのは単純すぎるだろうということだ。だが、「退行」や「冷静さを失う」、あるいは頻繁に起こる「分離」のような現象が必然的に一貫性についての仮説を否定すると述べるのも単純すぎるかもしれない。そのような現象のいずれにおいても、最も複雑な認識論的原理がやはりあらわれているのである。

27 表5・3で参照している13の研究は、以下からの引用である。(1) R. Goodman, "A Developmental and Systems Analysis of Marital and Family Communication in Clinic and Non-Clinic Families" (doctoral diss., Harvard University, 1983); (2) J. Jacobs, "Holding Environment and Developmental Stages: A Study of Marriage" (doctoral diss., Harvard University, 1984); (3) M. Alvarez, "The Construing of Friendship in Adulthood: A Structural-Developmental Approach" (doctoral diss., Massachusetts School of Professional Psychology, 1985); (4) L. Lahey, "Males' and Females' Construction of Conflict in Work and Love" (doctoral diss., Harvard University, 1986); (5) J. W. Dixon, "The Relation of Social Perspective Stages to Kegan's Stages of Ego Development" (doctoral diss., University of Toledo, 1986); (6) S. Allison, "Meaning-Making in Marriage: An Exploratory Study" (doctoral diss., Massachusetts School of Professional Psychology, 1988); (7) S. Beukema, "Women's Best Friendships: Their Meaning and Meaningfulness" (doctoral diss., Harvard Graduate School of Education, 1990); (8) P. C. Sonnenschein, "The Development of Mutually Satisfying Relationships between Adult Daughters and Their Mothers" (doctoral diss., Harvard Graduate School of Education, 1990); (9) V. F. Binner, "A Study of Minnesota Entrepreneurship: Balancing Personal, Business, and Community Demands" (doctoral diss., Graduate School of the Union Institute, 1991); (10) C. N. Osgood, "Readiness for Parenting Teenagers: A Structural Developmental Approach" (doctoral diss., University of Massachusetts, 1991); (11) J. M. Greenwald, "Environmental Attitudes: A Structural Developmental Model" (doctoral diss., University of Massachusetts, 1991); (12) N. S. Roy, "Toward an Understanding of Family Functioning: An Analysis of the Relationship between Family and Individual Organizing Principles" (doctoral diss., Harvard Graduate School of Education, 1993); (13) M. Bar-Yam, "Do Women and Men Speak in Different Voices? A Comparative Study of Self-Evolvement," *International Journal of Aging and Human Development*, 32 (1991): 247-259.

28 Bar-Yam, "Do Women and Men Speak in Different Voices?"

29 以下を参照。W. Torbert, *Managing the Corporate Dream* (Homewood, Ill.: Dow-Jones Irwin, 1987); W. Torbert, *The Power of Balance* (Newbury Park, Calif.: Sage, 1991).

30 以下を参照。Torbert, *Managing the Corporate Dream*, p. 43. The studies are as follows: S. Smith, "Ego Development and the Power of Agreement in Organizations" (doctoral diss., George Washington School of Business and Public Administration, 1980); J. Davidson, "The Effects of Organizational Culture on the Development of Nurses" (doctoral diss., Boston College School of Education, 1984); W. Torbert, "Identifying and Cultivating Professional Effectiveness: 'Bureaucratic Action' at One Professional School" (paper presented at the annual meeting of the American Society for Public Administration, New York, 1983); A. Gratch, "Managers' Prescriptions of Decision-Making Processes as a Function of Ego Development and of the Situation" (unpublished paper, Columbia University Teachers College, 1985); R. Quinn and W. Torbert, "Who Is an Effective, Transforming Leader?" (unpublished paper, University of Michigan School of Business, Ann Arbor, 1987); J. Hirsch, "Toward a Cognitive-Developmental Theory of Strategy Formulation among Practicing Physicians" (Ann Arbor: University Microfilms International, 1988).

対して『第4次元』を使っているけれども、何かいやなことがあった日などには、もっとシンプルな次元に戻ってしまうかもしれないということはないでしょうか。ストレスにさらされていると、シンプルな次元を使ってしまわないでしょうか。より高次の次元の意味構築へと進化するとき、経験の側面によっては変容を『続ける』のではなく、全体から『分離』あるいは解離して、以前の原理によって意味構築され続けるということはないでしょうか」

このような質問に対する私の答えは――臨床医・研究者であり、自分自身と家族と友人・同僚の筋金入りの観察者である私の考えから言えば――「いや、それらはすべて可能だ。ただし、そうした変化と解離は犠牲も伴う」である。言い換えるなら、私は「一貫性（consistency）についての仮説」を尊重するが、熟考されていない仮説は尊重しない。自己はみずからの最も複雑な意味構築の原理によるみずからの意味構築のなかに整合性を求めているが、必ずしも見出だせるとは限らないと、私は思うのだ。だが、見出だせないときでさえ、なんらかの一貫性はやはり存在すると私は考える。一体いかにして存在するのか。

具体例をいくつか挙げたら、私の言いたいことがはっきりするかもしれない。通常肯定的に提示される矛盾、すなわちストレスや否定的状況に対する一時的退行を考えてみよう。休暇になり、私たちは故郷へ帰る。飛行機が着陸し、自分にこう言い聞かせる。「今回はきっと、いつもと違う帰省になる。両親と3日間過ごしたのちも、自分が退行しているかのようには感じない」と。だが、ああ、その甲斐なく、まるで子どもに戻ったように、もしくは「いつもの自分ではなくなった」ように感じてしまう。いずれにしても、主たる内的経験がネガティブで、そんなふうに感じるのを不快に思う。あるいは、大人になってまた何らかの学校に通うようになったものの、気づけば仕事に対する支配も権威も低下した状況になっているかもしれない。他者からアドバイスを求められるのではなく、自分のほうから教授を探すがなかなか見つからない。こうした経験もとても退行的に思えて、私たちは自分が「若年齢化」しているように感じるかもしれない。これは、この状況における思考あるいは感情の側面が、通常の状態として自分が認識しているより幼くまたは単純になっているということなのか。そして私たちはやはり、自分の感じ方を不快に思う。――以上のような場合に私たちがあまり複雑でない原理によって経験を意味構築しているなら、なぜ、ある種の構造的一貫性がやはり存在していると言えるのか。

私たちが、現在の自分がもつより複雑な能力と一致しない原理によって、経験のいくつかの側面を意味構築しているのは事実かもしれないが、自分の感情が気に入らないのもまた事実だ。みずからの考え方が、自分にとって受容できるとも自己親和的であるとも感じられず、「いつもの自分ではない」気がするのだ。だが一体誰が、あるいは何が、この判断をしているのか。私たちは、子ども時分に不快な気持ちを抱いていたから、今、若年齢化した状態にあるときに不快な気分になるわけではない。私たちが不快な気分になるのは、現在のより複雑な大人の意味構築の仕方が相変わらず作用するなかで、経験全体を評価し、それが自己異和的だと気づき、あまつさえ成熟した自分を「表現」できていないと嘆くからなのだ。退行が実のところ「退化」、すなわち、複雑な次元の意識を失ってより単純な次元の意識へ移るプロセスであるとしても、先述の2つの例は退行の経験ではない。なぜなら、より複雑な次元の意識構造は、その瞬間にどれほど小さくなっていようと、相変わらず存在し機能しているからである。そのような状況で十分には一貫性を持てない場合、私たちは犠牲を払うことになり、不快な気分になる。だが、一貫性に欠ける（inconsistency）そうした状況にあってさえ、一種の一貫性は存在し続ける。その状況に対する私たちの全体的な感じ方・考え方・評価の仕方が、私たちの最も複雑な意味構築の原理をあらわし、それと一致しているのである。

「冷静さを失う」現象を例に、さらに考えてみよう。「モダニズムは第4次元の意識を持てという精神《メンタル》的要求をする」と述べるとき、私は、ふだん第4次元で経験を意味構築している親でも、ときには子どものことで「冷静さを失い」第4次元の務め（相手の経験によって形成されない、など）を果たせなくなるためにキャパオーバーのお手上げ状態になることがあると示唆しているわけではない。「冷静さの喪失」のようなちょっとした過ちを意味構成しないとき、すなわち、ちょっとした過ちであるようには全く思えないために何かを失った状態として自分を経験しないときに、私たちはお手上げ状態になるのである。「冷静さを失う」というまさにその言葉が、「私たちは、より複雑な意味構築の仕方と一時的にどれほど一致していなくても、その仕方と大いに一体化しているので、そこから逸脱しているときにはその現象を逸脱として意味構成する」ことを証明している。このように、「冷静さを失う」ことの意味構成は、より複雑な意味構築の原理をあらわし、それと一致しているのである。

最後に、もっと頻繁に起こる現象について考えてみよう。それは経験の「切り離された」、分離された、あるいは引き離された側面という現象であり、この側面によって私たちは、意味構築の新たな、より複雑な原理による変容をせず、以前のもっとシンプルな原理によって意味構築され続けることになる。そのような状況になれば必ず精神生活に害が及ぼされる（認知的には歪曲が引き起こされ、情緒的には痛みの症状が生み出され、生物学的にはエネルギーが流出して各部分がばらばらになり続け始める）が、この事実は、自己が、たとえ常にできるとは限らないとしても、絶えず一貫性を達成しようとしていることを証明している。

のデータ生成・分析の正式な調査手順については、以下で詳細が述べられている。Lisa Lahey, Emily Souvaine, Robert Kegan, Robert Goodman, and Sally Felix, *A Guide to the Subject-Object Interview: Its Administration and Analysis* (Cambridge: Subject-Object Research Group).

この手順は、ピアジェの半臨床的インタビューのやり方に倣っている。インタビュアーが質問をし、インタビューを受ける人が所定の「内容」（同量の水が異なる形の2つのコップに入っている、など）をどのように理解しているかを判断するのである。主体－客体インタビューで斬新なのは、内容がインタビューを受ける人の実生活における経験からつくられ、心理的意味構築の認知的側面だけでなく情緒面も、個人間の側面だけでなく個人内の側面も含んでいる点だ。インタビューを受ける人が個人内及び個人間の経験をどのように意味構築しているかを理解するために、10個の一定の問い（「最近とても腹が立ったことについて話してもらえませんか」など）によって、実生活の状況が聞き出される。その後、インタビュアーは状況の根底にある認識論を見定めるべく詳細を探る。

インタビューは文字に起こされ、意識構造が明らかにされる各セクションが分析単位になる。インタビューにはふつう、そのような単位が8 ～ 15ある。各単位は別々に採点され、一定のプロセスを経て総合点がつけられる。インタビューは通常、2名の評価者——少なくとも1名は以前に信頼性を証明している——によって点数をつけられ、評定者間信頼性が決定される。ピアジェの心理学理論は、徐々に複雑化する5つの認識論的均衡——順を追って進化すると考えられており、連続する認識論はそれぞれすぐ前の認識論を含む——を識別する。だが、この評価手順は均衡化された認識論間の5つの段階を識別でき、結果として20以上の違い——いずれも、意味構築の原理が直前のそれと少しずつ異なっている——を見分けることが可能になる。

この手順を使った最初の博士論文は1983年に書かれた。以来、多くの論文及び研究プロジェクトがこの手順を使っており、一覧が、「主体－客体インタビューのガイド」（the Guide to the Subject-Object Interview）に、この方法の妥当性・信頼性に関する補記として掲載されている。全研究を通しての評定者間信頼性は0.75 ～ 0.90だ。ある研究では0.83という試験・再試験信頼度が示されている。いくつかの研究では予想どおり、似た方法との高い相関関係、及び、別形式の方法・多様な経験・さまざまな「テスト項目」における高い整合性が示されている。だが、構成概念妥当性の唯一にして最良の尺度は、この章で報告される長期的研究だ。そこでは、個人内での主体－客体の発達における、予想される方向へのゆっくりとした漸進的変化を捉える、この方法の総合的な力が示唆されているのである。

24 L. L. Lahey, "Males' and Females' Construction of Conflict in Work and Love" (doctoral diss., Harvard Graduate School of Education, 1986).

25 厳密に言えば、レイヒーは22人の成人（男性11人、女性11人）を対象に、主体－客体インタビューを44回実施した。ひとりにつき、数日の間隔をあけて2回行い、1回目は夫婦や恋人間での対立について、2回目は仕事での対立について質問がなされた。主体－客体インタビューでは、意識のどの2つの次元間の差異についても、6つの区別を確実につけることができる。たとえば、第3次元と第4次元なら、以下のように見分けられる。

① 第3次元だけが顕著に認められるシステム（「3」と表記される）

② 第3次元から分離し始めたシステム（「3(4)」）

③ 第3次元と第4次元の両方が顕著に認められるが、第3次元のほうが優勢であるシステム（「3/4」）

④ 第3次元と第4次元の両方が顕著に認められるが、第4次元のほうが優勢であるシステム（「4/3」）

⑤ 支配的意識構造は第4次元だが、第3次元に邪魔をさせずに作用する必要があるシステム（「4(3)」）

⑥ 第4次元がしっかりと確立されているシステム

私は、レイヒーが導き出した結果の意味を読者がより深く理解できればと思って、このような詳細を示している。本文でも述べたように、「恋愛」と「仕事」という領域についての意味構成の仕方がどちらも「概ね第3次元」だったり「おおよそ第4次元」だったりするのはあまり驚くことではないかもしれない。しかしながら、主体－客体インタビューの評価システムは「一貫性（consistency）についての仮説」をきわめて厳密に検証している。レイヒーが、親密さと仕事という領域における意味構成の仕方のなかで見出した一貫性の程度は、次のとおりだ。間隔をあけた2度のインタビューで被験者たちが示した差異は、22例中18例で1（道行き——言うなれば、意識のある次元から別の次元へのプロセス——の5分の1）以下であった（残る4例中3例では、2度のインタビューで2しか示さなかった）。

26 認識論的意識構造についての私の考えを検討する際、人々はよく次のような思慮深い質問をする。「人間は生活のあらゆる領域で同じ認識論（＝『意識の次元』）を使う傾向がある、同じ領域ではいつも同じ認識論を使う傾向があるとさえ、あなたは考えているのですか。つまり、仕事である意識構造を使い、子どもたちに対しては別の意識構造を使って接するというのは不可能なのでしょうか。ふだんは、たとえば子どもに

Work" (unpublished paper, Harvard Graduate School of Education, 1993).

5 Lin-Ching Hsia, "Learning in Conflicts" (doctoral diss., Harvard Graduate School of Education, 1992).

6 同上、pp.66-67

7 同上、p.67

8 Jean Watson, "The Moral Failure of the Patriarchy," *Nursing Outlook*, 38 (1990): 62–66.

9 Joyce Roberts, "Uncovering Hidden Caring," *Nursing Outlook*, 38 (1990): 67-79. See also A. H. Jones, ed., *Images of Nurses* (Philadelphia: University of Pennsylvania Press, 1987); and Sheila Norton, "Conflicts and Paradox in Nursing Education" (unpublished paper, Harvard Graduate School of Education). シーラの研究は、看護について学び直すのに有用である。

10 Block, *Empowered Manager*, p. 39.［ピーター・ブロック『21世紀のリーダーシップ』］

11 同上、p.73

12 同上、p.25

13 ウィルフレッド・ドラス（センター・フォー・クリエイティブ・リーダーシップ）は、マネジャー研究に対し明確に主体－客体理論の見方をしており、次のように示唆している。多くのマネジャーが従業員に権限を移譲したいと真剣に考えているが、第4次元よりも複雑な方法で経験を意味構成できないせいで努力が台無しになっている、と。以下を参照。Drath, "Managerial Strengths and Weaknesses as Functions of the Development of Personal Meaning," *Journal of Applied Behavioral Science*, 26 (1990): 483–499. 主体－客体理論の見方を取り入れた取り組みに関する他の研究については、以下を参照。I. Penn, "The Restructuring of Work as a Context for Development in Adulthood" (doctoral diss., Massachusetts School of Professional Psychology, 1990); A. Smirnova, "The Meaning of Career Change for Women in Midlife in Relation to Their Psychological Growth" (doctoral diss., Massachusetts School of Professional Psychology, 1993); S. Levine, *Promoting Adult Growth in the Schools* (New York: Allyn and Bacon, 1988); E. Souvaine, "Creating Contexts for Effective Action and the Development of Meaning-Making" (unpublished qualifying paper, Harvard Graduate School of Education, 1985); K. W. Kuhnert and C. J. Russell, "Using Constructive-Developmental Theory and Biodata to Bridge the Gap between Personnel Selection and Leadership," *Journal of Management*, 16 (1990); K. W. Kuhnert and P. Lewis, "Transactional and Transformational Leadership: A Constructive-Developmental Analysis," *Academy of Management Review*, 12 (1987); M. Basseches, "Cognitive-Structural Development and the Conditions of Employment," *Human Development*, (1986); W. Hodgetts, "Coming of Age at Midlife: How Male and Female Managers Transform Relationships with Authority" (doctoral diss., Harvard Graduate School of Education, 1994); and P. Lewis, and T. O. Jacobs, "Individual Differences in Strategic Leadership Capacity: A Constructive-Developmental View," in J. G. Hunt and R. L. Phillips, eds., *Strategic Leadership: A Multi-Organizational Perspective* (New York: Quorum Books, 1993).

14 R. Barth, *Run School Run* (Cambridge: Harvard University Press, 1980), pp. 146-147.

15 Katherine Crowley, "Burnout" (unpublished paper, Harvard Graduate School of Education, 1990). クローリーの研究は「燃え尽き症候群」の文献調査の土台となった。

16 H. J. Freudenberger, *Burnout: The High Cost of Achievement* (Garden City, N.Y.: Anchor Press, 1980), pp. 19-20.

17 C. Maslach, *Burnout: The Cost of Caring* (Englewood Cliffs, N.J.: Anchor Press, 1982), pp. 62-63.

18 D. Wortley and E. Amatea, "Mapping Adult Life Changes," *Personnel and Guidance Journal*, April 1982; O. Brim, "Socialization through the Life Cycle," in O. Brim and H. Wheeler, eds., *Socialization after Childhood: Two Essays* (Boston: Wiley, 1966); E. H. Erikson, *Childhood and Society*, 2nd ed. (New York: Norton, 1963); R. Gould, *Transformations: Growth and Change in Adult Life* (New York: Simon and Schuster, 1978); R. Havighurst, *Human Development and Education* (New York: Longman, 1953); D. Levinson, *The Seasons of a Man's Life* (New York: Knopf, 1978); B. L. Neugarten, *Middle Age and Aging* (Chicago: Chicago University Press, 1968); G. Sheehy, *Passages: Predictable Crises of Adult Life* (New York: Dutton, 1976); G. E. Vaillant, *Adaptation to Life* (Boston: Little, Brown, 1977).

19 Wortley and Amatea, "Mapping Adult Life Changes."

20 Neugarten, *Middle Age and Aging*, p. 256.

21 段階本位の理論の、複雑さとの厄介な関係という問題には、M・バセチーズも取り組んでいる。以下を参照。Basseches, *Dialectical Thinking and Adult Development* (Norwood, N.J.: Ablex, 1984).

22 Levinson, *Seasons of a Man's Life*, p. 43.

23 所要時間約1時間の主体－客体インタビューは、個人が頼りにする、自意識のない自然な状態での「認識」あるいは「意味統一性の原理」を評価するために実施される。ハーバード教育大学院で、同僚と私は自然な認識構造——前著のなかで私は初めてこれについて述べた——を知るためのインタビューを実施・評価する手順を考案した。インタビュー

ペアレンティングに対する他のアプローチについては、以下を参照。R. Goodman, "A Developmental and Systems Analysis of Marital and Family Communication in Clinic and Non-Clinic Families" (doctoral diss., Harvard Graduate School of Education, 1983); and P. Perry, "Mothers and Fathers-Different Perspectives: A Structural-Developmental Study of Parents" (doctoral diss., Massachusetts School of Professional Psychology, 1984).

3 S. Allison, "Meaning-Making in Marriage: An Exploratory Study" (doctoral diss., Massachusetts School of Professional Psychology, 1988)より、Levyの言葉を引用。

4 同上、Framoの言葉を引用。

5 同上、Rappaportの言葉を引用。

6 P. A. Kaufman, E. Harrison, and M. L. Hyde, "Distancing for Intimacy in Lesbian Relationships," *American Journal of Psychiatry*, 14 (1984): 529–533.

7 Rainer Maria Rilke, *Letters to a Young Poet* (New York: Norton, 1963).

8 構成主義的発達理論の観点を取り入れたパートナリングに対するアプローチについては、以下を参照。Goodman, "A Developmental and Systems Analysis of Marital and Family Communication in Clinic and Non-Clinic Families"; S. Allison, "Meaning-Making in Marriage"; R. O'C. Higgins, "Psychological Resilience and the Capacity for Intimacy" (doctoral diss., Harvard Graduate School of Education, 1985); J. Jacobs, "Holding Environment and Developmental Stages: A Study of Marriage" (doctoral diss., Harvard Graduate School of Education, 1984).

9 このエピソードは、キャサリン・S・カウフマンの研究論文から引用した。以下を参照。Kaufmann, "Parental Discipline and Constructive-Developmental Psychology" (unpublished paper, Harvard Graduate School of Education, 1985).

10 同上。

11 A. Miller, *The Drama of the Gifted Child*, trans. Ruth Ward (New York: Basic Books, 1981). [アリス・ミラー『新装　才能ある子のドラマ――真の自己を求めて』山下公子訳、新曜社、1996年]

12 H. Bruch, *The Golden Cage* (Cambridge: Harvard University Press, 1978). [ヒルデ・ブルック『思春期やせ症の謎――ゴールデンケージ』岡部祥平、溝口純二訳、星和書店、1979年]

13 Miller, *The Drama of the Gifted Child*, p. 4. [アリス・ミラー『新装　才能ある子のドラマ』]

14 この区別は構成主義的発達理論のパラダイム内での議論も反映している。以下を参照。L. Rogers and R. Kegan, "Mental Growth and Mental Health as Distinct Concepts in the Study of Developmental Psychopathology," in H. Rosen and D. Keating, eds., *Constructivist Approaches to Psychopathology* (Hillsdale, N.J.: Lawrence Erlbaum Associates, 1990); M. Basseches, "Toward a Constructive-Developmental Understanding of the Dialectics of Individuality and Irrationality," in D. A. Kramer and M. J. Bopp, eds., *Transformation in Clinical and Developmental Psychology* (New York: Springer-Verlag, 1989); G. G. Noam, "The Constructivist Theory of Developmental Psychopathology and Clinical-Developmental Psychology," in E. Nannis and P. Cowan, eds., *Developmental Psychopathology and Its Treatment* (San Francisco: Jossey-Bass, 1988); and G. G. Noam and R. Kegan, "On Boundaries and Externalization: Clinical Developmental Perspectives," *Psychoanalytic Inquiry*, 9 (1989).

15 Miller, *Drama of the Gifted Child*. [アリス・ミラー『新装　才能ある子のドラマ』]

第4章 夫婦関係

1 H. Ibsen, *A Doll's House* (New York: Dutton, 1958).

2 Mary Stewart Hammond, "Making Breakfast," *New Yorker*, April 23, 1990, p. 40.

3 D. Tannen, *You Just Don't Understand* (New York: Morrow, 1990); L. Rubin, *Intimate Strangers* (New York: Harper and Row, 1983).

4 R. Kegan, "Making Meaning: The Constructive-Developmental Approach to Persons and Practice," *Journal of Personnel and Guidance*, 58 (1980). 私はこの論文で報告した研究を、ローラ・ロジャーズとともに行った。

第5章 仕事

1 W. C. Byham, *The Lightning of Empowerment* (New York: Harmony Books, 1988).

2 P. Block, *The Empowered Manager* (San Francisco: Jossey-Bass, 1989). [ピーター・ブロック『21世紀のリーダーシップ――人を奮い立たせ、組織を動かす』安藤嘉昭訳、産業能率大学出版部、1991年]

3 R. Kelley and J. Caplan, "How Bell Labs Creates Star Performers," *Harvard Business Review*, July-August 1993, p. 131.

4 以下を参照。S. Eaton, "Union Leadership Development in the 1990s and Beyond: A Report with Recommendations" (CSIA discussion paper no. 92-05, Kennedy School of Government, Harvard University, 1992); and S. Eaton, "Reflections on Adult Development and Union Leadership Development

to U.S. Department of Labor, Public/Private Ventures, Philadelphia, 1992); C. Blakeney and R. Blakeney, "A Developmental Approach to Job Training with 'At Risk' Youth" (unpublished background paper prepared for report to U.S. Department of Labor, Public/Private Ventures, Philadelphia, 1992); and M. A. Gambone, *Strengthening Programs for Youth: Promoting Adolescent Development in the JTPA (Job Training Partnership Act) System* (Philadelphia: Public/Private Ventures, 1993).

8　P. Graham, "Wit and Character" (speech delivered to the National Forum of the College Board, Dallas, Tex., October, 1983).

9　「アメリカ疾病管理センターが金曜日に公表した 1990 年の調査によれば、今日、高校の最上級生の 72 パーセント（と中学 3 年生の 40 パーセント）が性交渉の経験があるという。（中略）15 ～ 17 歳の少女の出産率は、1986 ～ 1989 年のあいだに 19 パーセント上昇した。（中略）最近の調査は、どんなことがうまくいっていないのかを明らかにしている。1990 年に発表された 2 つの研究によって、（中略）婚前交渉を慎むことを促す倫理的プログラム（Sex Resoect や Teen Aid など）に参加しても、それではティーンエイジャーが性的行動を変えないことがわかった。どのプログラムも受講者に挿入を先延ばしにすることも頻度を少なくすることもさせられなかったことが、研究から明らかになったのだ」(*Boston Globe*, January 6, 1992, story by Alison Bass)。

「連邦保健当局の金曜日の報告によれば、10代の少女の婚前交渉は、性教育やエイズ予防計画の普及にもかかわらず、この20年で大幅に増加しており、とりわけ1985年以降に急増しているという。（中略）15 ～ 19歳の女性の51.5パーセントが10代のうちに婚前交渉をしたと述べている。1970年には28.6パーセントだったので、ほぼ倍増したことになる。（中略）相対的に最も増加したのは15歳だった」(*Los Angels Times*, May 6, 1992, story by Marlene Cimons)。

「骨盤痛で担架に横たわる15歳の患者に、私は型どおりの質問をした。『性行為をしていますか』『はい』『避妊はしていますか』『いいえ』。患者の答えに、私は驚かなかった。（中略）コンドームは使われていない。それを裏付ける多くの研究のなかに、女子大生を対象にしたものがある。女子大生、すなわち、ヘルペスや尖圭コンジローマ（性器イボ）や子宮頸がんやエイズのリスクをよく知っているのと同じくらい性行為や避妊についても詳しく知っていると思われる人たちである。だが1989年、コンドームを使っていると答えたのは、彼女たちのうち41パーセントだけだった。知識のある女性でさえコンドームを使うことに考えが及ばないのに、ティーンエイジャーや詳しい情報を持たない人たちになぜそれを期待できるだろう?」(*Boston Globe*, July 18, 1993; from a public health column by Dr. Steven J. Sainsbury originally appearing in the *Los Angeles Times*).

10　人類学者によれば、東アフリカ・ケニアのキクユ族をはじめとするいくつかのバントゥー語系社会（特に東及び南アフリカ）のティーンエイジャーたちは、双方がオーガズムに達しつつ、律儀にも性器挿入は控えることができていたという。ただ、20世紀初めに西洋的教育実践やキリスト教がもたらされたことにより、社会として慣習をティーンエイジャーに教え伝えること（ngwekoという）が減り、ついにはなくなってしまった。以下を参照。C. M. Worthman, and J. W. M. Whiting, "Social Change in Adolescent Sexual Behavior, Mate Selection, and Premarital Pregnancy Rates in a Kikuyu Community," *Ethos*, 15 (June 1987): 145–165.

第3章　親子関係

1　つまり、これらの変化はすべて、持続的カテゴリ（具体的思考であれ、性質の持続であれ、自分自身の唯一の観点であれ）を脇に置き、質的により複雑な意味構成の原理――持続的カテゴリを要素あるいは客体として捉える原理――を重視するという、同じ1つの能力をあらわしている。今や、自身の思考を意味構成することが抽象的に、感情が内省的に、社会的関係がコモンウェルス（共通の利益と目的を持つ集団）や相互関係と言えるものになることが可能になる。この単一の精神《メンタル》的能力が、私が第3次元の意識と呼ぶものだ。その意味構成の原理を、私は「持続的カテゴリを超えた」と名付けている。

2　カーラ・オズグッドは、主体－客体理論の見方を明確に取り入れながら、多くの保護者教育プログラムを検討した。そして、どのプラグラムにおいても、保護者は皆、実質的に同様に経験を意味構成していると考えられがちであると結論づけた。以下を参照。C. Osgood, "Readiness for Parenting Teenagers: A Structural-Developmental Approach" (doctoral diss., University of Massachusetts, 1991). オズグッドは「Toughlove」「Parent Effectiveness Training (PET)」「Systematic Training for Effective Parenting (STEP)」などを検討し、「これらのプログラムの考案者たちは、多くの複雑な心理的課題――制限を設ける、多様な考えを認める、親としての行動の仕方について新たな観点を持つ、など――をティーンエイジャーの保護者たちがこなせると考えている」と結論した。オズグッドは次のような仮説を立てた。保護者が到達している意識の次元はさまざまであり、ゆえに、期待に対する理解の仕方もそれぞれ違っており、主体－客体的視点によっては期待に応えるのが難しい場合がある、と。オズグッドは、無作為に選んだグループを対象に主体－客体インタビューを行い、仮説の裏付けを得た。そして、保護者が多様な方法で課題に取り組めるよう、そのような保護者教育プログラムに対して提案を行った。構成主義的発達理論の観点を取り入れた

10 発達理論的な性質と認識論的な性質のこの組み合わせは、ピアジェが、生命体研究に対する自身のアプローチを「発生論的認識論」のアプローチと呼ぶときに言わんとするものである。

11 私の理論は「あまり西洋的な感じがしませんね」と西洋人からはよく言われるが、驚くべきことに、東洋人（私が長年教えてきた日本、中国、シンガポール、韓国、フィリピン出身の多くのアジア人学生など）や、瞑想をする仏教徒の西洋人から言われることはめったにない。一種の愛着（「主観性」）を克服しながら成長すると、人は、さもなくば忘却の彼方へ追いやられてしまうものについて深く考えられる（「客体として捉えられる」）ようになるが、そのような成長の中心概念は、東洋の思考のあり方とかなり一致している。私は、瞑想をする経験豊かな仏教徒に一度ならず言われたことがある。もし仏教がその心理を明確に述べようとするものであるなら、前著の『進化する自己』は「仏教徒の心理」に近い、と（彼らには、タイトルを『進化する非自己』に改めるべきだと再三、提案されている）。仏教徒と主体－客体理論家との率直な会話に関心がある読者は、以下を参照。Mara Sanadi Wagner, "The Evolution of the Deconstructed Self" (doctoral diss., Massachusetts School of Professional Psychology, 1985). 東洋哲学の構成主義的発達理論との統合に関心がある読者は、以下を参照、わけても「The Spectrum of Development」を見てほしい。Ken Wilber: *The Atman Project* (Wheaton, Ill.: Theosophical Publishing House, 1980)〔ケン・ウィルバー『アートマン・プロジェクト――精神発達のトランスパーソナル理論』吉福伸逸、スワミ・プレム・プラブッダ、菅靖彦訳、春秋社、1997年〕; *Up from Eden* (Boston: Shambala, 1981)〔『エデンから』松尾弌之訳、講談社、1986年〕; "The Spectrum of Development," in K. Wilber, J. Engler, and D. P. Brown, eds., *Transformations of Consciousness* (Boston: Shambhala, 1986).

12 前著の読者はお気づきと思うが、この図と、いや実のところこの章の大半が、1982年出版の同書で私が述べた理論にしばしば向けられる、もっともな疑問への答えになっている。「あなたはこうおっしゃるのですね。所定の主体－客体の関係は、認知的・感情的、個人間・個人内の経験を意味構築する。また、一般に、主体－客体の関係はこうした領域に常に関与している、と。でも、そのような要素は、同じ主体－客体の関係に示される以外に、具体的にどんな共通点を持っているのでしょうか。つまり、『衝動』と『知覚』は認識論的にどんな似たところがあるのでしょうか。『抽象性』と『相互関係』と『心の奥底の主観的な状態』は認識論的にどう似ているのでしょうか。『具体性』と『観点』ではどうですか。あなたは、さまざまな領域（認知的、感情的、個人間、個人内）からのこれらの要素すべてに共有される、所定の認識論に広く共通するものを提示していません」。そのとおりだ、私は提示しなかった。だからここでしよう。（持続的カテゴリ、持続的カテゴリを超えた、などの）「一般的基本原理」は、同次元の意識のさまざまな現象（認知的、感情的、など）を同様に意味構築する、と。

第2章　どんな手を差し伸べるのか

1 ソシオパシー（社会病質）に関するより詳細な私の考えを知りたい場合は、以下を参照。R. Kegan, "The Child behind the Mask: Sociopathy as Developmental Delay," in W. H. Reid, J. W. Bonner III, D. Dorr, and J. I. Walker, eds., *Unmasking the Psychopath* (New York: Norton, 1986)。私の考えを検証するものとしては、以下を参照。P. B. Walsh, "Kegan's Structural-Developmental Theory of Sociopathy and Some Actualities of Sociopathic Cognition" (doctoral diss., University of Pittsburgh, 1989; University Microfilms International, no. 89-21423). 非行・問題行動を構成主義的発達理論の立場からさらに考えたい場合は、以下を参照。C. Blakeney and R. Blakeney, "Understanding and Reforming Moral Misbehavior among Behaviorally Disordered Adolescents," *Behavior Disorders*, 16: 120-126; C. Blakeney and R. Blakeney, "Reforming Moral Misbehavior," *Journal of Moral Education*, 19 (xxxx): 101–113; J. Hickey and P. Scharf, *Toward a Just Correctional System* (San Francisco: Jossey-Bass, 1980); and R. Selman, L. Schultz, M. Nakkula, D. Barr, C. Watts, and J. B. Richmond, "Helping Children and Adolescents Improve Their Social Conduct: A Developmental Approach to the Study of Risk and Prevention of Violence," *Development and Psychopathology*, in press.

2 H. Cleckley, *Mask of Sanity* (St. Louis: C. V. Mosby, 1941).

3 R. Blakeney and C. Blakeney, "Knowing Better: Delinquent Girls and the 2-3 Transition" (unpublished paper, Harvard University, 1977).

4 E. H. Erikson, *Childhood and Society* (New York: Norton, 1963).

5 H. S. Sullivan, *The Interpersonal Theory of Psychiatry* (New York: Norton, 1953).

6 以下を参照。Hickey and Scharf, *Toward a Just Correctional* System.

7 R. Kegan, *The Evolving Self*, p. 182. 10代の若者対象の職業訓練プログラムに対し、明確に構成主義的発達理論からのアプローチをさらに知りたい場合は、以下を参照。R. Kegan, M. Broderick, and N. Popp, "A Developmental Framework for Assessing Youth in Programmatic Interventions" (unpublished background paper prepared for report

外面的に目に見える行動ではなく、「自信を持てるようになってきている」のような内面の心理的行動を挙げている。このような違いは何か理由があって生まれると思われるが、そこではあらゆる「データ」が本当に扱われているだろうか。(a) の「かわいくてかわいくてたまらない」、「頭がいい」(「とても頭がいい」と言い直される) という形容についてはどうだろう。これらは外的現象と言われるものではない。

もし、(a) は100パーセント外面的、(b) は100パーセント内面的という二分された区別ではなく、「外面的」であり「内面的」でもあるという見方に沿って区別すべきではないかと考えるなら、そのほうがデータを余さず扱うことになると私は思う。つまり、両者の違いはどのように内面的かつ外面的であるかというところにあるのではないだろうか。私からすれば、次のように考えるほうがよほど合点がいく。(a) のような人 (たとえば、元気いっぱいの8歳の少女) は、(千変万化のごとく次から次へと変わり続ける知覚・感覚とは対照的なものとして) 自己という持続的カテゴリ――名付けるに足る重要な一連の特徴、すなわち自己という集合の継続的要素を含む1つの持続的カテゴリ――をまとめ上げる能力を示している (この能力が、明確にある次元の意識を示していることだけは確かだ)。一連の特徴のうちいくつかは「外面的」であり (身体的特徴など)、いくつかは「内面的」だ (頭のよさや、かわいくてかわいくてたまらない気持ちなど)。(a) の話と (b) (前者より10歳ほど年上の女性) の話の違いを最も際立たせるように思われるのは、「この集合」の特徴が外面的であろうと内面的であろうと、単一の集合としての自己に限定されていることである。後者が挙げる特徴 (「自信を持てるようになってきている」「不安でいっぱい」「自意識過剰」) は、「内面的」であるだけでなく、単一の「集合」や「カテゴリ」に限定されない自己を示しているのだ。

「自信」や「不安」などの感情は、感情についての感情、なんらかの感情を持つカテゴリとしての自己、及び、そのカテゴリを脇に置いて、より大きなコンテクスト――そのカテゴリを調節したり検討したりするコンテクスト――を優先する能力を持つものとしての自己を示唆している。このより大きな、自己が現在一体化しているコンテクストから、内面の状態や内的主観性として経験される感情が生じる。この新たなコンテクストの形態《フォーム》は必然的に、「持続的カテゴリを超えた」形態《フォーム》になる。

心の奥底で繰り広げられるこのより複雑な内面生活が如実に示されるのは、「葛藤」「罪悪感」「憂鬱」「不安」を感じると表現される場合だ。これらはすべて、状態として経験される心理状態である。そしてどれもが、自分を映し出す、特質と特質のあいだにあるものとしての自己を示している。「葛藤」を感じる状態を経験するとき、私は「Xをしたい (Xと感じる。Xである)」というカテゴリと「Yをしたい (Yと感じる。Yである)」というカテゴリの両方である「自己」を含んでいる。ただし、「葛藤」を感じる状態は必ず、その2つのカテゴリをまとめ合わせる。自己がする経験は、2つのカテゴリのどちらか一方から生じるのではなく、両カテゴリの関係から生じるのである。同様に、「罪悪感」は、「持続的カテゴリを超えた」コンテクスト――「Xをしたい」自己というカテゴリが脇に置かれ、Xをするのを悪いあるいは間違っているとする自己という別のカテゴリとの関係を調節する、より複雑なコンテクストに統合されるコンテクスト――を意味する。つまり、自己と自己がする経験は、2つのカテゴリのうちどちらかではなく、2つのカテゴリの関係性とイコールになる。「憂鬱」も必ず、心の奥底にあるもっとシンプルな心理的経験 (「私は悲しい」) との関係と一体化している。「不安」も、「あることができない」自己という集合よりも大きな形態《フォーム》と、その集合自体よりむしろ、その集合との関係における自己の経験を、必然的に含んでいる。

7　「価値観」と「信念」と「理想」も、「持続的カテゴリを超えた」理解から新たに生じる結果であり、これらも確かに抽象概念である。抽象的なものを抽象的にするのは、個々の具体的なものからの分離でも、自己の熱心な関与からの分離でもない。何かを抽象的にするのは、具体的なものに対する扱い方、すなわち私たちの信念がする解釈によってつくられる、「持続的カテゴリを超えた」形態《フォーム》なのだ。「配電網」をつくる (「空疎な事実」や「一部欠けのある一揃いのもの」や「まだ生じていない具体的観念」の意味構成を実現させる) 能力は、数学の難問を解く領域で活かせるのと同じくらいたやすく、世界に対する精神的《メンタル》意味構成の領域や向上の余地のある領域で活かすことができる。「理想」には、まだ起きていない現実を想像のなかで実現することと、「現在の現実」という欠けたところのないカテゴリを「現実の可能性」という一部欠けのあるカテゴリとの関係に持ち込むことが、必ず含まれるのである。

8　以下を参照。R. D. Seymour, "Constructing a Personal Future Time Perspective" (doctoral diss., Harvard Graduate School of Education, 1991); E. Villegas-Reimers, "Judgments of Responsibility: Their Relationship with Self and Moral Reasoning in Venezuelan Adolescents" (doctoral diss., Harvard Graduate School of Education, 1988); and S. T. Hauser, S. I. Powers, and G. G. Noam, *Adolescents and Their Families: Paths of Ego Development* (New York: Free Press, 1991).

9　A. Fleck-Henderson and R. Kegan, "Learning, Knowing, and the Self," in K. Field, B. Cohler, and G. Wool, eds., *Motive and Meaning: Psychoanalytic Perspectives on Learning and Education* (New York: International Universities Press, 1989).

も入っていないビーカーを1つ提示され、どのように組み合わせれば黄色い液体ができるかを突きとめるように言われたとする。具体的思考をする人の場合、答えを突きとめられるかどうか確信のないまま、片っ端から、さまざまな組み合わせをランダムに試す。抽象的思考をする人なら、答えにきっと行き着けると確信している。そして、ビーカーを一度に2つずつ、3つずつ、さらには4つ全部という組み合わせで試し、必ず答えを突きとめる。

3つの例（一般に、「命題的思考」「帰納的思考」「組み合わせ的思考」と言われるもの）において抽象的思考の人が示しているのは、「持続的カテゴリを横断」して経験を意味構築する能力だ。抽象的思考をする人は、特質を含む性質（色、足の数）にばかり目を向けるのでも、「ヘビ」として知られる持続的カテゴリに暗黙に含まれるルールに明らかに反しているからといって（紫色のヘビや4本足のヘビなど、誰が聞いたことがあるだろう？）考えるのをやめるのでもなく、ヘビというカテゴリを、提示された三段論法の下位に置く。三段論法自体は、「持続的カテゴリを横断した」形態《フォーム》の例だ。それは、2つのカテゴリを結びつけ、両カテゴリを基底に含む関係（このケースでは「十分性の関係」、すなわちXが起きれば必ずYが生じる関係）をつくるのだ。2つのカテゴリを同時に保持せずして答えを突きとめることはできない。このようにして2つのカテゴリを同時に保持することは、実のところ、全く新しい現象を世界につくり出す。つまり、それまでとは質的に異なる方法で世界を生み出す。このようにマインドが現実を理解することによって、以前には存在しなかった「何か」が存在するようになる。そしてその何かを、私たちは抽象概念と呼ぶ。

例（b）の抽象的思考をする人が「16マスの表」を書いて問題を解決する際にも、やはり「持続的カテゴリを超えた」意識が示されている。「16マスの表」を構成するのは空っぽのセル、つまり、まだ明らかになっていない事実や具体的カテゴリをあとで記入するための確保された《プレースホルダー》スペースだ。所定のいくつかの事実は適切なセルに入れられる（教師Aの1番目のセルにはクラス1を記入など）が、大半のセルには何も書かれていないのだ。16マスの表はカテゴリを、カテゴリ同士の関係の下に置く。すなわち、4つのクラスは教師のいずれかひとりによって教えられなければならず、どのクラスも、同時にふたり以上の教師によって教えられることはない。そのため、クラス1が教師Aによって教師Aの朝いちばんの時間枠で教えられるという1つの事実あるいは具体例は、教師Aの残りすべてのセル、及び教師B、C、Dの朝いちばんの時間枠に影響をもたらす（クラス1は、教師Aの残りのどのセルにも入らず、教師B、C、Dの朝いちばんの時間枠に入ることもない）。16マスの表は、「持続的カテゴリを超えた」意識を目に見えるものにする。というのも、理屈上まだ具体的になっていない「何か」の現象を、文字どおり生み出すからである。16マスの表は、事実を生み出す「機械」だ。それは、「今まさに起ころうとしている」事実のためのスペースを生み出す——そしてその「何か」を、私たちはやはり、抽象性と呼ぶ。

例（c）の抽象的思考の人が、4つの液体に幾通りもの組み合わせがあるという認識に基づき、黄色の液体をつくり出して答えに行き着けると確信することも、「持続的カテゴリを超えた」意識を示している。具体的思考の人にとっては各液体の現実がそれだけで完結しており、「片っ端からランダム」に試されることになるのに対し、抽象的思考の人のアプローチでは、質的に異なる現実、すなわち液体同士の関係が捉えられる。この新たな現実においては、液体の客観的実在性は、関与はするが、液体の存在の本質ではない。その本質は今や、他の液体との関係次第で変わりうる限られた数の方法と結びついているのだ。本質についての以前の概念は具体性という言葉が意味するもの、そして新たな本質は抽象性という言葉が意味するものである。

言い換えるなら、私たちが「抽象的思考」と呼ぶものは、「さまざまなカテゴリというカテゴリ」あるいは「さまざまな集合《クラス》という集合《クラス》」——そこでは、属するための特質が、単にカテゴリの特徴であるだけでなくカテゴリそのものにもなる——を生み出す能力のことだ。具体的現象が「メタ現象」の例になり、それを私たちは抽象——世界を意味整理し、そこで生きるための、全く新しい方法——と呼ぶ。そして、抽象の基本的形態《フォーム》は、私が持続的カテゴリを超えた、あるいは持続的カテゴリを超越した次元の意識と呼ぶものである。

6 「あなたはどんな人ですか」という問いに対する、次の2つの答え方を比較するといいかもしれない。

（a）髪は金色に近い茶色。目は青。背丈は中くらい。アタリ社のコンピュータゲームが好きです。妹がいて、かわいくてかわいくてたまりません。私は頭がいいです。とても頭がいいし、きちんと色を塗ります。BLTサンドウィッチが好きです。私を好きだと言ってくれる人みんなが好きです。特に好きなのは仲良しのロビーです。ロビーはとても優しくしてくれるんです。

（b）私はかなり自信を持てるようになってきています。以前は不安でいっぱいで自意識過剰でもありましたが、今では自分のことがずっと好きになりました。ほかの人たちも、私のことをもっと好きになり、一緒にいて気が楽になったんじゃないかと思います。私の言っていること、わかりますか？

もしかしたらまず目が行くのは、一方は自己の外側の面について、もう一方は内側の面について述べているという、その対比かもしれない。（a）は、アウトサイドインで（外側から）自己について述べていると思われ、目に見える振る舞いにスポットを当てている。一方、（b）は、インサイドアウトで（内側から）自己について述べていると思われ、「きちんと色を塗る」のような

原注

プロローグ

1　Robert Kegan, *The Sweeter Welcome*(Boston: Humanitas Press, 1977).

2　Robert Kegan, *The Evolving Self* (Cambridge: Harvard University Press, 1982).

3　David Elkind, *The Hurried Child: Growing Up Too Fast Too Soon* (Reading, Mass.: Addison-Wesley, 1981).

4　Philippe Ariès, *Centuries of Childhood: A Social History of Family Life* (New York: Random House, 1962).

5　L. Lahey, E. Souvaine, R. Kegan, R. Goodman, and S. Felix, *A Guide to the Subject-Object Interview: Its Administration and Interpretation* (Cambridge: The Subject-Object Workshop, 1988).

第1章　ティーンエイジャーに課される隠されたカリキュラム

1　以下を参照。J. Piaget, *The Construction of Reality in the Child* (New York: Basic Books, 1954, originally published in 1937); *The Psychology of the Child* (New York: Harper Torchbooks, 1966); "Piaget's Theory," in P. Mussen, ed., *Carmichael's Manual of Child Psychology* (New York: Wiley, 1970); D. Elkind, "Editor's Introduction," in J. Piaget, *Six Psychological Studies* (New York: Vintage, 1968); R. Kegan, "The Unrecognized Genius of Jean Piaget," in *The Evolving Self* (Cambridge: Harvard University Press, 1982).

2　以下を参照。R. Selman, "The Development of Social-Cognitive Understanding," in T. Lickona, ed., *Moral Development and Behavior* (New York: Holt, Rinehart and Winston, 1976); *The Growth of Interpersonal Understanding* (New York: Academic Press, 1980); L. Kohlberg, "Stage and Sequence: The Cognitive-Developmental Approach to Socialization," in D. Goslin, ed., *Handbook of Socialization* (New York: Rand McNally, 1969); L. Kohlberg, *The Psychology of Moral Development* (New York: Harper and Row, 1984); R. Kegan, "The Evolution of Moral Meaning-Making," in *The Evolving Self*, pp. 46-72.

3　以下を参照。R. Kegan, "The Loss of Pete's Dragon: Transformation in the Development of the Self in the Years Five to Seven," in R. L. Leahy, ed., *The Development of the Self* (New York: Academic Press, 1985); R. Kegan, G. Noam, and L. Rogers, "The Psychologic of Emotions," in D. Cicchetti and P. Pogge-Hesse, eds., *Emotional Development* (San Francisco: Jossey-Bass, 1982); S. White, "Some General Outlines of the Matrix of Developmental Changes between Five and Seven Years," *Bulletin of the Orton Society*, 20 (1970): 41-57; and B. Carroll, "Subject and Object: Changes in Structure between the Ages of Five and Seven" (doctoral diss., Harvard Graduate School of Education, 1986). 構成主義的発達理論の観点による「認知的発達」の優れた説明については、以下を参照。T. Yates, "Theories of Cognitive Development," in M. Lewis, ed., *Child and Adolescent Psychiatry: A Comprehensive Textbook* (Baltimore: Williams and Williams, 1991).

4　この新たな原理は、特性や願望や好みといった今もあるその人のカテゴリを含むが、それらのカテゴリを下位に置いて、「持続的カテゴリを超えた」意味構成に結びつけ、全く新しい現象、すなわち、はるかに人間関係を重視する人を生じさせる。これは、自己が新たな方法で他者と関係できるようになっただけでなく、自己と他者の両方が「持続的カテゴリを超えた」意味構成によってすっかり変わったということだ。「持続的カテゴリを超えた」意味構成をするようになったばかりのティーンエイジャーが、こう話したことがある。

「前は、失敗すると叱られると思って心配した。今は、失敗したら、ほかの人たちを心配させやしないかと思って心配になる」

つまり、「自分」と「ほかの人たち」の両方が、「持続的カテゴリ」の現象（意志とニーズにおける独自の特質によって定義される）から「持続的カテゴリを超えた」現象（カテゴリ間のつながりによって定義される）へ移行したのである。

5　抽象的思考とは、たとえばどんなものを指すのか。以下の例を考えてみよう。

(a)「紫色のヘビはすべて、足を4本持っている。私は今、紫色のヘビを1匹、隠し持っている。このヘビに、足は何本あるか」。三段論法のようなこの問いが投げかけられた場合、具体的思考をする子どもなら、4本足だとか紫色であるという空想に抗議の声をあげる。一方、抽象的思考をする子どもの場合は、仮定の話として事実を受け容れ、その事実を三段論法の論理のなかにとどめ、足は4本だと答える。

(b) 学校の4つのクラスに対して、教科の異なる4人の教師が順番を変えて教え（朝いちばんには教師Aがクラス1を担当するなど）、どの内容の授業をどの順番で進めるのが適切かを突きとめよ、と求められたとする。具体的思考をする教師なら、たとえひとりで担当するのだとしても、突きとめるのに不十分な事実しか与えられていないことにすぐに気づき、あきらめる。だが、抽象的思考をする教師なら、縦4マス、横4マス、合計16マスの表を書き、手にしているいくつかの事実を書き入れ、不足している情報を足していく。

(c) 透明な液体が入った4つのビーカーと、何

子の搾取　155
意識の次元と__　158, 287
→［家族］［関係］［結婚／婚姻］［パートナリング］も参照
ベイカー夫妻の事例（結婚における違いと対立）　457, 506
ベレンキー、メアリー・F　332, 342, 426
変容／変化　111, 115, 254, 290, 443, 468
意識の__　34, 37, 69, 79
マインドの__　40, 52, 69, 81, 88, 105, 124
理解の仕方の__　65, 210
発達による__　78, 334
主体－客体の__　202
意味の__　300
教育による__　348, 437
第3次元から第4次元の意識への__　392, 394, 447, 494, 502
理解の__　416
第4次元から第5次元の意識への__　466
対立の__　472
ポストモダニズム　35, 39, 361, 449, 466, 477, 513
カリキュラム　466, 493, 502
対立　469
再構築主義と脱構築主義　478, 485, 490
差異　480
理論　496
多様性と__　508
マイヤーズ・ブリッグスタイプ指標　301
マインドや精神（メンタル）の意味構築　157
__の次元　52, 149
__に対する第4次元の要求　348, 353, 361, 364
グループの__　361
マインドの文化　460
→［意識の次元］［意味構築］も参照
マネジメント　32, 336
境界の__　131, 140
協調／チーム　216, 223, 226, 284
仕事と__　237, 253, 261
燃え尽き症候群　265
スタイル　339
教育　348
マンハイム、カール　268, 477
ミラー、アリス　155, 162, 166
ミラー、ジーン・ベーカー　299, 307
『もうひとつの声で』　330, 333
燃え尽き症候群　265
モダニズム／現代　39, 449, 466, 502, 510, 513
__の精神（メンタル）的要求　32, 125, 287, 297, 352, 466, 513
カリキュラムと__　126, 365, 464
トラディショナルと__　166, 176, 180, 399
意識の次元と__　166, 176, 428, 436, 459
共同体の喪失　211
仕事と__　249
「社会的」「私的」関係と__　350
絶対主義　478
ものの見方／考え方　55, 72, 79, 96, 198
役割　157, 161, 164, 167, 174, 180, 247, 386
優先性　465, 471, 473, 480, 516
対人関係における__　465, 470, 477
抑圧　497
ライス、スザンヌ　478
リーダーシップ　21, 32, 326, 465, 493
学校　89, 98, 265
家族　128, 140, 152, 154, 474
仕事　228, 243, 253, 269
スタイル 対 力量　304
コンテクストを提供する__　475
ポストモダニズム　477
理解／理解の仕方（knowing / ways of knowing）　48, 55, 281, 286, 331, 398, 432
__の発達　33, 480
__の仕組み／体系的な__　35, 261, 466
持続的カテゴリの__　52, 55, 81
持続的カテゴリを超えた__　56, 58, 62, 70, 81, 88, 111, 153, 184, 257, 306, 329
__の変容　65, 210
意識の次元と__　93, 306
主体－客体理論と__　147, 340
イデオロギー的な__　268
性格タイプと__　301
ジェンダーの差異と__　307, 319
スタイル的な__　342, 347
ポストモダニズムと__　466, 477
知識創造　493
理解（understanding）　415, 432, 466, 505
リサ・レイヒー　288, 475
理性感情療法　371
理想　124, 134, 140, 144
__の要求　47
__の共有　180, 385
理解の仕方と__　268
リタの事例（過去と現在の関係性に対処する）　381
リチャードの事例（仕事への責任感）　80
ロクサーヌの事例（ソシオパス）　74
ロジャーズ、カール　364, 381
ロビンズ、マーサ　392, 403
ロレッタの事例（責任と第4次元の意識）　374, 393
論争　468
→［対立］も参照

忠誠／忠誠心　158, 250, 257, 385
　仕事と__　240
　対立と__　394, 481
　自己と__　394
　家族宗教と__　398, 400
　社会階級と__　411
　生徒の__　423
　ポストモダニズムと__　495
　__の分析　503
挑戦　76
テイラー、キャスリーン　438, 447
テリーの事例（精神病の治療）　80
同化　317
トラディショナリズム　40, 399, 449, 467, 513
トラディショナル・コミュニティ　165
トルバート、ビル　297, 472
ナラティブなスタイル　320
人間関係／社会的関係　49, 61, 81, 280
　教育と__　86, 89
　家族の役割と__　124, 149
　仕事における力関係　245
　持続的カテゴリを超えた意識の__　257
　課題　278
人間性　36, 86
　→［教育（teaching）▶「全人的な」__］も参照
認識論　64, 202, 238, 331
　意味構築と__　64, 473
　制限の設定と__　184
　スタイル 対 力量　304
　__的に発達　396
ノラの事例（『人形の家』、心理的自立について）　169, 240, 331
バース、ローランド　264
パートナリング　39, 133, 168, 204
　家庭生活と役割　127, 140
　親密さ　133, 140
　支援　136, 140
　__への要求　168
　心理的自立　168, 173
　__におけるものの見方　198
　個人的な歴史と__　204
　意識の次元と__　287
　→［家族］［結婚／婚姻］［ペアレンティング］も参照
バービュルズ　478
バーヤム、ミリヤム（意識の研究）　295
パールズ、フリッツ　364, 368, 381
ハイフェッツ、ロナルド　474
橋渡し　50
　発達に必要な__　78, 82
　思春期の性への__　106, 111
　第4次元の意識への__　382, 413, 441
　差異を超える__　490
発達　18, 31, 33, 62, 503
　精神（メンタル）／マインドの__　89, 361, 480
　社会性の__　95
　心理的__　137, 336
　発達を促す　162, 164
　リーダーシップのスタイルと__　304
　構成主義的__理論　343
　女性　343
　性差別をしない__の理論　496
『母親業の再生産』　496
ハモンド、メアリー・スチュワート　181
ピアジェ、ジャン　37, 62, 207, 317
ピーターとリンのケース（家庭）　300, 519
　思春期の息子に対する精神（メンタル）的要求　42, 48, 54, 57, 120, 177, 185
　第3次元の意識と__　126
　夫婦関係の問題　133
ピーターとリンのケース（仕事）　210, 214, 249, 251, 269, 283, 287, 299, 319
　責任の問題　273, 277
比喩　388
複雑さ／複雑性　435, 487, 493, 495, 514
ブラフィー、ケネス　429
プレモダン　176
ブロック、P　253
ブロデリック、マリア　375
プロフェッショナリズム　245, 339
文化　37, 318, 514
　__からの要求　27, 32, 37, 69, 210
　学校としての__　28, 33, 77, 80, 99, 117, 267, 428
　カリキュラム　37, 77, 105, 493
　要求と期待　68, 168
　思春期の性の規範　105
　第4次元の期待と__　159, 287
　構成主義と__　311
　__の意味調整の原則　311
　多様な__的経験　314
　マインドの__　460, 504
　__的環境　503, 510
分離　499
ペアレンティング　21, 39, 158, 238
　期待と__　127, 129
　制限の設定　132, 135, 140, 161, 168
　境界のマネジメント　132, 154, 161
　役割　135, 161
　カリキュラム　145, 159
　子との関係　148

主体－客体の心理学　352, 365, 415, 481, 490
主体－客体理論　329, 337, 340, 346, 491
　構成主義　300, 303, 329
　発達主義　300
　性格タイプと__　301
　ジェンダー　307
　意識の次元と__　329
　ポストモダニズム　488
正直であること　145
情報／知識　31, 73, 165, 254
　家族における情報の共有　144
自立　136, 330
　心理的__　168, 173, 184, 265, 362, 431
　仕事　336
　男性 対 女性　500
自律性　330, 500
　→［自立］も参照
『進化する自己』　26, 33, 61, 246, 288, 307, 328, 330, 405
シンダー、ライリー・M　474
信念　47, 163, 174, 179, 260, 346
　__の共有　180, 385
親密さ　32, 133, 168, 177, 202
　対立と__　188, 459
心理学／心理　17, 35, 67, 71, 78
　内面の世界／個人的心理　46, 59, 71, 75, 124, 126, 208, 278, 361, 396
　自己　59, 208
　モダニズムと__　125, 361
　心理的自立／独立　168, 173, 184, 265, 362, 431
　心理的環境　263, 307, 337, 342
　権威と__　286
　実存心理学　365
　個人的な歴史　374, 378, 381, 401
　脆弱性　386
　トレーニング　444
　社会心理学　468
推論　58, 426
性
　禁欲　47, 101, 114, 117
　安全なセックス　47, 101
　__の文化的規範　101, 107, 114, 116
　第3の新しい規範　104
　暫定的な支援の環境　112
　__的指向　160
　__的慣習　221
制限の設定　164, 184
　家族や夫婦の関係における__　132, 135, 140, 152, 158, 161, 164, 167
精神（メンタル）的要求　21, 38, 45, 125
　文化からの__　27, 29, 34, 38, 69, 210
　意識に対する__　32, 34, 204
　大人に対する__　33, 292
　思春期に対する__　38, 42, 51, 69, 76, 211
　ポストモダニズムの__　39, 493
　モダニズムの__　125, 287, 297, 352, 466, 513
　ペアレンティングに対する__　125
　パートナリングに対する__　125, 203
　セラピーに対する__　125, 350
　仕事に対する__　125, 237
成人教育／成人学習　32, 39, 348, 405
　教室での学習　349
　目標　407, 436
　自己主導型学習者　408, 426, 422, 425
　__への精神（メンタル）的要求　409
　カリキュラム　410
　読むスキル　414
　書くスキル　422
　学問分野の管理　433
　修了　444
　→［教育（education）］も参照
責任　29, 196, 311
　家族や夫婦関係における__　153, 196
　仕事の__　272, 497
絶対主義　478, 485, 487, 491, 496, 513
セラピー　349
　私的 対 社会的　350
　セラピストとクライエントの関係　350, 376
　__における第4次元の要求　353, 364
　ファミリー__（家族療法）　361, 363, 430, 472
　3つのアプローチ　364
　クライエント中心　364
　ゲシュタルト療法　364
　論理療法　364
　__の目的　365
　第4次元の要求と__　372, 381, 386
　気づき　378
ソシオパス　71
組織　18, 218, 239, 241, 244, 271, 282, 300, 451, 472
対立　467, 493
　親密さと__　188, 458
　対人関係における__の意味構成　454
　ポストモダニズムと__　466, 471
　長引く__　468
　→［論争］も参照
多様性／ダイバーシティ　34, 160, 347
　社会的多様性　318
　ダイバーシティ・ムーブメント　502
知性　286

差異化 330, 333, 342, 394, 481
声の__ 334, 336, 345
アンチモダニズムの__ 482
サイコセラピー 39, 135, 207, 322, 348, 349
シア、リンチン 247
ジェイミーの事例（第４次元の複雑さが機能しない場合） 353, 386, 392, 403
支援／サポート 39, 140, 162, 167
思春期における__の経験 76
発達への__ 82
パートナーの__ 136
自己の__ 136, 162, 381
グループや組織の__ 349, 428
ジェンダー 87, 181, 281, 308
__の差異 35, 307, 319, 329, 496
自己 30, 51, 59, 61, 133, 145, 265, 280, 413
__の意識 46, 81, 205, 395
__を省みる／内省する 46, 58, 62, 72
__肯定感 50, 336, 400
持続的カテゴリを超えた__の経験 59, 145, 257
__心理学／内なる心理的世界 67, 208
__拡大 135, 349
__支援／啓発 135, 163, 381
子どもの自分 156
親密さと__ 168, 193
__の侵害 192
__の評価／判断 193, 200, 261, 265, 427
__著述／権威 262, 287, 330, 336, 338, 342, 431, 433, 447, 448, 460
__修正 262
みずから行動する 262
__調整／制御 334, 431, 433, 449, 497
心理的に独り立ち 265
関係のなかの__ 342
自信 382, 411
__主導 408, 413, 422, 442
形態（フォーム）たる__ 464
システムたる__ 464
男女の__の経験 498
__の優先性 516
思考 34, 284, 469
抽象的__ 40, 46, 58, 62, 73, 93, 124, 205, 211, 257
具体的__ 40, 49, 58, 62, 73, 93, 205, 211, 257
__の意味構築 49, 64
思索的に省みる__ 59
論理的__ 62
持続的カテゴリを超えた 73
魔術的__ 211, 257
批判的__ 280
自己著述 262, 287, 448
仕事 38, 214
__の精神（メンタル）的要求 125, 238, 250
思春期と__ 45, 204
__でのコミュニケーション 248, 276
マネジメントと__ 237, 253, 261
__における忠誠 240, 242
__のオーナーシップ 238, 244, 246, 249, 257, 262, 284
権力の問題 244
プロフェッショナリズム 244
家父長制的な関係 249, 269
依存 253, 260, 336
知識を与えるスタンス 255
__へのビジョン 268, 278
持続的カテゴリを超えた意識構造 272
__の責任 272, 277, 497
キャリア開発 278
期待 278, 284, 286, 336
組織 282
対立 288
トレーニング 301, 347
男性優位 323
ミーティングへの参加の仕方 324
自己著述的な従業員 338
__ができない 389
思春期 18, 47, 49, 68
__の若者に課す精神（メンタル）的要求 42, 69, 211
教育における__への要求 45, 406
__と大人の区別 49, 124, 256
衝動のコントロール 60
ソシオパス 71
理解の仕方 70
支援の経験 77
仲間 77
次元のマインド 82
性生活 99
持続的カテゴリの原則 49
→［意識の次元▸第２次元］も参照
市民であること 46, 54, 57
社会 86, 163, 411
社会化 124, 198, 429
社会的構成主義 425, 429, 431, 448
宗教／信条 79, 176, 398
家庭内宗教 398
主体－客体インタビュー 34, 288, 292, 489
主体－客体の関係 61, 64, 97, 252, 257, 286, 297
家族における__ 149, 158
__の変容 202
__の体系的理解 466
第４次元の意識と__ 486

関係　126, 158, 173, 245, 251, 260, 443
関係との__　148, 153, 155, 358
親密な__　184, 188, 202
家父長制的な__　249, 269
個人と個人の__　274, 350
個人の内面の__　274, 350
__のなかの自己　342
私的と社会的　350
セラピストとクライエント　352, 376
__から離れる　404
__の要素　463
対立の__　468
→［家族］［結婚／婚姻］［パートナリング］［ペアレンティング］も参照
関係性理論　329, 337, 340
完全性／不完全　464, 469, 472, 473, 476, 485, 506
期待　28, 45, 59, 80, 260
家族における__　127
親への__　141, 159, 166
子ども時代への__　147, 257
思春期への__　257
仕事における__　278, 284, 286, 338
気づき（深い気づき）　200, 207, 378
客体　64, 466
→［主体－客体］関連項目も参照
客観主義　323
教育（education）　39
変革のモデル　255
高等__　422, 426, 430
社会化と__　429
→［カリキュラム］［成人教育／成人学習］も参照
教育（teaching）　28, 36, 90
思春期の__　85, 98
「基本に戻る」__（原理原則重視）　85, 90
カリキュラムの理念　85
教師同士の関係　85
「全人的な」__（人間主義的）　85
中学校　90, 214, 262, 269
深い気づきの教え　201
第4次元 対 第3次元　264
成人__　32, 39, 348, 349, 406
境界　164, 258, 448
__のマネジメント　131, 140
→［制限の設定］も参照
去勢コンプレックス　497
ギリガン、キャロル　307, 328, 330, 333, 448,
キルケゴール、セーレン　415, 423, 432, 434
禁欲　47, 102, 114, 117
性交なしというルール　102, 108, 112
クルーガー　301
グロリアの事例（第3次元の意味づけ）　364
結婚／婚姻　20, 32, 109, 188, 237, 454
→［家族］［関係］［パートナリング］［ペアレンティング］も参照
権威／権力／権限　130, 396, 422, 496
個人的権威／自己権威　280, 287, 332, 336, 349, 375, 426, 434, 460, 466, 495, 502
心理的権威　287, 346, 434
→［権力／力］も参照
現実　316, 493, 503, 510
__の意味構成　166, 192, 202, 430, 460, 491, 508
原理原則主義　164
→［教育（teaching）▸「基本に戻る」__］も参照
権力／力　130, 244, 258
→［権威／権力／権限］も参照
構成主義　299, 308, 340
構成主義的発達理論　299, 304, 415, 419, 422, 440, 441, 472, 490
行動　70, 81, 145
声／話し方　319, 503
__のジェンダーの違い　329
意識の次元と__　331
差異化の__　333, 342
意識構造と__　336, 342
個人的な歴史　138, 168, 204
対人関係における__　204
家庭内宗教と__　401
個性／気質　37, 71
タイプ　34, 301
リーダーシップと__　304
子ども時代　30, 50, 62, 267
考え方／理解の仕方　50, 62
コミュニケーション　324, 423, 434
対人関係における__　137, 188, 203
対立時の__　188, 203
仕事における__　247, 276
ジェンダー間の違い　308, 319
コミュニティ／共同体　211, 429, 485
トラディショナル・コミュニティ　165
真剣な議論（ディスコース）の__　429
イデオロギーの__　503
差異／違い　177, 317, 493, 497
ジェンダーの__　35, 307, 319, 329, 496
スタイルの__　328
主体－客体理論と__　329
__の意味構成　454, 475
ポストモダニズムの__　480
__との関係　491

索引

SBM（自律的学校運営）　214
アージリス、クリス　473
愛　116, 128, 134, 140, 168, 238, 288, 352, 363, 402
アリスの事例（ペアレンティングへの期待）　141
安全なセックス　47, 101
アンチモダニズム　478, 482
意識　32, 33, 37, 45, 167, 306
　__の発達／進化　27, 33, 175, 348, 388, 392, 394, 466, 473, 506, 516
　__の入り口　40, 256
　持続的カテゴリの__　88, 111, 113, 115, 116
　持続的カテゴリを超えた__　88, 93, 97, 115
　集合的__　164
　共通の__の次元　287
　__の複雑さ　286
　__のバランス　395
　__の変容に対する橋渡し　413
意識の次元　38, 67, 286
　__間の変容／変化　34, 37, 69, 124, 210
　第2次元　61, 66, 71, 79, 101, 110, 155, 435
　第3次元　61, 66, 69, 77, 101, 110, 124, 153, 158, 166, 168, 192, 200, 206, 382, 435
　第1次元　66
　持続的カテゴリを超えた__　73, 149
　ソシオパスと__　73
　思春期の性と__　102
　期待と__　141
　ペアレンティングのカリキュラムと__　145
　第4次元　145, 153, 158, 164, 192, 200, 257, 274, 362, 435, 493
　第4次元の支援　165, 208, 438
　第3と第4次元の関係　272, 284, 331, 336, 364, 392, 394, 398, 426
　__の漸進的変化　289
　__の調査研究　289
　リーダーシップ・スタイル　339
　第4次元への橋渡し　382
　第5次元　435, 462, 466, 489, 500, 508, 515
一体化　79, 461, 503
　→［自己］も参照
イプセン、ヘンリック　169
意味構築　64
　→［マインドや精神（メンタル）の意味構築］も参照
意味づけ　83, 487
　__の原則　60
　持続的カテゴリを超えた__　65
　思春期の__　98, 124
　夫婦関係における__　207
　__への責任　311
　比喩と__　388
　第3次元　415
印象をつくる　315, 321, 326, 345
ウィリアムとベティの事例（関係における個人的な歴史）　206, 380
エイブル夫妻の事例　454, 504
エディプスコンプレックス　497
大人／成人期　31, 49, 124, 281
　大人への精神（メンタル）的要求　33, 68
　→［家族］［結婚／婚姻］［パートナリング］［ペアレンティング］も参照
カウフマン、P・A　335
カウフマン、キャサリン　151
家族　109, 149, 152, 154
　__におけるリーダーシップ　128, 140, 152, 158, 167
　__における期待　128
　社会的役割　130, 153
　境界のマネジメント　131, 140, 152, 161
　制限の設定　132, 135, 140, 152, 158, 161, 164, 167
　外での関わり　135, 140
　親への期待　141, 159, 166
　情報の共有　140, 144
　信仰　398
　→［関係］［結婚／婚姻］［パートナリング］［ペアレンティング］も参照
価値観／価値　47, 68, 163, 174, 260, 345, 481
　対人関係の__　58, 385
　性行為に関する__　80, 103, 112
　__の意味構成　75, 147, 164, 385, 424
　価値観についての__　147
　心理的な自立と__　174
　持続的カテゴリを超えた__　179
　__の共有　180, 385
　第4次元の__　262
　伝統　347
　__の分析　503
家父長制　249, 269
カリキュラム　28, 77, 96, 297
　隠された__　37, 42, 80, 99, 126, 162, 256, 299, 339, 365, 386, 428, 449
　文化の__　39, 80, 105, 493
　教育哲学と__　85
　__の目的　112
　ペアレンティングに関する__　145, 159
　モダニズムの__　464
　ポストモダニズムの__　466, 502, 515
　優等（オナーズ）__　502
　→［教育（education）］［成人教育／成人学習］も参照

ロバート・キーガン
Robert Kegan

ハーバード大学教育学大学院 名誉教授
発達心理学と教育学の世界的権威。40年余の研究・執筆活動を通じて、人が成人以降も心理面で成長し続けることは可能であり、現代社会のニーズにこたえるためにもそれが不可欠であることを明らかにした「成人発達理論」の先駆的研究者。ハーバード大学教育学大学院「変革リーダーシップ・グループ」研究責任者であるリサ・ラスコウ・レイヒーとともに、変革プログラム「免疫マップ」や、組織開発理論「発達指向型組織」を構築し、多くの個人や組織の変容支援を行っている。
2人の共著に『なぜ人と組織は変われないのか』『なぜ弱さを見せあえる組織が強いのか』(以上、英治出版)がある。

◉監訳

中土井僚　Ryo Nakadoi

オーセンティックワークス株式会社 代表取締役、リーダーシップ・プロデューサー

「滞った流れに何らかの方向を紡ぎ出し、流れをうねりに変えること」をテーマに、20年以上にわたりU理論・成人発達理論・インテグラル理論を土台としたエグゼクティブコーチング、リーダーシップ開発、組織開発を行う。日本社会におけるU理論の普及と社会的実践に加え、成人発達理論の啓蒙と実践研究に従事し、多数の執筆・翻訳・監訳実績を持つ。

著書に『ビジョンプロセシング』(英治出版)、『U理論入門』(PHP研究所)、共訳書・監訳書に『「人の器」を測るとはどういうことか』(日本能率協会マネジメントセンター)、『なぜ弱さを見せあえる組織が強いのか』『U理論［第二版］』(以上、英治出版)などがある。

鈴木規夫　Norio Suzuki

一般社団法人 Integral Vision & Practice 代表理事

1990年代前半に合衆国の大学在籍中にケン・ウィルバーの著書に出逢い大きな衝撃を受け、その後 California Institute of Integral Studies で「人間(個人・組織・社会)の成長・発達の可能性を解き明かすための統合理論」としてインテグラル理論に関する研究に取り組んだ。帰国後は、執筆や講演などを通じてインテグラル理論の普及に従事する傍ら、幅広い業界の企業組織において、経営者の支援を中心とした対人支援活動に従事している。また、発達心理学者のスザンヌ・クック＝グロイターやセオ・ドーソンに師事し発達段階測定と発達志向型支援に関する訓練を積むと共にこれまで約20年にわたり実務領域におけるこの理論の応用と実践に取り組んでいる。著書に『人が成長するとは、どういうことか』、訳書に『INTEGRAL LIFE PRACTICE』(以上、日本能率協会マネジメントセンター)などがある。

◉翻訳

野津智子　Tomoko Nozu

翻訳家。主な訳書は『恐れのない組織』『チームが機能するとはどういうことか』『仕事は楽しいかね？［新版］』『職場は楽しいかね？』『謙虚なリーダーシップ』(以上、英治出版)、『死ぬ気で自分を愛しなさい』(河出書房新社)、『5つのツール』(早川書房)など。「著者の声を正しく、わかりやすく、誠実に、読者に届けたい」と常々思っている。

ロバート・キーガンの成人発達理論

なぜ私たちは現代社会で「生きづらさ」を抱えているのか

発行日　2025年　4月　10日　第 1 版　第 1 刷

著者　ロバート・キーガン

監訳　中土井僚（なかどい・りょう）
鈴木規夫（すずき・のりお）

翻訳　野津智子（のづ・ともこ）

発行人　高野達成

発行　英治出版株式会社
〒150-0022 東京都渋谷区恵比寿南1-9-12 ピトレスクビル4F
電話　03-5773-0193　　FAX　03-5773-0194
www.eijipress.co.jp

プロデューサー　下田理

スタッフ　原田英治　藤竹賢一郎　山下智也　鈴木美穂　田中三枝
平野貴裕　上村悠也　桑江リリー　石﨑優木
渡邉吏佐子　中西さおり　齋藤さくら　荒金真美
廣畑達也　佐々智佳子　太田英里　清水希来々

装丁　重原隆

校正　株式会社ヴェリタ

印刷・製本　中央精版印刷株式会社

[英治出版からのお知らせ]

本書に関するご意見・ご感想をE-mail（editor@eijipress.co.jp）で受け付けています。
また、英治出版ではメールマガジン、Webメディア、SNSで新刊情報や書籍に関する
記事、イベント情報などを配信しております。ぜひ一度、アクセスしてみてください。

メールマガジン　：　会員登録はホームページにて
Webメディア「英治出版オンライン」　：　eijionline.com
X / Facebook / Instagram　：　eijipress

ISBN978-4-86276-275-7　C0034　Printed in Japan